# TÜRKÇE İBADET

## ANA DİLİMİZLE KULLUK HAKKI

### Cemal Kutay

MELÂHAT KUTAY'ın
Azîz Ruhuna Şükrânla...

## Atatürk'ün beraberinde götürdüğü hasret:

# TÜRKÇE İBADET

### Ana dilimizle kulluk hakkı

*Cemal Kutay*

Türkçe İbadet

**Yazan:**
Cemal Kutay

© Türkiye Yayın Hakları: Aksoy Yayıncılık

ISBN: 8263-48-X
Ekim 1997/Aralık 1997
aylarında 6 baskı
7. Baskı, Ocak 1998 - Show Kitap
8. Baskı, Ocak 1998 - Show Kitap

**Aksoy Yayıncılık Adına Sahibi:**
Erol Aksoy

**Genel Yönetmen:**
Yalvaç Ural
**Yönetmen Yardımcısı:**
Fırat Akdere
**Yayın Koordinatörü:**
Ayşe Karsel
**Sorumlu Müdür:**
Tekin Ergun
**Yayın Editörü:**
Figen Turna

**Görsel Yönetmen:**
Aziz Yavuzdoğan
**Yayın Hazırlık:**
Özgün Ajans

**Üretim Müdürü:**
Yetkin Aldinç
**Satış ve Pazarlama Müdürü:**
Munzur Yıldız

Basıldığı Yer: Şefik Matbaası, İstanbul

AKSOY YAYINCILIK
Universal Yayıncılık ve Tic. A.Ş.
Aytar Cad. No: 25 1.Levent / İstanbul
Tel: (0.212) 284 84 36   Faks: (0.212) 284 84 37

# ELİNİZDEKİ EMEK

İlâhiyatçı *(Tanrı bilimci, teolog)* değilim. Bu gerçek içinde elinizdeki kitabın konusunu belki yadırgayacaksınız.

Fakat sanırım, gerçekler sıralandıkça, tarihin geniş ufkundan yoksun kalmış dinsel varlığın **çağın gerisindeki masal** olduğunu kavrayacak, doksan yaşının merdivenlerindeki, ülkenin kıdemli tarihçisi ben **Cemal Kutay**'ın, bir dünya rekoru sayılan 171 kitabından sonra bu konuyu neden kucakladığını düşüneceksiniz.

Hatta yarı gören gözlerle bile olsa böyle çetin bir mevzuu ele almamın kaçınılmaz vazife olduğunu benimseyeceksiniz.

## ● — KONUŞULMAYAN GERÇEK...

Konumuzun temeli olduğu için soracağım: Eğer Türkler İslâmiyeti kabul etmeselerdi ve bu sınırda kalmayarak **son din**'e madde ve manâda yeterliği sağlamasalardı İslâmiyet, Musevîlik gibi, **yerel din** olarak kalmaz mıydı?

Malum kriterlere göre evet...

İslâmiyete **cihan mefkûresi**'ni, şan ve şerefi, çağ açan uygarlığı Türkler getirmişlerdir. Asırlar ve devirler boyunca konuşulamayan bu gerçek; TÜRK OCAKLARI'nın kuruluşuyla aydınlandı:

Nuh idik yeryüzünde köpüren her TUFAN'da,

Medeniyet tâcını giyen bizdik TURFAN'da

hakikati tarihin tasdikidir.

Ve de ırkımızın yapısında olan öteki gerçekler gibi konuşulmadan yaşanmıştır.

## ● — 1417 SENELİK TARİH...

Ben elinizdeki kitapta çıkışı 1417 yıla uzanmış temel olayları kronolojik akış içinde hatırlatmaya çalıştım.

Bugün çözülmesi şart düğüm halinde önümüze dikilmiş olayları arınamıyacakları verâsetlerin yapısı içinde sergilemek istedim.

Ki ikibininci yıl kapanırken, dünya yüzünde gerçek anlamıyla TEK özgür Türk Devleti aziz Cumhuriyetimizin karşısında olduğu **gizli-açık** tehlikelerin doğru teşhisi konulabilsin diye...

Lütfen yakınımızda, uzağımızdaki dünyaya bir panorama hızıyla geçit resmi yaptırınız: Nedir o, Amerika ve Japonya gibi teknik ve maddede öne geçmiş ülkelerdeki tarihöncesi ilkel inançlar yolunda kitle intiharları, ve de onların yanında fundamentalist **(kökten dinci)** akımlarının oluk gibi kardeş kanı döküşleri...

Olaylara bu karmaşa içinde baktığınız zaman bizde sadece **olmuş**'lara değil, **olacak olanlar**'a da eğilmek, sınırları beklemek kadar şart olmuyor mu?

## ● — TEK ÇIKAR YOL: ATATÜRK'ün BERABERİNDE GÖTÜRDÜĞÜ HASRETİ GERÇEKLEŞTİRMEK...

Tek çıkar yol, **Atatürk**'ün beraberinde götürdüğü hasreti, yapısından zerrece ödün vermeden gerçekleştirmektir.

Yani **altını çizerek** açıklıyorum: **TÜRKÇE İBADET, ANA DİLİMİZLE KULLUK HAKKI...**

İnanın ve anlayın: Mustafa Kemal bu emeğiyle sadece ülkesinin insanlarını değil, bizim bu günkü zavallı halimiz gibi ANA DİLİYLE KULLUK HAKKINDAN YOKSUN, hangi dinde olursa olsun yüzlerce milyon dünya insanına bu anasütü kadar helâl yolu da açmak istemişti: Tıpkı, Türk Kurtuluş Savaşı'nın zaferiyle 1918 Versay düzeninin tutsak saydığı bir bölüm dünya milletlerine siyasal özgürlüklerine kavuşma yolunu açtığı gibi...

Atatürk laikliğinin esas gayesi buydu. Çünkü o, bir **DÜNYA İNSANI**'ydı. Benimsediği düzen, çok çeşitli anlamlarda **YENİ HAÇLI SEFERLERİ**'nin fikirde ve tatbikte yollarını kapıyordu: Dünyanın her yerinde vicdan sömürü hareketlerini, katı dinciliğin ham maddesi olmaktan çıkartarak ve de **ALLAH**'la **KUL** arasına adsız/unvansız nice nice aracı sınıfların türeme yollarını kazıyarak...

Kendinden sonrakiler eriştiği noktada da kalmadılar: Başta **REY (OY) SANDIĞI** uğruna binbir ödün vererek ülkeyi bugünlere getirdiler.

**Bıraktığı noktadan** başlamak mümkün değil midir?

Elbette mümkündür: Geri dönüşün hicranını her ân ruhlarda, kafalarda duyarak...

Yeterki Sizler **O YÜREĞİN** sahibi olun.

## ● — NEDEN OLMASIN?

Ve de şu gerçeği dinleyin:

TÜRKÇE İBADET, ANADİLİMİZLE KULLUK HAKKI, bize sadece din, maneviyat gerçeklerimizi anlam derinliğiyle kavratmakla kalmayacaktır: SON DİN'i şekle, görünüme, yüzeyselliğe dönüşmüş halinden çıkaracak, ruh derinliği ve yüceliği içinde **yaşama sevinci** haline getirecektir.

Çevrecilik, ŞAMAN'lığımızın atavik mirâsı doğa sevgisi;

Tanrısal emanet insan varlığına saygının belirtisi, mesela devlet yasası ölçüsünü çok aşan hayatlara, varlıklara, trafik kurallarına saygı **Tanrısal Duygusu,**

HAC gibi aslında MEKKE'nin ticaret kervanlarına merkez yapısının putlar beldesi olmasından kopup gelen gelirine bulunmuş alternatifin günümüzdeki yeri;

İslâm'ın **SON DİN** olmasının esas dayancı **"tagayyür-i ezmân ile**

7

tebeddül-i ahkâm" (zamanın yeniden yapılanmasıyla kuralların değişikliği) unutulmuş temeli akıl ve idrâkimizin ana diliyle yaptığımız ibâdetimizde yolumuzu aydınlatacak sönmeyen ışığı neden olmasın?

Evet... Neden olmasın?

Neden olmasın?

## ● — VUR... FAKAT DİNLE!..

Tarih ortadadır.

Yüzyıllar ve devirler, bunca ümitlerimizin dalında kurumasının asıl sebebi, **başka bir dille ibâdetin zorunlu saydırılması**ndandı.

Ve de:

Dinsel bir zorunluluk olmadan;

Madde ve manâda her türlü sömürü;

Açıklanamayacak her çeşit art niyet;

Her yapıda emperyalizm girişimi;

Dönmüş dolaşmış bu baskı aracının kılıflarına ustalıkla bürünmüştür.

1417 yıl...

Elinizdeki sayfalarda aklın, bilimin, vicdanın tasdikindeki gerçekleri bulacağınız ümidindeyim. Bu yola vakfedilmiş uzun bir ömrün eriştiği sonuçların güveniyle...

İçerde, dışarda belli odakların sınır tanımaz karşı çıkışlarının saldırısına tahammül edeceğim. Kökleşmiş ufunetlerin **terkim-i zamanla** kaybolacağı fizik kanunlarının bilincindeyim.

Yeter ki evlatlarımız bu kutsal hakka sahip olsunlar.

Bu haksız verasete: "–VUR... FAKAT DİNLE!.." diyorum.

İslâmın yüce Peygamberinin değeri ebedî hükmüne gönülden inanarak: "**BÂTIL ZEVALE MAHKUMDUR**" sözüne...

*Cemal Kutay*

Altınoluk, Temmuz, 1997

8

Çok Muhterem Efendim;

Şu açıklamaya izninizi diliyorum: Bilindiği üzere, karar mevkiindeki makam sahiplerine sunulmaya lâyık düşünceler önce sıralanır, sonra ilgi ve de himmet rica edilir.

Ben öyle yapmayacağım: Zamanınızın saniye değerinin idrâki içindeki kıdemli olarak, önce; konularımın yapısını arz edeceğim, ayrıntıları, ispatları veya redleri elinizdeki sayfalarda sıralanmış hakikatleri kucaklamaya lâyık bulup bulmadığınız tercihinizi, her zaman olduğu gibi, ümit ve sabırla bekleyeceğim.

Sadece ve yalnız, irâdemle benimsediğim hizmet sınırlarında kalmış olma idrâki içinde...

### Devletimin Saygıdeğer Başkanı;

ATATÜRK'ün Hâkimiyeti Milliyesi'nden bugünlere erişebilmiş SON KALEM'im. Yüzyetmişbire ulaşmış sayısıyla dünya rekoru olarak değerlendirilen telif tarih kitaplarımın büyük bölümü, O'nun devri, öncesi ve sonrasıyla alâkalıdır. Doksanın merdivenlerinde gözlerim rahat göremiyor. Elinizdeki emeğimle O'ndan Siz'e bir *tarih emaneti buketi* sunmak istedim.

İzninizle MİLLET MECLİSİ *(PARLAMENTO)*nden başlamak istiyorum.

ATATÜRK, bu temel varlık için:

## TÜRKİYE CUMHURİYETİ DEVLETİ BAŞKANI SAYGIDEĞER *SÜLEYMAN DEMİREL*'e AÇIK MEKTUP

"– **Kuvvet birdir ve o da milletindir. Bu kudret Kamutay'ın varlığındadır**" demişti.[1]

O'nun Millet Meclisleri *sandık*'tan çıkmıyordu ama, ülkenin kültürde, sahalarındaki kıdemle geleceğe dönük ümitte, madde ve manâ kriterlerinde, ciddiyet ve ahlâkta, özellikle ulusal birlik yapısında ve de çok GEÇ kalındığı İmparatorluğun hakikî çöküş sebebi *yaşanan zamanı kucaklama* hasretine erişme yeterliğinde değerini ispat etmiş SEÇKİN KURULUŞ'tu.

Doğrudan milletin bağrından gelen ve vatanı kurtaran TÜRKİYE BİRİNCİ BÜYÜK MİLLET MECLİSİ'nin, demokratik kurallar içinde bu öz yapısını koruması Mustafa Kemal'in tozpembe ümidiydi.

Yüksek müsaadenizle, bugün de sisler içindeki gerçeği hatırlatacağım:

1930'da, en yakın fikir, prensip dostlarından Ali Fethi Okyar'ın Cumhuriyet tarihinde TERAKKİPERVER CUMHURİYET FIRKASI'nın kapatılmasından sonra kurulmuş İLK muhalefet partisi hüviyetiyle meydana gelişi, O'nun rehberliğinde oldu. Koyduğu orjinal adı *"LİBERAL LAİK CUMHURİYET FIRKASI"*ydı.[2] Fethi Okyar, bu LİBERAL sözcüğünün gerçek anlamıyla anlaşılması güçlüğü veya yanlış yorumlanması kaygısı içinde yerini SERBEST'e bıraktı.

---

(1) *ATATÜRK, dilde sadeleş*me girişiminde Türk ulusal yaşantısında yeri olan sözcükleri, bir kurum, veya kuruluşu kapsayınca özellikle benimsemiştir: Kurultay, Kamutay, Danıştay, Yargıtay, Sayıştay gibi.

Aşırılıkların zamanla erimesinden sonra belleklerde kalan, O'nun aslında geçmişimizde izi olan bu sözcükler oldu.

Önceleri *içtima*, daha sonraları *kongre* yerine *kurultay* ve Meclisi Mebusan, Meclisi Millî yerine *Kamutay*'ı kullandı. KAMU'nun eş anlamları arasında *halk, millet* de vardı.

*Kamutay* sözcüğünü son olarak, 1 Kasım 1938'de hastalığı dolayısıyla Millet Meclisinde, adına Başbakan Celal Bayar'ın okuduğu *Açış Söylevi*'nde kullanmıştı.

(2) Şahsiyet, kültür, mizâç olarak ATATÜRK'ün yakınları arasında Fethi Okyar'ın özel yeri vardı. ATA'dan bir yaş büyüktü. Kurmay sınıfını birincilikle bitirmişti. Paris Ataşemiliteri olduğunda 29 yaşındaydı. İkinci Meşrutiyet'in ilân bildirisi onun kaleminden çıkmıştır. 31 Mart 1328 (13 Nisan 1909) gericilik ayaklanması sonucu tahtından indirilen İkinci Sultan Hamid'i Mahmud Şevket Paşa; bunca anlı-şanlı müşirler varken sabık Padişahı Ali Fethi'ye emanet ederek Selânik sürgününe göndermişti. Bu tercih Sultan Hamid'in hatıralarında: "– Orduy-i Hümayunumda sizin vasfınızda Erkân-ı Harblerin mevcud olduğunu yakinen bilseydim, Hal'e mahal kalmadan makam-ı saltanat emanet ederdim." sözleriyle değerlenmişti. MALTA sürgününde geliştirdiği İngiliz-

## TÜRKİYE CUMHURİYETİ DEVLETİ BAŞKANI SAYGIDEĞER *SÜLEYMAN DEMİREL*'e AÇIK MEKTUP

Ömrünü doksanüç günde tamamladı: TERAKKİPERVER CUM-HURİYETÇİ'lerin akibetine uğramamak için *kendi kendini* feshetti.

1925-1930 beş yılda kemikleşen oligarşi barikatının demokratik prosedür içinde aşılamayacağı anlaşılmıştı.

Saygıdeğer Cumhurbaşkanı... Bu, 1997 - 1930 = 67 yıl önceki ümit girişimin İKİ öngörüsü vardır ki, birincisi , kadınlara seçme/seçilme hakkı, beş yıl sonra, 1935'te gerçekleşebildi.

İkincisiyse halâ Türk Milletinin hasreti: Devlet Başkanını kendisinin DOĞRUDAN seçme hakkı...

Ümit ediyorum ki İLK SEÇİM'ler için Anayasa ve Seçim Kanununda zorunlu değişiklikler yapılacaktır.

Bugün yürürlükte olan ANAYASA'ya, tarihten uyarı ümidiyle 1982 de, **"143 YILIN PERDE ARKASI: ANAYASA KAVGASI"** kitabımı yayınlamıştım. Asla iddia değil sadece zamanın tasdikindeki gerçek: Oradaki iki *âmir hüküm (bağlayıcı kesin karar)* kabul ve tatbik edilseydi, bugün daha az dertli olmaz mıydık, diye düşünüyorum.

Hoşgörünüze sığınarak, ANAYASA ve SEÇİM KANUNLARI ve de

---

cesiyle iki ciltlik *"Liberalizmin Tarihi"*ni, dilimize o çevirdi. ATATÜRK'ün doğumunun 100'ncü yılı 1981'de, Mustafa Kemal'i 1913'te Sofya elçisi iken ataşemiliter olarak yanına alan, 1909'da Picardy manevralarıyla Paris'e götüren, kısa süre de olsa Nordik ülkelerde O'na ilk seyahatini sağlayan Ali Fethi'nin yaşantısını derleyen ÜÇ DEVİRDE BİR ADAM adlı 606 sayfalık kitabıma, gönülden istememe rağmen SERBEST FIRKA'yla ilgili bazı bölümleri alamadım.

Serbest Fırka'yı, Paris'te büyükelçi iken 1930 yazındaki gelişinde, özellikle ekonomi alanındaki mutlak devletçilik politikasına karşı kurmuştu. Girişim umulanın çok üstünde ilgi görmüştü. Dünya buhranı, vasıfsız ve yetersiz tarım ürünlerine dayanıyordu. Yeni partinin gördüğü çoşkulu alâka Halk Partisi oligarşisini ürkütmüş, irtica *(gericilik)* suçlamaları ayrı olayların organize mührüyle gündeme gelmiş, selefi TERAKKİPERVER FIRKA'nın, o günlerde de yürürlükte olan *Takrir-i Sükûn* Kanunuyla aynı akibete uğrayıp kapatılmaması için kendi kendisini feshetmişti.

Serbest Fırka'nın programının aslında, kadınların seçme/seçilme hakkı gibi ancak beş yıl sonra 1935'te gerçekleşen konuyla, halâ yapılamamış demokrasi hasreti, CUMHURBAŞKANLARINI DOĞRUDAN HALKIN SEÇMESİ ve GENİŞLETİLMİŞ HAKLARIYLA BAŞKANLIK SİSTEMİNE GEÇİŞ'in kabul edilişi vardı. Özellikle İkinci Dünya Harbinde tatbik edilen devlet kapitalizmine de kesinlikle karşı çıkılıyordu.

Bir ilginç prensibi de, Diyanet İşleri yerine *Cemaat Teşkilâtı* fikriydi.

Bugün 1997'de din gırtlağına kadar siyaset içindeyken, Diyanet İşlerinin, laik devletin, din diyanet'in LAİK DEVLET iddiası içinde yerinin ne olduğu ve olacağı tartışmaların temelidir.

Serbest Fırka'nın üzerinden 67 yıl geçmesine rağmen!...

11

kanun kalabalığı içinde ötekilerde değiştirilmesi gerekenler varsa onların da önlerinde engel kalmamasını, önerilerimle birlikte sunuyorum Efendim:

● – Bugünkü milletvekili sayısı sabit kalacak veya yapılacak nüfus sayımına göre çıkacak yekunun yüzde yirmisine isâbet edecek sayı, 100'den aşağı olmamak üzere, şu veya bu şehri değil, bütün memleketi kucaklayacak değer olarak TÜRKİYE MİLLETVEKİLİ yapısı içinde ve bu adla seçileceklerdir.

Ülkede kaç seçim sandığı varsa, bu ayrılmış kontenjan için vatandaşlar, ayrılmış sayının her birisi için adaylığını koymuş olanlardan birisine oylarını vereceklerdir.

Hiç bir partiye bağlı olmayan,

Meclise girmek için PARTİ LİSTESİ'nde yer alma yerine, adı ve emekleriyle vatandaş tercihini arayan,

Ülke çapındaki tüm sandıklarda adına oy kullanılabilecekler arasında EN ÇOK OY'u toplamış ilk yüz **seçkin insan** TÜRKİYE MİLLETVEKİLİ olarak Meclise girecektir.

● – Bugünkü sistemde milletvekillerinin "bütün ülkeyi temsil ettikleri" tatlı bir teoridir. Gerçekte İL esası üzerindeki sınırlama bile çok zaman hayaldir: Milletvekili bugünkü statükolar ve tatbikatta, zaman zaman bir-iki ilçedeki seçmenle ancak meşgul olabiliyor.

En doğru, tatminkar sistemin bulunarak Parlamentoda yerlerini alacak, seçime katılabilme hakkına sahip milyonlardan en çok oy almış YÜZ SEÇKİN insan, düşünüyorum ki PARTİ hiyerarşisini aşmış ufuk içinde çıkacak kararların isabet, hatta cesaret kriteri olacaklardır.

## TÜRKİYE CUMHURİYETİ DEVLETİ BAŞKANI SAYGIDEĞER *SÜLEYMAN DEMİREL*'e AÇIK MEKTUP

Çok Muhterem Efendim...

Bu düşüncem, seçim yasaları ve mevcut kurallar önünde ilke ve de partilerin hiyerarşisini rahatsız etmiş olabilir.

Ben bu düşüncenin temel felsefesini, İkinci Meşrutiyet'in ünlü şahsiyeti Lütfi Fikri Bey'in evrak-ı metrukesinden çıkardım.

Osmanlı mozayiği için geçerli olan düşünce, bizde bugün, politikanın vasatına girmeye cesaret edemeyen nice nice kıymetlere ümit olabilir.

Kısaca şu efendim: ÜLKE ÇAPINDA DEĞER olduğuna inanmış yüz kişi, kadın veya erkek: *"-Beni seçin"* diyecek, ülkenin neresinde sandık varsa seçmenler isimleri yazılı sandıkta O'nun adına ayrıca oylarını kullanacaklar, baraj vesaire söz konusu olmayacak, mesela bütün yurtta beşyüzbin sandık varsa bunlardan adlarına oylar kullanılmış yüz aday - veya bin adaydan en çok oy alanlar TÜRKİYE MİLLETVEKİLİ olarak Meclise girecekler.

Sanırım Efendim, böylelikle sahalarında ülke çapında ün ve emek sahibi birçok değer, Mecliste, vatanlarını temsil etme imkânına sahip olabilirler ve böyle 100 şahsiyet parlamentoda her türlü ifrat/tefritler için güvenilir denge unsuru olurlar.

● – Saygıdeğer Cumhurbaşkanı...

Şimdi izninizle, yine parlamentonun yapısıyla ilgili ikinci bir fikrimi dikkatinize sunacağım: Mecliste KADIN MİLLETVEKİLİ sayısı, ve de yekun üzerindeki nisbeti veya nisbetsizliği...

Müsaadenizle yine ATATÜRK'e, medenî kanununu aldığımız İsviçre'de kadınlara seçme/seçilme hakkı **verilmemişken**, o yüce insanın MECLİSTEKİ KADIN SAYISI'na ait bâkir belgeli anıyı Zat-ı Devletlerinin takdîrine sunacağım.

Yüksek malumunuzdur ki, 1935'te onaltı milyonluk Türkiye Büyük Millet Meclisi'nde 400 sandalyelik Parlamentoda **18 kadın milletvekili** vardı.

Aslında ATATÜRK bu sayıyı E L L İ olarak istemişti.

## TÜRKİYE CUMHURİYETİ DEVLETİ BAŞKANI SAYGIDEĞER *SÜLEYMAN DEMİREL*'e AÇIK MEKTUP

Bu tercihini de üzerinde "Cumhurbaşkanlığı Umumî Kâtipliği" antetli bir kâğıda çok zaman tercih ettiği kurşun kalemle EL YAZISI'yla yazmıştı.

Şöylece öğrenmiştim: ATATÜRK'ün günlerinde iki bakanı kabinede duayendi ve yerlerini daima muhafaza etmişlerdir: Dışişleri Bakanı Dr. Tevfik Rüştü Aras ve İçişleri Bakanı Şükrü Kaya...

İsmet İnönü devrinin ilk seçimi 1939'da yapıldı ve bu iki duayen şahsiyet seçilmediler.

Devlet adamlarının hatıralarını tarihe emaneti, çoğu zaman aktif emeklerinin sona ermesiyle hatırlanıyor: Şükrü Kaya'da da böyle oldu.

Tasnif için emanet ettiği dokümanlar arasında sözünü ettiğim ve üzerinde sadece sıra ile, büyük rakamlarla yazılmış 50, altında 45, üçüncü ve son olarak da 40 yazılmış rakamların neyi ifade ettiğini kendisinden sordum. Önce tereddüd etti, sonra açıkladı:

"– Bunlar, ATATÜRK'ün kadınların seçme/seçilme haklarını almalarından sonraki ilk milletvekili seçimlerinde aday listelerine alınmalarını istediği kadın milletvekili sayısıydı: Başbakan İsmet İnönü, Millet Meclisi Başkanı Kâzım Özalp, ve ben huzurundaydık. Üçümüz de çok aşırı bulduk. Önce 50 rakamını yazmıştı, bizim düşüncelerimizi dinledikten sonra 45 rakamını yazdı ve en sonra da 40... Onu çerçeve içine aldı.

Düşünce ve arzularını açıkladıktan sonra, sorumluların fikirlerine, tercihlerde müessir olacak ölçüde kıymet verdiği bilinir. Kabinede onsekiz rakamını tespit ettiğimizi kendisine arz ettiğim zaman hakikaten üzülmüştü. Hatta kararın sadece benim olmadığını bildiği halde, üzerimde sitem sezilen bakışları dolaşmış, bir espriyle noktalamıştı:

*"– Nasıl olsa Türk kadını Mecliste hakkı olan yeri alacak... Senin o günleri görmeni isterim. Haklarına böyle el uzatan Batıda okumuş içişleri bakanından hesap sorarlar, dedi."*

## TÜRKİYE CUMHURİYETİ DEVLETİ BAŞKANI SAYGIDEĞER *SÜLEYMAN DEMİREL*'e AÇIK MEKTUP

Aradan ELLİ İKİ YIL geçti sayın Cumhurbaşanı...

MUSTAFA KEMAL'in hasreti halâ hayal... Hem de geçen yılların bir adım daha seraplaştırdığı hayal...

O ONSEKİZ SEÇKİN TÜRK KADIN'ının hepsini tanıdım ve Mustafa Kemal'in aramızdan ayrılışının elliyedinci yılı 1995'de yayınladığım ATATÜRK BUGÜN OLSAYDI kitabıma biyografi özetleriyle aldım. Türk kadınının bugün eriştiği kültür seviyesiyle kıyaslanmayacak yetersizlik içinde bu seçkin kadınları nasıl bir araya getirmişti? Bugün Türk kadını erkeğinden hangi alanda geridir? ŞU-BU avunmaları şöylece itip, Atatürk'ün bu özlemini kucaklamayacak mısınız?

Siz istedikten sonra formül bulur, başarırsınız.

Bugün hepsi Allahın rahmetinde olan bu değerli kadınlarımızı o günlerin mütevazi imkânları içinde çehreleri, kılık kıyafetleriyle Zat-ı Devletlerine hatırlatmanın özlemimin belgesi olacağını düşündüm.

**MEBRURE GÖNENÇ**
**(Afyonkarahisar)**
– 1900 İstanbul doğumlu. 35 yaşında milletvekili seçildi. Amerikan Koleji'ni bitirmişti. Fransızca, İngilizce biliyordu. Mersin Belediye Meclisi üyesiydi.

**HATİ (SATI) ÇIRPAN**
**(Ankara)**
– 1890 Ankara doğumluydu. 45 yaşında milletvekili seçildi. Çiftçiydi. Kazanköyü muhtarı ve Millet Okulu öğretmeniydi.

# TÜRKİYE CUMHURİYETİ DEVLETİ BAŞKANI SAYGIDEĞER *SÜLEYMAN DEMİREL*'e AÇIK MEKTUP

**ŞÜKRAN ÖRSBAŞTÜĞ**
– 1900 Üsküdar doğumluydu. 35 yaşında milletvekili seçildi. Üniversite felsefe şubesini bitirdi. Fransızca biliyordu. Üsküdar Kız Sanat Okulu Müdürüydü.

**SABİHA GÖKÇÜL**
(Balıkesir)
– 1900 Bergama doğumluydu. 35 yaşında milletvekili seçilmişti. Yüksek Öğretmen Okulu edebiyat mezunuydu. İzmir Kız Muallim Okulu Müdürüydü. Fransızca, İngilizce biliyordu.

**NAKİYE ELGÜN**
(Erzurum)
– 1882 İstanbul doğumluydu. 53 yaşında milletvekili seçildi. Darülmuallimat (Kız öğretmen okulu) mezunuydu. Ülkenin çeşitli yerlerinde otuz yıl hizmet vermişti. Fransızca, Arapça, Farsça biliyordu.

**FAKİYE ÖYMEN**
(İstanbul)
– 1900 İşkodra doğumluydu. 35 yaşında milletvekili seçildi. Darülfünun (üniversite) coğrafya bölümünü bitirdi. Fransızca, İngilizce biliyordu. Bursa Türk Maarif Cemiyeti Lisesi öğretmen ve müdürüydü.

# TÜRKİYE CUMHURİYETİ DEVLETİ BAŞKANI SAYGIDEĞER *SÜLEYMAN DEMİREL*'e AÇIK MEKTUP

**BENAL NEVZAD ARIMAN**
**(İzmir)**
– 1903 İzmir doğumluydu. Hürriyet şehidi fikir adamı Tevfik Nevzad'ın kızıydı. Sorbonne Üniversitesi edebiyat fakültesini bitirdi. Fransızca, Rumca biliyordu. Belediyecilik ihtisası yapmıştı. 32 yaşında milletvekili seçildi.

**FERRUH GÜBGÜB**
**(Kayseri)**
– 1891 Kayseri doğumluydu. 44 yaşında milletvekili seçildi. Özel biçki/dikiş okulu sahibi ve öğretmeniydi. Arapça, Farsça biliyordu.

**MELİHA ULAŞ**
**(Samsun)**
– 1901 Sinop doğumluydu. 34 yaşında milletvekili seçildi. Üniversite edebiyat şubesi mezunu. İngilizce, Fransızca biliyordu. Samsun Lisesi Edebiyat Öğretmeniydi.

**ESMA NAYMAN**
**(Seyhan)**
– 1899 İstanbul doğumluydu. 36 yaşında milletvekili seçildi. Fransızca, İngilizce, Rumca biliyordu. Öğretmen ve belediye meclis üyesiydi.

17

**SABİHA GÖRKEY**
**(Sivas)**
– 1886 Üsküdar doğumluydu. 49 yaşında milletvekili seçildi. Darülfünun riyaziye (üniversite matematik) bölümünü bitirdi. Fransızca biliyordu. Tokat Ortaokulu Matematik Öğretmeniydi.

**SENİHA HIZAL**
**(Trabzon)**
– 1897 Adapazarı doğumluydu. 38 yaşında milletvekili seçildi. Üniversite fen fakültesini bitirmişti. Öğretmen ve Trabzon'da Yeni Türkiye özel okulu kurucusuydu. Fransızca, İngilizce biliyordu.

**ŞEKİBE İNSEL**
**(Bursa)**
– 1886 İstanbul doğumluydu. 49 yaşında milletvekili seçildi. Özel öğrenim görmüştü. Bursada çiftçilik yapıyordu.

**HATİCE ÖZGENER**
**(Çankırı)**
– 1865 Selanik doğumluydu. Milletvekili seçildiğinde 70 yaşındaydı. Franscızca ve Rumca biliyordu. Darüleytam (kimsesizler) Okulu müdürlüğünden emekliydi.

# TÜRKİYE CUMHURİYETİ DEVLETİ BAŞKANI SAYGIDEĞER *SÜLEYMAN DEMİREL*'e AÇIK MEKTUP

**BEHİRE BEDİS MOROVA**
**(Konya)**
– 1897 Bosna doğumluydu. 38 yaşında milletvekili seçildi. Resim sanatçısıydı. Almanca, Boşnakça biliyordu.

**MİHRİ PEKTAŞ**
**(Malatya)**
– 1895 Bursa doğumluydu. 40 yaşında milletvekili seçildi. Amerikan Kız Kolejini bitirmişti. İngilizce, Fransızca biliyordu. Robert Kolej'de öğretmendi.

**HURİYE ÖNİZ**
**(Diyarbakır)**
– 1887 İstanbul doğumluydu. 48 yaşında milletvekili seçildi. Londra Üniversitesi Pedagoji bölümünü bitirmişti. İngilizce, Almanca biliyordu. Kandilli Kız Lisesi, Yeniköy Rum Lisesi öğretmeniydi.

**Dr. FATMA MEMİK**
**(Edirne)**
– 1903 Safranbolu doğumluydu. 32 yaşında milletvekili seçildi. Tıp fakültesini bitirmişti. İç hastalıkları uzmanıydı. İstanbul Guraba Hastahanesi doktoruydu. Fransızca biliyordu.

19

# TÜRKİYE CUMHURİYETİ DEVLETİ BAŞKANI SAYGIDEĞER *SÜLEYMAN DEMİREL*'e AÇIK MEKTUP

Hepsiyle bir bir meşgul olmuştu.

Bugün Türkiye yetmiş milyona ulaşma yolunda... Çeşitli ideolojiler benimsemiş siyasi partilerimiz var. Büyük bölümüyle ATATÜRK'ün yolunda oldukları iddiası içindeler. Kifâyeti mutlak tecrübeniz, engeller aşmış müktesebatınızla onlara samimiyet hatta ahlâkın ilhamı olabilirsiniz. Lütfen...

Bu arada, hiç bir şahsiyet ve hareketi hedeflemeden ATATÜRK'ü gerçekten kavrama ve anlamanın yapısı bakımından konuyu ŞAHSEN ele almanızın seçeneksiz zorunluluk olduğunu ispatlayacak misale iznininizi istiyorum:

Bildiğiniz ve safhalarını yaşadığınız üzere ülkemizde 1960 - 1980 arası ÜÇ askerî müdahale oldu.

ATATÜRK'ün **politika üstü Ordu** ödünsüz siyasetine rağmen, Türk Silahlı Kuvvetleri, bu karışmayı **seçeneksiz tedbir** halinde ele almalarını düşündürecek unsurlar, sebepler, olaylar karşısında kaldığı iddiasıyla...

Hepsinin temeli de ATATÜRK CUMHURİYETİ'ni korumaktı.

Bu kutsal duygunun başlıca dayanakları arasında ATA'nın üstüne titrediği KADIN HAK ve HÜRRİYET'leriyle, bu duyganlığın söz götürmez kanıtı kadın milletvekilli sayısı üzerinde ÜÇ MÜDAHALE ne yapmıştır? Mevzu üzerinde müdahalenin meşruiyetini tescil eden hiç ama hiçbir şey yapılmamıştır. Oysaki her üç harekette yürürlükteki Anayasa'yı benimsememiş, hareketinin meşruiyeti kadar, gerekliliğini vatandaş önüne çıkaran bir anayasa taslağını seçmiş veya seçtirilmiş bir ihtisas kuruluna hazırlatarak milletin onayına sunmuştur.

Pekii... Neden kadın milletvekilleri sayısı için bir asgarî sınır getirmemiştir?

Pekii... Neden bazılarının siyaset hayatından yasaklanması gibi demokratik hayatın tasvip edemeyeceği sivriliklere yer verirken, siyasi partilere aday listelerinde kadınlar için, mesela % 30 kontenjan tanımamıştır?

Ümit ediyorum ki geleceğin tarafsız ve cesur tarihçisi müdahalelerin öncülerinden bu düşündürücü soruların cevabını arayacaktır.

## TÜRKİYE CUMHURİYETİ DEVLETİ BAŞKANI SAYGIDEĞER *SÜLEYMAN DEMİREL*'e AÇIK MEKTUP

ATATÜRKÇÜLÜK üzerinde, değer vermemizde zorunluluk olan bir kıstası burada hatırlatmama izninizi rica edeceğim: Cumhuriyetin onuncu yılından sonra Hâkimiyeti Milliye ve daha sonra Ulus'ta yayınlanan **Cumhuriyet Yıldönümleri** sayılarında, yeni bir seçime kadar kadın milletvekilleri sayısının tekrarlanması üzerinde düşüncelerini öğrenmek isteyen Falih Rıfkı Atay'a bu sayıları hazırlıyan kalem olarak şunları söylediğini dinlemiştim:

*"– Tabii, tabii... Hatta fırsat bulduğunuzda daima tekrar edin... 450 yanında 18 ayıbından belki utanırlar!.."*

O günkü insan sayımız bugün dört misli ve o günkü kadın milletvekilinin bugün yarısı...

● – Şu çelişkiye lütfen *çare* arayınız Sayın Cumhurbaşkanı: Türk insanı Zat-ı Devletlerine B A B A diyor ve bu tevcihde gönülden sevgi, saygının şükran hisleri var.

Ama Siz, sadece *erkekler*'in değil, *kadınlar*'ın da BABA'sısınız. Batı kaynaklarının yurdumuzda insan hakları üzerinde maksatlı örnekler sıralarken milletvekili sayısındaki kadın düşüşünü, kadının kılık/kıyafetindeki yadırganan değişme, kadının emek hayatında eriştiği düzeye dönük el atmaların uyandırdığı kuşku önünde, kadın için en üst hizmet olan milletini temsilde ATATÜRK ölçülerine dönülmesi himmeti, diyeceğim ki ayrıcalıklı selefinizin **halefsiz kalmadığının da** ispatı olacaktır.

Azîz Cumhurbaşkanımız...

Bir konuda ancak Zat-ı Devletiniz Türk kadınını, özellikle bugün ekonomik özgürlüğü olan aydın kesiti, *haklarına sahip çıkma* yolunda ne yazık ki gereği gibi ilgilenmedikleri vazifeye çağırabilirsiniz. Bu sizin *tarafsızlığınız*'la ilgili bir konu da değildir: Siz, özellikle büyük selefinizin emânetleri bahsinde *tarafsız* değil *TEK TARAF*'sınız.

Lütfen, gerekirse kulaklarından çekerek: *"– Haydi Atatürk kızları... O'nun Sizleri lâyık gördüğü vazife başına!.. O bütün dünyaya, meşrû*

# TÜRKİYE CUMHURİYETİ DEVLETİ BAŞKANI SAYGIDEĞER *SÜLEYMAN DEMİREL*'e AÇIK MEKTUP

*hakların* **verilmedi***'ğini*, **alındığı***'nı ispat etti. O'na "Yazıklar olsun" dedirtmeyiniz. Bu yüzünüzdeki ayıp, gönlünüzdeki günâh olur"* uyarmasını lütfen yapınız.

Hakikî BABA'lığın, sadece bir yaş/mevki konusu değil, pekyüreklilik, samimiyet, yeterlik mertebesi olduğunu ve Zat-ı Devletlerinin bu ünvâna, inhirafsız bir ömrün nasipleri, çileleri içinde eriştiğinize şahit bulunuyorum.

● – Bir ERKEN SEÇİM'in ufukta belirdiği şu günlerde, izninizle, seçileceklerin milleti *gerçekten* temsil edebilmeleri için zaman zaman düşünülen ve de dünyanın çok yerinde başarıyla tatbik edilen bir sistemi DAR BÖLGE'yi hatırlatmak istedim Efendim.

Mesela İSTANBUL, onbeşmilyona uzanan metropol yapısı içinde Yunan-Bulgar nüfusuna erişmiş yapısıyla ve de doğusu-batısı, güneyikuzeyi insan terkibiyle kim kimin adını duymuş ki vekilini seçebiliyor Efendim...

Ama İstanbul semt/semt, mahalle/mahalle mesela asgarî yüz bölgeye bölünürse, sanırım seçim, PARTİ LİSTELERİ arasındaki çekişmeden veya yarışmadan çıkar, seçileceklerin kişisel değer kıstaslarının karşılaşması gibi bir ümidi getirir: Bugün için olmasa da yarınlar için...

Hepimiz biliyoruz ki özellikle Doğu ve Güneydoğu'da seçim aşîretlerin nüfus bölgelerine göre sonuçlanıyor. Son senelerde Tarikat gruplaşmaları, seçim konusunda *yeni bir aşiret gücü* meydana getirmiştir. Mezhep veya mezhepleşme istidadı gösteren daha çok dinsel *(manevî)* akımların yaygınlaşması, böylesine bağlantısı olmayanların Meclise girebilmelerini mümkün kılacak tedbir olsa gerektir.

Burada ülkemizde vazife yapmış asıl mesleği tarihçi bir Amerikan diplomatının tespitini -içim burkularak- arz edeceğim:

Büyük Millet Meclisi'nde özelikle güney/güneydoğunun dokuz ilinde aşiret reisi ve şeyhlerinin nadir istisnalarla meclise girdiklerini ve son tarikat yaygınlığıyla İstanbul ve Ankara başta büyük şehirlerimize uzandığını tespit ettiğini açıkladı ve düşüncemi sordu.

Bu sebeplerle DAR BÖLGE'yi tezatları asgarîleştirmek için tercihe değer olarak arzetmeyi uygun buldum Efendim.

Çok Muhterem Cumhurbaşkanı;

Elimdeki reddi, hatta yorumu güç belgeler ve ispatlara rağmen, çok nazik, tepkisi o nisbette mutlak bir konuya gelmiş bulunuyorum.

Aslında huzurunuza, satırlarla bile olsa çıkabilmeyi zorunlu saymanın temel unsuru, adını vermekte bile hata edip etmediğim kuşkusu içinde olduğum, ama azîz ATATÜRK'ün dünyamızdan ayrılırken beraberinde götürdüğü hasret:

# *TÜRKÇE İBÂDET*
## *(ana dilimizle kulluk hakkı)*

konusuna gelmiş bulunuyoruz.

Çok yakın geçmiş olmasına rağmen, O'ndan sonrakilerin mevzuu; burada açıklamayı yararsız bulduğum duygularla sislere itmiş olmaları, çok kısa bir *hatırlatma*'yı zorunlu kıldı.

Şimdi izninizle bu boşluğu açıklamaya çalışan girişle ATATÜRK'ün HEDEFİ'ni belirtmeye çalışacağım.

# TÜRKÇE İBÂDET...
## MİLLETİNİN ANADİLİYLE KULLUK HAKKI

Bu O'nun ilk gençlik çağlarından beri rüyâsıydı.

ATATÜRK'ün hayatında izahı güç, hatta imkânsız bir kaderin izlerini ister istemez kabule mecbursunuzdur: Hatta, Harbiye, özellikle Kurmay sınıflarında hürriyet yolunda giriştiklerinin cezası olarak ilk üç askerlik yılının bir *sürgün yeri* sayılan Dördüncü Ordunun Arabistan'ın çeşitli yerlerinde geçmiş olmasının dahi...

Çünkü O, bu sürgün yerlerinde Arab'ı, Türk'e karşı duygularını, hiç bir zaman merkezî devlete bağlanmamış olmasına rağmen dinsel hislerden kopup gelen MUKADDES TOPRAKLAR ve O'nun sahibi *kavm-i necib-i Arab* (üstün ırk, soylu ümmet) inancını, buraların jandarmalığı uğruna oluk gibi dökülen TÜRK kanını;

ve de asıl:

Bu kültür/din hegemonyasından kurtuluşun TEK, SEÇENEKSİZ, ÖDÜN KABUL ETMEYEN yolunun "TÜRKÇE İBÂDET, ANADİLLE KULLUK HAKKI" olduğunu...

Bu duygusunun, sadece O'nda değil, özellikle Türk Ocaklarının kuruluşu, Anavatan Türk aydınlarının önce İstanbul, Millî Mücadeleyle beraber Ankara'da toplanışı, Ağaoğlu Ahmed, Necib Asım Yazıksız, Hamid Zübeyr Koşay, Sadri Maksudî Arsal, Yusuf Akçura ve aynı kökün kafaları, ATATÜRK'ün çevresinde toplandılar, O'nun kafasında böylesine geçmişi olan hasretin, *değişmiş zaman* içindeki yapısını aydınlığa çıkardılar, DİL ve TARİH alanındaki girişim ve kuruluşlarda başı çektiler, bilim ve mantığın tasdikini getirdiler.

Selefiniz, hayatının hiç bir safhasında akıl ve ilimden ayrılmamıştır. Temelinden yadırganan değişimlerde ilhamını yalnızca bilimsel hakikatlere dayandırmıştır. İçinde olduğunuz bu yolun izahını, TBMM'inin SON açılış konuşmasını yaptığı 1 Kasım 1937'de şu cümleleriyle noktalamıştı:

*"– Bizim prensiplerimizi, gökten indiği sanılan kitapların dogmalarıyla asla bir tutmamalıdır. Biz ilhamlarımızı gökten ve gaipten değil,*

25

*doğrudan doğruya hayattan almış bulunuyoruz. Bizim yolumuzu çizen içinde yaşadığımız yurt, bağrından çıktığımız Türk Milleti ve bir de milletler tarihinin binbir facia ve ıztırap kaydeden yapraklarından çıkardığımız neticelerdir."*

Bu gerçekle ilgili olaylar ve emekler, elinizdeki kitabın sayfalarındadır. Ümit ediyorum ki kronolojik tasnif içinde aydınlanmış fikir verebilecek berraklık önünüzde olacaktır. Görüyoruz ki, ülkesinde yaptığı değişiklik içinde hiç birisinde böylesine yalnız ve adeta TEK BAŞINA olmamıştır.

Bundan davasının doğruluğu nisbetinde, bu *doğru*'yu açıklamanın *cesaret* istemiş olması da ona, haklılığının ruh rahatlığını getirmiştir.

Şifasız hastalığı teşhis edilmiş, mümkün olduğunca uzun ve huzur içinde yaşamasının tıp zorunluğu olarak önüne konulduğu zaman, **namaz sureleri** üzerinde bilgi almak için Termal'de, misafiri, daha sonra Diyanet İşleri Başkanı olan Prof. Ahmed Hamdi Akseki ve Hafız Ali Rıza Sağman'ı göstererek:

*"– Şimdi bana şifâ ve huzur getirenlerle beraberim"* inancı, mevzunun kafası ve gönlündeki yerini gösteriyor.

● – Aramızdan ayrıldığında "TÜRKÇE İBADET"'e dinî kıstaslar, şer'î esaslar, içtihadlar, kıyaslar bakımından mâni olmadığına kanaat getirmişti. Mevzu ile alâkalı beyyineler elinizdeki sayfalardadır.

KAMET'i, HUTBE'yi, EZAN'ı TÜRKÇE'leştirmişti.

Sıra NAMAZ SURELERİ'ne gelmişti.

Sonuca yaklaşırken yakın geçmiştekine benzer olaylar tekrarlandı: Nasıl, 1935 Millet Meclisi için ELLİ kadın milletvekili düşünmüş, nasıl aynı Şükrü Kaya, devrin Başbakanı ve Meclis Başkanıyla, bu sefer meclis başkansız (**çünkü meclis başkanı değişmişti, Kâzım Özalp yerine Mustafa Abdülhalik Renda gelmişti**) 1936 yazını hemen hemen *yalnız başına* yürüttüğü emeğinin önüne çıktılar.

NAMAZ SURELERİ'nin Türkçe metinleri NAZIM olarak tekmillenmişti. Metinleri elinizdeki kitabın sayfalarında bulacaksınız.

Sadettin Kaynak, Burhaneddin Ökte, Refik Fersan, Fahire Fersan, İzzettin Ökte, Ali Rıza Sağman, Hafız Burhan ve onların tercih ettikleri sayılı sanatçılar, çalışmaları yürütüyorlardı.

Şükrü Kaya'dan bu günler için dinlediklerimle, isimleri tekrarlanmadan kısaca MUTÂD ZEVAT olarak anılan eski, şahsî arkadaşları, Kılıç Ali, Cevad Abbas Gürer, Nuri Conker, Fuad Bulca, Salih Bozok 1936 yazında ancak çağrıldıkları zaman gidiyorlardı. Ama buna karşı mesela Selânik'ten çok iyi tanıdığı, subaylıktan ayrılarak fikir hayatına giren, YENİ KALEMLER'i kuranlar arasında olan, DİNLER TARİHİ'ni Fransızca'dan çeviren, Kıbrıs Türk Lisesine müdür olarak gönderdiği, son olarak da Mareşal Fevzi Çakmak'ın Ordu için kendisine din ve ahlâk dersleri kitabını yazdırdığı Manisa Milletvekili Kâzım Nami Duru, CHP'nin son başvekili İstanbul Üniversitesinde DİNLER TARİHİ profesörü Şemseddin Günaltay'ı, elinizdeki kitapta bir özeti olan Meani-i Kur'an'ın sahibi Ord. Prof. İsmail Hakkı İzmirli'yi davet ediyor, fikirlerini alıyordu.

1937 Hatay, Montreux, Niyon mevzuları, hastalığı içinde bu konularla şahsen meşgul olma ihtiyacı duyduğu ve olduğu yıldır. Ordu'nun son Trakya manevralarında bulunmuş, Doğu/Güneydoğu yolculuğunu yapmıştır.

Ancak kendisinin neticelendirebileceği inancı içinde HATAY mevzuuna eğilmiş ve Millî Mücadelenin buhranlı günlerinde "kırk asırlık Türk yurdu HATAY esir kalamaz" sözünü yerine getirmiştir.

10 Kasım 1938 perşembe günü saat 9.05'de aramızdan ayrıldığında TÜRKÇE İBADET ve kendi söyleyişiyle **"Türk insanının anadiliyle kulluk hakkı"**, felsefesi, gerekçeleri, bilimsel araştırmaları ile yasal safhanın tamamlanması eşiğindeydi. Ne KAMET'in, ne HUTBE'nin, ne EZAN'ın Türkçeleşmesinde zerrece bir emrivâki *(oldu bitti)* olmamıştı.

O gözlerini kapadığı zaman, KAMET *(namaza durma)* ile EZAN *(namaza çağrı)* ödevleri Türkçe okunuyor, HUTBE özdilimizle veriliyordu.

# TÜRKİYE CUMHURİYETİ DEVLETİ BAŞKANI SAYGIDEĞER *SÜLEYMAN DEMİREL*'e AÇIK MEKTUP

● – 1938'le, çok partili hayata geçiş ve siyasî iktidarın 14 Mayıs 1950 değişmesine kadar **varılan noktada kalındığını**, çok eski geçmişe dayanan Arapça'nın sadece bir YABANCI DİL değil, **DİN LİSANI** sayılmasının yanlış ve haksız anlayış ve yorumunun kendi hâline bırakılmış olduğunu görüyoruz Muhterem Cumhurbaşkanı...

Bu arada Sayın Cumhurbaşkanı şifasız hastalığına, diyeceğim ki daha çok bir hekimin ihtisas alanına giren konuda Atatürk'ün bedeni üzerindeki görünürdeki değişiklik için ilgi duyması sonucu Prof. Dr. Nihat Reşat Belger'in, o ana kadar üzerinde durulmamış SİROZ teşhisi ne yazık ki vakti geçmiş gerçek olarak öne çıkmış "Beni Türk doktorlarına emanet ediniz" tercihine rağmen getirilen Prof. Dr. Fissenger, Dr. Belger'in teşhisine "maalesef çok geç" ilavesiyle katılmıştı.

Atatürk'ün bu tarihten sonra ufukta inanılmaz bir takvim isabetiyle gördüğü II. Dünya Savaşı'nın deniz, özellikle havalara hakim bloğun zaferiyle sonuçlanacağı, müstakil bir İsrail devletinin çıkacağı, komünizm ve öteki diktatoryaların yıkılacağı ve Türkiye'nin takip edeceği **silahlı tarafsızlık** politikası yanında özellik ve özellikle din ve kültür alanlarındaki **"Malum hedeflere doğru"** yürünmesini sık sık tekrar etmiş olmasının sert hakikatini, bugün ibretle ve de gerektiği gibi kavrayamamış olmanın esef ve elemiyle düşünülüp düşünülmemesini halefi Zâtı Devletlerinin takdirine arz ediyorum.

Nitekim, çok partili rejimin başlamasıyla bu *gözler önünden uzak* gerçekler sahneye çıktı: Mustafa Kemal'den hesap sorarcasına!..

ATATÜRK'ün şahsında laik rejimi hedef almış hareketlerin temelinde, gerçekleri aydınlatma, açıklama vazifelerinin yerine getirilmemiş olmasının tortusu vardı Muhterem Devlet Başkanı... Zat-ı Devletlerini de, şu son günlerdeki konuşmalarınızda *o sisli günleri aydınlığa çıkarma zorunluğu*'nu, diyeceğim ki bir çıkmaz yolun seçeneksiz yapısı içinde -*hiç de mizâcınız ve tercihinizde olmamasına rağmen...*- MECBUREN yapıyorsunuz: Neylersiniz ki makamlara kişiler değer getiriyor veya, değerleri alıyor beraberinde götürüyor ya da kudret, kuvvet ifade eden tabirler, ünvanlar, sloganların gölgesine sığınıyor: ATATÜRK'den sonra, bazı ÇANKAYA EMANETÇİLERİ'nin yaptığı gibi... Yüce İslâm Peygamberinin bir *"şeref-ül-mekân bil-mekîn = Makamlar insanlara şeref vermezler, insanlar makamlara şeref getirir"* ebedî hükmüne rağmen...

● – 1950'yle, bu tâbirler/terkiblerin mahrumiyetiyle *değer ölçüleri*'nin iflâsından, kurtardığı vatanda onbeşyıl on karış vatan toprağı bulamamış Mustafa Kemal sorumlu tutulmuş, heykellerine, büstlerine, resimlerine saldırılmıştır. Aslında bu barbarlıkta, ARAP CAHİLİYYE DEVRİ kalıntalarının hortlaması vardı.

Muhterem Cumhurbaşkanı... ATATÜRK'den sonra Siz, *sekizinci halef*e kadar hiçbir şahsiyet, belli olaylar, günler dışında Mustafa Kemal'i tek bir *sıfat* sözcüğü için Sizin kadar yürek, gönül, akıl, vefâ içinde mühürlemedi: Adeta, bir tekbîrin huşuu içinde BÜYÜK ATATÜRK dediniz.

Ve de diyorsunuz,

İnsanı insan yapmış ayrıcalığın özü *kadirbilirliğin* dileği olarak diyorum ki BÜYÜK ATATÜRK kıymet normuna sonuna dek devam edeceksiniz.

*Ebedî Şef* sözcüğü, çoğu zaman **geçmişte kaldığı** anlatılmak istenen anlamda kullanılmıştır: Çünkü bu gaye ile düşünülmüştü.

Aslında Atatürk *geleceklerin sembolü*'dür.

Bu inanç içinde, O'nun, beraberinde götürdüğü hasretini gerçekleştirmek emeliyle düşüncelerimi *müstakil bahis* hâlinde izninizle sıralamak isterim.

# TÜRKÇE İBADET
## *Anadilimizle*
## *Kulluk hakkı*

himmetini tamamlamanızı istirham ediyorum.

● – Mevzu üzerinde kronolojik akışın nirengi olayları elinizdeki sayfalarda mümkün olduğunca sıralanmıştır.

Yüksek müsaadelerinizle, bu iddiasız, fakat **HER NOKTASI ÜZE-RİNDE** ispat hakkım saklı olarak düşünce ve tavsiyelerimi sıralamaya izin istiyorum:

1 – ANAYASA ve SEÇİM KANUNU ve de ilgili yasalarda gerekli değişiklikleri yaparak 1997 sonbaharında seçime giderken, milletimize CUMHURİYETİN BAŞKANI'nı doğrudan, kendisinin seçmesini sağlayacaksınız.

2 – Ve de ATATÜRK'ün 1930 Serbest Fırka denemesinde düşündüğü hasretini gerçekleştirmiş halefi olarak ADAY olacaksınız: Dünyaya yüce Türk Milleti'nin vefâsının, kadirbilirliğinin, ona sunulmuş alınterinin buharlaşmadığının ispatı olacaksınız.

3 – Kucaklayacağınız İLK iş, "TÜRKÇE İBADET *(anadilimizle kulluk hakkı)* özgürlüğümüz olacak... Biliyorum, zor, çok zor emek... Ama Siz, *"HAKİKATLERİ KONUŞMAKTAN KORK-MAYINIZ"'* diyen ve korkmamış olan ATATÜRK adına, O'nun yarıda bıraktığını tamamlayacaksınız: Bu ülkenin yüzyıllardır başına ne gelmişse, hepsinin temelinde, bu milletin Tanrısına kulluğunun, **onun için herhangi bir yabancı dilden farkı olmayan** ARAPÇA'yla ibâdetini yapmaktan geldiğini, bunu bilenlerin Türk'ün pırıl pırıl imân ve vicdanını art düşünce-

31

lerin binbir çeşitiyle tahrif ve iğfal ederek bu yolda kullandıklarını örnekleriyle sergileyeceksiniz.

4 – Ve sadece Müslüman değil, her mezhebiyle Hıristiyan, Musevî, Budist, Brahman, Şaman, hatta Ateist *(Tanrıtanımaz)*lerin katıldığı dünya çapında bir şûra *(kongre; kurultay)* toplayarak, BİR MİLLETİN ÖZDİLİYLE KULLUK VAZİFESİNİ YERİNE GETİRME HAKKININ insan haklarının âmentüsü olup olmadığının **incelenmesi ve karara bağlanmasını** isteyeceksiniz.

5 – Bu milletlerarası bilim topluluğunun kararı, eğer gizli ve sinsi, 1417 yıl sürmüş TÜRK İNSANININ DİNİNE ARAP İPOTEĞİ'ni kaldırmıyorsa, Millî Mücadele başlarken oluk gibi kan döktürmüş *FETVÂ KAVGASI*'nda olduğu gibi, Arap'a ve Acem'e rağmen ve de o mantığın ürünü yozlaştırılmış MEDRESE'nin makyajına rağmen, Siz, 1920'nin İRŞAD (AYDINLATMA) HAREKETİNİN muhterem, azîz din adamlarını bularak İKİNCİ FETVÂ KAVGASI'nı kazanacaksınız. Sağduyu, uygarlık, akıl örülü Türk insanından onay alacaksınız ve uyanan millî vicdanın baş tacı emeğinizi emniyet ve huzur içinde sürdüreceksiniz.

6 – Bilmiyorum, SÜLEYMAN DEMİREL ÜNİVERSİTESİ'nde ilâhiyat fakültesi var mı?

Varsa, adını hemen ATATÜRK İLÂHİYAT *(TANRIBİLİM)* FAKÜLTESİ ne çevireceksiniz. Milletvekili seçmenin binkere daha titizcesine, oraya, Millî Mücadelede *Bab-ı Meşihat* (şeyhülislâm)lık adına Mustafa Kemal ve arkadaşlarının ölümlerine fetvâ verenlerin karşısına çıkmış o muhterem, elleri öpülmeye lâyık **GERÇEK TÜRK DİN BİLGİNLERİ** yapısında genç dinbilimcilerini bulacaksınız:

*"– Bize Cumhuriyeti dedelerinizin imânı armağan etti. Haydi bakalım... Onu koruyacak imânlı, aydın, uygar, zamanı kucaklamış nesli Sizler yetiştirin..."* diyeceksiniz.

7 – Ben şimdiden kendilerine Sizin iki YÜCE hemşehrinizi, Türk insanını Arap kültür emperyalizminin hammaddesi olmaktan kurtarma yolunda ömür adamış iki unutulmuş Ispartalı'yı ha-

tırlatıyorum: Kınalızade Ali Efendi *(doğumu: 1510 - ölümü: 1571)*,[1] ve Ağlarcalızade Mustafa Hakkı Bey *(doğumu: 1866 - ölümü: 1921)*[2]

8 – Hatırlarsınız Sayın Cumhurbaşkanı... ATATÜRK'ün TÜRKÇE İBADET yolundaki adımlarının en önemli ve sonuncusu olan TÜRKÇE EZAN, Türk Milletinden güven isterken sloganları-

(1) Osmanlı Türkleri'nde dine ve millî yapıya dayalı ilk ahlâk kitabını veren bilgindir. Ispartalı'dır. Asıl adı Alâeddin Ali Çelebi'dir. Babası Abdülkadir Efendi Fatih Sultan Mehmed'e hocalık yapmış zamanının bilginlerindendi. Sakalına kına yaktığı için Kınalızâde olarak anılır.

Kâtib Çelebi Keşf-üz-Zünûn'unda Kınalızade'nin "Ahlâk-ı Alâiye"sinin Celalî, Nasırî, Muhsinî gibi Doğu ülkelerinin benimsediği ahlâk anlayışı yanında eski Mısır ve Yunan ahlâk anlayışından da ilham aldığını söyler. Prof. Mustafa Şekib Tunç, Kınalızâde'nin ahlâk tahlillerinin dinî olduğu kadar millî olduğunu, aynı zamanda onaltıncı yüzyılda, ondokuzuncu yüzyıl ikinci yarısının "zekâyı geliştirmek" gibi Batılı filozofların ve ruhiyatçıların ele aldıklarını incelemekle kalmayarak hükümlendirdiğini söyler ve zekâ bahsinde "iyiyi düşünmeyi öğrenmek, matematik vasıtasıyla zekâya kıyaslama genişliği kazandırmak, Tabiat ve Tanrı hakkında derin bilgi edinmeye çalışmak yoluyla da daha çok sonra Kant ve Goethe'nin açıkladığı tarzın, çok gelişmişini onlardan iki yüzyıla yakın önce ele aldığını söyler.

Prof. Hilmi Ziya Ülken, Kınalızâde'nin *iyi insan* tarifinin üç temeli: 1) Tanrıya itaat, 2) Memleketin kanunlarına itaat, 3) Hakka saygı prensipleri için "– *Asıl dikkat çekeni, bu vasıfları muhafaza için yaptığı tavsiyedir. Kınalızade* "– **Bunlar bizim insanlarımızın aslî vasfıdır. Bizi tahrip etmek isteyenlerin faaliyeti bizleri bu hasletlerimizden mahrum bırakmaya müteveccihtir. Halkımız esas lisan ve itikatlarından dahi mahrum bırakılmaktadır**" sözleriyle maruz kaldığımız kültür emperyalizmine asırlar evvel işâret etmiştir" diyor.

Muhterem Cumhurbaşkanı... Üniversitenizin mevcutsa gündemi içine, yoksa ATATÜRK TANRIBİLİM *(İLÂHİYAT)* FAKÜLTESİ olarak faaliyete geçtiğinde, 1510'da Isparta'da doğan, Anadolu Kazaskerliğine kadar yükselen, kabri Edirne'de bulunan bu değerli hemşehrinizin geniş biyografisini, mürettep divânının, *ÖZELLİKLE TÜRKÇE şiirlerinin* bastırılmasını rica etmek istedim.

(2) – Sayın Cumhurbaşkanı... Üniversitenizin ATATÜRK TANRIBİLİM *(İLÂHİYAT)* FAKÜLTESİ'nin hayatı, fikirleri, mücadeleleri üzerinde ısrarlı ricamın başında, 55 yıllık kısa hayatında Osmanlı Mebusan Meclisinde Isparta'yı üç devre temsil eden coşkulu Türkçü, Şeyhulislâm ve Evkaf Nazırı Mustafa Hayri Ürgüblü Efendi'ye *ıslâh-ı medaris* (medreselerin düzenlenmesi) tasarısı Meclis'te görüşülürken: "– *Buralarını evvelâ Arap/Acem istilâsından kurtar. Medreselerin ıslâhı bina, kılık/kıyafet islâhı meselesi değildir. Asrın millî irfan müessesleri olma himmetidir*" kavgasını yapan, hemşehriniz, Ağlarcalızade Mustafa Hakkı Bey'e, adına ayıracağınız anfide bana konuşma hakkı tanımanızı rica ediyorum.

Yan tarafa bu coşkulu Türkçü'nün, Mebusan Meclisi albümündeki fotoğrafını sunuyorum. Doğum tarihi Isparta 1866, ölüm tarihi İstanbul 1921... Şair, mitoloji uzmanı hemşehriniz Salih Zeki Aktay'dan babasının esnaf Ağlarcalızade Ahmet ağa olduğunu öğrenmiştim. Hikmet Tur-

33

nın başında "ATATÜRK ve ATATÜRKÇÜLÜK" gelen Demokrat Parti iktidarının ilk yılında Arap'a iade edildi.[3]

EZAN'ı, Arap'a iadeye bulunan kılıf şuydu:

EZAN'ı, isteyen Türkçe, isteyen Arapça okuyacaktı...

Atatürk'ün dünyamızdan ayrılışının onüçüncü yılıydı.

Madde ve manâda YEPYENİ YAŞAMA DÜZENİ'ni getirmiş olduğu emekleri üzerinde ne yapılmıştı?

Mustafa Kemal elliyedi sene yaşamıştır: Bugün 1997... Aramızdan ayrılması üzerinden 59 sene geçmiştir. Devri, DİKTATORYA'lar yanında, devrini tamamlamış bünye değişikliği ihtiyacındaki klâsik demokrasi kargaşası içindeydi. Dünyanın en uzun süreli teokratik monarşisinin, reddedilmiş yaşama hakkının inkârı içinden bu cumhuriyeti yarattı. Hiç birşeyi *tamamladığı*'nı iddia etmemiştir. Ardında hiç bir doğmatik miras bırakmadı. GELECEK ZAMANLAR'ın insanıydı.

Adının başa alındığı İZM'ler, O'nu kavrayamamış, böyle bir emekten de kaçınmış statükocuların icadıdır.

Bıraktığı vatan tablosundan madde ve manâda kaybolmuş hangi değer ölçüsü varsa, şu veya bu şekilde *ödün verilmiş* olanlardır.

Bu ibretli olduğu kadar acı gerçek üzerinde, yine EZAN'la devam ederek noktalamama izninizi diliyorum: EZAN'ı **isteyen Türkçe, isteyen Arapça okuyacaktı...**

Şekli teklif edenler, sanki, o gözlerini kapadığı andan beri gizliaçık, binbir yoldan, EZAN'ın Arap'a hazırlığını bilmiyorlarmış gibi...

---

han Dağlıoğlu'nun tespitine göre kabri İstanbul'da Merkezefendi Kabristanı'ndadır. Halen Isparta'da ailesi devam ediyor mu bilmiyorum. ATATÜRK, Bay Önder piyesinin metinlerini incelerken bir sayfaya *"VEFÂ TÜRK'ÜN ŞİARIDIR"* inancını el yazısıyla yazmıştı ve ben bunu MİLLET mecmuamın kapağında yayınlamıştım. Saygılar sunuyorum.

(3) *Siyasî hayatı kapatılmış bir devre ait olduğu için bu ibretli hakikatin üzerinde politika yapımızın "nabza göre şerbet, oy sandığı uğruna ödün, ana hedefler yolunda samimiyetsizlik" hastalıklarımızın tipik ispatı olmasına rağmen üzerinde durmayacağım. Son yıllarda siyaset literatürümüze giren TAKIYYE, HİLE-İ ŞER'İYYE terimlerinin geçerliliği ortadayken, temel derde dokunamamak çâresizliği içinde bu ve benzer olayları hatırlatmada zaman israfından gayrı netice göremiyorum.*

Ve, Millet Meclisinde teklif oylanırken, siyasî ahlâk, prensip, varoluş mantığı, verâset kıstasları bakımından utanç verici inkâr sahnelendi: *"– Biz ATATÜRK'ün Partisiyiz!"* diyen, bu iddia için de O'nun mirasındaki hisselerini almaya bugün de fütursuzca devam eden Cumhuriyet Halk Partisi'nin Millet Meclisi'ndeki grup sözcüsü, öneri oya sunulacağı sırada söz istedi:

*"– Biz de katılıyoruz..."* dedi.

1950 - 1960 arasında, hiç bir temel konuda anlaşamayan iktidar ve muhalefet, İLK ve SON olarak, işte bu, Atatürk'ün beraberinde götürdüğü hasret, Türkçe İbâdet'in varılan son halkası Türkçe Ezan'ı Arap'a iade ödününde kolkola girdiler: Lütfen Sayın Cumhurbaşkanı, Meclis Tutanaklarını ibretle tetkik buyurun: OY SANDIĞI uğruna nelerin fedâ edilebileceğinin anıtı olarak...

ATATÜRK: *"– Türk milletine doğru ve güzeli veriniz, anlatınız, muhakkak kucaklar"* demiştir.

Daima bu yoldaydı. Karşı görüşler, nesiller ve devirlerin mirasıydı. Buna rağmen, bir iki dış tahrik dışında, insanımız hangi çağ önerisini geri çevirdi? Alışkanlıkların belirtileri dışında hangi açtığı yolun önüne bir karşı felsefenin engeliyle çıkıldı? *"–İsteyen ezanı Türkçe okusun"* imkânının dayandığı mantık, anadile saygı, bu tercihin haysiyet şuuru anlatıldı mı? Neredeydi o Atatürkçülük iddialı genç nesil? Neredeydi Atatürk'ün halefleri?

Ama öte yanda Şeriat hasretlileri, zamanın reddindeki kapanmışlığın önünde adım adım yollarına devam ettiler ve ediyorlar. Ve edecekler...

Şu anda Mevlâna Celâleddin'in *"– Tiryâk* (afyon) *acı ve zehirdir. Ama kaç derde devâdır, bilir misin?"* sorusunu hatırlıyor, şöyle diyorum: Sayın Cumhurbaşkanı... TÜRKÇE İBÂDET'te elbette çok odak karşınıza dikilecektir. EZAN örneğinde olduğu gibi, *"isteyen ibâdetini Türkçe yapsın, isteyen Arapça'ya devam etsin"* diyemez misiniz?

Yürekten inanıyorum ki bu, aklın, bilimin, gerçeklerin, Türk olma haysiyet ve öngörüsünün zaferiyle mühürlenecektir: Çok değil, kısa zaman sonra Türk insanı **papağan olmadığı**nı kavrayacak, kulluk ödevini anadiliyle yerine getirme kutsal yolunu tutacaktır.

# TÜRKİYE CUMHURİYETİ DEVLETİ BAŞKANI SAYGIDEĞER *SÜLEYMAN DEMİREL*'e AÇIK MEKTUP

Başta, adınızı taşıyan üniversitenin Tanrıbilim *(ilâhiyat)* fakültesi, dekanından öğrencisine bu aydınlatmanın cesur, yorulmaz, imânlı, bilgili öncüleri olacaklardır. Bugün yurdu süsleyen üniversitelerimiz, yüksek okullarımız, özellikle ve özellikle her kademedeki öğretmenlerimiz, Cumhuriyetin manevî mimarları ANADOLU ÜLEMÂSI'nın ruh yapısına sahip mübarek din adamlarımız,[1] ATATÜRK'ün sağlam eseri kahraman Ordumuz, O'nun ruhunu şâd edecek bu akıl, bilim, çağ yolunda atılmış cesur adımı kapanmaz aydınlık yol yapacaklardır.

O gün geldiğinde yeni bir yasal değişiklik düşünülmeden büyük hasret gerçek olacaktır.

Bu özlem hakikatleşince de, Zat-ı Devletlerine kısaca ATATÜRK KANUNU denilen ve onu görünürde heykelleri, büstleri, resimleri, aslında Laik Cumhuriyeti korumanın sadece savcılara değil, millî vicdanın emanetinde olması mutluluğu içinde *"– Bu yasaya lüzum kalmadı..."* huzurunu dua ediyorum Sizin için...

---

(1) Bu muhteşem hakikati, 1973 senesinde yani, Cumhuriyetin ellinci yılında, büyükboy 352 sahifelik *"KURTULUŞ ve CUMHURİYETİN MANEVÎ MİMARLARI"* kitabımla anlatmaya çalışmıştım.

Zat-ı Devletleri BAŞBAKAN'dınız. Alakanızı esirgememiştiniz.

Birkaç baskı yaptığını, senelerce cuma hutbelerine mevzu olduğunu duydum.

O ümitsiz günlerde ve binbir menfi şart içinde, devirlerin doğruluğu üzerinde hükümler getirdiği kutsiyetine inanılmış düşüncelere karşı bile HAKK'ı savunmuş olan bu mübarek insanların verâsetinin devam ettiğine inanıyorum. DİN'in, göreneklerden ve telkinlerden çok kişinin vicdanında yaşanan azîz inanç duygusu olduğunu kavramış din bilginlerimizin **anadiliyle kulluk hakkına** sahip olması yolunda vatandaşların yanında yer alacağını sadece ümit etmek değil, aksini düşünmenin onları kıracak tutarsızlık olacağını düşünüyorum.

İzninizle, Millî Mücadele günlerinin Maarif Vekili, Türk Ocakları Genel Başkanı rahmetli Hamdullah Suphi Tanrıöver'den dinlediğim bir ATATÜRK İNANCI'nı hatırlatayım:

FETVA KAVGASI olurken ve İstanbul'dakilerin, Anadolu'yu devlete baş kaldırmak, o günlerin tâbiriyle "huruc - ales-Sultan" *(Padişaha isyan)*la suçlarken, yapılanın **vatan istiklâl ve varlığı için zorunlu meşrûluk** olduğunu anlatmak üzere din adamı milletvekillerinin "irşad (aydınlatma) heyetleri" halinde köylere, kasabalara gitmeleri kararlaştırılmış. Hamdullah Suphi Mustafa Kemal'e gelmiş; **"– Paşam... Bunlar köylerde söylediklerine dayanç olarak Arapça metinler bulacaklar. Köylü ne anlayacak? Acaba dilimizle birkaç metin hazırlıyalım mı?"** demiş.

Mustafa Kemal şu cevabı vermiş:

**"– Sen tasalanma Hamdullah... Onlar Arapça konuşsalar bile Türkçe düşünürler"** demiş.

Bugün çok şükür Türkçe konuşuyorlar, bir bölümü Türkçe konuşurken de Arapça düşünse bile ergeç gerçeği görürler, diye düşünüyorum.

Bu çapta hangi hizmet basit ve kolay efendim?

# TÜRKİYE CUMHURİYETİ DEVLETİ BAŞKANI SAYGIDEĞER *SÜLEYMAN DEMİREL*'e AÇIK MEKTUP

● – Zamanınızı aldığım için özür diliyorum.

AÇIK MEKTUB'umla, Zat-ı Devletinize, elinizdeki sayfalara gözatmak zahmetine katlanabilecek alakaya mazhar olabilmişsem çok güç, çetin, hatta asırlar-devirlerce, düşünülmez-konuşulmaz bir mevzuu ele alabilme ortamını, hakikatlere erebilmenin aydınlık yolu sayıyorum.

Size, bir AÇIK MEKTUP seslenişinin, Çankaya günlerinizde mümkün olabilmesini, demokrasinin eriştiği düzeyden önce, Zat-ı Devletlerinin her türlü fikre *açık* olması hususiyetine bağlıyorum. Bu vasıf, şüphesiz ki *tek başına tercih* değildir. Tamamiyetin bir cephesidir.

Gençlik çağınıza ait, henüz politika hayatınızın başlamadığı günlerle ilgili geleceğiniz üzerinde adetâ *olacakları okumuşcasına* bir tahmin, bir teşhis ve belkide emeğinizden duyulan bir şükrânın ifadesi...

Kararı kendiniz veriniz, ben olayı anlatayım:

Ben, kalem elimde oldukça, ATATÜRK devri dahil, siyaset kervanına katılmayı asla düşünmedim.

Elde edilmesi güç imkânların içinde olmama rağmen...

Çünkü bu *dışta kalma*'yı, tarafsızlığın İLK şartı saydığım ve özellikle de ATATÜRK'ün *tarih yazma* konusunda *"Tarih yazmak, yapmak kadar hayâtidir. Yazan, yapana sadık kalmazsa çıkan neticeler insanlığı şaşırtan bir hal alır"* ödünsüz hükmünü her an vicdanımda duyduğum için...

Biliyorsunuz: Rahmetli Celal Bayar'ın, 1939'larda, siyasî ikbal ve iktidar, güneşin kutuplara uzak olduğu kadar düşünülmeyecek olduğu günlerinde yanında olmuş; hayat, emek, gayelerini dört hacimli ciltte kitaplaştırmıştım. Demokrat Parti'nin kuruluşundan yedi ay önce neşir hayatına girmiş MİLLET mecmuamın başlığının altındaki **"YETER!... SÖZ MİLLETİNDİR"** lejandı Demokrat Parti muhalefetinin bayrağı olmuştu.

Rahmetli Bayar'la, hayatını kitaplaştırmış, politika dışı ben fikir adamının, O, köşesindeki devlet şahsiyeti arasındaki yakınlığımız son nefesine kadar devam etti: **YÜZYAŞINI TEKMİLLEME** gibi, bir devlet reisine tarihten günümüze kadar TEK kutlamasında, **tek konuşma-**

cı'ydım ve Zat-ı Devletleri de o günün yasaklı siyasetçisi, bugünün devlet başkanı olan kıdemin sahibi olarak oradaydınız.

Bugün, böyle bir ATATÜRK HASRETİ'nin yerine getirilmesi ümidi içinde huzurunuzda olmasaydım ve de Sizden ancak memleket ve tarih için hatırlatmalar sınırı içinde kalan mâzim olmasaydı, şahsınız üzerinde hakikat olmuş bir tahmini dinleyemeyecektiniz.

Olay şudur:

Rahmetli Bayar, ATATÜRK GÜNLERİ'nden kalmış dostlarının varlığıyla huzur duyacaklarını bildiği vatana kazandırılmış eserlerin açılışında birlikte olmaktan zevk alırdı. Böyle bir hisle beni şahsî davetlisi olarak götürdüğü Hirfanlı Barajı gezisinde beraberindeydim.

Sizi orada tanıdım. Devlet Su işleri Umum Müdürü idiniz.

Beni Size kendi tanıttı. Yanılmıyorsam Bayındırlık Bakanı Muammer Çavuşoğlu da oradaydı. Davetli olduğum yerlerde fotoğraflarda gözükmekten mümkün olduğu kadar kaçınırım. Yan sayfada gördüğünüz fotoğrafı, o hayranı olduğum hâfızanızla zaman ve mekân olarak rahatça tespit edebilirsiniz.

O hizmet devrinizin sonunda Size, BARAJLAR KRALI denildiğini sık sık duydum.

Cumhurbaşkanı Sizin açıklamalarınızı ilgiyle dinliyordu.

Biz biraz sonra ayrıldık.

Arabada bana:

**"– Talat Paşa'nın Midhat Şükrü'nün benim için söylediklerini senin yazından öğrenmiştim. Talat Paşa merhumun benim için söylediklerinin benzerini, şimdi ben sana, bu Süleyman Demirel için söyleyeceğim. Bu çocuk veya ona benzer hizmetler yapanlardan biri, başbakan da olur, cumhurbaşkanı da olur. Artık bu ATATÜRK NESLİ'nin yolu açılıyor"** dedi.

**"veya bir başkası"**na ihtiyaç olmadı, Siz oldunuz...

**Şimdi de lütfen TALAT PAŞA sahnesini dinleyiniz:**

Tarih 1918 Mayıs'ı... Dört yıldır süren kanlı ve çetin Birinci Dünya Savaşı'nın sonu gelmiştir: Osmanlı Devleti, aynı safta olduğu Almanya,

Avusturya-Macaristan, Bulgaristan'la beraber yenikler safındadır. 1908 İkinci Meşrutiyeti'nden beri kısa aralıklarla iktidarı elinde tutan İttihat ve Terakki TECEDDÜT *(YENİLEŞME)* adıyla, kendi içinden çıkaracağı yeni partiye yerini bırakarak varlığına son kararı verecek kongresini topluyor. Sadrazam *(başbakan)* Talat Paşanın istifası cebindedir.

1912'den beri İttihat ve Terakki'nin EGE bölgesi kâtib-i mes'ulü *(sorumlu sekreteri)* olan Mahmud Celal Bey, hey'et-i merkeziyenin *(genel yönetim kurulunun)* kararıyla hey'et-i umumiyeye *(genel kurula)* istifanın gerekçelerini açıklamakla ödevlendirilmiştir.

## TÜRKİYE CUMHURİYETİ DEVLETİ BAŞKANI SAYGIDEĞER *SÜLEYMAN DEMİREL*'e AÇIK MEKTUP

Bu güç, çetin, bir bozgunun vatana yüklediği dertlerin acısıyla dolu olayları açıkgönülle sıralayan Celal Bey, kara tabloyu geleceğe dönük ümitle kapadı: *"– Karanlıklar içinde bir ışık bulacağız ve görünürdeki zorlukları aşarak ülkeyi selâmete çıkaracağız. Çünkü biz, benzer ümitsizlikler içinden çıkıp gelmiştik"* mesajını verdi.

Bunları ilgiyle dinleyen Talat Paşa, yanındaki umumî kâtip *(genel sekreter)* Midhat Şükrü Bleda'ya dönmüş:

*"– Dikkat et Midhat... Bu genç adam birgün benim yerime gelecek..."* demişti.

Hirfanlı Barajı dönüşü Bayar'ın bana: *"– Midhat Şükrü'den benim için Talat Paşa'nın söylediklerini senin yazından öğrenmiştim"* dediği olay buydu.

Siz, hiç kolay olmamış, binbir engeli aşarak Celal Bayar'ın ümidini gerçeğe dönüştürdünüz. Vatan için hayırlı bir emekler serisinin gerçekleşmesine, Türk insanının sağduyusunu yanınıza alarak...

Şimdi ben Zat-ı Devletlerinden, hakkınızda güvenini, Siz, politikaya girme çağ ve şartlarının uzağındayken, kendisini ATATÜRK'ün yerine getirmiş emek yıllarını, bakanlık, başbakanlık, cumhurbaşkanlığı son noktalanmasını çoban Sülü'den koymasını, Türkiye'nin gerçek HALK ÇOCUKLARI varlığı adına şahsınıza bağlanmış *doğru ümit* sayıyorsanız şükrân borcunuzu ödeyiniz: ATATÜRK'ün beraberinde götürdüğü hasret TÜRKÇE İBADET'i gerçekleştirerek... Çünkü sebepler ne olursa olsun, EZAN'ın Arap'a iade yolu, Celal Bayar'ın Çankaya günlerinde açılmıştır: Ben, onun hayatını en ümitsiz günlerinde yazmış kalem; bu asla düşünemeyeceğim çelişki önünde Demokrat Parti'yi iktidara getirmiş emeğin öncüsü MİLLET Mecmuamı kapatmış, kitaplarıma dönmüş, Bayar'ı yıllarca görmemiştim: Yassıada safhasına kadar...

Çok Muhterem Cumhurbaşkanı...

İnanıyorum ki araştırıp, benim gibi O GÜNLER'den kalabilmişleri bulur, onları dinlemeye lâyık görürseniz bu emektarlar benim Size, şu seslenişime imza koyacaklardır.

Mevlâna Celaleddin: *"bir beste ol, ardından hasretle söylesinler"* der.

40

## TÜRKİYE CUMHURİYETİ DEVLETİ BAŞKANI SAYGIDEĞER *SÜLEYMAN DEMİREL*'e AÇIK MEKTUP

Bu bâkir beste Türk milletinin Tanrısına kulluk ödevini ANADİLİYLE yerine getirme hürriyetidir.

Kutsal himmeti lütfen kucaklayın.

Her tip fundamentalistler önünüze çıksalar da...

Hakk Sizinledir,

Akıl-bilim Sizinledir,

Türk Milleti'nin sağduyusu, haysiyet yapısı, çağdaşlık şuuru Sizinledir,

Bu uğurda emek verenlerin ümit mirası Sizinledir,

ATATÜRK'ün ruhu Sizinledir.

Türk Milletinin 1417 yıllık hasreti Sizinledir.

Şu satırlar ilginize ulaşabilmişse, elinizdeki sayfalarda derlenilmeye çalışılmış hakikatler de Sizinledir.

*"GAZANIZ MÜBÂREK OLSUN"* diyebilir miyim?

Saygı, Sevgi, Dualarıyla:

*Cemal Kutay*

**Tarihçi - Yazar**

**Saygıdeğer Cumhurbaşkanı;**

Bu bahsi tamamlamış, yenilerine başlamıştım ki, Sayın Başbakan, süresiz sekizyıllık eğitim eleştirilerine cevap verirken Kur'an kursları ve imam hatiplerle ilgili hükumet kararlarını açıkladı.

Esefle görüm ki düşünülenlerin hiç biri, asıl ufunetle derde devâ değil... Netice şu ki, Arapça ibâdet devam edecek, şu veya bu tarz içinde bu Arapça ibâdeti öğretecekler daha yüksek Arapça öğretim kuruluşlarında, ilâhiyat fakültelerinde yetiştirilecek ve de imam hatiplerin üç yıllık kademeli Arapça öğretimi devamlı bir yıla sıkıştırılacak... Başbakan bugün tatbik edilene göre *daha çok saatin Arapça'ya* ayrıldığını iftiharla açıklıyor.

Yani ARAPÇA PAPAĞANI yeni nesillerin devam edeceği vaadi...

Bu gaflet veya yüreksizliğe EVET'mi diyeceksiniz?

GAFLET diyemiyorum, çünkü ikinci binyıl kapanırken, Türk Milleti'nin kendisinin yönetimine lâyık gördüğü bir şahsiyetin ATATÜRK'ün yarıda bıraktığı hasretini bilmemesi, kavramaması ve bunun milletinin en kutsal hakkı anadiliyle ibâdet mevzuunun cahili olması mümkün müdür? O halde geride kalan nedir? Böylesine gerçeklere kapalı hale getirilmiş, donmuşluğa itilmiş, Arap kültür emperyamizminin maşası haline getirilmiş, gırtlağına kadar siyaset içinde bir başka ümmetin diliyle ibâdeti zorunlu saydırılmış insanlara hakikati açıklıyamamak yüreksizliği mi?

Rahmetli Celal Bayar'ın EZAN'ın Arap'a iadesi kararının, Cumhurbaşkanlığı makamına Anayasanın verdiği yetkiler içinde telakkisinden kopan bahtsız teselli havası içinde daha sonra çektiği azâbı yakından bilirim. Bugün önümüzde, Milletimize, hakikatleri apaçık, pekyürekle, cesaretle, bilimsel hakikatlerin, millî haysiyetimizin, hür insanlık gururumuzun kucaklamasıyla meydana gelecek muhteşem kudrete dayanılarak neden: *"– Anadilinle ibâdete engel hiç bir dinsel mâni yok... Bu senin anasütün kadar hakkın... Bugüne kadar gerçekleşmemesinin çok sebebi vardı ve bunların başında teokratik düzen geliyordu. Atatürk, bu düzenin YAŞAMA SİSTEMİ hâline getirilmiş bölümlerini bir bir ayıkladı, yerine çağdaşlarını koydu, Lâik Cumhuriyeti kurdu, sıra ibâdetin Türkçeleştirilmesine geldi, himmetin yarısındaydı, ömrü vefâ etmedi, bizlere emânet etti. İşte biz bugün, ellibeşinci hükümet, bu kutsal ödevi yerine getiriyoruz, Kur'anını dilinle oku, dilinle ibâdet et, evrensel değerini kafan ve kanınla sağladığın İSLAMİYET'i öz dilinle tatbik etme hakkı dünyada hiç bir ulusun senin kadar hakkı değildir. Rahat et... En kısa zamanda yasal tedbirleri alacağız. Senin kendi ilâhiyatçıların, nesillerdir bu hizmetin hasreti içindedirler. Ülkenin bir Cumhuriyet öncesini düşün, bir de bugününü... Gel hep beraber, el ve gönülbirliğiyle bu muhteşem ödevi de başaralım"* demiyor Sayın Cumhurbaşkanı... Neden Zat-ı Devletleri gerçek vicdan özgürlüğüne erişme ümidimizin önüne binbir yoldan çıkmış ve din faşizminin ilkgünden temel mayası olmuş bir *yabancı dille ibâdet* tutsaklığına SON dedirtecek kutsal himmetin başını çekmiyorsunuz?

Affınıza sığınarak şu gerçeği de, arzedeyim: Aslında asla bağnaz, yobaz olmayan, irsiyyetinde milli yapısına uygun yola ümit ve cesaretle giren Türk insanına, milli/manevi hayatında yeri olmamış hayali değerler putlaştırılmışsa, bunlar, teokrasi devrinde Medresenin temsil ettiği egemenliği, demokratik parlamanter devrede siyasi teşekküllerin omuzlamasıyla *devam'ı* ihtirasıdır. Yoksa bu ülkede kim, insanmıza *ana dilinle ibadet edeceksin* müjdesini vermekten çekinir?

Düşünüyorum ki Ülkemiz, yaşadığımız çalkantıların belki de lütfu olarak, çok acısını çektiğimiz illetten edebiyen kurtulmanın yol dönemecine geldi. Artık *nabza göre şerbet* çıkmazında çare aramak yerine, millete, konuyu apaçık, olduğu gibi açıklayıp *İBÂDETİNİ ANA DİLİNLE YERİNE GETİRMEK İSTER MİSİN?* sorusunu sormak mümkün değil midir?

Daha çok basitler, gelip geçiciler için denenen ve benimsenen bu yol neden böylesine temel mevzu üzerinde denenmiyor?

Konu ilkgününden günümüze açık, sade, olduğu gibi, saklanıp gizlenmeden anlatılır, ortada dinsel hiç bir engel olmadığı ispatlanır ve sorulur: *"– Görüyorsun ki Sen karar verirsen tüm ibadetin anadilinle olacak. Namazını özdilinle kılacaksın, tüm ibadetini Türkçe yapacaksın, Kur'anı Türkçe okuyacak, anadilinle hatmedeceksin. Dinini diyânetini daha derinden, olduğu gibi kavrayacak, onu gönlünden, kanından geldiği gibi değerlendireceksin. ARAPÇA olduğu için yoksun kaldığın, tam anlayamadığın, başkalarının da tam anlaması mümkün olmayan tanrısal, dinsel konuları kavrayacak, görme, düşünme, değerlendirme ufkun genişliyecek, SON DİN İslâmiyetin ahlâk ve fazîletlerine yabancı bir dilin papağanlığıyla değil, öz dilinin aydınlığı içinde gireceksin.*

44

*Söyle... Sen, özgür bir insansın: İstiyor musun, istemiyor musun?"*

Saygıdeğer Cumhurbaşkanı;

Sayın Başbakan, Arapça'ya yeni papağanlar sağlama inancası yerine, yaşının-başının, kültürünün-milletine saygı duygusunun, ATATÜRK'ün bu temel verâsetinin şuuruna sahip olduğu yeterliğinin mevcudiyeti adına bu tabii, hatta demokratik bir sistemin temel yapısı *halka gitme,* referandum yolunu denese olmaz mı?

"– Sekiz yılda neler oldu, olaylar bir daha mı sokaklara dökülsün?" sorusu akla gelebilir.

Tabii sorulsun efendim, sorulsun ve olaylar sokaklara dökülsün ki; DİN faşizminin, ARAPÇA'ya dayandığı;

Ondan ilham aldığı; asıl kuvveti, ilham kaynağı, dilediği gibi, yalan-yanlış yorumladığı ARAPÇA olduğu meydana çıksın...

ATATÜRK: *"– ŞER'rin en kötüsü ehveni şerdir"* demiştir Saygıdeğer Cumhurbaşkanı...

ÇANKAYA GÜNLERİ'nizde böylesine vatanın yarınlarını aydınlatacak veya karartacak konuda böylesine bir hatadan korunmak için uyarıcılık himmetinizi esirgemiyeceğinizi ümit ediyorum.

Saygılar sunuyorum Efendim.

Sayın Cumhurbaşkanı;

Hükümetin bu mevzu üzerinde *"nabza göre şerbet, ne şiş yansın ne kebap, dürûgu maslahat-âmîz"* gibi Osmanlı'da ve ATATÜRK dışında Cumhuriyette kurtulamadığımız lânet illetin ibretli tecellileri önünde yaptığım bu EK seslenişi, affınıza sığınarak, gönlümden, kafamdan geldiği gibi tamamlayacağım:

TÜRKÇE İBADET konusunda ÇANKAYA'nın bütün emanetçileri ATATÜRK'ün ruhuna ve tarihe hesap vermek zorundadırlar.

İstisnasız bütün emanetçileri...

Zat-ı Devletleri dahil...

İsmet İnönü'yü saymak istemiyorum: O, zaten, kendi adına *bir devir* açmak vefâ ve şahsiyet idraksizliğini denedi.

Ama ondan sonra normal statüko içinde veya müdahaleyle gelenler ne yaptılar?

Siz ne yaptınız?

Türk insanı bugün hala ibadetini ana diliyle değil, şoven Arap kültür emperyalizminin aracı Arapçasıyla yaptığına göre Siz ne yaptınız?

Ezan'ı Arap'a iade şekli formülleriyle yetinen Celal Bayar'ın ruhu rahat mı? Sayın Kenan Evren nasıl rahat nefes alabiliyor?

ATATÜRK'ü *anlamak ve kavramak,* sadece bu odakta, TÜRKÇE İBADET'te noktalandığı halde...

Siz Çoban Sülü, Siz ATATÜRK'ün beraberinde götürdüğü hasreti üzerinde, Siz ne yaptınız?, Siz rahat mısınız?

Saygılar sunuyorum, **allaha ısmarladık** diyorum efendim.

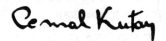

# ŞAMAN'lıktan İSLÂMİYET'e

### ● — TÜRK'teki (TEK TANRI) GELENEĞİ

İslâmiyetin Arap yarımadasında doğup dünyaya yayılma devri yedinci yüzyılda; Asya Kıtası büyük GÖKTÜRK Hakanlığı'nın egemenliğindeydi.

GÖKTÜRK'lerin sınırları Doğu'daki şimdiki Japon ve Çin denizinden,

Batı'da Kırım'ı da içine alan genişliğe,

Kuzey'de Sibirya'ya,

Güney'de de Hindistan'ı kapsayarak Çin'in Pekin bölgesine dayanan ihtişamlı devleti simgeliyordu.

Tarihte ayrı yeri olan GÖKTÜRK HAKANLIĞI'nın sınırları içinde Türk Boylarının dağılımını hatırlamak, o günkü dünya haritası içindeki yerlerini kavrama bakımından düşündürücüdür:

1) – KARLUK Türkleri: Aral ve Balkaş Gölleri'nin kuzey yörelerinde;

2) – KIRGIZ Türkleri: Ötügen Ülkesi'nin ve Baykal Gölü'nün kuzey alanlarında, Altay Dağları'nın kuzeybatı yörelerinde;

3) – UYGUR Türkleri: Önceleri Karluk ve Kırgızlar'ın bulunduğu sahalarla bugünkü Moğolistan ve Doğu Türkistan, Çin'in batı kısımları, sonraları çepeçevre bugünkü Tanrı Dağı devamı olan yörelerde;

4) – OĞUZ (UZ) Türkleri: (Kalabalık Oğuz Boyları halinde) Bugünkü "Mâveraünnehir" yani Seyhun ve Ceyhun Nehirleri'nin bulunduğu çevreler; bugünkü Mançurya çevresinde Moğollar ve doğusunda Tunguzlar, Doğu Türkistanlılar,

5) – YAKUT Türkleri: İmparatorluğun kuzey ve kuzeydoğu yörelerinde;

6) – HAZAR Türkleri: Hazar Denizi'nin kuzey ve batı yörelerinde;

7) – İTİL (VOLGA) BOLGAR Türkleri: Hazarlar'ın kuzey ve batı komşuları olarak bugünkü Volga Nehri çevresi ve Kazan bölgesi, Karadenizin kuzey yörelerinde.

Bu devirde Türk dünyasının başlıca özelliği, bu çapta yaygın bir ulus hareketi, büyük devlet niteliği, merkezî otorite terkibi içinde başka hiç bir dünya milletinde görülmemiş din, inanç tamlığına sahip olmasıydı: TEK TANRI inancına... Kaynağı da doğanın yüce varlıklarına ve yaratıcısına duyulan saygı, hayranlıktan esinlenen ŞAMAN'lıktı.

ŞAMAN'lık, Türkler'deki TEK TANRI geleneğini günlük yaşantıya alma gibi genişlik içinde kucaklamıştı: Putlara tapma ilkelliği yoktu, doğa'nın yüce varlıklarına saygı, sevgi, değer ölçüsü vardı. Asıl yapısı da TEK TANRI (monarité) inancıydı. GÖKTANRI sözcüğü, tüm Türk boylarının yaşadığı yerlerde yaygın sevgiyi kucaklıyordu. Dilekler ona dönüktü. Ünlü teolog, filozof Felicien Challaye Türkler'in üç semavî din olan Musevîlik, Hıristiyanlık, İslâmiyet'ten önceki devirlerde TEKTANRI (monarité)ye bağlı millet olduğunu ve bu inançlarını Şamanlığın GÖKTANRI inancından aldığını kaydeder. Fransız teolog ve filozofuna göre Türklerin İslâmiyeti topluca kabulü, bu eski inançlarının yeni dinin temeli olması dolayısıylaydı. Şöyle diyor:

"– Budizm, özellikle Çin Budizm'i, Türkler arasında ilgi görmemişti. Bunun başlıca sebebi Budizm'in kadercilik, pasif görüş, mücadelecilik duygusundan uzak olmasıydı. Türkler hareketli, azimli, zor konuların yanında bir toplumdu. Hıristiyanlığın mezhep ayrılıkları ve taassuplara dayalı baskıları içinde yeni bir inanç felsefesine ihtiyaç duyulduğu yedinci yüzyıl şartlarında çıkmış Müslümanlığı benimsediler ve yeni dine kendilerine özgü aktiviteyi, canlılığı, teşkilâtçı ve yaratıcı ruhu getirdiler.

Türklerin İslâmiyeti kabullenmelerinden sonra dünyanın TÜRK adını MÜSLÜMANLIK'la beraber anması ve kabullenmesinin sebebi budur ve doğrudur.

Arabistan ve İran dahil, daha sonra dünyada İslâmiyeti kabul etmiş ülkeler ve milletler için KILIÇ ZORU iddiası doğru olabilir, ama Türkler için bu iddia yerinde ve doğru değildir. "Çünkü Türkler'in tarihlerinde, kendi rızalarıyla benimsememiş oldukları zora dayalı hadiseye tarih tanıklık etmiyor."

# ● — İSLÂMİYET ÖNCESİ TÜRK DİNSEL YAPI-SIYLA ARAP ŞERİATI ARASINDAKİ FARK-LILIĞA AİT DİKKATE DEĞER SONUÇLAR

Elimizde, 1899 yılında İstanbul'da basılmış Balhasanoğlu Necib Asım Yazıksız'ın TÜRK TARİHİ'nin ilk cildi var.[1] Bu ilk cilt, islâmiyet öncesi Türk varlığını, yazarın özel görüşleri içinde ele alıyor: Özellikle "Türklerin Aslı"na ait 132 sayfalık bölüm, bugün okunulması şart gerçeklerin geçit resmidir.

---

(1) Balhasanoğlu Necib Asım Yazıksız 1861'de Kilis'te doğdu. Dârülmuallim-i Âliye *(yüksek öğretmen okulu)*nu bitirdi. Arapça, Farsça, Almanca, Fransızca, Uygurca, Çağatayca, öteki Türk lehçeleri ve Rusça biliyordu. Petersburg Türkiyat Enstitüsü'nde ihtisas yaptı. İstanbul Darülfünunu (üniversitesi) Türk Lisaniyat Tarihi müderrisliği (profesörlüğü) yaptı. III, IV, V. devrelerde Erzurum Milletvekili'ydi. Sahasında çok eseri vardır. 1935'de öldü.

Yan taraftaki fotoğraf, 1316 Hicrî, 1899 Milâdî yılda, yâni 98 yıl önce basılmış TÜRK TARİHİ eseriyle, ulusumuzun aslını, Arap-Acem tezlerinden sıyrılarak, Batı tarih bilimcilerinin de katıldıkları görüş içinde İLK açıklayan, Balhasanoğlu Necib Asım *(Yazıksız)*a aittir. Bu yeriboş bilgin, milli tarih tezimiz üzerinde, bugün de dayancımız bilimsel yapıyı kitaplaştırdığı zaman otuzsekiz yaşındaydı.Kitabın iç kapağında sahip ve yayınlayıcısı olarak HÜSEYİN FERİT ve AHMED ŞEMSEDDİN adları var. Kimlerdir, bilmiyorum. Fikir hayatı üzerindeki baskının ibretli örneği olarak Sultan Hamid devrinde gazeteler, dergiler, kitaplar, basılmadan önce *"Tetkiki Müellifat Dairesi"*nde incelenir, maarif nezaretinin ruhsatıyla basılırdı. TÜRK TARİHİ de, 23 Mart 1314 (1897) tarih ve 131 Numaralı *ruhsatnameyle* basılmıştı.

Necib Asım, Mustafa Kemal Atatürk'ten yirmi yaş büyüktü. Mustafa Kemal, Manastır Askerî İdadisini bitirip Harbiyeye girdiği yıl çıkan kitabı okumuş, ve 1931'de Necib Asım, ERZURUM Milletvekilliğine seçilip Ankara'ya geldiğinde "TÜRK TARİHİ TETKİK CEMİYETİ"nde adına tertiplenen törende eserini kendisine imzalatmıştı.

Kitap bugün, Anıtkabir Müzesi kitaplığındadır.

Lütfen hatırlayınız ki Osmanlı tahtında, HİLÂFET POLİTİKASI takip etmekle ünlü İkinci Sultan Abdülhamid vardır ve İslâm tarihi kitaplarında, dört halifeden üçünün, Hz.Ömer, Hz.Osman ve Hz.Ali'nin dinsel görüşler ayrılığının sebep olduğu siyasi cinayetlere kurban gittikleri bile okutulmamaktadır. Biyografilerinde, normal hayatlarını tamammadıklarını telkin eden üslûp içinde ve de bırakınız kanlı, kinli mezheb kavgalarını, mesela Vehabî, İdrisî, Dürzî olayları gibi, hepsi **şeriatın farklı görüşleri**'nden kopup gelen ve hepsi sonuçta; ülkede huzursuzluk, kan dökülmesi, asayişsizliğin binbir çeşitine yol açmış hadiselerin faturalarının TÜRK MİLLETİ'ne çıkarılması çelişkisinden TEK CÜMLE söz edilemiyen o günlerde Necib Asım Yazıksız'ın başladığı emeğe devam eden bir fikir adamı neden **çıkmamış, çıkamamış**tır?

İzninizle açıklayayım: Çünkü bu konular, ancak, belli yönde, belki sonuçlara ulaşmak için düzenlenmiş tertiple ve de aklı, mantığı, müspet bilimi, hatta takvim yapraklarını yok sayan **şekilci felsefe**nin ürünüdür.

MİLLET yoktur, ÜMMET vardır ve aslı böyle olduğu halde, **bir ırkın şoven yapısı**, ötekilerin üzerine ebedî hâkim kılınmak istenmiştir: Hiç bir Hanedân için düşünülmeyecek kesinlikle...

Birkaç örnek vereyim: Türk Milleti'nin hayatında PUTA TAPMIŞ OLMA gibi bir ilkellik yoktur: ŞAMAN'lık doğasal yüceliklere saygıdır. Bu saygı, doğasal yüceliklerin varlığında ONLARI YARADANA, yani **EVRENİN TEK SAHİBİ**'ne olan saygıdır. Arap Ümmeti'nin CAHİLİYYE devrindeki felâketli yapısını hatırlar mısınız? Kumar'ın her çeşiti, ahlâksızlığın her tecellisi, kadının alınır satılır mal sayılışı, AİLE KUTSALLIĞI'nın mutlak meçhul olması, hatta oğulların ölen babalarının yerine, aralarında anneleri de dahil olarak ölen babanın eşlerini alabilmeleri utancı, bu karanlık devrin çukurları arasındadır.

Ve İslâmiyet, insanlık adına yüzkarası bu tablodan onları kurtarmak için gelmiştir.

Peki... Sonra ne olmuştur?

Arap Yarımadası'nın bir daha benzer utancı yaşamaması için müzik, resim, heykel ve benzeri, insanlığın yüce duygularının, en asil ve kalıcı belirtilerine YASAK'lık getirilmişti: Kesin, ödünsüz –hatta kalpsiz...– yasaklılık...

Bu yasağın faturasını ARAP ve ÖTEKİLER değil, biz TÜRKLER ödedik.

Taaa Mustafa Kemal'in günlerine kadar...

Tarihimizde putlara tapmanın ayıbını taşımamamıza rağmen.

Ama ne oldu, hatırlayınız: Şeriat resmi yasakladı, biz Türk insanı, insanlığımızın yapısı yaratıcılığımıza RESİM demeden başka yollar aradık ve bulduk: Hüsn-ü Hat (kaligrafi) dedik, ebrû dedik, minyatür dedik, damarımızdaki asil kanın sanat ürünlerini verdik, heykel yasaklandı, heykelleşmiş mabetler, yapı şâheserleri, külliyeler kurduk, mezartaşları, makberler yaptık...

Hiç de böylesine bir cezaya hak kazanmadan!..

Ya Türk geleneklerinde kadın haklarıyla şeriatın tanıdığı kadın hakkı?

Türk obasında kadın erkeğinin önündeydi. Umacı kılığında değildi, Kurultayda bile yeri vardı, nice kadın başbuğlar görmüş yaşamıştık, mirasın yarısını alırdı, iki erkek biri kız obanın üç çocuğu varsa, kızın hakkını korumak için iki erkekten biri atına biner, obadan ayrılırdı, ATSIZ sözcüğü buydu. "– TANRI BABA OCAĞINI SONADEK SÖNDÜRMESİN" dileğinde ocağın şavkını yakan kadın eliydi. "BİR YASTIKTA KOCAMAK" duası da değerdi, çünkü Türk ailesinde ÇOK EVLİLİK yoktu. Cariye, odalık, gözde sahtekârlığı da yoktu.

## ● —NEDEN ÜÇ "SEMAVÎ (GÖKSEL) DİN" ARAP YARIMADASI'NDAN ÇIKMIŞTIR?

Daha sonra politikaya giren ve düşüncelerine uygun partiden milletvekili seçilen bir zat, üç semavî dinin Arap Yarımadası'ndan çıkışını o topraklar ve insanlar için ayrıcalık sayarak, **neden biz Türkler'e bir peygamber gönderilmediği**ni sormuştu.

Cevabımı Sizlere de hatırlatmak isterim.

"– Çünkü, **demiştim,** çünkü bir peygamber ancak bir dinî, manevî ihtiyaç halinde gönderilir. Bu ihtiyaç da oradaki insanların yüce Tanrı katında onaylanması mümkün olmayan günahlar, hatalar, ayıplara batmış olması, düzelmeleri yolunda yapılan uyarmaların sonuçsuz kalması, insanlık adına yüzkarası örnek halinde devamının yaratacağı boşluk önünde çaresizliğe düşmemek için Tanrı buyruklarını iletmede yeterli kişi PEYGAMBER (YALVAÇ) olarak vazifelendirilir, gelir.

Şimdi sorunuza cevap veriyorum: Çünkü hiç bir TÜRK YURDU, hiç bir zaman kesitinde bir PEYGAMBER'e muhtaç olacak kadar ahlak düşüşüne uğramadığı için böyle bir zorunluk duyulmamıştır."

Bu cevap açıktan bir görüş değildir: Peygamberler Tarihi'nde yer almış ve DİNLERİN GELİŞLERİ sebeplerini sıralayan ana kaynaklarda kelime farklarıyla yerini bulmuş genel hükümdür.

Arap Yarımadası'nı adıyla zikrederek, ora halkına ait bir benzer açıklama vardır ki, bir haksız hükme yol olur kaygısıyla buraya almak istemedim.

## ● — ŞAMANLIKTA YAKARIŞLAR (DUALAR, DİLEKLER) ve DOĞA HAYRANLIĞI

Şamanlık;

Ongunculuk *(Totemizm)*, Canlıcılık *(Animizm)* ve benzerleri kandaş (ilkel) topluluklarda inanç arayışlarının arasında sayılmıştı. Dinbilimcileri, son zamanlarda özellikle komünizmin çöküşünden sonra Türk anavatanında yaptıkları araştırmalarda Türk Şamanlı'ğının farklılığını tesbitlediler.

Elde edilen sonuçlar şamanist kültürün odağı ŞAMAN'ın fiziksel ve ruhsal bakımdan ayrıcalığını, semavî dinlerden gayrı inanç yumağından, Buhdha, Brahma, ve de İran Zerdüştlüğü'nden çok farklı olduğunu düşündürmüştür. Orta Asya Türklüğü çok farklı rejimler içinde bile bu yapısını inanılması güç berraklık içinde korumuştur. Şamanın topluma ve kişilere yönelik en önemli işlevi **iyileştirme, şifa verme**dir. Hastalık, bir tür ruh yitimi sayıldığından hastayı iyileştirmek için Şaman, önce yitik ruhun nerede olduğunu saptar. Bu çalışma şekli o günler içinde ruhsal bağlantıları araştıran psikolojik görüş genişliği sayılmaktadır.

Şamanizmin halk kültüründe derin kökler saldığını da görebiliriz. Şamanların yeraltı dünyasına iniş ve göğe yükseliş öyküleri pek çok halk destanında önemli yer almıştır. Kaşgarlı Mahmud'un "Çivi" adıyla andığı ruhların kökeninin "ije-kıl"lara dayandığı izlenebilmektedir. Orta Asya Türk destanlarının kahramanlarından Toktamış ve Edirge'nin eş ruhları

(Kazak-Kırgızlar'ın adıyla Arvak) vardır. Orhan Gazi'nin çağdaşı Geyikli Baba'nın geyikleriyle birlikte yürümesi, geyiğe binmesi motifi, Şaman yakarışlarında nerdeyse aynen yer alıyor. Hacı Bektaş-ı Velî'nin şahin olarak uçup gitmesi, Karaca Ahmed oğlu Hacı Doğrul'un doğan biçimine bürünmesi Şamanist köklerle ilişkilendirilebilir. Türkçe YEL sözcüğünün Anadolu'da cin ve salgın hastalık gibi anlamlar taşıması da Şamanist gelenekle bağlantılıdır.

Bunları neden ardarda sıraladığımı da hatırlatmak istiyorum: Şimdi göreceğimiz Şaman yakarış (dua, dilek)larını okurken, BİR ve YÜCELER YÜCESİ TANRI'ya binlerce yıldır aynı yürekten duyguyla ve de ÖZ DİLLERİYLE kulluk ettiklerini göreceğiz.

Bir farkla: Binlerce yıl önce ceddimiz, bu kulluk ödevini öz dilleriyle yapıyorlarmış: İbâdet olarak... Biz bugün bir başka dille yapıyoruz. Bu kopuşu düşünmeden ve yadırgamadan...

İnandığımız, bağlandığımız din'in böylesine bir tercihi kesin şart olarak kabullendirmemiş olmasına rağmen...

Neden?

Niçin?

Altay şamanlarının GÖKTANRI'ya (ÜLGEN'e), bugünkü Türkçe'yle bir dua'ları (yakarışları) şöyle:

"– Bu **ay**'lı, **güneş**'li Ayaz Han'ımız (parlak gökyüzü), ormanlı, taşlı Altay'ımız... Bizi ağlatma, yalvarma zorunluğunda bırakma. Günahlarımız çoktur. Altay Tanrımız diyerek yalvarıyoruz. Günahlarımız çoktur. Altay Tanrımız diyerek yalvarıyoruz. Gücümüz çoğalacak mı? Ölümsüz hayat diliyoruz. Sönmeyen ateş (ocak) diliyoruz. Sana çok yalvarıyor, çok yakarıyoruz."

Necib Asım Yazıksız'ın TÜRK TARİHİ'nde TANRIYA YAKARIŞLAR asıl söylenişleri yanında Osmanlı Türkçesi'yle de yer almıştır. Buradaki açıklamalar, doğa'nın yüce varlıklarının Türk Şamanlığı'ndaki ayrıcalıklı yerini tesbitliyor. Kişi, soy, aile isimleri de, dinleri ne olursa olsun Türk kanı taşıyanların beraberce kullandıkları AD'lar olarak sıralanıyor. Bakınız ne diyor **(sayfa: 82/83):**

"– Şamanlık'ta en değerli maden, silâh yapımında kullanılan DEMİR'di. Hz. İSA 'dan altıyüzyıl sonra, Hz. Muhammed'den yüzyıl önce Türkistan'a giden Bizans elçileri sınırda DEMİR CEVHERİ sunularak karşılanırdı. TİMUR (DEMİR), TİMURTAŞ (DEMİRE DEK) beğenilen adlardı. ŞAMAN'lar, inançlarında yeri olan maden, bitki, hayvan isimlerini insan adı olarak tercih ederlerdi. Hatta HUN kralı ATİLLA'nın ismi bile MACARCA'da ÇELİK anlamına gelen Aezeül kelimesinden ATZEL şekline ve sonra da ATİLLA'ya dönüşmüştü ki, Türkçe DEMİR'in tam karşılığıydı."

KARLUK Türkleri'nin GÖKTANRI'ya yakarışlarından da bir örnek dinleyelim:

*Ey GÖKTANRI beni duy,*
*Yakarışıma sana ulaşma gücü ver,*
*Toprağımda yeşillikler sararmasın,*
*Atım, davarım susuz kalmasın,*
*Ürünüm solmasın, başsız kalmasın,*
*Sönmesin obamın çırası,*
*Gücüm, aşım azalmasın.*
*Sana uzanmış ellerimi*
*Boşta bırakma Yüce GÖKTANRI*
*Korumadan yoksun bırakma bizi*
*Eksiltme azığımızı, dileğimizi*
*Bozdurma dirliğimizi, birliğimizi*
*Koru budunumuzu töremizi.*

Hepinizden, vicdanınızı, sağduyunuzu, aklınızı hakem yaparak şu soruya cevap rica ediyorum:

"– Beşbin yıllık bu ŞAMAN duasını mı Yüce Tanrıya YAKARIŞ olarak selâmlıyorsunuz, yoksa anlamını, kaynağını, felsefesini, özellikle geçmişinizin dokusu **"doğa gerçekleri"**yle ilgisiz ARAPÇA duaları mı anlıyor, benimsiyor, yüreğinizde iz buluyorsunuz?"

Tanrı aşkına, kaynağı meçhul günah korkusunu silerek cevap veriniz.

# ● — ATATÜRK'de ŞAMAN DOĞA VARLIĞI FELSEFESİ İÇİNDE "TÜRK'ün TÂRİFİ"

Konunun en ilginç bölümüne, ATATÜRK'e, milletinin niteliklerini sıralarken ŞAMAN felsefesinin nasıl etken olduğunun inanılması güç belirti -**hatta ispatına**...- gelmiş bulunuyoruz.

Olay şudur:

ATATÜRK'ün manevî kızlarından Afet Uzmay (İnan), tarih öğrenimi görüyordu. Hocaları arasında sahasında ünlü bilim adamlarından İsviçreli Prof.Eugéne Pittard kendisine doktora tezi olarak "TÜRK'ün TARİFİ"ni vermişti.

Konunun şüphesiz ki ağırlığını bilerek ve öğrencisinin Atatürk'e danışacağını tahmin ederek...

Bu tahminin ardında da dünyaya gelmiş gelecek EN BÜYÜK TÜRK'ün Milletini nasıl tanımlıyacağının merakını elbette duyarak...

Nitekim öyle oldu.

Kendisinden yardım istediğinde Afet'e şu cevabı verdi:

**"– Önce Sen çalış, metnini hazırla, beraber inceleriz."**

Afet, hazırlığını tamamlar, metin elinde gider.

Atatürk hacımlı emeğin sayfalarını tek-tek çevirir, arabaşlıklara gözatar, metni tam okumaya girmeden, ani kararla:

**"– Hele dur... Ver bana bir kâğıt, ben Sana Türk'ü tarif edeyim"** der. (Ben olayı doğrudan rahmetli Âfet İnan'dan dinledim.)

Ve çok zaman olduğu gibi kurşun kalemle milletini şöyle anlatır:

"– Bu memleket dünyanın beklemediği, asla ümit etmediği bir müstesna mevcudiyetin yüksek tecellisine yüksek sahna oldu. Bu sahna 7 bin senelik en aşağı bir Türk beşiğidir. Beşik tabiatın rüzgarlarıyla sallandı, beşiğin içindeki çocuk tabiatın yağmurlarıyla yıkandı, o çocuk tabiatın şimşeklerinden, yıldırımlarından, kasırgalarından evvelâ korkar gibi oldu, sonra onlara alıştı, onları tabiatın babası tanıdı, onların oğlu oldu. Birgün o tabiat çocuğu tabiat oldu, şimşek, yıldırım, güneş oldu, Türk oldu.

Türk budur, yıldırımdır, kasırgadır, dünyayı aydınlatan güneştir."

55

İnanılması güç bu muhteşem gerçeğin kanıtı olarak metnin ATA-
TÜRK'ün KENDİ EL YAZISI orijinalinin klişesini sunuyorum:

Bu memlekette, Dünyanın beklemediği, asla ümid etmediği bir müstesna mevcudiyetin yüksek tecellisine, yüksek sahne oldu. Bu sahne 7 bin senelik, en aşağı, bir Türk Beşiğidir. Beşik Tabiatın rüzgârlarile sallandı; Beşiğin içindeki çocuk Tabiatın yağmurlarile yıkandı o çocuk Tabiatın şimşeklerinden, yıldırımlarından, Kasırga

larından evvelâ; Korkar gibi
oldu; sonra onlara alıştı;
onları Tabiatın babası tanıdı.
onların sesini aldı. Bir gün
o Tahsat çocuğu Tabiat oldu,
şimşek, yıldırım, güneş
oldu; Türk oldu Türk
budur. Yıldırımdır,
Kasırgadır, dünyayı aydınla-
tan güneştir.

Evlatlarınıza kalacak ölümsüz emanet olarak ve de Yahya Kemal'in **"İnsan âlemde hayâl ettiği müddetçe yaşar"** ümidini şu yaşımda yüreğimin derinliğinde duyarak...

Evet... Ümit ediyorum ki bu ülkede bir gün gelecek, Mustafa Kemal'in beraberinde götürdüğü:

## TÜRK MİLLETİNİN TANRISINA ANADİLİYLE KULLUK HAKKI

hasretini kucaklıyacak:

### O'NUN ÇAPINDA YÜREKLİ;

### O'NUN DÜZEYİNDE MÜSPET BİLİMCİ;

### O'NUN YAPISINDA ULUSUNUN HAYSİYETİNE SAYGILI

bir GERÇEK HALEFİ çıkacak, aziz ruhuna lâyık olduğu huzuru, bu muhteşem emeğiyle sunacaktır.

Ve de sadece elliyedi yıl yaşadığını, bir ana sütü kadar helâl söz hakkını, cumhuriyeti kurup gözlerini kapadığı 1938 - 1923 = 15 yıla, evet, sadece onbeş yıla sığdırdığını, aramızdan ayrılalı da 1997 - 1938 = 59 yıl, yâni, yaşadığı süreden daha uzun zaman gelip geçtiği halde, emânetinin OLDUĞU YERDE beklediğini de bilmiş olmanın elemini yüreğimde yaşayarak **İstiklâl Marşı**'nın bir mısraını hatırlıyor,

"KİMBİLİR BELKİ YARIN, BELKİ YARINDAN DA YAKIN" diyorum.

● – Türk Milleti "ANA DİLİYLE KULLUK HAKKI"na kavuştuğu gün, konuyu kucaklayacak evlâtları, manevi hayatımızda yeni bir pencere açacaktır: Ulusal verâsetin ŞAMANLIK ve öncesine uzanacak bilim penceresini...

Bu emeğe de 1899'da **(yani yuvarlak rakam yüz yıl önce...)** Dârüt-tabaatül âmire, yani devlet basımevinde basılmış büyükboy 551 sayfalık yeriboş üstat Balhasanoğlu Necib Asım Yazıksız'ın TÜRK TARİHİ'nin ilk cildinde sıraladığı vazifeleri kucaklayarak başlıyacaktır.

Bu emeğin içinde Türk Milleti'nin İslâmiyeti kucaklamasıyla SON DİN olduğu hakikatinin, ancak bu kutsal emekle hayal olmaktan çıktığı da anlaşılacaktır.

## ● — HAÇLI SEFERLERİ; BİZ TÜRKLER ve BİZDEN GAYRI ÖTEKİ MÜSLÜMANLAR...

Bir ispat ister misiniz?

Biliyorsunuz: 26 Ağustos 1071'de Büyük Selçuklular Hakanı Alpaslan'la, Doğu Roma **(Bizans)** İmparatoru Diegenus bir ölüm-kalım savaşı verdiler: Bizans Ordusu, her yapısıyla HAÇLI KUVVETİ'ydi. Bununla yetinmemiş Hıristiyan Türkleri, bir DİN MUHAREBESİ bayrağı altında saflarında toplamıştı.

Malazgirt'in ötesinde, Arap Yarımadası'nın tümü Müslüman halkıyla İran İslâmları topluluğu vardı: Biraz ilerisinde de Afgan'dan Hind Kıt'ası'na kadar uzanan Müslüman topluluğu...

Bu savaş aslında İslâmiyetin ASYA-AFRİKA'ya sürülmesi kavgasıydı. Nitekim İLK Haçlı Seferi, Malazgirt'ten 16 yıl sonra, 1087'de oldu.

Peki... Neredeydi bizim **İttihad-ı İslâm** (İslâm Birliği) masalının mefkûrecileri?

**TEK BİR TANESİ** yoktu!..

Ama o can pazarında dinleri Hıristiyan, kanı TÜRK olan Bizans Ordusu'ndaki Hıristiyan Türkler, kavganın iki din arasında değil, İKİ MİLLET arasında olduğunu görünce, tereddüdsüz Alpaslan'ın tarafına geçtiler ve Selçuk Ordusunun kendisinin üç misli kalabalık Doğu Roma'ya karşı zaferinde etken oldular.

Çünkü MİLLİYET daima DİN'in üstündeydi.

Pekii... Nerdeydi Müslüman kardeşlerimiz? Şeriat korkusu yüreğimize öylesine sinmişki bin yılı geçti, hala soramıyoruz.

● – İkinci Haçlı Seferi 1087'de Papaz Piyer Lermit'in öncülüğüyle 600.000'lik bir ordu gibi, o günlere kadar görülmemiş kalabalıkla Anadolu Selçuklu Hakanlığı arasında İznik önlerinde oldu. Yine bizim MÜSLÜMAN KARDEŞLERİMİZ sahnede yoktu. Haçlılar ilerlediler, Antakya ve Kudus'ü aldılar. Anadolu'da tutunamadılar, ama Türk'ün elinin uzanamadığı yerlerde karşılarında ne din, ne milliyet yolunda kanlarını akıtarak ödeyecek topluluk bulamadılar.

● – Üçüncü Haçlı Seferi 1147-1149'da Türklerin Urfa'yı almaları üzerine Alman ve Fransız krallarınca tertiplendi. Savaş sahası Araplar'ın toprağıydı, Türk kuvvetleri yine **YALNIZ** kaldı.

● – 1189-1192 Dördüncü Haçlı Seferi'nde Eyyubî Devleti Başbuğu Türk Selâhaddin'i sahnede görüyoruz. İngiliz, Fransız, Alman Kralları tarafından hazırlanan hareket başarısızlığa uğradı. Geri döndüler.

● – 1202-1204 Beşinci Haçlı Seferi'ni Alman İmparatoru VI. Henri düzenledi. Lâtin Ordusu Anadolu'yu aşamadı, İstanbul'a girdi, şehri yağmaladı.

● – Macaristan Kralı'nın önderliğindeki altıncı sefer 1217-1221 arası Kahire önlerine kadar geldi. Eyyubî Devleti Kumandanı Selâhaddin'in askeri, çoğunlukla Türkler'di. Bozguna uğratıldı. Ünlü İngiliz tarihçisi Wels, CİHAN TARİHİNİN UMUMÎ HATLARI eserinde **"Hıristiyanların kadersizliği karşılarında Türkler'i bulmak olmuştur. Araplar, Acemler ve ötekilerin insan sayısı ve savaş tekniği üstünlüğü önünde Hıristiyan ordularına karşı koyması mümkün değildi. Türkler Kudus'ü 1228-1229 seferinde barış yoluyla Haçlı Ordusu'na bıraktılar. Bir süre sonra Kudüs'ü tekrar alan Türkler'e karşı tertiplenen 1248-1254 seferinde Hıristiyan orduları Türkler önünde perişan oldu. Başkumandan Fransız Kralı sofu Philip esir düştü. 1270'de serbest bırakılan Kral, Tunus'a çıkarma yaptı, burada öldü.**

1087'den 1270'e kadar dokuz ayrı tarihte, hemen hemen bütün Hıristiyan devletlerin Papalığın din önderliğinde yaptığı bu kanlı Haçlı Seferlerinden beklenen neticeler elde edilemedi ve Türkler, İslâm dininin muhafazasını tek başlarına, Osmanlılar tarih sahnesinden çekilinceye kadar sürdürdüler.

**Bu sebeple bugün de MÜSLÜMANLIK denince hatırlanan TÜRK MİLLET ve DEVLETİ'dir ve Hıristiyan Batının Türklere karşı siyaseti bu geçmiş hesaplaşmanın izleri üzerinde kurulmuştur."**

İşte ünlü İngiliz tarihçisi Wels'in hükmü...

Ne Arap'ın, ne Acem (İran)in, ne de ötekilerin adı yok...

Gelin görün ki coğrafyamızın ve uygarlık anlayışımızın gereği BATI DÜZENİ'nde yerimizi alma hakkımıza karşı, bu DİNLERİ UĞRUNA KAN ve EMEĞİ REDDEDEN Müslüman Kardeşler bizi Müslüman saymazlar!..

## ● — Dr. RIZA NUR'un ÇIKARDIĞI DÜŞÜNDÜRÜCÜ TABLO...

Bu ibretli bahsin sonuna yaklaşmış bulunuyoruz.

Millî Eğitim ve Sağlık eski bakanlarından fikir adamı Dr. Rıza Nur oniki ciltlik TÜRK TARİHİ eserinde **(birinci cilt, sayfa 68 ve devamı)** binlerce yıl sürmüş dinsel inançlar süresi sonunda Türk urukları arasında dinler dağılımının şu tablosunu veriyor:

MÜSLÜMAN: Uygurlar, Başkırlar, Kazaklar'ın bir bölümü, Tatarlar, Kırgızlar, Özbekler, Türkmenler, Osmanlılar, Azerbeycanlılar, Komuklar, Dağıstanlılar, Çeçenler, Kabartaylar, Kürtler, Çerkezler.

HIRİSTİYAN: Finler, Macarlar, Bulgarlar, Gürcüler.

MUSEVÎLER: Hazarlar. (Bugün de Türkistanda Türkçe konuşan Musevîler vardır.)

BUDHA DİNİ: Moğollar.

ŞAMAN DİNİ: Altaylılar, Kalmuklar, Mançular, Sibir Türkleri.

Türklerde DİNSEL tercihlerde bu tablo önünde neler düşündüğümü açıklamama izninizi isteyeceğim: Düşünüyorum ki, eğer biz Cumhuriyet Türkleri, anadilimizle kulluk ödevlerimizi yerine getirme özgürlüğüne kavuşursak, daha açık deyişle bu hakkımıza sahip olursak, yüzmilyonu aşan öteki Türk ülkeleri, kendi lehçelerinde ve konuşma töreleri içinde bizi tâkip edecekler ve ulusumuzun tüm Müslüman insanı, Arapça'nın egemenliğinden kurtulacaktır.

Biliyorsunuz bugün Moldavya'da, bir Hıristiyan Türk toplumu olan GAGAUZ'lar yaşıyor. Ben 1936'da o günlerde Romanya büyükelçimiz olan Türk Ocakları Genel Başkanı rahmetli Hamdullah Suphi Tanrıöverle oraya gitmiş, cemaatin din temsilcisi Mihal Çakır'la tanışmıştık.

Aramızdaki sohbeti hâlâ hatırlarım.

Bana şunları söylemişti:

"– Biz Hıristiyanız. Ama bizim DİL özgürlüğümüz var. İNCİL'i kendi dilimizle okuyor, ibâdetimizi kendi dilimizle yapıyoruz. Siz bu haktan yoksunsunuz. Ben tüm yüreğimle inanıyorum ki Atatürk gibi büyük bir insan, sizleri bu halde bırakmaz."

Dinlediklerimden aklın doğruyu bulma kudretine bir daha inanmıştım: Çünkü o günlerde Atatürk Yalova'da bütün vaktini ibadetin Türkçe yerine getirilmesinin şekil ve şartlarını belirtmeye ayırmıştı. **Kamet, Hutbe, Ezan'ın Türkçeleştirilme**'sinden sonra sıra **namaz surelerinde**ydi ve ilk denemeler ümitli sonuçlar vermişti.

Ne yazıkki o kadarla kaldı...

## ● — TÜRKİYE ve JAPONYA'da ŞAMAN VERASETİ

Pertev Demirhan Paşa (doğumu: 1871 - ölümü: 1959) Rus-Japon Harbi süresince (1903-1907) Japonya'da vazifeli bulunmuştu. **"Japonlar'ın Yükselme Temelleri"** adlı araştırması bugün de ibretle okunabilir.

Halk inançları üzerinde Şaman'lıkla ilgili bölümde anlatılanlar, dinsel inançlarda nesilden nesile geçen âdetlerin şaşırtıcı sürekliliğini ortaya koyuyor.

Japonlar'ın bilinen tarih çağının başlangıcında Behrenk Boğazı'nı geçerek Orta-Asya'dan geldikleri iddiasını Şintoizm'in araştırmasını yapan tarihçiler Türklerin ŞAMAN totemizminin ilk Japonlar Aino'larda devamı kadar, iki tarafta da halâ süren günlük yaşantılar içinde şaşırtıcı benzerliğe işaret etmektedirler. Bu konuda Pertev Paşa da aynı düşüncededir: Kurşun dökme, muska taşıma, kötü bir ihtimalde kulak çekme, bir kötülüğü kovmak için tahtaya vurma gibi kırka yakın benzerliği tesbit eden Pertev Paşa, benimsenen Japon Budizminin Şintoizm ve Japon Konfüçyonizm'inç karşı, kapsadığı düşüncesiyle zamana bırakma tercihine rağmen, ŞAMAN'lığın korunmasını, ulusal yapılarının devamı bakımından mutlu olay saymaları nesiller boyu devam ediyor.

Tanınmış İslâm Misyoneri Hokand'lı Türk Abdürreşit İbrahim (doğumu: 1853 - ölümü: 1945) doksaniki senelik hayatında Japonya'da kurduğu BÜYÜK ASYA Cemiyeti ile İslâmiyeti yaymaya çalışırken, Türk anavatanına araştırma seyahatleri yapmış Mikado ailesinden Prens Noga ile tanışmış ve onun Şamanlığın Anadolu'daki izlerini tetkik için arzusunu yazılar yazdığı İstanbul'da çıkan BASİRET gazetesi sahibi Ali Efendi'yle buluşmasını temin etmiş. Pertev Paşa Tokyo'da tanıdığı Prens Noga'dan Orta Asya-Japonya ve Anadolu'da adı söylenmeden devam eden Şaman inançları için: "– **Kitabı olan hiç bir din, bu inançlar kadar canlı ve aslına uygun devam etmiyor**" dediğini, kendisinden Japonya anılarını derleme günlerimizde dinlemiştim.

Türk filozofu Farabî'nin:


"– Üzerinde doğru-yanlış hükümler için düşündüklerimiz; gözlerimizin ve aklımızın sınırları içinde kalanlardır. Oysaki asıl varlık, göremediklerimiz ve düşünemediklerimizdir. İnsanlık ancak, geliştikçe ve hakikatlere yaklaşma erdemliğine ulaştıkça nice meçhuller maluma dönüşecektir."


Işık sözlerini hatırlatarak konuyu burada noktalıyorum.

★★★

"– Hayır!.. Konu, Kur'an-ı Kerîm'in sadece çağ ölçüleri içinde yorumu olmakla kalmamalıdır. Verilen emek, Türk Milleti'nin anadiliyle kulluk hakkına kavuşmasının ilk adımı olmalıdır"

*diyor ve diliyorum ki:*

"– Asıl kucaklanması gereken, çağa göre yorumlanmış bir Kur'an-ı Kerîm ile insanımızın **Türkçe ibâdet özgürlüğü**dür."

# ● — KUR'AN-I KERÎM NİÇİN ARAP DİLİYLE İNDİRİLDİ?

Önce şu suale cevap arayalım: Kur'an-ı Kerîm niçin Arap diliyle inzâl edildi, indirildi?

Cevabı gayet basit ve açıktır: Çünkü **ARAP ÜMMETİ için** indirilmiştir.

Mevzu üzerinde açıklama ihtiyacı duyulduğunda, Ord. Prof. İsmail Hakkı İzmirli'nin iç kapak klişesini yandaki sayfada gördüğümüz MEA-Nİ-İ KUR'AN (Kuranı Kerîm'in Türkçe tercümesi) eserinin ilk cildinin 579'uncu sayfasında **"Tarih-i Kur'an"** bölümünün ilk sayfasında şu açıklama hatırlanabilir. Metni **aynen** alıyorum:

"1) Kur'anı Mübinin nüzulü: Kuranı mübîn ezberleme ve etrafa yayılma hususunda kolaylık gösterilme gibi bir hikmete mebni yirmiiki sene, iki ay, iki gün zarfında âyet âyet nazil olmuş idi. İhtiyaca göre beş, on âyet veya daha ziyade veya daha eksik olarak nâzil olur idi. Bazı sureler bir defada nâzil olduğu halde bir çok sureler müteaddid defada nüzul etmiş idi. Âyeti kerîmeler resen nâzil olduğu gibi ekseriya içtimâgâhta zuhur eden bir hâdisenin akabinde veya bir suale karşı nüzûl eyler idi. Bir âyet ibret almak, öğüt kabul etmek üzere hususî bir sebeb hâdis olunca tekrar inzâl olunur idi. Vahii süphânî her hadisede teceddüd edince Peygamberimiz bununla sevinç duyar, kolay kolay Kur'an-ı mübini hıfzeder idi. Şu kadarki bütün esbab-ı nüzûl bilâhere kat'î olarak zabtolunamamıştır.

Nazm-ı Kerîmin manay-ı şerîf ile beraber inzâl olub olmaması hususunda ülemay-ı İslâmiye arasında ihtilâf zuhur etmiş idi. Ekseriyet hem nazmın, hem mananın nüzûlünü itikad ediyor, bir kısım ülemâ ise yalnız mananın nüzûlüne kail oluyorlar idi. Bunlara göre ya Cibrili emîn tarafından veya bizzat Peygamber Efendimiz tarafından inzal olunan mana **ARAP DİLİ** ile tâbir edilmiş idi."

Şimdi lütfen **olduğu gibi** bugünkü alfabemize aldığım metni bir-üç-beş-on kere okuyunuz:

Ne anladınız?

Kur'anın manası ile beraber gönderildiği bile din bilginleri arasında ayrı ayrı yorumlanmış. Bir bölümü Cibril tarafından (yâni büyük ulak melek) tarafından, bir bölümü de doğrudan Peygamberimiz tarafından **ARAP DİLİ**'yle yorumlandığını söylüyor.

Yine, Ord. Prof. İsmail Hakkı İzmirli'nin tercümesinde Kur'an'da yer almış ve büyük bölümü DİN değil, DÜNYA ile ilgili konuların "fihrist - mündericat", yâni i ç i n d e k i l e r'in konu konu anlam ve başharfleriyle çift kolon 29 sayfa olarak küçük puntolarla açıklanan bir bölümü var ki ANA DİLİMİZLE KULLUK HAKKIMIZ'ın gerçek yapısını kavramak için bu bölümün günümüz gençliğine bir bir açıklanması kaçınılmaz şarttır.

Niçin mi?

Şunun için: Bu vazifeler yerine getirilmezse sadece bizim Cumhuriyetimiz değil, tüm Türk Devletleri'nde ARAPÇA'YA DAYALI DİN ANLAYIŞI, daha açık söyleyişle Kur'an'ın Arapça olarak ibâdette esas kaynak olmasından kopup gelmiş istibdat, baskı, vicdan egemenliği, emperyalizmlerin en zalimi dünya durdukça devam edecek, sürecektir.

Yani insan yapımız içinde papağanlığımız devam edecektir.

Ve de siyasete sokulduğunda son yıllarda görülen manzara her istendiği zaman, her şart altında rejimin karşısına çıkacaktır.

Cesaret eden lütfen denesin: Ord. Prof. İsmail Hakkı İzmirli'nin "Meani-i Kur'an" adlı Türkçe tercümesini önüne koysun, hayranlık yaratacak sabır ve konu üzerinde mutlak bilgiyle derlenmiş sayfalarda hayatı terkib eden mevzuları sıralasın, bakalım yaşamda geride kalan bir şey var mı?

## ● — YİNE MUSTAFA KEMAL'E DÖNEREK...

Hakikatin bu düğüm noktasında, geliniz, yine Mustafa Kemal'i hatırlıyalım.

Cumhuriyetin acı, kanlı bir olayının ürküntüleri arasında, O'nun bu derde şifâ bulunmazsa, ileride de ve de hiç beklenmeyen şartlar içinde benzer fâciaların karşımıza dikileceğini bekleyerek...

Olay şudur: 23 Ocak 1930'da Menemen'de **"şeriat isteriz"** sesleri arasında Derviş Mehmed'in arkasına takılan yirmi otuz kişilik kalabalık, talim dönüşü yolda kendileriyle karşılaşan ve ne istediklerini soran yedeksubay öğretmen Mustafa Fehmi Kubilay'ı (**doğumu: 1906 - şehit**

**edilmesi: 1930)** ellerinde tüfekle öldürmüşler, kestikleri başını bir mızrağa takarak hükümet binasına doğru yürüyüşlerine devam etmişlerdi.

Divan-ı Harb'in (sıkıyönetim mahkemesinin) tutanakları, bugün de, ibretle okunmıya değer: Derviş Mehmed'in etrafına topladığı insanlarla "Kur'andan âyetler" olarak yarımyamalak Arapça'sıyla okudukları ne Kur'andı, ne de Hadîs kitapları... Bunları inceleyen Diyanet İşleri, Medreselerin ilk bölümlerinde Arapça öğrenmek için okutulan hikâyeler ve benzerleri olduklarını tesbit etmiş, mahkemenin sorusunu böylece cevaplandırmıştı.

Mustafa Kemal'in duyduğu büyük acıyı, millete başsağlığı dilekleriyle açıklayan duygularının sonunda faciaya koyduğu bir TEŞHİS vardır ki, 1997 Türkiyesi'nin TEMEL SORUNU'dur.

Şöyle NOKTA'lıyordu her zaman tekrarlanabilecek TEŞHİS YANLIŞI'nı hatırlatarak:

*"– MESELENİN D İ N'le hiç bir alâkası yoktur. Asıl sorun D İ L meselesidir."*

İbâdet Türkçeleşirse, kamet, hutbe, ezan, namaz ve öteki tüm kulluk ödevleri ana dille yapılırsa, Kur'an-ı Kerîm Türkçe okunursa, yobaz, bağnaz, din sömürücüsü, üfürükçüsünden şeyhe kadar RUHBAN SINIFI'nın mütevellîleri masum vatandaşı nasıl aldatacaklar, avutacaklardı?

Lütfen kronolojiye sadık kalarak olayları izleyin: ATATÜRK, İbâdetin Türkçeleşmesinde arasız emeklerini bu açıklamasından sonraki hayat devrine sıkıştırmıştır. Elinizdeki sayfalarda bu çabasını takvim yapraklarının akışı içinde bulacaksınız.

## ● — DEVE ETİNİN LEZZETİ ve MEHMETÇİĞİN GÖZYAŞLARI...

Zamanı ve yeri değildir diyebilirsiniz.

Ama anlatacağım.

Yıl 1915... Osmanlı Almanya ile beraber İngiltere ve Fransa'ya karşı harp hâlindedir. Şekil olarak Osmanlı'nın yönetiminde olan Arap Yarımadası'nda ayrılış, ayaklanma kıpırdamaları görüldüğünden tedbirler alınmaktadır. Bu arada **Hilâfet Politikası** yine gündeme gelmiş ve Yavuz Selim'in Hilâfeti İstanbul'a getirmesinden önce Mekke ve Medine'yi ellerinde bulunduran devletler, Emevîler, Abbasîler, Memlukler, Selçuklular kutsal sayılan bu yerlerin **"Hâkim-ül-Haremeyn veş-şerefeyn"i** (Kutsal yerlerin hâkimi yâni egemeni) unvanını aldıkları halde, bizim Osmanlı Hakanları **"Hâdim-ül Haremeyn veş-Şerefeyn" (yâni Kutsal yerlerin hizmetkârı)** sayılmalarını isteyecek kadar tevazuu tercih etmişlerdi.

Ve 1915 MISIR'ın Câmiül Ezher'ine benzer bir İslâm Darülfünunu *(Üniversitesi)* Medine'de kurulmuş, siyasî iktidar İttihad ve Terakki'nin üç paşası, Talat, Enver, Cemal Paşalar açılış törenine Medine'ye gelmişlerdi.

Şereflerine oraların en değerli ikramı olarak develer kesilmişti.

Bu törenler için yetiştirilmiş OSMANCIK TABURU saf tutmuş; paşalar bekleniyordu. Arap bedevî kadınları ellerinde defler yanık seslerle türküler söylüyorlardı. Türkülerin konusu da deve etinin lezzetiydi: Bu etin kebabının, haşlamasının, kızartmasının ne kadar lezzetli olduğu yanık yanık, makam içinde anlatılıyordu.

Töreni tertipleyen Osmanlı Teşkilâtı Mahsusa Reisi Eşref Sencer Kuşcubaşı Bey, bir de gördü ki, HAZIR OL vaziyetinde olan Anadolu'nun arslan yapılı Osmancık taburunun erlerinden bazılarının Arapça deve eti kasidesini dinlerken göz yaşları şıpır şıpır damlıyor...

İyi Arapça bilen Eşref Bey şaşırdı, bir ere yaklaştı, sordu:

**"– Oğlum, ne ağlıyorsun?"**

Hazırol vaziyetindeki Mehmetçik durumunu değiştirmeden cevap verdi:

**"– Kumandanım... Bakınız ne güzel Kur'an okunuyor..."**

Bu sâf, pırıl pırıl yürekli Anadolu çocuğunun duyguları önünde gözleri dolan Eşref Bey dayanamıyor:

**"– Oğlum, o bedevî kadınları kendilerine dağıtılacak deve etlerinin lezzetini anlatan kasideyi makamla okuyorlar. Sil gözyaşlarını..."**

Bir de, Dahiliye Nazırlığı da yapmış olan Kudüs Valisi, Cemal ve Ekrem Reşid'in babaları Mehmed Reşid Rey Beyefendi'den dinlediğim ibretli olayı anlatacağım: Sultan Hamid'in falcısı ünlü Ebül Huda ile ilgili olarak...

Şöyle anlattı Reşid Bey:

"– Sultan Hamid Ebül Huda'ya çok inanır, değer verir, iltifat ederdi. Sultanlar ve Sarayın ileri gelen hanımları arasında da itibârı yüksekti. Rüyalarını yorumlar, sorularını cevaplandırırdı. Aslında zarif, terbiyeli, nâzik bir adamdı.

Birgün benimle Kudüs'le alâkalı bir mevzuu görüşmek istemişti. Yıldız Sarayı'ndaki hususî odasına ziyâretine gittim. Minderinde rahat ve derin uykuya dalmıştı. Önünde yaldızlı ciltli, büyük eb'atta ve tabii Arapça bir kitap vardı. Sayfaları açıktı. Şöyle bir gözattım: **Binbir gece Masalları'ydı**"!..."

Özellikle rica ediyorum: Sizlere aktardığım bu geçmiş anılarla Arapça üzerinde menfi duygulara sahip olduğumu sanmayınız. Asla!.. Fakat öylesine düşündürücü izler varki ortada, kendi anadilimizi adeta silmeye çalışan maksatlı bir kültür emperyalizminin karşısında olduğumuzu düşünmemek mümkün değil... Doktor Kırımlı bir Rahmi Bey var ki, ilk TIB OKULU, **Tıbhane** adıyla kurulduğu zaman dersler Lâtince (Fransızca) olarak veriliyor, tüm dünyada olduğu gibi, bir de bakıyorsunuz ki bir MEDRESE kafası hortluyor: *"– Lisanı Arabî var iken Frenkçeye ne lüzum var?"* diyor... Bir yürek sahibi cesur kişi çıkıpta:

"– A kişiliksiz bahtsız kafa... Benim bir Yusuf Hac Hasib'im ve bir de onun 1070'de temamladığı buram buram Türklük örülü KUTADGU BİLİG'im var. Benim uygarlıklara yol vermiş dopdolu bir DİL'im var, Senin ARAP'ın, ACEM'in *(İRAN'lın)* devletine sahip değilken ben:

NUH idim yer yüzünde köpüren her TUFAN'da,
MEDENİYET tacını giyen bendim TURFAN'da.

diyordum

"– Neden benim doktorlarımı, bir Batı diliyle alıp, yakın gelecekte kendi öz dilimle onu değerlendirme emeğinin önündesin?" dememiş, diyememiştir?

Bu bizim ulusal yapımızın reddinde olan aşağılık duygusunun sebebi nedir?

Kur'anın ARAPÇA olması, ARAP'ı CAHİLİYE KARANLIK ve UTANCINDAN kurtarmak için indirilmiş olmasından dolayıdır: Yoksa İslâmiyeti bir CİHAN HAREKETİ yapmış Türklüğü cezalandırmak için değil!..

Soruyorum: İbadetin sadece ARAP DİLİ'yle yapılması yolunda Kur'an veya sahih hadîslerde *nassı katı'* halinde bir emir var mıdır?

Nerededir, göstersinler...

İngiltere'de Edinburg Üniversitesi'nde matematik öğrenimi yaptığı için kendisine "İngiliz Said Paşa"da denilen Eğinli müşîr *(mareşal)* Said Paşa, Sultan Hamid'in Saray Müşiriyeti günlerinde Padişaha, Şam, Halep, Beyrut valilerinin Bab-ı Âli'ye yerel konulardaki yazılarında zaman zaman Arapça kullandıklarını Mabeyn başkâtibi Süreyya Paşa'dan duymuş, Padişahın bu konuda müsaadesini aldığını öğrenince Sultan Hamid'e şunu söylemiş:

"– Yarın zat-ı şâhanelerinden Arapça yazılara Arapça cevap beklerler. Tuna valisi de Bulgarca yazabilir. Patrikler de kendi lisanlarıyla arz-ı hâl ederlerse saltanat-ı seniyyelerinin yeni bir isim ihtiyacı hasıl olur, diye endişe ederim şevketmeâb..."

Bir de OSMANLI NEDEN BATTI? sualine binbir cevap ve sebep ararken, D İ L denen temel dayanca bugün de göz kaparız...

Tasalanmayın: Günümüzde Arapça-Farsça özlemlerine bir de Amerikanca-İngilizce sıtması ekleyin belki hatırlanır diye, zamanının ünlü fikir-edebiyat şahsiyeti Kemalpaşazade Sait Bey'in adını minnetle anarak aşağıdaki dörtlüğüyle konuyu kapatacağım:

*Arapça isteyen Urban'a gitsin,*
*Acemce isteyen, İran'a gitsin,*
*Frengîler Firengistan'a gitsin,*
*Ki biz TÜRK'üz, bize TÜRKÇE gerek...*

## ● — CAHİLİYYE DEVRİ ARABİSTANI'NI KUR'AN ŞÖYLE ANLATIR:

## "KARADA ve DENİZDE FESAD ZUHUR ETTİ..."

Bugünler kadar yarınlarda da, Cumhuriyetimizin LAİK yapısını ister istemez ilgilendirecek bir temel konuya gelmiş bulunuyoruz: İslâmiyetin **çıplak bir din** değil **kendine inananı anne karnından alıp sonsuzluğuna inandığı birbaşka dünyaya götürecek** bütünlükte YAŞAMA DÜZENİ olduğu gerçeğine...

Bu özelliğin sebebi neydi?

Bu gerçeği kavramak için İslâmiyet öncesi Arap Yarımadası'nın genel yapısını bilmek zorunluğu var. Bugünkü İNSANLIK ölçüleri içinde de o günlerin deyimiyle CAHİLİYYE DEVRİ ARABİSTAN'ını anlatmak ve anlamak kolay, hatta mümkün değildir.

Kur'anı Kerîm **Rum** suresinin kırkbirinci âyetinde Cahiliyye Devri Arab Yarımadasını, özellikle yeni dinin çıktığı MEKKE çevresinin görünümünü şu düşündürücü kelimeciklere sığdırmış: **"KARADA ve DENİZDE FESAD ZUHUR ETTİ..."**

Bir ülkede böylesine fesad çıkmışsa o ülkenin hali nice olur?

Sorunun cevabı İslâm öncesi Arap dünyasının yaşama şartlarının geçit resmindedir.

CAHİLİYYE sözcüğünün lugat anlamı tek kelimeye sığmıyor: bilgisizlik, ilkellik, idrâksizlik, ahlâksızlığın her türlü, kanunsuzlukların sıralanışı, hak anlamının yokoluşu, zorbanın egemenliği, mülkiyetin iflâsı, kişi varlığının inkârı, özellikle kadının hak yoksunu utanç veren bahtsızlığı...

Garip bir duyguyla İslâmiyet, o topraklarda çıktığı için, özellikle biz Türkler, dünyanın en yüce insanı olduğuna gönülden inandığımız Peygamberimizin azîz anısına saygı olarak, onun yaşadığı devirdeki bu utanç tablosunu anlatmak, konuşmak, hatırlamak bile istememişizdir.

Fakat bu gerçek, İslâmiyetin bünyesinde öteki iki Semavî Din, Musevîlik ve Hıristiyanlık'da rastlanmayacak nisbette Müslümanlığı "DÜNYA SORUNLARI ÜZERİNDE ESASLARA" mecbur etmiştir.

Atatürk'ün bu yapısıyla İslâmiyeti YAŞAMA DÜZEN'i olarak benimsemesi gerçeklerin odağıdır.

Şimdi CAHİLİYYE GÜNLERİ'inde Arap Yarımadası'nın, özellikle Mekke ve Medine çevresinin yaşantısını hatırlıyabiliriz:

GÖK'ten indiğine inanıldığı için "Semavî" olarak adlandırdığımız kendilerine özgü KİTAP'ların belirledikleri YAŞAMA DÜZENİ getirmiş, geliş sırasıyla Musevîlik (Tevrat), İsevîlik, Hıristiyanlık (İncil) ve sonuncu din olan Muhammedîlik (İslâmiyet)in kitabı (Kur'an)ın aralarındaki ZAMAN'ı temsil eden farklılıklar içinde birleştikleri AİLE ANLAYIŞ VE ŞUURU Araplar'da yoktu. Kadın, alınan, satılan orta malı hükmündeydi. İran'ın İslâmiyeti kabulünden sonra yeni yaşama düzenine tepki olarak meydana çıkan ve en ödünsüz komünizm olan **Mezdek** akımı tüm varlıklarla birlikte KADIN'ı da bölüşme varlığı olarak kabul ederken, Arap'ın bu cahiliye devrinin alışkanlığına dayanıyordu.

Burada, bugün TESETTÜR adı altında dinsel yapı içinde gösterilen kısıtlamalar, aslında bu kapanmış devrin zamanın reddindeki izleridir.

Nikâh bağı yokluğu içinde erkek dilediği kadar kadına sahip olabilirdi. Ölen erkeğin yakınları, hatta oğulları bile onunla yaşayabilirlerdi. Yaygın olan her türlü kumarda kadın, taşınılır, taşınılmaz mal sayılırdı. İnanılmaz bir kalbsizlikle, doğan çocuk kızsa **diri diri gömülebilir**di. HAK duygusu yoktu: Kuvvetli olan kendinden güçsüzü ezer, hayatı dahil herşeyine sahip olabilirdi.

Asıl felâketlisi bu düzenin, değişmez olduğu inancıydı. KLAN (KABİLE) gelenekleri mutlak taassup içinde korunurdu. İslâmiyetin nasıl bir mucize yapısı olduğunu anlamak için, ikinci halife olarak yeni düzenin başına geçen HATAB, yâni ODUNCU ÖMER'in yaşantısını hatırlatmak yeter: Cahiliyye Devri günlerinde, bugün de yarın da tüyler ürperten olayların içinde olan aynı adamdan, onyedi yılda: **"Dicle nehri kenarında bir kurt, bir kuzuyu kaparsa yarın Tanrı onu benden sorar"** hak duyganlığına sahip bir adam çıkabilmişse, işte İslâmiyet budur.

Bir de bugünkü şekilci kılık kıyafetle, şeriat adı altında **bindörtyüzonyedi yıllık** kuralların ardında olan insanları düşünün!...

Sadece Mekke'de, İslâm Peygamberinin ceddi Âzerî İbrahim'in yaptığı KÂBE'nin çatısı altında, yılın hergünü için bir PUT, sayısı 365 olan garip şekilli, sanat niteliğinden yoksun, bazısı yontulmamış PUT vardı. PUT icadetmek çöl Arabı'nın tutkusuydu. Hint Müslümanları'nın halâ en büyük kafalarından biri olan Mevlâna Mehmed Ali **"PEYGAM-BERİMİZ"** eserinde Cahiliyye günlerini anlatırken Arap'ın, güneşin üzerinde parıltılar yaptığı bir taşa, gölgelendirdiği bir kum tepesine, rüzgarla hışırdayan bir yaprak kümesine hemen dönerek tapındığını söyler ve ondaki bu yetersizlik duygusunu karakterinin vazgeçilmez belirtisi olarak adlandırır. Ünlü İngiliz teologu John Davenport ilk baskısı 1897'de yapılan "KUR'AN ve MUHAMMED" başlıklı eserinde Cahiliyye Devri'nin fâcialarını hatırlattıktan sonra, aynı yer ve aynı insanlar üzerinde aynı neslin hayatına sığmış değişikliklerin dünyanın hiç bir devrinde bir başka yerde cereyan etmemiş olduğu hakikatine dokunuyor ve de bu satırları yazdığı tarihteki manzaraya bakıp, adeta, "YAZIKLAR OLMUŞ" hükmünü veriyor.

## ● — HER GİRİŞİM ve DÜŞÜNCEDEN BEKLEDİĞİMİZ SONUÇ, TÜRK İNSANININ ANADİLİYLE İBADET HAKKINA SAHİP OLMASIDIR

Burada Arab'ın ne Cahiliyye Devri, ne de ondan sonraki günleri üzerinde sözetmek arzu ve ihtiyacında değilim. Benim TEK hasretim, sadece Türkiye Cumhuriyeti içindeki bölümüne değil, dünyaya yaygın milletimin tüm fertlerine, günlük yaşantılarına girmiş lehçe ve benimsedikleri biçimdeki konuşmalarıyla Tanrılarına kulluk hakkına sahip olmalarıdır: Ödünsüz ve şartsız!..

Bunu değil söylemek ve yazmak, düşünmek bile Atatürk günlerinde nasip olmuştur.

Bu ayrıcalıklı adam, o kısacık ömrünün özellikle son senelerinde konuyu kucaklamış, 1935, 1936, 1937 nin yaz aylarında, sağlığının elverdiği ölçüde, hatta onu zorlayarak başladığı himmeti tamamlamaya didinmiştir: Önce Kamet (namaza duruş), sonra Hutbe, sonra Ezan'ı Türkçeleştirmiş, sıra en önemli bölüme NAMAZ SURELERİ'ne gelmiş, değer verdiği şair, fikir adamı, güfte ve bestecilerden konuya eğilmelerini istemiştir.

Denemeler de yaptırmıştır.

Ben bunları kronolojik akış içinde 1996'da CEM OFSET'in sahibi azîz, âlicenap, fazîletli, yürekli dost Dr. Oktay Duran'ın yayınladığı "ATATÜRK BUGÜN OLSAYDI" başlıklı büyük boy 549 sayfalık kitabımla sıraladım:

**Mustafa Kemal'in
beraberinde götürdüğü hasret
TÜRK MİLLETİNİN
TANRISINA
ANA DİLİYLE
KULLUK HAKKI**

genel başlığı altında...

Meraka değer bulursanız, edinir, okursunuz.

Kısaca şöyle diyorum: Her girişim ve düşünceden beklediğimiz sonuç, Türk insanın bu anasütü kadar helâl hakkına sahip olma yolunda bir ileri adım olmalıdır.

Bu aynı zamanda kapitülâsyonların en ağırı ve çekilmezi.

Haysiyetimizi her an dertlendiren hatta utandıran Arap kültür emperyalizminin insafsız damgasının üzerimizdeki elini çekmesi anlamına gelmektedir.

Lütfen beni dinleyin: İslâmiyetin SON DİN olmasının üzerinde yükseldiği üç temel vardır:

1) – Lâ ikrah-ı fid-dîn = Dinde zorlama yoktur,

2) – Lâ ruhbaniyet-i fil İslâm = İslâmda ruhban sınıfı yoktur,

3) – Ezmanın tegayyürü ile ahkâm tebeddül eder = Zamanın yapılanması değiştikçe kurallar değişen zamana uyar.

1997 Türkiye'sinde, İslâm dinini SON DİN yapmış bu gerçeklerin hangisi gönülden kucaklanmış hakikat olarak yürürlüktedir?

Hiç biri... Lütfen hatırlayın.

1) – Nasıl dinde zorlama yoktur diyebilirsiniz? İçyapısı karanlıklar içinde bir hareket ortaya çıkıyor: "– **Benim ardımdaysanız dindârsınız, değilseniz din yoksunusunuz**" diyor ve vatanın kaderini bu kıstas içinde hükme bağlıyor.

2) – Öğrenimi de, ekmeği de aslında RUHBANLIK olan bir sınıf, Kur'an Kursundan liseler ve ihtisas öğrenimleri içinde yetiştiriliyor, yetiştirilmiş sayıları da meslekleri vatanın savunması olanların sayılarının üstüne eriştiriliyor.

Tarikat literatüründe yeri olmayan fikir, kılık garabetleri sahneleri sokakları doldurmuş.

74

Hepsinin ayrı yollardan TEK, DEĞİŞMEZ, ÖDÜN VERMEZ hedefleri şu:

**Mustafa Kemal Atatürk'ün emaneti laik, çağdaş Cumhuriyetini kökünden yıkmak ve Arap'ın değişmiş şartlar içinde kültür emperyalizmine yeni kan, yeni yol, yeni ufuklar açmak...**

Beni dinleyin lütfen: Bütün bu gizli, açık çabanın temelde hedefi, Türk insanını anadiliyle kulluk hakkından yoksun bırakmaya devam etmektir. Kendim araştırdım ve bilip de kendi nefsine karşı bile açıklamaktan çekinenleri dinledim: Medreseler devrinde de, Şeyhülislâmlık karar makamı zamanında da, hatta hatta bizim Diyanet İşleri günlerinde de Kur'an-ı Kerîm'in *çağı kucaklayan ölçüler içinde yorumlanması* denenmiş, nice nice ciltler sıralanmış, ama HİÇ BİRİ "– **Ben Müslümanım" diyen insanın konuştuğu öz diliyle ibadetine yol vermemiş.**

Neden?

Sömürülerinin, hegemonyalarının, ellerindeki monopol imtiyazlarının kaybolmaması için...

O günlerde de, bugünlerde de üstüne titrerler bu tasallutlarının...

İsterseniz YORUM veya O DİLE ÇEVİRİ tarihine kısaca göz atalım:

Biliyoruz: İslâm takvimi HİCRET'le, yani Peygamberimizin Mekke'den Medine şehrine gelişiyle başlıyor. Yine biliyoruz ki Peygamberimiz İsa'dan sonraki, yani Milâdî takvime göre 570-632 yılları arasında 62 yıl yaşamış, vedâ Haccında **"Risalet (elçilik) vazifemi tamamladım"** demiş, dünyanın eşine şâhid olmadığı huzur içinde inandığı ve anlatmaya çalıştığı ebediyet âlemine göç etmiş.

Kur'an-ı Kerîm üzerinde ilk yorum İslâm takviminin 110'uncu yılında devrinin bilginlerinden TABERÎ'den gelmiş.

Neden bu ihtiyaç duyulmuş?

Bu sorunun cevabını çok araştıran olmuş ve de çok farklı görüşler içinde... Öyleki bunlar, sadece ilâhiyatçı (teolog)dan gayrı meslek sahipleri; daha cesur düşünceler sergilemişlerdir.

Sadece birisi üzerinde, Dr. Abdullah Cevdet üzerinde (**doğumu: 1869 - ölümü: 1932**) örnek vermek istiyorum: Daha tıp öğrencisi iken hür düşüncelerinden dolayı sürgüne giden, oradan Batıya kaçan, çıkardığı (İÇTİHAD = DÜŞÜNCE) dergisini baştan aşağı kendi yazma, kendi dizme, kendi basma gibi özellikleri olan, dergisinin adı İÇTİHAD adlı matbaasında bugün de çok çok değerli eserlerini yayan, mesela ünlü teolog-filozof DOZY'nın meşhur eseri iki ciltli İSLAM TARİHİ çevirisine yazdığı MUKADDİME = ÖN SÖZ'le tutucu kesimin saldırısına ve de Gustave Le Bon'un elliüç kitabını dilimize aktaran emeğiyle üzerindeki şimşekler eksilmeden gözlerini kapayan Dr.Abdullah Cevdet'in, sadece İslâm dini üzerinde değil Musevîlik ve Hıristiyanlıkla ilgili fikirleri, dinsel kavramların kritiğinde teoloji sınırlarının aşılmasını ciddî olarak düşündürecek çaptadır. Çok kuvvetli Farsça'sıyla Ömer Hayyam'dan çevirdiği manzum rubaîler (dörtlükler) ve açıklamaları, Fransızca ve Almanca'ya çevrilmiştir. Hz. İsa üzerinde bir araştırmasına Vatikan'ın cevap verme ihtiyacı duyması ne demektir?

Bence bunun asıl anlamı, DİNLER ÜZERİ'nde asıl düşündürücü fikirlerin, teologlar dışında sergilenmesidir.

Son günlerinde kendisini tanıdığım, ellerini öptüğüm Dr. Abdullah Cevdet'in neden Kur'an-ı Kerim'in bir çevirisini, hayır, sadece çevirisini değil açık yorumunu yapmadığını bugün de düşünmekteyim.

Taberî'nin yorumu öylesine çeşitli eleştirilere yol açmış ki, bir süre sessiz kalınmıştır. Daha sonra Fahreddin Razi –ki, Taberî ile arasında 300 yılı aşkın zaman vardır– yorumu aradan geçen zaman içinde Kur'an'ın tebliğ ettiklerinin geçerliliği üzerinde kıstas olmuştur.

Taberî ile Fahreddin Razi arasına sığan birçok yorumun Kur'an tarihi yazarlarının da işâret ettikleri ÇOK ÇEŞİTLİ RİVAYETLERİ derlemesi, geçen zaman içinde *"yaş ve kuru ne varsa bu kitâb-ı mübîn içindedir"* kesin hükmünün vasıtalı da olsa gündeme getirilmesine kapı olmasa bile pencere açmıştır.

Pekii... Bu arada Türk ilâhiyatçılar, maneviyat üstatları aynı yolda emek harcamamışlar mıdır?

Elbette harcamışlardır: Hem de başka hiç bir Müslüman topluluğun göstermediği vecd, huşû, heyecan içinde...

Çünkü biz Türkler, Sünnîsi, Alevîsi ve öteki inanç gruplarıyla, hiç bir başka Müslüman topluluğuna nasîb olmamış sâfiyet içinde ÂL-İ RESÛL BENDESİ'yiz (**Peygamberimizin yüce soyunun hayranıyız.**)

Arap, özellikle Arap kültür emperyalizminin şifasız hastaları Benî Ümmeyye ve onun Devleti Emevîler, dişlerine tırnağına kadar kendi dar çerçeveleri dışında kalanlara ve bu arada Peygamberimizin soyu Haşim Oğullarının can düşmanı olarak kaldılar, soysopunun devamını kaynağı iki torununu kanlı, kinli trajedilerle yoketmeye giriştiler. Emperyalizmin en insafsızı olan Emevî baskısından Arabistan'ı yine Türkler kurtardı: Abbasoğulları saltanatı, her hâliyle bir Türk emeğidir.

Kur'an üzerinde yorumlar yapılırken, değişen zaman şartlarına uygun köklü deneyimler yapılmadı mı?

Bir İHVÂN-ÜS-SAFÂ (SAFALI, MUTLU KARDEŞLER) hareketi vardır ki, İslam hayat ve felsefesini değişen şartlara göre temel kurallara sadık kalarak ve de en önemlisi telkine ve tebliğe değil de **akla ve tatbike** uygun ölçüler içinde ele almayı düşünmüştür. Adı bilinen beş kurucunun kökeni Türk çoğunluğudur. Sadece Kur'an, Tevrat, İncil, Zebur ve semavîliğine inanılmış öteki kitaplardan da faydalanmışlardır. Doğu ve Batının bilinen felsefecilerinin görüşlerini incelemişlerdir. Botanik, astronomi, jeoloji ve benzeri kaynaklara değer vermişlerdir. Teoloji (ilâhiyat)nin kişi varlığını ve de ruh yapısını ilgilendiren objelerini incelemeye ve tatbike değer bulmuşlardır.

Bu arada, Hicret'in dördüncü, İsa'dan sonraki bininci yüzyılları sonundaki bilim şartlarının içinde Hurufilik ve Batînilik akımlarından sıyrılamıyarak, Plotinos'dan beri bilinen teorilerin etkisinde kalmışlar, gizli toplantılarında ve yayınladıkları kitapçıklarda bunları tartışmışlardır.

İhvan-üs Safa için en ciddi bilgileri, yine, Meani-i Kur'an yazarı Ord. Prof. İsmail Hakkı İzmirli Hocamız "– İhvan-ı Safa Felsefesi ve İslâmda Tekâmül Nazariyesi" adlı ders notlarını derleyen oğlu Celâleddin İzmirli bu adı taşıyan broşüründe yayınlamıştır.

Düşündürücü bir olay da şudur: Hilâfet Osmanlı'nın elindeyken, Şeyhülislamlık Makamı din teşkilâtının Padişahların taht meş'ruiyyetini fetvâsıyla onaylayacak makam iken, hiç bir devirde, Kur'an'ın Türkçe çevirisini devlet düşünmemiş, bunu, Cumhuriyetin ilânından sonra Şer'iyye ve Evkaf Vekâleti devlet bünyesi içindeyken yine, Mustafa Kemal ele almış ve Kur'an yorumu devrinin bu sahada sözgötürmez otoritesi olan Elmalılı Mehmed Hamdi Yazır'a emânet edilmiştir. Altı ciltlik HAK DİNİ, KUR'AN DİLİ (Yeni meâli, Türkçe tefsir) adıyla yayınlanmıştır. Bu arada Şer'iyye vekillerinden Konya Milletvekili Hadımlı Mehmed Vehbi Çelik Efendi'nin Nur'ül Beyan, Fî tefsir-i Kur'an-ı, Müftü Ömer Nasuhî Bilmen'in çevirisi basılmıştır.

1986'da Diyanet İşleri Başkanlığı, kuruluş adına bir tefsirin basılmasını kararlaştırmış, bu vazifeyi Ankara üniversitesi İlâhiyat Fakültesi profesörlerinden Talat Koçyiğit'le, İsmail Cerrahoğlu'na tevdi etmiştir. Altı cilt olarak düşünülen tefsirin ilk cildi 1986'da, ikinci cildi 1988'de çıkmıştır. Cerrahoğlu ayrıldığından Koçyiğit üçüncü ve müteakip cilde devam etmekteydi.

Burada, şu soru hatıra geliyor: Kur'an'ın yorumu nasıl bir ihtiyaç iledir ve bu ihtiyacın değişen zamanla orantısı nedir? Kısaca (ELMALILI TEFSİRİ) olarak anılan altı ciltten sonra, yeni bir yoruma ihtiyaç kalmayacağı yolunda düşünceler ileri sürülmüştü.

Görülmüştürki Diyanet Başkanlığı, 1986'da Prof. Koçyiğit ve Cerrahoğlu'na emanet edilen tefsir hizmetinden yedi yıl sonra, 1993'de yeni bir ölçü, ihtisas alanı, genişletilmiş yeni bir kadro ve yeni kıstaslar içinde ve de "Kur'ana çağdaş yorum" sloganıyla bir projenin temelleri açıklanmıştır. Benimsenen tarz, teknolojinin her alanında erişilmiş ilerlemeler ele alınarak, bunların KUR'AN İÇİNDEKİ YERİ'nin tesbit edilmesinin hedef alındığı anlaşılıyor. Meselâ bir de misal verilmiştir: ALAK suresinde birinci âyet, insanın "kan pıhtısı"ndan yaratıldığı açıklanmaktadır, yani bugüne kadar böyle yorumlanmıştır. Âyet bugüne kadar meal olarak şöyle çevrilmiştir: **"– Yaradan ALLAH'ının namına, insanı bir kan pıhtısından yaradan ALLAH'ının namına, bir kan pıhtısından yaratan Allah'ının namına oku!.. Kalemle öğreten, insana bilmediğini bildiren Rabb-i Ekremin namına oku!.."**

Düşünülen ve açıklanması ihtisas, çağın eriştiği düzeylerde yetenek sahibi şahsiyetlerin fikir ve kalemiyle ifâdeye dikkat edilecek karşılıklara gösterilecek dikkatle, meselâ bu **"kan pıhtısı"** olarak ifâdelenen sözcük yerine **"embriyon"** denilecektir. Eğer yorum tamamlanıncaya kadar uluslararası terimonolojide birbaşka sözcük kullanılacaksa o tercih edilecektir.

Bu beklenen emeği tüm yürekle kutlamamak mümkün mü?

İsterseniz burada, Atatürk'ün günlerinde hazırlanan "TÜRKÇE NAMAZ SURELERİ'nden YASİN Sûresinin bir bölümünde geçen aynı "kan pıhtısı" sözcüğünün Behçet Kemal Çağlar'ın dizelerinde nasıl geçtiğini, arı-duru Türkçe'yle, hâfızalarda (belleklerde) nasıl kolay silinmez iz bırakacağının örneği olarak üç dörtlük alacağım:

*Üzülme Ya Muhammed çabaları nâfile,*
*Bir eski mezar görse bir münkir gelir dile:*
**"– Bu mu dirilecekmiş? Bir avuç kemik kaldı"**
*Hey bir avuç pıhtı'dan yaratılmış zavallı,*
*Seni öyle var eden, bunu diriltir elbet,*
*Cümle yaratıkları, yeri-göğü var eden*
*Kemikten yeni insan türetemezmiş neden?*
*O, herşeyi yaratan, gören, bilen, bildiren;*
*OL deyince olduran, ÖL deyince öldüren*
*Onunla var oldunuz, onunla gerçeksiniz,*
*O'ndan kopup geldiniz, O'na döneceksiniz.*[1]

Nasıl, beğendiniz mi?

Bir dileğim var Sizden: Lütfen şu metni elinize alınız, yanında Yâsin-i Şerif'in Arapça metni, Kur'an Kursunun mini yavrularından, İmam Hatip Liselerinin her sınıfına, hatta dilerseniz İlâhiyat Fakültelerinin, öğrencilerinin önüne çıkınız, bir Arapça metni, bir de nazım olarak hazırlanmış bu Türkçe metni okuyunuz.

Ve sorunuz:

Hangisini **anlamış, kavramış, duygulanmış**lardır?

Kimlerdir bilmiyorum, lütfen şeyhlerini, hocalarını, üstatlarını öğrenip arayarak bulunuz ve aynı soruyu onlara sorunuz:

Hangi metni **anlamışlar, beğenmişler, duygulanmış**lardır?

● — LÜTFEN İNSANLIK ADINA;
NESİLLERDİR ÇİĞNENMİŞ OLAN
ANASÜTÜ KADAR HELÂL BİR
HAK ADINA;
KENDİMİZİN ve EVLÂTLARIMIZIN
HAYSİYETİ ADINA;
MİLLETİMİZE TÜRKÇE İBADET İMKÂNI,
BİR BAŞKA DEYİŞLE ANADİLİYLE
KULLUK HAKKINI VERİNİZ!

Deyiniz ki Diyanet İşleri Başkanlığı, Kur'anın çağ kıstasları içinde yorumunu yaptırdı, mükemmel bir emek oldu, niteliğiyle beklenen eksiksiz verdi, bu muhtevâ yeterliği içinde baskısı, cildi, bir kazanç konusu

---

(1) Cemal Kutay, ATATÜRK BUGÜN OLSAYDI, sayfa 294, CEM OFSET Yayınları.

olmadığı için ucuz değerle sunuldu, hâli vakti elverişli vatandaşlarımız bunları köy-kent armağan ettiler, yüzbinler, milyonlarca dağıtıldı ve de şevkle, zevkle okundu.

Sonuç nedir?

İbâdet yine ARAPÇA metinle mi olacaktır?

O halde bunca emekten elde edilecek nedir?

Lütfen inanın MENFİ YORUM asla tercih etmediğim ümitsizliktir. Ama şu satırlara kadar sizlere açıklamaya çalıştığım çıplak hakikatler önünde şu soruyu sormadan edemeyeceğim: Bu emeği veren Diyanet İşleri karar mevkiindekiler insanımız ibadetine **PAPAĞAN MİSALİ** devam edecekse Arapça'nın 1417 senelik kemikleşmiş baskısının süreceğini;

Bugüne kadar olduğu gibi bundan sonrada manevi yaşantısını milli yapısı üzerinde kuramayacağını;

Yani Müslümanlığı gerçek yapısıyla kavrayamayacağını;

Ve sonuç olarak dinsel kişiliğine erişemeyeceğini

Bilmiyorlar mı?

Elbette biliyorlar.

Ama yine biliyorlar ki, ibadetimizin anadilimizle yerine getirilmesinden bir süre sonra varlıklarının temeli Arapça Kur'an kurslarına, kadrolarının kaynağı İmam Hatip Liselerine. Hac başta, tekellerindeki dinsel hizmetler üzerinde monopolleri SON bulacaktır. Yani Laiklik kuruluşumuz tamamlanacak, DİN ile Dünya ayrılığı gerçekleşecek, ALLAH ile KUL arasında aracılık fiilen kalkacak CEMAAT DÜZENİ'ne dönülecek ve Laik Devlet tamlık ve yeterlikle gerçekleşecektir.

Kesinlikle sesleniyorum. Bugünkü Diyanet İşleri aslında bu tamamiyete sahipse, asıl itibarına, kalp ve kafalardaki asıl saygı yerine işte o zaman erişecektir. Çocuklarımız kendilerinden öncekilerin hasretiyle göz kapadıkları bu kutsal inanç özgürlüğünde emeği olanları asla unutmayacaklar, minnetle anacaklardır. Tüm yüreğimle diliyorumki bugün çeşitli çıkarların karşıda kümeleştirdiği bu devrini tamamlamış zorunlu kalıntının sahipleri, bu ahlak ve vicdan borcunu kavramakta direnmezler.

Bakınız: MEANİ-İ KUR'AN (Kur'an-ı Kerîm'in Türkçe tercümesi)nin sahibi "Mülga Tetkikat ve Telifat-ı İslâmiye Heyeti Reisi ve Darülfünûn İslâm Felsefesi ve Fıkıh Tarihi Müderrisi İzmirli İsmail Hakkı" bu **tercüme**'si için TAKDİM'in üçüncü sayfasında ne diyor:

80

"– Kur'an-ı mübini tercüme caizdir. Bunda asla şüphe ve ihtilâf yoktur. İhtilâf tercüme ile namazın sahih olup olmamasındadır. Eimme-i Hanefiye indinde nazm-ı kerîm rükn-ü aslî olmamakla manaya delâlet eden tercüme ile namazda kıraat câizdir."

İşte kucaklanacak düşünce budur.

Zaten, bunun aksinde kesin bir şer'î hüküm olsaydı Araplara gerek kalmadan bizim rüsûm üleması ayağa kalkardı. Kaldıki, gönülden isteseler de hiç bir gerçek din adamımız böyle bir düşüncenin yanında, böylesine apaçık yer almazdı.

Düşünülecek şudur: Eldeki çeviriler ve yorumlar, çoğunlukla OSMANLICA'dır. Üslûp, haklı bir duyganlıkla yetişmiş bir insanın dinsel düzeyi düşünülerek tertiplenmiştir. İbâdetin TÜRKÇE olması ne ölçüde hasret olsa da açıkça ifâde edilememenin adetâ çâresizlik sınırına dayanmış ürkekliğini mazur görmelidir.

Ben şunu önereceğim:

Konu üzerinde düşüncelerini bilimsel yetkiyle olduğu kadar tarih hakikatlerini de ele alarak açıklayacak çapta **içte dışta** söz sahibi şahsiyetleri toplayacak bir kongre toplansın, hiçbir şey saklama ihtiyacı duyulmadan 1417 yıllık geçmiş apaçık sergilensin, rönesansı dünya yüzünde açmış bir milletin uygarlığın gerisinde kalmasının sebepleri tarafsız bir cesaretle ele alınsın.

Bu hareketin, Katolik baskısına karşı gerçeklerin başkaldırması olan Martin Luther'in reformist girişiyle hiç bir ilgisi, benzerliği yoktur: O, 1517'de 95 paragrafta toplanmış "Kiliseler arası kavganın aynı dinin mensupları önüne çıkarılması"ydı. İslâm dininde reform, **DİNİN KENDİ İÇİNDE**'dir, çünkü İslâmiyet "tagayyür-i ezmân ile tahavvül-i ahkâm"ı, yâni zamanın yeniden yapılanmasıyla kuralların değişen zamana uyması"nı kabul etmekle kalmaz, çünkü bu kabul veya red'de mümkün değildir, çünkü bu kural O'nun SON DİN olmasının üç temelinden biridir.

Bütün bu unsurlar içinde beklenen hak, adalet, hürriyet terkibi sonucun elde edilmemesi için meşru bir sebep değil, hatta, ihtimal dahi değildir.

Lütfen

İnsanlık adına,

Nesillerdir çiğnenmiş olan anasütü kadar helâl bir hak adına,

Kendimizin ve evlâtlarımızın haysiyeti adına,

Milletimize Türkçe ibadet imkânı, bir başka deyişle anadiliyle kulluk hakkını veriniz...

# ● — "BİR BAŞKA AYDIN" İNSANIMIZIN TÜRKÇE KUR'AN ÇEVİRİSİ

Şimdi izninizle Sizlere, klasik anlamda ilâhiyatçı (teolog) değil, ama kültür yapısı çok yönlü, doksaniki yıllık uzun yaşantısında ülkenin özellikle geleceklere dönük varlığı içinde çok farklı gözüken himmet sahalarına uzanmış bir insanımızdan söz edeceğim: İsmayıl Hakkı Baltacıoğlu'ndan...

1886 İstanbul doğumludur. Babası Konyar yörüklerinden Baltacıoğlu İbrahim Efendiydi. Vefa İdadisi, İstanbul Darülfünunu Tabiiyyat Şubesini, Sanayii Nefise (güzel sanatlar) resim ve hat bölümlerini bitirdi. Fransa'ya gönderildi. Pedagoji ihtisası yaptı. Maarif Nezareti orta, yüksek tedrisat, teftiş umum müdürlüklerinde bulundu. İstanbul Darülfünunu'nun son Emînliğini *(rektörlüğünü)* ifa etti. Ali Fethi Okyar'ın başkanı olduğu SERBEST LAİK CUMHURİYET FIRKASI'nda İstanbul teşkilâtının başında vazife aldı. Akademik hayattan ayrıldı, ülkede sosyal, ekonomik, kültürel köklü değişimi hedefleyen YENİ ADAM adlı dergisini (1934-1974) kırkyıl devam ettirdi. 1942'de Afyon, 1946'da Kırşehir Milletvekili olarak parlamentoya girdi. 1942-1957 arası Türk Dil Kurumu Terim Kolu Başkanlığı yaptı, çağdaş tutum ve akımlara açık, Türk geleneksel kültürünün Batılı cereyanlar içinde izleri olduğu inancıyla, güç inanılır azimle araştırmalar yaptı, bu gaye ile Dil - Tarih - Coğrafya Fakültesi'nde vazife aldı. Israrla yerli sanatı savundu. Bu sanatın kökeninde İslâm'dan önceki devrin yapısıyla dinsel akımların hamurunda, Arap'ın Cahiliyye Devrini yaşarken Çin'i de etkisi altına almış TÜRK BOZKIR İRFANI'nın derinliğini bulmaya çalıştı.

Daha çok bu eğilimle yüze yakın küçüklü/büyüklü kitap verdi.

Bunlar arasında Yalnızlar (öyküler, 1942), Batak (roman, 1942), Andavalpalas (tiyatro oyunu, 1940), Kütük (1946), Dolap Beygiri (1946), Küçük Şehit (1961), Maarif Siyaseti (1918), Rousseau'nun Felsefesi (1925), Doğu-Batı'da Çocuk Ruhiyatı, (1929), Resim ve Terbiye (1922) Hat Sanatının İrsî Karakteri (1930), Toplu Öğretim (1938), Sosyoloji, I. II. III., (1936), Karagöz Tekniği ve Estetiği (1942), Türklerin Yazı Sanatı (1958), Ziya Gökalp (1966), Cinsel Eğitim (1967), Köy Seyirlik Oyunlarında Özgürlük Hasreti (1971), ele aldığı konuların çeşitliliği üzerinde fikir verebilir. YENİ ADAM, teokrasiden demokrasiye dönüşte, Türk insanının Arap-Fars kültür hegemonyası önünde sessiz karşı koyuşunun ÇOK SESLİ olabilmesi özlemini sergileyen cesur görüşlerin geçit resmi yaptığı düşüncelerin ürünüdür. Sadece politik bakımdan değil asıl sosyo-ekonomik bakımından bireyleşmiş terkibin ardında koşan Baltacıoğlu gözlerini kapayıncaya kadar bu milliyetçi yapının evrensel felsefenin ahengini bozma değil, onun armonisi olduğu inancıydaydı.

1957'de KUR'AN'ın Türkçe çevirisini yapma kararının kendisine özgü açıklama felsefesi vardı: Bu çeviri için sadece ilâhiyat *(teoloji)* bilgilerinin kâfi görmüyordu.

İsmayıl Hakkı Baltacıoğlu

Derinleme pedagoji bilgisiyle, Türk insanıyla Arap ve İran insanı arasındaki köke dayalı farkın, bir din kitabı olan Kur'an'ın aynı dille okunmuş olmasından ibaret benzerliğin satıhta kaldığına kaniydi. Bu bakımdan aslından çeviriyi 1957'nin öz Türkçe dilinin kıstasları içinde yaptı.

Meselâ ALLAH karşılığı olarak TANRI'yla beraber ÇALAP sözcüğünü de kullandı: Yunus Emre:

Gönül Çalap'ın tahtı, Çalap gönüle baktı.

İki cihan bedbahtı kim gönül yıkar ise.

Adını "İsmail" olarak değil "İsmayıl" olarak yazardı: Halk dilinde böyle kullanıldığı için... Birgün Türk insanının kulluk ödevlerini ÖZ DİLİ ile yerine getireceğine yürekten inanmıştı.

Sizlere İsmayıl Hakkı Baltacıoğlu'nun 1957 de, günümüzden kırkyıl önce yayınladığı TÜRKÇE KUR'AN'dan metinler sunmadan önce, böyle bir emeği neden kucakladığının ilham kaynağını, kendisinden dinlediğim gibi aktaracağım:

"– 1942 - 1957 arası onbeşyıl Türk Dil Kurumu Terim Kolu'nda çalıştım. Kurum Atatürk'ün direktifiyle kurduğu TERİM KOLLARI'yla özellikle kırsal kesimde konuşulan dilin etimolojik yapısını belirlemeye çalışıyordu. Bunun için TARAMA DERGİSİ adı altında tesbit fişleri düzenlenmiş, yurt çapında dağıtılmıştı. Bir hazine karşısındaydık. Nelere sahiptik ve de neleri unutmuştuk? İnan bana, daha o günlerde bir Kur'an çevirisi yüreğime yerleşti. Zor işti ve de benim emek saham dışıydı. **Olsun,** dedim ve düşündümki, yüzyıllar ve devirler, egemen kuvvetlerin reddettiği bu mirâstan da ilham alarak bir Kur'an çevirisi başarabilirsem, DİN'le DİL arasındaki kopmaz bağa sağlam ilmik olabilmeyi denerim. Aydın yapılarına, daha doğrusu gerçek Müslümanlıklarına inandığım dostlarım vardı. Bunların başında yer alan Ahmed Hamdi Akseki ve Şerafettin Yaltkaya üstatlara danıştım. Onayları dayanç kaynağım oldu. TARAMA DERGİLERİ'nde yer alan konuyla ilgili sözcüklere yer vererek, Atatürk'ün yarıda bıraktığı özleminin günün birinde gündeme geleceğini de umarak KUR'AN ÇEVİRİSİ'ni ele aldım.

Evet... Günün birinde milletimin anadiliyle kulluk hakkına sahip çıkacağı umudu içinde...

O güne erdiğimizde umuyorum ki benim bu iddiasız çabam, bir başlangıç olması niteliğiyle hatırlanır.

Öyle olmasa bile denemiş olmanın gönül rahatı bana yetiyor."

Rahmetli İsmayıl Hakkı Baltacıoğlu'nun emeğine onay aldığı iki değerli din bilimcimiz Ahmed Hamdi Akseki ile Şerafeddin Yaltkaya'yı kısaca hatırlatacağım.

- Ahmed Hamdi Akseki (doğumu: 1887 - ölümü: 1971), Akseki'nin Güzelsu beldesinde doğdu. Sağlam bir medrese tahsilinden sonra İstanbul Darülfünunun Fen, daha sonra Din Bilimleri Fakültesi'ni bitirdi. Millî Mücadelenin başında Ankara'da Şer'iyye Vekâleti Öğretim Genel Müdürlüğü'nde bulundu. Darülfünun İlâhiyat Fakültesi'nde Hadis ve Hadis Tarihi Profesörlüğü yaptı. Diyanet İşleri Başkanlığı'nın kuruluşunda bulundu ve ilk başkan Rıfat Börekçi'den sonra bu makama geldi. Konusunda çok eser verdi. Bunlar arasında Kur'an-ı Kerîm Tefsiri (yorumu) ayrı bir yer tutar.

- Mehmed Şerafeddin Yaltkaya (doğumu: 1879 – ölümü: 1969) Din adamları yetiştirmiş bir ailenin çocuğu olarak İstanbul'da doğdu. Medrese tahsiliyle yüksek öğretmen okulu felsefe bölümünü bitirdi. Galatasaray, Vefa, Gelenbevî Liselerinde din ve ahlâk dersleri verdi. Şeyhülislâm Ürgüplü Haydi Efendi'nin medreseleri zamana eriştirmek hareketinde yer aldı. 1924'te tekrar açılan İlâhiyat Fakültesi'nde Kelâm Dersi Profesörlüğü, sonra da İslâm Dini ve Felsefesi Ordinaryüs Profesörlüğü yaptı. Ahmed Hamdi Akseki'den sonra Diyanet İşleri Başkanlığı'na geldi. ATATÜRK'ün cenaze namazını Şerafeddin Yaltkaya kıldırmıştır.


Eserleri arasında Kur'an Tarihi, CAHİZ'in "Fezâil-i Etrak = Türk Milletinin Faziletleri", Baybars Tarihi, Freddik Hohenstaufen'in Suallerine Cevap, Kur'an-ı Kerîm'den 46 Sure Çevirisi başlıcalarıdır.

Baltacıoğlu çevirisine TEFSİR = YORUM demedi, çünkü sadece ve yalnız öz ve arı bir Türkçe ile Kur'an-ı Kerîm'in TÜRKÇE'YE NE ÖLÇÜDE AKTARILABİLECEĞİ'nin denemesini yaptı.

Ondan önce ve sonra böylesine bir emek verilmiş midir, bilmiyorum.

Şu kısa hatırlatmalardan sonra Size, İsmayıl Hakkı Baltacıoğlu'nun Kur'an çevirisinden birkaç örnek sunacağım. Bugün düğüm, özellikle namaz sureleri üzerindedir. Baltacıoğlu'nun Kur'an sırasına göre 114 surede topladığı metinden özellikle namaz surelerini ve konu olarak ele alınanlar arasında çeşitli mevzuları kapsayan ve misal olarak sunulduğu için kısa metinli olanlarını tercih ettim. Gayem, BU TÜRKÇE İLE OKUNACAK TANRI BUYRUĞUNUN ÇOCUK ÇAĞINDAKİ EVLÂT-

LARIMIZDAN BAŞLAYACAK YAŞ - KÜLTÜR SIRALAMASI İÇİNDE NE ÖLÇÜDE ANLAŞILIR OLDUĞU yolunda düşüncemizin ne olduğunu öğrenebilme arzusudur:

İç kapağını altta gördüğümüz rahmetli İsmayıl Hakkı Baltacıoğlu'nun 534 sahifelik Kur'an çevirisinden örnekleri yukarda işaretlemeye çalıştığımız özelliklerini hatırlayarak okuyalım.

# K U R ' A N

Türkçeye çeviren
## ISMAYIL HAKKI BALTACIOĞLU

Yıldız Matbaacılık ve Gazetecilik T.A.Ş.
Ankara - 1957

# FATİHA SÛRESİ

Acıyıcı, esirgeyici Allah'ın adıyla başlarım.

1. Övülmek yalnız Allah'a yaraşır. O Allah ki bütün varlıkların çalabıdır,

2. acıyıcıdır, esirgeyicidir,

3. yargı gününün hakanıdır.

4. Allahım! Biz yalnız Sana taparız,

5. yalnız Senden yardım dileriz.

6. Sen bizi doğru yola ilet.

7. O doğru yol ki Senin iyilik ettiğin kimselerin yoludur,

8. öfkelendiğin kimselerin, sapkınların yolu değil.


## MÜLK SÛRESİ

Acıyıcı, esirgeyici Allah'ın adıyla başlarım.

1. Yücedir o Allah ki hakanlık Onun elindedir, O'nun her nesneye gücü yeticidir,

2. ölümü de, dirimi de yaratan Odur, hanginizin en güzel işleri işleyeceğinizi sınamak için. O, erklidir, yargılayıcıdır.

3. Üst üste yedi kat göğü yaratan Odur. Esirgeyici'nin bu yaratmasında hiçbir uygunsuzluk göremezsin. Şimdi gözünü göğe çevir de bak, hiçbir aksaklık görebiliyor musun?

4. Sonra gözünü ikinci defa çevir de bak, gözün kamaşıp kapanacaktır, artık yorulmuştur.

5. Ant olsun ki Biz dünya göğünü ışıldaklarla donattık. Onlarla şeytanları taşladık. Onlar için alevli bir ateş de düzdük.

6. Çalaplarını tanımayanlar için de Cehennem azabı vardır. Onların dönecekleri yer ne kötüdür!

7. Onlar, içine atılınca kaynayan bu Cehennem'in uğultusunu işitirler.

8. Cehennem öfkesinden çatlayacak gibi olur. Her insan yığını içine atıldıkça bekçileri sorarlar: «Size bir uyarıcı gelmedi mi?»

9. Derler: «Evet, gerçi bize uyarıcı geldi. Ancak, biz onu yalancı saydık, Allah hiçbir nesne bildirmiş değildir, siz büyük bir sapkınlık içindesiniz dedik.»

10. Yine derler: «Eğer biz onu dinlemiş, ya da düşünmüş olsaydık şimdi bu kızgın ateşin içinde olmazdık.»

11. Böylece kendi günahlarını kendi ağızlarıyla söylerler. Ateşlikler Allah'ın esirgeyiciliğinden ırak olsunlar.

12. Çalaplarından görmeden ürkenler için yargılanma, hem de ulu bir karşılık vardı.

13. Sözünüzü ister gizleyin, ister açığa vurun. Çünkü Allah içinizde olanları bilicidir.

14. Yaratan bilmez olur mu hiç? O, bütün incelikleri kavrayıcıdır, bilgilidir.

15. Yeryüzünü ayaklarınızın altına seren O'dur. Öyleyse yerin sırtında dolaşın, onun azıklarından yiyin. Dönüş ancak Allah'a olacaktır.

16. Göktekilerin yeri sarsıp sizi de birlikte batırmayacağını bilir misiniz?

17. Yoksa göktekilerin sizi taş yağmuruna tutacağından korkmuyor musunuz? O zaman siz uyarılmanın nice olduğunu göreceksiniz.

18. Ant olsun ki onlardan öncekiler de yalan saymışlardı. Ya Benim onları tanımamam nice olmuştu!

19. Onlar tepelerinde kanat çırpa çırpa uçuşan kuşları görmüyorlar mı? Onları tutan, ancak O Esirgeyicidir. Çünkü O, her nesneyi görücüdür.

20. Eğer Allah size yardım etmeyecek olursa size ordusu ile yardım edebilecek olan kimdir? İşte tanımazlar aldanıyorlar.

21. Eğer Allah ağzınızı kesecek olursa size azık verebilecek olan kimdir? Yok, onlar azgınlıkta, tiksinmekte ayak dirediler.

22. Şimdi yüzükoyun sürünen bir kimse mi doğruluğa erişir, yoksa dümdüz bir yol üzerinde dosdoğru yürüyen mi?

23. De ki: «Sizi vareden, size işitme, görme, duyma gücünü veren O'dur. Böyleyken nekadar az şükrediyorsunuz!»

24. De ki: «Sizi yeryüzüne yayan da O'dur. Sonunda hepiniz O'na derleneceksiniz.»

25. Derler: «Eğer doğru kimselerseniz, söyleyin bize, kalkış ne vakit?»

26. De ki: «Onu bilse bilse ancak Allah bilir. Bana gelince işte ben ancak açıktan açığa bir uyarıcıyım, okadar.»

27. Artık o günün yaklaştığını görünce tanımazların yüzleri ekşiyecek. Onlara denilecek: «İşte sizin çarçabuk kavuşmak istediğiniz budur.»

28. De ki: «Söyleyin bana, Allah beni, benimle birlik olanları ortadan kaldırabilir de, esirgeyebilir de. Ya tanımazları acıklı azaptan kurtaracak olan kimdir?»

29. De ki: «Acıyıcı O'dur. Biz O'na inandık, biz O'na dayandık. Artık apaçık bir sapkınlık içinde olanın kim olduğunu yakından görürsünüz.»

30. De ki: «Söyleyin bana, sularınız yerin dibine batıp gitse bir daha akarsuyu kim getirebilir?»

## İNŞİRAH SÛRESİ

Acıyıcı, esirgeyici Allah'ın adıyla başlarım.

1. Biz senin içini açmadık mı?

2. Senin yükünü üzerinden atmadık mı?

3. O yük ki senin sırtını çökertiyordu.

4. Senin adını yükseltmedik mi?

5. İşte her güçlüğün yanında bir kolaylık da vardır.

6. İşte her güçlüğün yanında bir kolaylık da var!

7. Öyleyse bir işi bitirince bir başkasına sarıl.

8. Yalnız Çalabına doğrul, dön ve çalış.

# BEYYİNE SÛRESİ

Acıyıcı, esirgeyici Allah'ın adıyla başlarım.

1. Kitaplılardan, eş koşanlardan tanımaz olanlar kendilerine apaçık kanıt gelinceye dek dinlerinden ayrılacak değildirler.
2. Bu da Allah'ın arınmış sayfalarını okuyacak olan bir elçi idi.
3. Orada dosdoğru kitaplar bulunmaktadır.
4. Kendilerine kitap verilenler onlara bu açıklayıcı belge geldikten sonradır ki bölük bölük oldular.
5. Onlara buyrulanlar yalnız şunlardı: Allah'a yürekten, bağlı olarak tapın, yalvarıya durun, zekât verin, işte dosdoğru din budur.
6. O kimseler ki tanımazlık ettiler, ister kitaplılardan olsunlar, ister eş koşanlardan olsunlar, onlar Cehennem ateşi içinde olacaklardır. Hep orada kalacaklardır. İşte yaratıkların en kötüsü bunlardır.
7. O kimseler ki inanırlar, iyilik işlerler, bunlar da yaratıkların yeğ olanlarıdır.
8. Onların Çalapları katındaki karşılıkları, içinde ırmaklar akan cennetlerdir. Onlar hep orada kalacaklardır. Onlar Allah'ın gönlünü etmişler, Allah da onların gönlünü etmiştir. İşte bu, Çalabından ürkenler içindir.

# ZİLZÂL SÛRESİ

Acıyıcı, esirgeyici Allah'ın adıyla başlarım.

1. Yeryüzü kendiliğinden bir sarsıntıya uğratılınca,
2. yeryüzü ağırlıklarını dışarıya atınca,
3. insan: «Ne oluyor buna?» deyince,
4. o gün yeryüzü başından geçenleri anlatacak,
5. çünkü Çalabı onun gönlüne böyle bildirmiştir.
6. O gün insanlar biribirlerinden ayrı olarak dönüp gelecekler, ettiklerini bulmak için.

7.  İşte en ufak bir iyilik eden bile karşılığını görecektir.

8.  En ufak bir kötülük eden de karşılığını görecektir.

## İHLÂS SÛRESİ

Acıyıcı, esirgeyici Allah'ın adıyla başlarım.

1.  De ki: «O, bir tek olan Allah'tır.

2.  Allah uludur.

3.  Doğurmamıştır, doğurulmamıştır.

4.  Onun dengi de yoktur.»

## FELAK SÛRESİ

Acıyıcı, esirgeyici Allah'ın adıyla başlarım.

1.  De ki: «Sığınırım ben o yarıp yaratan Çalaba,

2.  yarattıklarının kötülüğünden,

3.  karanlığı basan gecenin korkusundan,

4.  düğümlere üfüren üfürükçülerin kötülüğünden,

5.  çekemiyenin çekememezliğinden.»

## NÂS SÛRESİ

Acıyıcı, esirgeyici Allah'ın adıyla başlarım.

1.  De ki: «Sığınırım insanların Çalabına,

2.  İnsanların hakanına,

3.  İnsanların tanrısına,

4.  o sinsi Şeytan'ın kötülüğünden,

5.  insanların içini karıştıran o Şeytan'ın,

6.  cinlerin de, insanların da kötülüğünden.»

# Türkçe İbâdetin
## Son Yüzyılda
## İki Büyük Adı:
## MUSA CARULLAH BİGİ
## Ord. Prof. İSMAİL HAKKI İZMİRLİ

# ve;
# Sisler İçine İtilmiş
# Mübârek Himmetleri

Biliniyorki Osmanlı'da, akılcı felsefenin öncüsü Türk İbni Sina ile nakilci görüşün temsilcisi İran asıllı Gazzali arasındaki fikir çekişmesi, sadece bilimsel hayatı değil, devletin varlığını da etkilemiştir.

İbni Sina itibârdayken Fatîh'in Semaniyye, Kanunî'nin Süleymaniye Medreseleri (**üniversiteleri**) dünyayı aydınlatıyordu. Ne zamanki statükocu Gazzali'nin görüşü, kemikleşmiş bizim RÜSUM ÜLEMASI'nın elinde Osmanlı'da Katolikliğin Ruhban Sınıfı gibi dinsel saltanat kurdu, İbni Sina itildi, Gazzali nakilciliği egemen oldu, Arap şeriatı, kural ve tatbikatıyla hayatı eline aldı, önce duraksama, sonra gerileme başladı ve çöküşe kadar devam etti.

Aslında MATBAA denen rönesansın en büyük icadının Osmanlı'da 227 yıl gecikmesinin asıl sebebi budur.

Yerinde sayış, Ondokuzuncu Yüzyılın ikinci yarısına kadar sürdü.

Bundan sonraki uyanışın, aradaki boşluğu doldurması da zaten mümkün değildi.

Hallac, Farabî, Birunî, İbn Rüşt, Hacı Bektaş-ı Veli, Mevlâna, Sadrettin Konevî, Yunus Emre, Nesimî, Simavna Kadısıoğlu Bedreddin şahsiyetleri ve gayeleriyle yokolup, şekilci, tekdüze, klişeleşmiş, Şeriatı Arap kültür emperyalizminin aracı yapmış hareketi dine, düşünceye, tasavvufa egemen olunca ARAPLAŞTIRILMAYA ÇALIŞILMIŞ TÜRK İNSA-

93

NI'na kendi diliyle ibadeti, değil tatbik etmek, *düşünmek ve düşündürmek bile* KÜFÜR sayıldı.

Yûnus'un yakarışı, Mevlana'nın hikmeti, Farabi'nin felsefesi bile anılmaz oldu. Değil Türk insanını bu zamanın gelişmesi içinde geçmişine özgü bir din, imân, ibâdet yapısının hür düşünceli ferdi yapacak olan köklü hizmetin nasibiyle yetiştirme özgürlüğü...

Önce 1839 TANZİMAT'ıyla teokratik devleti Arap şeriatının emrine vermiş sistemin içine, Müslüman'dan gayrı tebaayı alışı, sonra da 1876 ilk meşrutiyetiyle Medrese'nin hayatı düzenleme fonksiyonunun içine parlamentoyu koyuşu ve bir ölçüde bile olsa DİN'in yanında bir de DÜNYA'nın varlığını kabul etmesi...

Bu şartlar içinde doğru ve cesur teşhislerin DİN'le DÜNYA arasındaki konuların açık konuşulması yolundan geleceği kabulleniliyordu, çünkü başka seçenek de yoktu.

DİN adına HURAFELERİN KORKUSU nesillerdir yüreklerine sindirilmiş bir milletin aklı üstün tutan düşünceyi bulması ve inanması mümkün müydü?

Geçmişte, binbir kanlı misal ortada iken...

**Anlamadığı bir dille**, ve o **anlayamadığı dili yarımyamalak** öğrenmiş olmak ayrıcalıklarını, bir **ruhban sınıfı** yaratmış ve onu DİN'le DÜNYA'nın tek hâkimi yapmışken kurtuluşun TEK ÇARESİ ibâdetini öz diliyle yerine getirme hakkını kimler ona anlatacak, uyaracaktı?

Sohbetimizin bu soruya cevap verme bölümüne gelmiş bulunuyoruz.

İki din, felsefe, fikir şahsiyeti önümüzdedir: Birincisi önceki sayfalarda "MEANİ-İ KUR'AN = KUR'ANIN ANLAMI" adlı çevirisiyle şahsiyetinden söz ettiğimiz Ord. Prof. İsmail Hakkı İzmirli, ikincisi de Türk Anavatanının yetiştirdiği ve Batı bilim dünyasının **"yirminci yüzyılın en büyük İslâm düşünürü"** olarak kabul ettiği Musa Carullah Bigi.

Musa Carullah, son yüzyılın tereddütsüz en ilginç ve bilim yapısının yeterliliği kadar cesareti, yürekliliği, samimiyetiyle eşsiz sîmasıdır. Biyografisi bu gerçeğin açık ispatıdır. Ne onun çağdaşları, ne öncesi ve sonrasında hiç bir fikir şahsiyeti, onun kadar zengin geniş ve şümullü bilim ufkunu temsil edemedi. İlk bakışta birbiriyle ilgisiz gözüken ilim dallarını, inanılmaz azimle kucakladı. Yakın dostu ve hemşehrisi Ord.Prof.

Zeki Velidî Togan'ın dediği gibi: *"Yüce Tanrı, bir kulunun hayatında ilim irfan varlığını madde ve manâda doğrunun ve hayrın yolunda seferber ederse neler yapabileceğinin ispatı olarak ancak Musa Carullah'ın eriştiği seviyeye çıkabilirdi. Cumhuriyet Türkiye'sinin onun arkasında bıraktığı ilim değeri sözgötürmez hazineden bugünkü ve gelecek nesillerin yoksun kalması, doldurulması imkânsız boşluktur. O, ömrünün yirmi senesini verdiği ve yirmibin sayfayı aşan Kur'an'ın Türkçe metni ile Türk dünyasının ibadetini Türkçe'nin benimsedikleri lehçeleriyle yerine getirmesini gaye edinmişti. Arapça'sının mükemmeliyetine ve Mısır'daki Ezher Darülfünü'nde iki sene Kur'an'ın muasır* (**çağdaş**) *ilimlerle mukayesesi ve Kur'an mantığı tahsil etmesine rağmen milletinin kendi öz diliyle kulluk vazifesini yerine getirmesini istemesi, bu sahadaki haklılığının şahsî irfan ve ilim seviyesinin tasdikinde olan doğru hükümdü.*

*1948'de Türkiye'ye gelmesi ve Türkiye Cumhuriyeti vatandaşlığına geçmesi çileli hayatının neticesi bozulmuş sıhhatının üzerinde şifa ümidi olmuştu. Ezher Darülfünunu'na emânet ettiği Türkçe metinleri, bu vazifeyi tevdi ettiği MİLLET ve HAKKA DOĞRU mecmuaları sahibi Cemal Kutay'a vermek üzere gittiği Kahire'den ne yazıkki dönemedi, 29 Ekim 1949'da, Cumhuriyetimizin yirmibeşinci yıldönümü günü Allah'ın rahmetine intikal etti."*

Anavatan Türk'ü olan Musa Carullah 1875 tarihinde Azak kalesinde doğdu. Anne ve baba soyu eski Nogay'ların Altovul (**Altıoğul**) uruğundaydı.[1] Çocukluğunda çevrenin tanınmış din adamlarından Şeyh Habibullah'tan medrese bilimlerini öğrendi. Azak (**Rostof**)'a yerleşen aile Musa'yı Rus Teknik Lisesi (**Riyalonye Uçelişçe**)'ye verdi. Buradan sonra Buhara'ya gitti ve o tarihlerde Orta Asya'nın en büyük din bilgileri ilim kuruluşu olan Yüksek Medreseyi tamamladı. İstanbul'a geldi. Mühendis Mektebi (**Teknik Üniversite**)'nde okudu. İslâm dünyasında **şeriat** hakimdi. Öğrendikleriyle gördükleri arasında hayatın her sahasında hissedilen çelişki vardı: ZAMANIN ÖNÜNDE olması temel yapısı olan İslâmiyet, ZAMANIN ARDINDA kalmıştı. Hayatını bu gerçeği açıklamaya adadı. Mısır'a gitti. Düşündüğü hizmet yolunun şahsiyetlerinden Muhammed Abduh'la tanıştı. Onun ileriye dönük şahsında düşüncelerinin doğruluğunu buldu. Arap Yarımadası'nda, Hindistan'da İslâmî tefekkür üzerinde iki yıl araştırmalar yaptı, tekrar Kahire'ye geldi, Ezher'de üçyıl Kur'an Tarihi ve Kur'an Mantığı üzerinde çalıştı. 1904'de Azak'a ailesinin yanına döndü. Aynı yıl, Petersburg Hukuk Fakültesi'ne kaydoldu.

---

(1) *İNSANI İNSAN YAPMIŞ BİR İNSAN* (Celal Nuri İleri'nin Hazret-i Muhammed'in hayatını) *HATEM-ÜL ENBİYA* (Son Peygamber) *adıyla yayınladığı eseri bugünkü dille ve genişleterek yayınlayan Cemal Kutay, CEM OFSET yayınları, sayfa 273.*

Burada Abdürreşit İbrahim'le tanıştı. Beraberce Arapça Al-Tilmîz (yol gösteren) gazetesini çıkardılar. 1906'da Kazan'ın Çistay şehrinde, Zakir İşan Beyin kızı Esma Hanımla evlendi. Eşi Petersburg'da Batı dilleriyle öğrenim yapan koleji bitirmişti. Burada beraberce EMANET isimli matbaayı kurdular ve o tarihte 33 yaşında olan Musa Carullah, ardı ardına eserlerini vermeye başladı: Bunların ortaya koyduğu gerçek şuydu: İslâm dininde geç kalmış bir ZAMANI YAKALAMA himmeti şartı ve bu emek, zaten, İslâmın SON DİN olmasının temeliydi.

Genç müceddid (**yenilikçi, reformist**) karşısında, duruma hâkim bir muhafazakârlar (**tutucular, hatta bugünkü söyleşiyle fundamentalistler (kökten dinciler)**) kalabalığını buldu, ama yılmadı. Rus Çarlığı'nın İslâm uyanışı önünde duyduğu kaygıya, Müslüman varlığını sömürgeleştirmiş İngilizler, Fransızlar o saftakiler katıldı, tevkif ve mahkum edildi. Ölümünde sayısı 56'yı bulan eserlerinin bir bölümünü cezaevinde tamamladı ve eşi yayınladı.

1918'de Bolşevik (**Komünist**) ihtilâliyle cezaevinden çıkan Musa Carullah'ı ateistler (**dinsizler**) derneği tartışmaya çağırdı. Aralarında Ortodoks Kilisesi'nin, Budist ve Brahman tarikatleriyle İslâm ülkelerinin dini şahsiyetlerinin de davetli bulunduğu toplantıya katılan TEK Müslüman ilâhiyatçısı (**teologu**) oydu.

1920'de, geldiği Taşkent'te G.P.U. (**Komünist Gizli Polisi**) tarafından rejimin dinler üzerindeki teorisine karşı gelmek suçuyla tevkif ve mahkum edildi. Türk Millî Mücadelesi için cezaevinden İslâm dünyasına "**Mukaddes cihad, İslâm aleminin kahraman ırkı Türk Milletine yardımıdır**" fetvasını, o günlerde Moskova'da olan Türkiye Büyük Millet Meclisi'nin Büyükelçisi Ali Fuad Paşa'ya elden gizlice gönderdi ve Paşanın delâlet ve kefaletiyle cezaevinden çıktı. Gözaltındaki günlerinde yazdığı eserleri Berlin'de Finlandiya Müslümanları'ndan İmad Cemal tarafından bastırılıyordu.

1926'da MEKKE'de toplanan (Dünya İslâmları Kongresi = (al-mutemâr al-İslâmî)ne Rusya'da yaşayan Müslümanlar adına katıldı. Gidiş ve dönüşünde İstanbul'da kaldığı günlerde Türk Ocakları Reisi Antalya Milletvekili Hamdullah Suphi (Tanrıöver)'in misafiri oldu.

1930'da Fergane'ye, buradan Kaşgar'a geçti. Bilim şöhreti, İslâm âleminde yapmak istediği yenileşmenin felsefesi, aydın çevrelerde ümit ışığıydı. Hindistan üzerinden Afganistan'a geçti, 1932'de, eserlerini devamlı yayınladığı Berlin'e yerleşti.

1938'de Tokyo İmamı Abdülhalim Kurban'ın davetlisi olarak Japonya'ya geldi. Buradaki İslâm topluluğuna yaptığı konuşmalar Japonya'da ilgiyle karşılandı ve İmparatorluk Akademisi'ndeki konferansları bastırılarak tartışmaya açıldı. İkinci Dünya Harbi'nin başlamasıyla Hindistan'a gitti. Bu defa da İngilizler karşısına çıktılar. Afganistan'a geçmek üzereyken tevkif ettiler ve Mahatma Gandhi'yle Muhammed Ali Cinnah'ın bulunduğu cezaevine koydular. Burada kaldığı ondokuz ay içinde yine kitaplarını yazmaya devam etti. Behupal Sultanı Muhammed Hamdullah Han, kendi sarayında ve kefaleti altında yaşaması şartıyla Pişaver cezaevinden çıkarttı.

Devamlı hapisler, takipler, çileler, Hindistan'ın iklimi sağlığını bozmuştu. İkinci Dünya Harbi de bitmişti. 1948'de Türkiye'ye geldi. Türk Vatandaşlığına geçti, EN BÜYÜK ESERİM dediği ve onaltı yıl emek verdiği yirmibin sayfaya ulaşmış TÜRKÇE KUR'AN TEFSİR'inin (Yorumunun) Ezher Üniversitesi'ne emanet ettiği metnini almak ve kışı geçirmek için gittiği Mısır'da 29 Ekim 1949'da (**Cumhuriyet Bayramı'nın 26. yıldönümü günü**) yetmişdört yaşında hayata gözlerini kapadı.

## ● — MUSA CARULLAH'IN FELSEFESİNDEN BİRKAÇ ÇİZGİ

İslamiyet **yaşanılan çağ kafası** ve de onun asıl gayesi **çağ yaşantısı** getirmenin bu eşsiz aydın mücadelecisinin felsefesi üzerinde, değerli fikir adamımız felsefeci Mustafa Rahmi Balaban (**doğumu: 1888- ölümü: 1975**) kırkaltı eserini hemşehrisi ve yakın dostu Ord. Prof. Zeki Velidî Togan'dan temin ederek inceledikten sonra, aşağıdaki özet açıklamayı yapmıştır.[1]

1995 Türkiye'sinde din adına olup bitenler önünde **doğru**'yu **eğri**'den, **hayr'ı şer**'den ayırmak için hiç bir açıklamanın gerçek DİN ve hakiki İLİM adına okunmasında, kavranılmasında **ve hatta ezberlenmesinde** bu izahlar kadar şart olamayacağı inancıyla olduğu gibi sunuyorum:

"–Eski klâsik uygarlıklardan kalan ilim ve felsefeyi Hıristiyan Kilisesi kovmuş, aforoz etmişti. Abbasoğulları Devri'nde Müslümanlar o fel-

---

(1) – *İNSANI İNSAN YAPMIŞ BİR İNSAN, Cemal Kutay, sahife 277 ve devamı, CEM OFSET yayınları, 1996.*

sefeyi kucaklayıp özenle geliştirmeye çalıştılar. O devir, İslâm ümmetlerinin beşeri medeniyet liderliği zamanıdır ki milâdi sekizinci yüzyıl ortalarından onüçüncü yüzyıl ortalarına kadar devam eder. O devirdeki İslâm medreseleri hem klâsik medeniyetlerden devir aldıkları ilim ve felsefeyi, hem islâmi ilimlere, hem de onları birbiriyle kaynaştırmaya çalışıyorlardı. Fakat gitgide ilim ve felsefeden Hırisitiyanlık aleminde vaktiyle rahiplerin yaptıkları gibi vazgeçerek yalnız din ilimleriyle, üstünkörü, meşgul olmaya başladılar. Din ve ilim ikiz hemşiredir. Birinin bulunmadığı yerde diğerinin de özü bulunmaz. İlim ile atbaşı gitmeyen din, çok geçmeden taassup ve hurafelere boğulur kalır. İşte Hıristiyanlıktan sonra İslâm'ın başına gelen de bu oldu.

Artık dört mezhep kurucusu çapında büyük adam yok diye onuncu asrın sonlarında **"ictihad kapısı kapandı"** demeye başladılar. Bu asla doğru değildi. Zira "ictihad kapısı kapandı" demek dini meseleler üzerinde akla ve ilme dayanarak derin düşünmeyi yasak etmek demektir. Bu İslâm'ın ruhuna aykırıdır. Zira Kur'an akla büyük bir yer verir.

Anfal süresi ayet 22: Allah yanında mahlukların en kötüsü, kulağı varken hakkı işitmeyen, dili varken hakkı söylemeyen sağır ve dilsizlerdir ki bunlar hakkı düşünüp taakkul etmezler, *(akıllarına başvurmazlar).*

"Din ile akıl birdir, aklı olmayanın dini de yok demektir." "Allah aklı yerinde olmayan mümini sevmez."

Musa Carullah **rasyonalist bir filozoftur.** Akıl hakkında şöyle der: "Sağlam akıl, pak vicdan, en mühim, en ulvi Tanrı armağanıdır. Gökleri ve yerleri teshir etmiş insan aklı hem varlık âlemini hem onu var edeni içine alabilmiş pak vicdan, bu iki nur, insana ihsan kılınmış ise taklit levsi ile kirletebilmek için yahut iman ismi kâzibi verilmiş zulmetle o nurları söndürebilmek için ihsan kılınmış değildi. Belki amel ve fikir faziletlerinde insana rehber olmak için hem de hareket yollarını devamlı olarak tenvir için ihsan kılınmıştı."

Yine o diyor:

"Bana göre hakikati tebeyyün etmemiş bir meseleyi itikat etmek açık surette malum olan hakikatı inkâr gibidir. Buna göre eski yeni kusurlarımızdan serbestçe bahsedebiliriz. Görmek öz gözümüzle, bilmek öz dimağımızla olur ise bizim hakikatte kıymeti dar hakikat, yalnız öz amalî fikriyemizle hasıl olan hakikat olabilir" (Uzun Günlerde Rûze, s. 64).

# ● — GERİLİĞİN SEBEPLERİ

Musa Carullah'a göre İslâm dinini dökülmüş kalıplar halinde kalmaya "müfessirlerin, kelamcıların, fakihlerin, tasavvufçuların muayyen ve mahdut bir zaman için muteber olması lazım gelen hükümleri bütün zamanlar için muteber saymak istemeleri" sebep olmuştur.

Gerçi şeriat naslarının muasır hayat ihtiyaçlarına yetemeyeceğini o da kabul ediyor. (Ruze s. 172) Fakat "nas"ları Kur'an ve sahih hadislere münhasır kılarak azaltmak ve bunları da muhtelif zamanların ihtiyaçlarına müsait hükümler verdirecek genel esaslara ifrağ etmek ister.

Bu işte mâliki fukahasından Endülüs'lü İbrahim b. Musa al-Şatibi'yi örnek edinir ki bu zat "Hükümleri naslardan çıkarmaz, hayatın ta kendisini içtihad menbaı" olarak alır.

Musa Carullah der ki: Böyle yapılmadığı için hayat yürüyüp ilerledi, fakihler geride kaldı. *(FAKİH'ler: Yani din yorumcuları...)*

Halife Me'mun zamanından sonra "ictihad" durdurulunca, yani akla kilit vurulunca bunun ameli hayattaki başlıca tepkisi şunlar oldu:

1 – Teşebbüs yolundan yanlış bir tevekkül ve zillete sapmak.

2 – Kaza ve kadere yanlış mana vererek yüksek emel ve hamlelerden uzak düşmek.

3 – Fikir hürriyetini kösteklyerek aklı felce uğratmak.

4 – Güzel sıfatlara değer vermekle gözleri güzel eserleri görmekten, kulakları güzel müzikten mahrum edip, kalpleri yüce duyguları sezmez bir hale düşürmek ve bunun neticesi olarak gönülleri aşağı şeylere döndürmüş olmak.

5 – Günün efendilerine tezellül ve dalkavukluk ede ede izzeti nefsi kaybetmek.

6 – Pintiliği iktisat esası gibi kullanarak, terakkiyatta mühim âmil olan rekabeti haset saymak.

7 – Kadınlara içtimaî hayatta yer vermemek (Uzun Günlere Ruze, s. 200).

## DİN:

"Hayat-ı insaniyede din en mühim bir rükündür. Zira insanların her hareketi dinlerine yani kalplerinin selametine bağlıdır. Kalbi pak insanın her işi pak olur. Kalp selim olursa o vakit insanının kast ve iradeyesiyle vücuda gelmiş şeylerin her biri salim olur. İnsanların kalbinde bir fesat bulunursa hareketi de o nisbette fâsid olur. İnsanın âmâli zahiresi kalbinin tercümesidir. Her bir insan her bir işte imanına göre hareket eder. Hayatın güzelliği kalbin, itikadın güzelliği ile olur."

"Emaneti, adaleti emreden Allah'ın varlığına imân iktizasıyla insan, emanet ve adalet yolundan ayrılmayarak yaşar. Ruhun bekasına, âmâlin neticelerine iman eden insan her halde nefsin tekemmülüne sayeder, rezailden çekinmeye var kuvvetiyle çalışır."

"Lakin din âlimleri, bağları ile imânının kudsiyetine, ehemmiyetine gayet büyük halel getirdiler; din, adeta umumi muharebe meydanı oldu kaldı. Din aklın düşmanı, hayatın düşmanı, hakikatlerin zıddı, dervişlerin rehberi, adalet ve cumûdun dostu, saadet ve terakki yolunda en kuvvetli bir engel telkin ve telekki kılınır oldu. Şu halin tesiriyle "hayatı insaniye ile diyanet-i semaviye arasında ebedi düşmanlık vardır" zan ve hayâli her insanın kalbinde rusuh etti. İnsanlık âlemini bu belanın istila etmiş olmasından mes'ul ne semâvi şeriatlerdedir, ne de şeriatleri tebliğ eden nebîlerdedir; kusur, Kur'anı Kerim'inin beyânında "bağ neticesinde olarak ihtilafa düşen ehl-i ilimdedir. Ali İmran suresi ayet 19: "İnned-dîne ind-Allah-il-İslâmu ve mâhtelefeddîne ûtûl-kitâbe illâ min ba'dimâ câe humul-ilmu bagyen beynehum"

Ayetin manası: Şüphe yoktur ki, Allah indinde bir din vardı, o da din-i İslâmdır. Kitab'a nâil olanlar bunda ihtilâf etmediler, yalnız hakikatı bildikten sonra, aralarında bagy ve hasedden naşi ihtilaf oldu" (Kavâid-i Fıkhiyye s. 155).

## ● — İMÂN VE AMEL MESELESİ

"İmanı, yalnız kalbinde mestur itikaddan, lisanda cari ikrardan ibaret telâkki etmek islâmiyetin fesadına sebep oldu. Çünkü güzel ahlâkı, güzel işleri, hayratı, hesanatı, faydalı hizmetleri ihmal edip, gönülde mestur itikada, lisanla söylenir ikrara kanaat etmek yolları açıldı. İnsanın necatına sebep kılınmış iman, yalnız itikaddan, yalnız ikrardan ibaret olursa öyle iman insanın mağrurluğuna en büyük sebep olur. İnsanın gözünde hasenatın, hayratın ehemmiyeti kalmaz, şerlerin, fesadların, hiyanetin ağırlığı bulunmaz.

"Amel imandan hariçtir, zaiddir" demek gibi fena, kaba tâbir yerine "Amel imanın delilidir" demek lazımdı. Bu âyetlerin hadislerin ibarelerine, naslarına daha ziyade uygun olurdu. Ehl-i İslâm hakkında daha faydalı olurdu. Şu hadislerin:

İmanın yetmiş dalı vardır, haya imandandır.

İmanın temeli sabr ve semahattir.

İman ve amel kardeştir, birbirlerinden ayrılmazlar.

Mümin, elinden, dilinden kimseye zarar gelmeyendir.

İman, nerede olursan ulu Tanrı'yı yanında bilmiş olmaktır.

Karşısındaki insanı kendisi gibi sevmeyen mümin olamaz.

İslâm iyi huydur.

Hakikat mânaları irade kılınıp söylenmiş hadisler iken ehl-i kelam bu hadisleri tahrif kılıp mecazî mânalara hamlettiler." (Halk Nazarına Bir Nice Mesele, s. 55)

Musa Carullah'a göre İslâm dini "rahmet-i ilâhiye" dinidir. Onda "kolaylaştırınız, güçleştirmeyiniz" esastır. Fakat cahil hocalar elinde dar çerçeveler içine sıkıştırılarak "molla dini" haline sokuldu ve bu sebepledir ki müsbet ilimlerle yetişmiş gençler dine yabancı kaldılar.

O der ki: "Hayatta her şey tabii tarzda başlayıp tabii tarzda bir terakki silsilesi üzre gider. Din de böyledir, ekonomi ve siyaset gibi insanların dini de gayet sade bir tarzda başlayıp sonra daima harekette bulunup bazen terakki bazen inhitat ederek bugünkü haline gelmiştir."

"Evet İslâm dini evrensel ve rahmet dinidir. Fakat bu hakikati meydana çıkarabilmek için Kur'an ile bugün arasına girmiş skolastiklerden kurtararak doğrudan doğruya Kur'an vasıtasıyle hakikate erişmek gerektir." Musa Carullah sistemini böylece sağlam bir bilgi teorisiyle ele almayı özler. Ve bu maksatla Kur'an üzerinde elli yıl çalışarak ve Hindistan'lı Şah Veliyullah Dihlevi'nin felsefe sistemini esas edinerek Arapça Tafsir al-Qur'an al-Karûm eserini yazmıştır. Bu eseri Hindistan'da bırakmıştır. Bir de Kur'an tercümesi vardır. Bu tercümeyi bulup bastırmak şu zamanda pek büyük bir hizmet olur.

Rahmetli Musa Carullah'ın felsefesini velev ana hatlarıyla olsun böyle küçük bir yazıya sıkıştırmak eski tabiriyle pirinç üzerine Fatiha yazmak bile değildir. Bu küçük yazı o büyük ummandan ancak bir katredir.

Son asırda İslâm dinini çağdaş görüşle inceleyen üç müceddid: Cemaleddin Efgani, Muhammed Abduh, Musa Carullah'dır.

Bu izden yürüyenlerden Mısır'da başlıca: Abdalkarim Marağı, Salim, Ferid Vecdi, Abdarrazzak Badavi, Abu Rıza, İbrahim Mazkur, Abdarrahman Azzam'lar vardır. Bizde bu işi merhum Ziya Gökalp ele almıştı. Musa Carullah'tan bahsederken eseri İslâm mütefekkirlerinden Ebu'l Alâ al-Maarri (ölm. 1057), İbrahim Şâtibi (ölm. 1388), Şah Veliyullah Dihlevi (ölm. 1774) hatıra gelmektedir, ki o bunlarla en çok meşgul olmuştur.

Rahmetli Musa Carullah'ın eserlerini Prof. Zeki Velidi Togan'ın lütfu ile gözden geçirebildim. Bu lütuftan dolayı ona çok teşekkür ederim.

● — ESERLERİ:

1 – Tarih al-Qur'an va'l Maşahif (Arapça'dır), Petersburg, 1915.

2 – Rusya Müslümanlarının Üçüncü Nedvesi, Kazan 1906.

3 – Rusya Müslümanlarının Üçüncü zabıt cerideleri (tutanakları), Kazan 1906.

4 – Müslüman İttifakı'nın program ve şerhi, Petersburg, 1906.

5 – İfâdât al–kirâm (hadis ilmine dair, Arapça'dır.) Kazan, 1906.

6 – al-Muvâfagat (İbrahim Şatibi'nin bu isimdeki eserinin bir mukaddime ve şerhle neşri) Kazan, 1909.

7 – Muvatta (İmâm Mâlik'in bu isimdeki eserinin bir mukaddime ile musahhah neşri) Kazan, 1910.

8 – Şeriat Niçin Ruyeti İtibar Etmiş, Kazan ,1910,

9 – Rahmet-i İlâhiye Burhanları, Orenburg, 1911.

10 – İnsanların Akide-i İlâhiyelerine Bir Nazar, Orenburg, 1911.

11 – Siyonizm, 1911.

12 – Tibat al-Naşr fi Qıraat al-Aşr (Şamsaddin Muhammed al-Cazari'nin bu isimdeki eserinin Arapça şerhi), Kazan, 1911.

13 – Nazimat-az-Zahr (Şatibi'nin bu isimdeki eserinin Arapça şerhi) Kazan, 1912.

14 – Divân-ı Hâfız (müntahab tercüme ve şerh), Kazan ,1912.

15 – Halk Nazarına Bir Nice Mesele, Kazan ,1912.

16 – İstilahat Esasları, Petersburg, 1914.

17 – Mülâhaza (İsmail Gaspıralı'nın vefatı dolayısiyle yazılmıştır), Petersburg, 1915.

18 – Rusya İslamlarının 1917 Senesi Moskova Konferansı Zabıtları (Muhammed Yaroğlu Şakir ile birlikte), Petrograd, 1917.

19 – İslam Milletlerine Arzolunan Dini, Edebi, İctimai ve Siyasi. Meseleler, Berlin, 1923.

20 – Fıkh al-Kur'an, (Arapça) Petersburg, 1920-23, iki cild.

21 – Büyük Millet Meclisine Müracaat, Mısır, 1922.

22 – Ye'cüc, Berlin, 1932.

23 – Ailede Kadın, Berlin, 1932.

24 – Tarihin Unutulmuş Sahifeleri (Sultan Abdülaziz'in intiharı yahut katli), Berlin, 1932.

25 – al-Vaşi fi Naqd iş-Şia, Mısır, 1935. (Arapça).

26 – Nizam al-Taqvim fil-İslâm, Mısır, 1935 (Arapça).

27 – Nizam an- Nasi' inde'l-arab, Mısır, 1935. (Arapça).

28 – Ayyamu Hayat-an-Nabi, Mısır, 1935 (Arapça).

29 – Sahifat al-farad, Pehubal, 1944 (Arapça).

30 – al-Bank fi'l İslâm, 1946 (Arapça).

31 – al-Qânun al-Madani fi'l-İslam, Pehubal, 1946 (Arapça).

32 – Sarf al-Quran al-Karim. Pehubal. 1944 (Arapça).

33 – Hurufu Avail al-Suvar, Pehubal, 1944 (Arapça).

34 – Tartib as-Suvar al-Karima ve Tanasubuha fi'l-Nuzul, va fi'l-Maşahif, Pehubal, 1944 (Arapça).

35 – Tamin al-Hayat va'l-Amlak, Pehubal, 1944 (Arapça).

36 – Nizam al-Xilafat al-İslamiya fi Surat at-Tamaddun Pehubal, 1946 (Arapça).

37 – Kitab as-Sunna, Pehubal, 1945 (Arapça).

38 – Zekat, Petersburg, 1916 (Türkçe).

39 – Maide, Petersburg, 1916 (Türkçe).

40 – Meyyit Yakmak, Petersburg, 1916.

41 – Şamsaddin Muh. Cazali'nin Aqıla, adlı eserinin Arapça şerhi, 1911.

42 – Aile Meseleleri, Petersburg, 1918.

43 – Şeriat Esasları, Petersburg, 1916.

44 – Tafsir al-Quran al-Karim, (Arapça olan bu eseri Merhum Hindistan'da bırakmıştır).

45 – Kur'an Tercümesi, (basılmamıştır).

46 – Al-Luzumiyat, Ebu 'l-Alâ al-Ma'arri'nin bu isimdeki eserinden muntahap şiirler, tercüme ve şerhleri 1908.

TÜRK OCAKLARI'nın yayın organı "TÜRK YURDU"nun Hicrî takvimi esas alarak "ondördüncü yüzyılda Türkler'in din müceddidi (yenilikçi reformcusu) dediği bu muhteşem çağ bilgininin sıraladığımız kırkaltı eserinin baştan sona dilimize çevrilmesi şartken, neden bu hizmet esirgenmiştir?

Doğru cevabı şudur: Aslında Osmanlı'yı tarih sahnesinden silen felaketlerin başında gelen softalık, taassup, bağnazlık ve de bütün bu afetlerin yaratıcısı "bâb-ı ictihat (düşünce kapısı) kapanmıştır" cehaletinin kalıntısı, bir şeriatı iade hareketi halinde ve de siyasi parti hüviyetine kadar uzanmış, gelişmiş olarak faaliyettedir.

Bu şer odaklarının asıl korkusu, Musa Carullah ve onun gibi gerçek din bilimcilerinin fikirlerinin Türk insanınca malum olmasıdır. Arap, Acem (İran) şeriatçılarının düşüncelerini sıra sıra Türk insanının önüne sürerken, Musa Carullah'ın GELECEKLERE DÖNÜK fikirlerine yer verilmemesi için hatıra gelebilecek bütün engelleri gizli, açık sıralamamış olmaları mümkün müdür?

Tabii ki, hatıra DİYANET İŞLERİ gelir. Neden o binbir dala dönük yayın imkânı içinde diyanet işleri Musa Carullah ve benzerlerinin eserlerini akıl, müsbet ilim, mantık hasretlisi Türk insanına sunmamaktadır? Neden ilâhiyat fakülteleri bu vazifeyi kucaklamamaktadır? Neden sahanın ciltler tutan vakıf ve dernekleri aynı şerefli hizmeti ifâ etmemektedir?

Yobazlık, küstah ve saldırgandır: Bu temel yapısı ele geçirdiği imkanlarla tamamlanınca karşısına çıkan düşünceyi perişan etmekte asla tereddüt etmez. Korku ve dehşeti temsil eder. 1995 Ramazanı, düşündürücü bir tecelliye geçit resmi oldu. Politik kültürel yapısı ne olursa olsun, küçüklü büyüklü bütün gazeteler din yayınları hediyesi yarışına girdiler, bununla da kalmadılar, seccadeden tesbihe kadar ibâdet araçları armağan ettiler. Neden hiçbir, ASIL HİZMET'i yani, böylesine gerçek eserleri vererek yirmibirinci yüzyılın İslâmiyetini gönül ve kafaları ışıklandırması himmetini yerine getirmediler? Çünkü bu asil ve yüce himmet **tiraj dindarlığı**yla ilgili değildi, hatta tam aksine DİN TÜCCARLA-RI'nın gazabına yol açardı.

Şüphesiz ki çok, çok acı...

Ama neylersiniz ki, gerçek!..

Musa Carullah'ın GERÇEK İSLAM üzerindeki ibretli bir hakikatini hatırlatarak konuyu tamamlayacağım:

Yıl 1939... İkinci Dünya Harbi'nin insan boğuşmalarını zirveye çıkardığı sene...

Stalin Rusyası kuvvet ve kudretini göstermek ve İskandinav ülkelerine gözdağı olarak Finlandiya'ya saldırdı. Finler, dünyayı hayran bırakan bir karşı koymayla vatanlarını savundular. Bugün Çeçenler'in yaptığı gibi kendilerinden yüz misli; ellerinde gelişmiş silahlar olan Komünist ordularını bozgundan bozguna uğrattılar. Sonunda Sio-Salmy bataklıklarını Ruslar için mezarlık haline getirdiler ve bağımsızlıklarını korumayı başardılar.

Fin millî kahramanı Mareşal Carl Gustaf Mannerheim (**doğumu 1857 - ölümü 1951**) bu şeref gurur kavgasının başındayken emrindeki orduda, İdil-Ural asıllı Fin Müslüman Türkleri'nden yiğitler vardı ve bunlar, ırklarına özgü yapıyla ön saflarda idiler.

Soğukta ayakta kalabilmek için domuz eti yenilmesi kaçınılmaz zorunluktu .Oysa islâmda domuz eti yasaktı. Cemaatin başkanı Nimetullah Ahsen Böri, Musa Carullah'dan FETVA istedi. Gelen cevap, İslâm dini mantığının şâheser belgeleri arasında yer alacak çaptadır. Domuz eti sıcak iklimlerde bünyesinde trişin virüsüyle hastalık yaptığı için yasaktı. Ama İslâmın yasak-mubah kuralı zemine, mekâna, zamana, şarta düzenliydi ve bunlar muamelattı, nass değildi. Vatanlarını koruyan Müslüman Finli askerler, bu yüce vazifelerini yerine getirebilmek için mâni'i aşacaklar ve memnû'un avdetine kadar domuz eti yiyebileceklerdi.

Bilmiyorum, 1997 Türkiye'sinde, benzer bir konu üzerinde islâm mantığını böylesine yorumlayacak FETVA'ya imza koyacak din adamı var mıydı?

Musa Carullah 1948'de ülkemize gelmiş, Türk vatandaşı olmuştu. Büyük arzusu, TEMEL ESERİM dediği Kur'an çeviri ve yorumunu bastırmaktı. Bu sayfalardaki noter belgesinde de göreceğiniz üzere vazifeyi bana emanet etmişti. İkinci Dünya Harbi yıllarında Hindistan'da Peşaver hapishanesinde kalması sağlığını bozmuştu. Kışı geçirmek için gittiği

Kahire'de, EZHER kitaplığına emanet ettiği çeviri ve yorum metinlerini alacak, Kavalalı sülalesi için Hafız Osman Hattı Kur'an'ının aslının ilave iznini de alarak dönecekti. Ömrü vefa etmedi, 29 Ekim 1948'de çileli ömrünü yoluna vakfettiği ALLAH'ın rahmetine intikal etti.

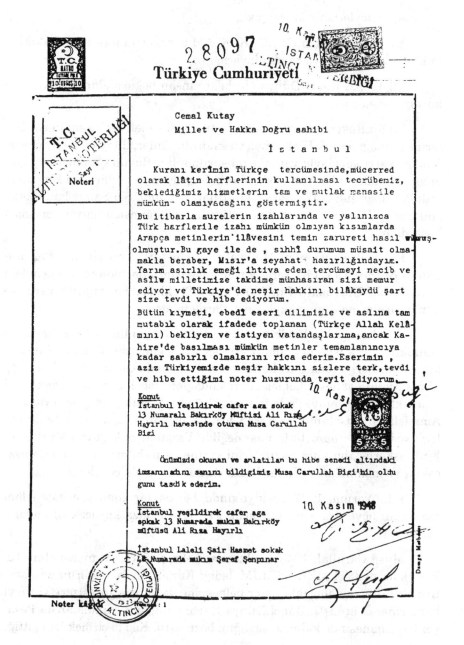

**Türkiye Cumhuriyeti**

2 8097

Cemal Kutay

Millet ve Hakka Doğru sahibi

İstanbul

Kuranı kerîmin Türkçe tercümesinde, mücerred olarak lâtin harflerinin kullanılması tecrübemiz, beklediğimiz hizmetlerin tam ve mutlak manasile mümkün olamıyacağını göstermiştir.

Bu itibarla surelerin izahlarında ve yalınızca Türk harflerile izahı mümkün olmıyan kısımlarda Arapça metinlerin'ilâvesini temin zarureti hasıl olmuştur.Bu gaye ile de , sıhhî durumum müsait olmamakla beraber, Mısır'a seyahat hazırlığındayım. Yarım asırlık emeği ihtiva eden tercümeyi necib ve asîl milletimize takdime münhasıran sizi memur ediyor ve Türkiye'de neşir hakkını bilâkaydü şart size tevdi ve hibe ediyorum.

Bütün kıymeti, ebedî eseri dilimizle ve aslına tam mutabık olarak ifadede toplanan (Türkçe Allah Kelâmını) bekliyen ve istiyen vatandaşlarıma,ancak Kahire'de basılması mümkün metinler temamlanıncıya kadar sabırlı olmalarını rica ederim.Eserimin , aziz Türkiyemizde neşir hakkını sizlere terk,tevdi ve hibe ettiğimi noter huzurunda teyit ediyorum.

Konut

İstanbul Yeşildirek cafer ağa sokak 13 Numaralı Bakırköy Müftüsü Ali Rıza Hayırlı hanesinde oturan Musa Carullah Bigi

Önümüzde okunan ve anlatılan bu hibe senedi altındaki imzanın ahını sanını bildiğimiz Musa Carullah Bigi'hin olduğunu tasdik ederim.

Konut                                                10 Kasım 1948
İstanbul yeşildirek cafer ağa sokak 13 Numarada mukim Bakırköy müftüsü Ali Rıza Hayırlı

İstanbul Laleli Şair Hasmet sokak 48 Numarada mukim Şeref Şenpınar

Noter kâğıdı : 1

106

Ben, elimdeki vekâletnâme ile Ezher'e müracaat ettim. Defalarca tekidime rağmen müsbet cevap alamayınca aziz dostum Tevfik İleri'nin Millî Eğitim Bakanlığı günlerinde alâkasını istedim. Elinden geleni yaptı. Ama Ezher binbir bahane ile bu muhteşem emeğin Türk insanının irfan ve imanını aydınlatmasına izin vermedi.

Ben; böylesine yüce bir vazifeye lâyık görülmüş kişi olarak elinden gelen çabayı ardına bırakmamış olmanın hiç olmazsa tesellisi içindeyim.

Ya bu: "– **Bu benim milletimin hakkı... İster istemez vereceksin!...**" diyebilme yetki ve vazifesi olanlar?

Ben bu satırları, 1995'de tamamladım.

1996'da CEM OFSET sahibi, tanıdığım gerçek dostların azîzi, imkânlarını doğruya ve hayra mutlak özveriyle tahsis etme feragatinin timsali Dr. Oktay Duran Beyefendi oğlumun âlicenâb alâka ve lütfuyla basıldı: Üstat Celal Nuri İleri'nin 1913'te yayınlandığında, aynı gün toplatılan ve Süleymaniye Şeyhülislâm külhanında yakılan HÂTEM-ÜL ENBİYÂ *(SON PEYGAMBER)* kitabını, bugünkü dilimize "İNSANI İNSAN YAPMIŞ BİR İNSAN ve GÜNÜMÜZE MİRASI" adıyla büyükboy 490 sayfa olarak...

Eser, SON PEYGAMBER'i, dinsel inançların üstünde ve dışında, tarih ilminin kriterleriyle ele alıyor, muhteşem ayrıcalığını sergiliyordu.

Hemen ardından, yine Dr. Oktay Duran, ATATÜRK'ün, aramızdan ayrılışının 58'inci yılı için hazırladığım "ATATÜRK BUGÜN OLSAYDI" adlı büyük boy 459 sayfalı kitabımı bastı.

İKİSİ birbirini tamamlıyordu: Aralarında **1311 yıl** fark olmasına rağmen...

İKİSİ BİR ARADA ele alınınca, insaf, ahlâk, ilim, hakikat yoksunu bir iddiaya, hayır iddia değil İFTİRA'ya cevap veriyordu: İslâm Peygamber'inden sonra EN BÜYÜK MÜSLÜMAN olan MUSTAFA KEMAL ATATÜRK'e **dinsiz** diyen ve ondan 1311 sene sonra İslâmiyeti hurafeler, masallar, ruhban sınıfının sömürü ve hegemonyasından kurtarıp ASLINA İADE eden Atatürk Laiklik Sistemi'nin açıklamasını yapıyordu: YARIDA bırakıp hasretiyle gittiği MİLLETİNE ANA DİLİYLE KULLUK HAKKI emeğinin safha safha, ayrıntılarıyla açıklamasını yaparak... Yani asırlar ve nesiller yobaz bağnaz'ın, din, maneviyat sömürücüsünün, mezhep ve tarikat ayırıcısının büyük korkusu TÜRKÇE İBADET'in din ve vicdan özgürlüğünün temel şartı olduğunu ispatlayarak...

Bir başka söyleyişle, fikir yapısından kısaca sözettiği ve Batı'nın **"Yirminci yüzyılda İslâm dünyasının gerçek değeri"** dediği Musa Carullah Bigi'nin manevî mirası "TÜRKÇE İBADET"i, Cumhuriyet vatandaşlarının varlığında BİR TARİH HAKİKATİ OLAN ÇİN SINIRINDAN ADRİYATİK KIYILARINA KADAR YAYGIN TÜRK DÜNYASINA ARMAĞAN EDECEK MÜBAREK HİMMETİN sahibini hasretle bekleyerek, minnetle karşılama özlemini yüreğimizde duyarak...

★★★

Önceki sayfalarda Musa Carullah'ın zengin fikir mirasından bir tutam bâkir gerçek sunmuş bulunuyorum.

HAC TİCARETİ, VAKIF MİLYARLARI, ORDU VARLIĞINI AŞMIŞ DİN KADROLARI ile uğraşmaktan asıl vazifelerine göz kapayıp;

veya:

Akademik ünvân ve makamlarını ASIL HİMMETİ Atatürk'ün temel hasret mirası vecîbesine eğilmeyip *"–neden şimşekleri üzerime çekeyim?"* yüreksizliği içindekilere;

Uyarı olur ümidiyle...

★★★

Musa Carullah Bigi'nin *"milletime asıl hizmetim"* dediği yirmibin sayfayı aşkın metniyle Kahire'de EZHER medresesine emânet ettiği TÜRKÇE KUR'AN ve YORUMU dışındaki başlıca eserlerini önceki sayfalarda taşıdıkları adlarıyla gördük.

Bunlar içinde aktüalitede olan -*Uzun Günlerde Rûze* (oruç)- gibi bir ikisi dışında ötekiler, bugünkü harflerimize çevrilmemiştir.

Neden mi?

Hem bunları yorumlamak için şart felsefe, sosyoloji, çağ şuuru gibi tamamlayıcı bilgilerin gerekliliği,

Hem de asıl gayesi, dönüp dolaşıp her millete ANA DİLİYLE KULLUK HAKKI özgürlüğünün bir haysiyet konusu olarak vicdanlarda yerleşmesinin yine dolaylı ya da doğrudan çıkarları tasfiye edecek uyanışa ışık olacağı korkusuyla...

Fakat görüyorsunuz: **Güneş balıkçıkla sıvanamıyor...**

Bu gerçeklerden bir tutamını önünüzde bulduğunuzda, neden böylesine geç kalınmış olduğunu elbetteki düşüneceksiniz.

Önce, Musa Carullah üstadın kültür hazinesinden derlediklerimin klişelerini ve nitelikleri üzerinde kısa açıklamaları bulacaksınız.

Tam metinleri mi?

Yüce Tanrı'nın lütfuyle ANADİLİYLE KULLUK HAKKI'mıza bir sahip olalım, arkası çığ gibi gelecek.. Buna inanıyorum.

Musa Carullah Bigi'nin özelliklerinden birisi, Doğu bilimlerini olduğunca, Batı kültür varlığını meçhul olmaktan çıkaran lisanları ve hayat düzenini yaşamış olmasıydı. Özellikle Rusya, Almanya, Fransa ve de Japonya'yı yakından tanımıştı. Hindistan'da uzun sürmüş hapis hayatı sırasında bu dillerin yanında İngilizce'yi de öğrenmişti. Muhammed Abduh Arabça'sı için *"–Arabînin ilmî lisanını bizden alâ bilirdi"* demiştir.

Yukarıdaki resimde onu, Petersburg Üniversitesi hukuk tahsilini tamamladığı günlerde görüyoruz.

1906'ya rastlayan bugünlerde bu fotoğraf, onun, zaman içindeki dış görünüşünü tesbitleyen düşündürücü bir pozdur.

1906'da Kazan'ın Çistay şehrinde Zakir İşan Bey'in kızı Esma Hanımla evlendi. Eşi, Petersburg'da Batı dilleriyle öğrenim yapan koleji bitirmişti. EMANET ismini verdikleri matbaayı beraberce kurmuşlardı.

Musa Carullah'ın sonuna kadar ödün vermez bir kadın hürriyetçisi ve kadının dış hayatta söz sahibi olması savunuculuğunda bu aile hayatının derin izleri olduğu düşünülebilir.

Ön sayfadaki fotoğraf, Türk Ocakları'nın organı TÜRK YURDU dergisinin 1329 *(1913)* Eylül tarihli 89"uncu sayısında "Türk dünyasını yüceltmeye çalışanlar bölümünde *Hicrî ondördüncü yüzyılda Türklerin din müceddidi* (yenilikçisi, reformcusu) *Musa Carullah Efendi* "lejandıyla yayınlanmıştır.

شريعت نيچون رؤيتى
اعتبار ايتمش

شو رساله‌ده « شريعت نيچون رؤيتى اعتبار ايتمش؟ » مسئله‌سنه
جواب ويرمك قصديله، سنه‌لرك آيلرك حسابنورى، همده اهل علم قائنده
مقبول اولوب مشهور اولمش نقويملرك نظاملرى بيان فيلنمشدر. الك
معتمد صورتده سنة قمريه باشلرينى بولمق ايچون بر مطرد قاعده درج
اولنوب، « احجر دبود » قاعده‌سى‌ده ذكر اولنمشدر. اعمال حسابيه‌يى
تسهيل ايچون كسرلر كسر اعشارى صورتنده استعمال فيلنوب، ارقامده
خطادن اوزاق اولمق ايچون‌ده هر بر مهم رقمه بر دفعه اسملريله قيد

Musa Carullah, yenilikçi ve akılcı yapısıyla din statükocularının ısrarla karşı çıkmaları içinde itiraz edemedikleri yeterliğiyle devrinin içtihadlarını reddetmedikleri MÜÇTEHİD idi.

Yâni Kur'an âyetleri ve Peygamberin sözleri olan hadislerden hüküm çıkartacak düzeyde **din bilgini**'ydi.

İmân ve ibadette ayrı görüşlerin yarattığı itikat olaylarını hükme bağlayan kitapları arasında RÜYET, yâni karar için ifadesine güvenilen kişilerin sözlerinin nasıl esas alınacağı konusu zamanlardır tartışmalara yol açmıştı. Ramazan ayının başlaması, bayram günleri, çeşitli takvimlerin birbirleriyle olan karşılaştırılmaları gibi...

Şeriatın RÜYET'li yâni ay, güneş gibi TAKVİM'e esas olan doğa olayları üzerinde yazdığı **"ŞERİAT NİÇİN RÜYETİ İTİBAR ETMİŞ"** kitabı yayınlandıktan sonra çok tartışmalara sebep olmuştu.

Gün, sene, senelerin hesabı, Roma takvimi, Rusya'daki Osmanlı sefirlerinden Şakir Paşa takvimi, Kameri sene, Hicrî sene, Milâdî senenin esasları, şeriat kıstasları içinde ramazan hilâlinin nasıl kabulleneceği ayrı ayrı açıklanıyor. Asıl dikkate değer olan rasat (gökyüzünün gözlenmesi) olayı dolayısıyla Musa Carullah'ın düşüncesidir. Şöyle diyor:

*"Şeriat zamanın keşiflerine kıymet vermezse şeriat olmaktan çıkar. Eğer rasat âletleri insan gözünün tesbit kudretinin üstüne çıkmış ise elbette o kabul edilir. Bu akıl yolu terkedilirse şeriatın inkârı olur. Bu kadar kasîr **(kısa, yetersiz)** bir görüşe şeriat icabı demek, cehaletin ve gafletin ifâdesidir."*

Onun bu kitabına koyduğu cetveller, Hindistan bilginlerince kabullenilip tatbik edilmişti.

İbretli hale bakınız ki günümüzde İslâm dünyası, halâ, Ramazan ayının ilk günü üzerinde tartışmıya devam ediyor!...

"Şeyh Muhsin Fâni-i Zahiri" gibi güç anlaşılır bir takma ad içinde "YİRMİNCİ ASIRDA İSLÂMİYET" ibret eserini veren, İkinci Meşrutiyetin ünlü devlet adamı Hüseyin Kâzım Kadri Bey *(doğumu: 1870-ölümü:1934)* Musa Carullah Bigi için *"–Ben ne garpta ne şarkta hacmı bu kadar mütevazı sayfalar içinde O'nun kadar vecîz* **(özetlenmiş)** *hâlisiyet ve tamamiyette* **(aslına uygunluk ve yeterlikte)** *başka bir fikir şahsiyeti görmedim"* der.

Doğrudur...

Arka sayfada Musa Carullah'ın "HALK NAZARINA BİR NİCE MESELE" adlı 93 sayfalık kitabın 33. sayfasından bir başlık ve açıklaması var. Başlık şu:

# مدنیت دنیاسی ترقی ایتمش ایکن، اسلامیت عالمی نیچون ایندی؟

مدنیت دنیاسیله اسلامیت عالمی آراسنده شو کون غایت بیوك تفاوت واردر . بری ، بونلدن صوك هیچ بر وقت اینمهمك عزمیل، ریاست، سیاست، حاکمیت کرسیلرنده متمکن اولمش؛ یر یوزنده وار همه خزینهلره استیلا ایدوب بوتون فوتی یالكز اوزبنك النه آلمش. دیگری اسیر کبی حیات سیاسیهدن تماميله محروم قالمش؛ اوز اشلرینی اوز باشینه اداره ایتمکدن عاجز اولمش؛ اوز خانهسنده اوز ملکنده اوز اختیاریله نصرف حقوقلرندن منع قیلنمش؛ محجور کبی هر یرده دیگرك تحت ادارهسنده قالمش.

کون کبی معلوم شو دهشتلی تفاوتك، البته، بر سببی واردر. اسباب فرعیهسی هر نه قدر متعدد اولا بیلور ایسهده، اصل سبب هر حالده البته بردر؛ لکن او سببی آچیق صورتده کوسترمك کوچدر ، غایت آغیردر. عمومیتله، تاریخی واقعهلرك اجتماعی حاللرك حقیقی سببلرینی طوغری تعیین ایتمك مشکلدر .

## "MEDENİYET DÜNYASI TERAKKİ ETMİŞKEN İSLÂM ÂLEMİ NEDEN İNDİ, GERİLEDİ?"

Bu sorunun cevabını 1911'de, otuzaltı yaşındayken vermiş: O, bu tarihte Petersburg Hukuk Fakültesi'ni, Kahire Ezher Darülfünu'nu (üniversitesi) Kur'an Tarihi ve Kur'an Mantığı bölümlerini tamamlamış, Berlin Üniversitesi Felsefe Fakültesi'nde misafir öğrencidir... O tarihte Osmanlı İkinci Meşrutiyet yıllarını yaşamaktadır ve Şeyhulislâm ve Evkaf Nazırı Mustafa Hayri Efendi "*ıslâh-ı medâris = medreselerin düzenlenmesi* gibi adını bile Türk insanının anlayamadığı bir hayâl ardındadır!..

Ve hiç bir Osmanlı din, fikir, ilim şahsiyeti "İslâmlık neden gerilemiş?" sorusunu değil kitaplaştırmak, kendi nefsine bile sormak cesaretini gösterememektedir...

Musa Carullah Bilgi, "HALK NAZARINA BİR NİCE MESELE" kitabının son bölümünü "Kur'an-ı Kerîm tercümesi"ne ayırmış. Bölümün klişesini yandaki sayfanın başında görüyoruz. Şöyle diyor:

**قرآن كريم ترجمه‌سى.**

آكلانور، اولده اوتهر، قورقو كيدر، شك‌سز ابنان
بيڭ لسانه ترجمه، قيلنسون، اول محفوظ همان!

قيوپ رعلى افندى مير عليزى.
("شعرا، عبداللريڭ بيزده درج قيلنمش سى،)

المسئله، بلكه بوتون عالم وجودك ترجمه‌سى اولان قرآن كريمى اوز
لسانمزه درست هم كوزل اسلوب اوزرنده ترجمه ايتمك البته نبيش ابدى.
شو كونه قدر ترجمه ايتمه‌نك گناه اولامش ايسه، بوندن صكره ترجمه
ايتمك هيچ بر صورتله گناه اولماز.
قرآن كريم بوتون عالم وجودك ترجمه‌سيدر، ديدم.

*Anlanır, ol da öter, korku gider, şeksiz İnan*
*Bin lisana tercüme kılınsın, ol mahfuz hemân.*

Kazanlı, Mîr Alioğlu Demir Ali Efendi'nin olan bu beyt, Kur'an'ın BİN DİLE çevrilmesini istiyor, ama bir de kısıtlayıcı şart getiriyor Musa Carullah: "–Tilâvet, Arabî nazımla olur" diyor.

Bu hükmünün tarihi 1912'dir.

Ben kendisinin elini, ülkemize geldiği yıl 1948'de öptüm, "MİLLE-TİME EN BÜYÜK ESERİM" dediği Kur'anın Türkçe metninin neşir hakkını aynı yıl bana lütfetti. Noter belgesi elinizdeki sayfalardadır. Ömrünün bu SON yılında, bizlere emânet ettiği hakikatin içindeydi: **Türk Milleti, hayır, sadece Cumhuriyet Türkleri değil, BÜTÜN İNSANLIK, inandığı dine KENDİ ÖZ DİLİYLE ibâdet etmeliydi. Bu O'nun müsbet bilime, mantığa, akla, idrâk aydınlığına vakfedilmiş ömrünün SON ve ÖLÜMSÜZ, ZAMANA HÜKMEDEN vasiyetiydi.**

Kendisinden sohbetleri içinde kaç kere "AKLIN YOLU BİRDİR" ebedî hakikatini dinledim..

Tek dileğim azîz ruhunun milletinin bu düzeye erişmiş olması mutluluğuna kavuşması...

O'nun bu vasiyetini 1970 yılında yayınladığım "İKİ RIFAT PAŞA-NIN AHLÂK DÜNYASI" kitabımın 126. sayfasına almıştım.

موسى بيگييف ·

انسانلرك عقيدهٔ الهيهلرينه بر نظر

Musa Carullah Bigi'nin kapak klişesi yukarıda olan:

*"İNSANLARIN AKIDE-İ İLÂHİYELERİNE BİR NAZAR*

(İNSANLARIN TANRISAL İNANÇLARINA BİR BAKIŞ)

başlığını taşıyan kitabı hepsi hepsi, küçük boyda 25 sayfa... 1911 senesinde Orenburg *(Orski)* şehrinde KANAAT Matbaası'nda basılmış. Yayınlayan Şark Kitabevi.

Bu mini kitabı ilk defa okuyan Ebül'ilâ Mardin Hocamız gözleri dolu dolu *"– Bu yirmibeş sayfa değil, yirmibeş cilt.."* demişti. Şemseddin Yeşil dostum okuduğunda, yine gözleri dolu dolu: *"– Konuşmak ve yazmaktan utanıyorum."* tevazuu içinde: *"– Cesaretim ve kifâyetim olsa tefsirini* (yorumunu) *ciltlerle ifadeye cür'et ederdim"* hayranlığını tekrarlamıştı.

Musa Carullah bu kitabında İMÂN'ı belli sınırlar içinde görenlere karşı çıkar. İMÂN'ı, hakka, adalete, şefkate, ihlâsa, hürriyetlere, ilme, irfana, fazilete hudut tanımayan bir yaşama düzeninin *sönmez ışığı* sayar. Yazısının sonuna Ankebüt suresinin 69'uncu âyetini alır: *"–Yüce Tanrıdan bu yazdıklarıma beni sadık kılmasını dilerim"* der.

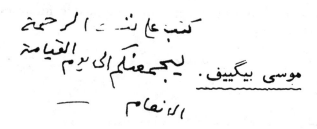

Yukarıda Musa Carullah Bigi'nin 1911'de Orenburg (Orski) de
VAKİT Matbaası'nda bastırdığı:

*RAHMETİ İLÂHİYE BURHANLARI*

(TANRININ KORUYUCULUK, ESİRGEYİCİLİK KANITLARI)

adlı kitabının iç kapağının klişesini görüyorsunuz. İsminin yanında ve
sol alttaki yazılar kendi el yazısıdır. TEK olan kitabı bana lütfeden azîz
hocam Zeki Velidi Togan: *"–Bunlar O'nun el yazısıdır. Bilesin.."* demişti.

Kitaplarından çoğu gibi, yüce Tanrı'nın kullarına koruyucu, esirge-
yici, aydınlatıcı varlığını açıklayan bu eserini de, Petersburg Cezaevi'nde
yazmış. Sonunda o muhteşem irâdesinin, zulme, haksızlığa, insafsızlığa
karşı başkaldırısının, bir KUL olarak Tanrı'ya şükrân borcu olduğunu
tekrarlıyor, kitabını basan ve dağıtanlara teşekkür ediyor ve de:

*"–Davamı ispata devama azmettim"* diyor.

115

Gerçekten de az fâni azminin ispatını O'nun kadar muhteşem yapabilmiş... Nur içinde yatsın...

Bir fikir adamı, gerçek bir din adamı, hakikî bir vatandaş, ülkesinin kaderiyle her an, her mekânda dopdoludur.

Yukarıdaki MÜRACAAT = BAŞVURU, Musa Carullah tarafından 1921'de, Hindistan'a, Hint Müslümanları'nın ikiyüzelli bin lirası Türk Ordusu'na, ikiyüzellibin lirası Başkumandan Mustafa Kemal'in şahsına ait olarak topladıkları parayı almak için Delhi'ye giden Antalya Milletvekili Hoca Rasih *(Kaplan)* Efendi'ye verilmiş. Aradan onyıl geçmiş.. Yıl 1931... Türkiye o ölüm-kalım savaşından zaferle çıkmış, cumhuriyet kurulmuş, çağa ulaşma hareketleri de bir ölçüde hedefini bulmuş. Musa Carullah o günlerde Japonya'dadır. Ünlü Türk misyoneri *(din yoluyla yol göstericisi)* Abdürreşit İbrahim'in misafiridir. Oradan Mısır'a gelmiş, onyıl önceki fikirlerini yeniden gözden geçirmiş Kahire'de bastırmış ve Türkiye Büyük Millet Meclisi Başkanlığı'na sunmuş.

Onyıl öncesi için"– *O ümitli günlerde benim imân hislerim doğru çıktı, kahraman Türk askeri, onun kıymeti misilsiz kumandanları mucizeler yarattı, bugünlere varıldı. Benim o günkü dileklerim şimdi İslâm dünyasının ümididir. Türkiye Büyük Millet Meclisine takdim ediyorum"* diyor.

116

تورکنك شو كوبكى اناتلى عسكرى كبى ، شجاعتلى
اهليتلى مجاهدلرى غازيلرى كبى ، نوركيه يرنده اسلام
ملكتلرنده حر بتلى اهليتلى فقيهلر ، درايدلى حر مجتهـدلر
بولونسه ايدى ، شو كون قرآن كريم حركت رهبرى اولور
ايدى ، شو عصرلك قولى مدنى اسلام النده ده بولونور
ايدى ، حكومتك سياسى اسلامدن اعتراف ايتمز ايدى .
يعنى ، خلقك حق شكايتلرينى ايجاب ايتمش احوالك باش
سببى : دين حمله سنك دينداهارلرنك فقيهلرك جود لريدر ،
غفلتلريدر .

بويله دوام ايدرلر ايسه ، احوال هر برده او يله اولور .
اكرده قدرتم بولونسه ايدى ، اسلام علوملرينك
اصوللرينه فروعلرينه تماميله واقف حر مجتهد فقيهلردن ،
مدنتك علوم اجتماعيه اقتصاديه لرينه ، كوزل آشنا مقتدر
منصف مقتصدلردن بر هيئت عاليه تشكيل ايدر ايدم .
علوم فقهيه آقادهيمهسى كبى بر مؤسسه اولور ايدى . بوتون
اسلام ملتلرينه عمل دستورى اولابيلهجك مدنى اسلام
قانونلرى تدوين ايدر و رابيدم .

كوزل معناسيله مدنى تورك قانونى اولور ايدى .

بويله بر همت بولونمادقدن صوكره ، ترجمه هر وقت
معذور اولور . شكايت ياخود طعن فائده و رمز ، جنايت
اولور . — قاهره ١٣٥٠ — موسى جارالله

حياتمزدن استنساخ ايتمش شارع حضرتلرينك بو يونك
طقدير — « هذا كتابنا ينطق عليكم بالحق . انا كنا
ستنسخ ما كنتم تعملون . » — اولنگى مدينتلرك سنت
اجتماعيه لرينه بزى هدايت ايتمش ايتمش الله جل جلاله
حضرتلرينك معجز يا ايدر .

« يريد الله ليبين لكم و يهديكم سنن الذين من قبلكم . »
اولنگى عصرلك سنت اجتماعيه لرى بر دور اولسه ايدى ،
منقضى اولمش دورلره بزى ارشاد ايتمك شارعك اراده
الهيهسى اولماز ايدى . اولنگى امتلرك بوتون ثروتلرينه
صولته اهل صلاح وارث اولمازايدى . « فاخرجناهم من
جنات وعيون . وكنوز ومقام كريم . ونعمة كانوا فيا
فكهين . وأورثناها قوماً آخرين . » — رسالت اسلاميه
بوتون بالمره رحمت عموميه باقيه اولاماز ايدى . منقضى
ادوار رحمت باقيه اولاماز . ﴿ ح ﴾

اسلام ملتلرينك الله بو يوك مدينتلرنده اسلاميت هر
وقت الله اساسلى بر عصر اولور . مدينتك بو يوك ايدى
روحى اولور . البته . تأدب لسانله ك استثنا ايدينك :
ان شاء الله .

احكام عدليه مجهللرينى مدنى قانونلره تحويل ايتمش
با ايدهجك انقلاب حكومتلرندن خوفم يوقدر . لكن
نوزك ايمانلى بر ملتك ده اللرندن ، عاقبت ، شريعتى
نرك ايتدورهجك خواجه خواجه لردن شيخلردن جهل تعصبلرندن
. از خوف ايدرم .

Yandaki sayfada, başlangıcını gördüğümüz Musa Carullah'ın Türkiye Büyük Millet Meclisi'ne "MÜRACAAT = BAŞVURU"sunun son bölümü... Yirmi büyük sayfalık metnin *"temenni yoluyla"* ara başlığını derleyen son satırları... Şöyle diyor: *"–Türklerin göğsü imanlı, şecaatli, ehliyetli mücahidleri, gazileri gibi, İslâm memleketlerinde haysiyetli, ehliyetli fakihler* (din bilginleri) *olsaydı şu gün Kur'anı Kerîm hareket rehberi olurdu."*

Musa Carullah, işgal altındaki İstanbul'da ve esir Halifenin etrafındaki din adamlarının, Mustafa Kemal ve arkadaşlarını şakî *(eşkiya)* ilân ederek idamlarına karar verdiklerinin hazin âkibeti içinde, asıl illetin, bir başka DİL'le kulluk zorunluluğuna itilmiş Türk Milleti'nin ana diliyle ibâdet hakkına kavuşmasının mücadelesini neden hedeflemişti?

Bu hakikatleri bildiği için..

1997 Türkiyesi'nde bir avuç gerçek aydın, halâ hegemonyaları siyasî parti hâline gelmiş ve çeşitli dallarda kök salmış bağnazlığa karşı, işte bu şuurla savaşıyorlar: Bâtılın **(haksızın, devrini tamamlamışın) yıkılacağına inanarak...**

Ve, Mehmet Akif'in ümidi gibi:

*"KİMBİLİR BELKİ YARIN, BELKİ YARINDAN DA YAKIN..."*

★★★

تاریخك اونودلمش صحیفهلری

اسمیله بری آرقاسندن دیگری نشر قیلنهجق سلسلهدن

برنجی حلقه :

سلطان عزیزك شهادتینه

اصل سبب نه ایدی؟

ایکنجی حلقه :

روسیه مسلمانلرینك آچلق حاللرندن

دهشتلی بر خاطره

Musa Carullah, eserlerinin arasında TARİH'e de yer vermiş... Yukarıda: "TARİHİN UNUTULMUŞ SAYFALARI" adını verdiği kitabının kapağını görüyoruz. Eser, Japonya'da İslâmiyeti benimseten emeğin sahibi Türk din adamı Abdürreşit İbrahim'in hatıralarından derlenmiş.

İki bölüm: Birincisi "Sultan Aziz'in şehadetine asıl sebep ne idi?"

İkincisi de: "Rusya Müslümanları'nın acıklı hâllerinden dehşetli bir hatıra".

Kitabı Finlandiya Müslümanları'ndan İmad Cemal Efendi Berlin'de bastırmış. Baskı tarihi 1933, basıldığı yer de Musa Carullah'ın eşi Esma Hanımla birlikte kurduğu matbaa.

Ben bu hakikatleri, yirmi ciltlik "Türkiye İstiklâl ve Hürriyet Mücadeleleri Tarihi"min son ciltlerinden birisine özet olarak almıştım. Şu anda cilt ve sayfasını veremiyorum, çünkü birisi çok azalmış, öteki son görme gücü içindeki gözlerimin gücü kalmadı.

Kitabının girişinde tarih gerçeklerinin:

*"–Siyasî veçhemizi de, dinî kıblemizi de, millî gayemizi de, ebedî idealimizi de açıklar"* diyor Musa Carullah...

## ● — ZAMANIN ARDINA KALMIŞ DİN ANLAYIŞININ KARŞISINA ÇIKABİLMEK...

Özellikle din sahasında "Bab-ı İçtihad = Düşünce Kapısı"nın kapandığı kararına karşı çıkmak, hatta 1868 ilk darülfünûn *(üniversite)* un kurulma yılından sonra bile mümkün değildi. Havası boşaltılmış yerde canlının yaşamayacağı gerçeğini güvercin üzerinde deneyen Tahsin Hoca ve Afganlı Cemaleddin'in parçalanmaktan güç kurtularak darüfünûnun kapatılmasından sonra ülkenin üzerine adetâ ölü toprağı serpilmişti. 1876'da İLK meşrutiyetin ilânına rağmen yerleşmiş kurallar önündeki çaresiz sessizlik Sultan Hamid'in 1876'da tahta geçmesiyle değişmez kader olmuştu.

Osmanlı sınırları dışında Musa Carullah'ın temsil ettiği müsbet *(pozitif)* felsefeyi, onun gibi fen bilimi de görmüş olan İsmail Hakkı İzmirli bilgi sahasının genişliği içinde benzer yönlerde kucakladı, o da Kur'an-ı Kerîm'i "MEANİ-İ KUR'AN = KUR'ANIN ANLAMI" çeviri ve yorumuyla ele aldı, KURAN TARİHİ üzerinde bâkir bilgileri derledi, klasik tarzdan ayrılıp, Doğu-Batı teolojisi terkibi bir yol üzerinden giderek BİR DİNE BAĞLI İNSANLARIN, O DİNİN GAYE, HEDEF, MANEVÎ TERKİBİNİN, ANCAK ANA DİLLE İBADET HALİNDE MÜMKÜN OLABİLECEĞİ'ni isbat etti.

Doğduğu İZMİR'i daha sonra soyadı olarak alan Ord. Prof. İsmail Hakkı İzmirli 1869'da dünyaya geldi. Babası Rus Savaşı şehiti Yüzbaşı Hasan Bey'di. Kur'anı hıfzederek hâfız oldu, medrese öğrenimi, yüksek öğretmen okulu edebiyat, felsefe yanında, fen fakültesi öğrenimi yaptı, medrese icâzetlerini de aldı. Bundan sonraki hayatını, çeşitli kademelerdeki okullarda uzun sürmüş öğretmenlik vazifesi doldurdu. İhtisas sahasının genişliği ölçüsünde eser verdi. Darülfünun'da ve üniversitenin kuruluşundan sonra ordinaryüs profesör ünvânıyla uzun süre kürsüsünde kaldı.

Namazın, manâ ve mefhum tamlığı içinde çevirilen surelerle kılınabileceğini eseri Meani-i Kur'an'da açıklamıştır.

Zamanın ardında kalmış din anlayışının karşısına çıkabilmenin düşünülmediği günlerde bu değerli bilgin, gaye edindiği milletine ana diliyle kulluk hakkını açıklamaya konferanslarında ve konu ile ilgili tüm çalışmalarında devam etmiştir. Şimdi, bizleri konuyu açıkça ele alma noktasına getirmiş emekleri üzerinde birkaç örnek vereceğiz.

21 Mayıs 1869'da doğan Ord. Prof. İsmail Hakkı İzmirli, 31 Ocak 1946'da, ardında benzersiz telif eserler ve hiç bir çağdaşına ve de öncesi-sonrasındakilere nasip olmayan, nâdir eserlerle değerini tescil ettirmiş DÖRT BİN CİLT'i geçen kütüphanesini Süleymaniye Kütüphanesi'ne armağan ederek, gerçek bir ilim adamının nefes nasibine, örnek bir SON dedi.

Atatürk, 1923 Ocak ayında, İzmir'li Uşşakîzade Muammer Beyin kızı Lâtife Hanım'la evlendiği günlerde İsmail Hakkı İzmirli'yle tanışmıştı. 1927'de yayınlanan MEANİ-İ KUR'AN Türkçe çevirisini okumuş, özellikle, *"MANAYÂ DELÂLET EDEN TERCÜME İLE NAMAZDA KIRAAT CAİZDİR"* hükmüyle "TÜRKÇE İBÂDET'e imkân veren görüşten dolayı kendisini kutlamıştı.

Yayınlanan 34 kitabı içinde Türkçe Meteoroloji, Metafizik, kitapları sahasında İLK eserlerdir. Ayrıca, İslâmî ilimlerden Hikmet-i Teşrî bahsini İLK ele alan, İslâm felsefesini müstakil ilim halinde ortaya koyan yine odur. Anglikan Kilisesi'nin mevzu üzerindeki sorularına verdiği cevapla Farabî, İbn Rüşd gibi Türk filozoflarını temsil ettikleri fikirlerle Batı'ya tanıtmıştı. Bu himmetinden dolayı Fransız Hükümeti kendisine AKADEMİ nişanı vermişti.

77 yıllık ömre, O'nun kadar, çağ biliminde yeri olan mevzualara emek vermiş bilgin göstermek hemen hemen imkânsızdır.

Soyadını, doğduğu şehirden olacak kadar beldesine hissen bağlı olan üstada, İzmir Milletvekilliğine adaylığı teklif edilmiş "– *Bu yaştan sonra kendime yeni bir meslek düşünemiyorum"* cevabı ile, siyasetin, *müstakil madde ve manâda hazırlanılması şart bir MESLEK olduğu*nu açıklamıştı.

Buradaki fotoğrafı, son günlerine aittir ve torunu değerli hekim Dr. Kâmuran İzmirli'den rica edilmiştir.

★★★

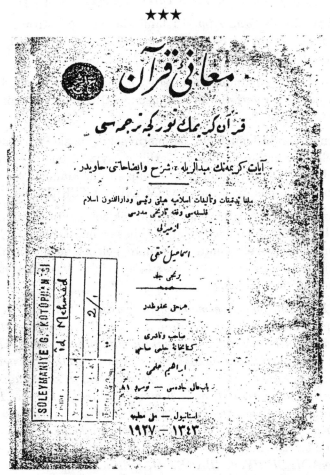

Ord. Prof. Ösmail Hakkı İzmirli'nin 1927 yılında Hilmi Kütüphanesi sahibi İbrahim Hilmi tarafından yayınlanan

**MEANİİ KUR'AN**

(Kur'anı Kerîmin Türkçe tercümesi) kitabının kapağı...

Kapakta şu açıklama var:

*"–Âyetlerin başlangıçlarıyla anlam açıklamalarını da içerir:* Ayât-ı kerîmenin mebde'leriyle şerh ve izâhatını hâvidir."

Eserin sahibi kendisini şöyle takdim ediyor:

*"Mülga Tetkikat ve Telifat-ı İslâmiye Heyeti Reisi ve Darülfünûn İslâm Felsefesi ve Fıkıh Tarihi Müderrisi.*

Bu tanıtımın günümüzdeki Türkçe'yle açıklaması şöyle:

"İlga edilmiş *(kaldırılmış)* İslamlıkla İlgili Araştırma ve Yayınlama Kurulu Başkanı ve İstanbul Üniversitesi İslâm Felsefesi ve Fıkıh *(İslâm Hukuku)* Tarihi Profesörü."

Daha sonra, İstanbul Üniversitesi'nin kuruluşuyla, akademik kariyerin en üst ad ve yeri olarak benimsenen ORDİNARYÜS profesörlüğe lâyık görülmüştü.

İsmail Hakkı İzmirli'nin asıl metni sekizyüz sayfaya ulaşan çevirisinin özellikleri arasında "Kur'an Tarihi"ne ayrı bir bölüm ayırmış ve altı sayfalık ÖNSÖZ'de emeğinin gaye ve yapısını açıklamıştı. Bu bölüm bile, bugün için anlaşılması zor bir OSMANLICA TERKİBİ idi.

Himmetlerini takdîr ettiği, benim çok çok yakın dostum, bugünkü İZMİR'i bir (yanık belde) den çıkarmayı başarabilmiş olan Dr. Behçet Salih Uz'un delâletiyle elini öptüğüm zaman, gelecek nesiller için hazırladığı bu muhteşem eserin *nasıl anlaşılabileceği'*ni öğrenmek istemiştim. Meal olarak şu açıklamayı yapmıştı:

*"– Böylesine emeği verme kararını verdiğim gün takdir edersinizki ben bu hakikatin idrâki içindeydim. Aslında ibâdetin kifâyetli, meal ve mefhuma sadık bir tercümeyle mümkün olduğuna inanmış kişi olarak, bu meali o günlerin lisanı ile takdime çalışmayı tercih ettim ve daha sonraki himmet sahiplerine de, kendi günlerinde halkın konuştuğu dille yeni metin verilmesini tercih ettim ve bekledim. Nitekim Diyanet İşleri Başkanlığı dahi bu ihtiyacı duydu, sahasında kıymet olan Elmalılı Mehmed Hamdi Yazır'a hazırlattı. Yine ihtiyacı karşılayacak başka tercüme ve tefsirler de vardır. Fakat benim asıl gayem, hedefim, emelim, insanlarımızın ANADİLLERİYLE İBADET HAKKI'na sahip olmalarıdır. ATATÜRK'ün bu yol üzerinde olduğunu, KAMET, HUTBE, EZAN'dan sonra namaz surelerinin sadece bugünkü değil, gelecek nesillerin de anlayacakları öz Türkçe ile okuyarak namaz vecibelerini yerine getirecekleri sâde, Kura'n'ı Kerîm'in imân tazeleyen asıl metnine sadık Türkçesi'nin sadece NAMAZ değil diğer kulluk vazifeleri için de muteber olacağına kani*

*idim. ATATÜRK'ün hayatı bir müddet daha devam edebilseydi bu en
büyük hizmetini yerine getirmiş olacaktı. Ben bunda dahi bir rabbanî
hikmet seziyorum: O da kendinden sonrakilere nasîp olacak bu büyük se-
vaba daha başka lâyık kimselerin mazhar olmasıdır"* demişti.

Azîz üstadın hasreti bugün ,1997 Türkiyesi'nde yerinde duruyor.

Varlığını ve gerekliliğini her gün daha derinden duyuyoruz.

Mehmed Akif'in, ülkenin istiklâli yolundaki ümidine *zaman hasre-
ti* getiren mısraını burada, bir defa daha tekrarlamama izninizi rica ede-
ceğim:

*" KİMBİLİR BELKİ YARIN, BELKİ YARINDAN DA YAKIN"*

★★★

Lütfen dikkat etmenizi çok rica ediyorum: Yukardaki büyük harfli
başlığın günümüzdeki karşılığı İZMİR KONFERANSLARI'dır. Konuş-

maların sahibi de, kişiliğinin emek bölümünü bir yenisiyle öğrendiğimiz İsmail Hakkı İzmirli hocamızdır.

*İstanbul Dârülmuallimîn ve Darülmuallimat-ı Âliyesi* (yüksek erkek ve kız öğretmen okulları) İlm-i Terbiye *(pedagoji)* Muallimi *(öğretmeni).*

## İZMİRLİ İSMAİL HAKKI BEYİN
## İZMİR KONFERANSLARI

Konferansların veriliş tarih 1915... Birinci Dünya Harbi... Çetin savaş içinde, beş cildi dolduracak zamanı ayırabilmiş. Yukarıdaki başlık beş cildin sonuncusu. Bölümleri şöyle:

Talim ve Terbiye İnkilabı, Avrupa Bizi Nasıl Tanıyor?, Terbiye-i Avam *(Halk pedagojisi)*, Terbiye ve İmân *(pedagoji ve dinsel inanç)*, İlmi Terbiye Konferansları *(Pedagoji söyleyişileri).*

Her biri ayrı ciltler halinde, İzmir Milli Kütüphanesi tarafından yayınlanmış. Mâliyetine satılıyor: Dört kuruş bedelle.

Şimdi izninizle bu cildin konuşma konularını bugünkü dilimizle sadece başlıklarıyla aktaracağım: Sosyal Gelişmede Okulların Rolü, Gençlik Hayatta Nasıl Başarıya Ulaşır?, İzcilikten Memleket Neler Bekliyebilir?, İller Müzeleri Neden Kurulur ve Neler Beklenebilir?, Ülke Endüstrisinin Gelişmesinde Önemli Etkenler, Türk Mimarlığının Felsefesi, Ruhsal Yapısı, Sosyal Hayatta Kadın.

Bu ayrıcalıklı bilim adamımızın, ülkede ve hatta dünyada geçerliliği insanlık var olduğu sürece devam edecek değerleri derleyen konularda, 1915'lerde, Osmanlı'nın SON on yılında çetin bir savaşın içinde bulunduğu yıllarda, **çağ bilimi, çağ kafası, çağ ufku** diye nasıl didinmiş, kıvranmış, ömrünü nasıl vakfetmiş. Ona ait birkaç örnek sunacağım: Hepsini evet hepsini Türk insanına ANA DİLİYLE KULLUK HAKKI'na dayandırmış. Çünkü O, SON DİN'in hakikî değeriyle vâr olması için kendisine gönül bağlamış insanlığın, kendi ÖZ DİLİ neyse onunla ibâdetini yerine getirmesinin ŞART olduğuna inanmış.

Hissiyle mi? Sezişi ile mi?

Hayır... Yeterli ilim ve irfanıyla...

Mevzuları ne olursa olsun, dönmüş dolaşmış bu NOKTA'ya gelmiş.

Bakınız, Türkiye'nin yeterli ulusal sanayi hayatına sahip olabilmesi için İLK şartı, İslâm Dini'nin aradan geçen uzun zaman içinde yanlış yorumlar, yetersiz açıklamalar olduğu kadar, aslında İslâmiyetin reddetmiş olmasına rağmen, pekalâ günlük yaşantıya bile taht kuracak kadar onu sömüren bir RUHBAN SINIFI'nın tekelinde olduğunun kavranması için de şöyle diyor *(İzmir konferansları, cilt I, sayfa 92):*

*"–Bizde sanayi gayet geri kalmıştır. Çünkü mektep yok.. Çünkü makine işletemeyiz. Çünkü bu yolda çalışmayız. Bunlar birer sebeptir. Fakat aynı zamanda birer neticedir. Bunların hepsi bir BÜTÜN'dür. Memleketin dini, ilmi, ticareti, sanayii, ahlâkı, zihniyeti ayrı ayrı düşünülmez. Sanayiden geri kalmışlığın kabahatı zanaat muallimleri, mektepleri, bunların yetersizliğinde görülmemelidir. Umumî yapıda aranmalıdır. Araştırın: Göreceksiniz ki en büyük mes'ul, dindeki hurafeler, müsbet ilim yerine masallar ve isrâiliyatla dolmuş olmamızdır. Din, hususiyetle İslâm dini, zamanı idrâki tavsiye ediyor, şart koşuyor, tagayyür-i ezmân ile tebeddül-i ahkâm diyor. Anlayamadığınız veya anlaşılmasını muayyen şahısların tasarrufuna bıraktığınız bu vecibeyi öz lisanınıza lâyık görmüyorsanız ahlâk ve âdetler, dinî terkib sizi ya ileri, ya geri götürür. Aşırı muhafazakâr (tutucu) olmamızda bu lâübaliliğimizin hissesi büyüktür."*

Bu söyleyişilerde en büyük yer TÜRK KADINI'na verilmiştir. "Heyet-i içtimaiyede *(sosyal yaşantıda)* kadın bahsi, söyleyişlerinin en uzununu kapsıyor: Türk kadınına revâ görülen haksızlıkları, İslâm Dini'nin kasıtlı yanlış yorumlanmasına bağlıyor. Türk Anavatanında ve özellikle İslâm öncesinde kadının ayrıcalıklı yerini anlatıyor. İzin verirseniz bu ileri adamın 1915'te yani bundan 82 yıl önce söylediklerini *(İzmir Konferansları cilt 1, sayfa 194)* olduğu gibi alacağım ki, eski harflerle olan metni, bir bilene okutun, saygıyla ayağa kalkın ve acaba Cumhuriyetin yetmişdördüncü yılında mıyız diye takvim yapraklarına bakın... Hey Atatürk nesli hey... Onun bıraktığı, Cumhuriyetin onbeşinci (1938) yılıyla bugün arasındaki korkunç, ürkütücü farkı, şu BAŞÖRTÜ aldatmacasının içine sıkıştırılmış suikastin, nerelere uzanmış olduğunu yüreğiniz burkularak düşünün... Hoş benimki hayâl!.. Eğer içiniz burkulsaydı bugün ülkede ŞERİAT KADROSU bu meydan okuyucu düzeye erişir miydi? Gözlerimiz ve mantığımız bu kadar kapalı olur muydu?

125

نهايت قادينلر ايچون يابيلاجق برمسئله واردر : مكتبلر .. اك
نهايت مكتبدن بحث ايدييورم . چونكه قادينلركز پچه آلتنده ،
سفيل ، حياتسز ، حريتسز ، اجتماعسز ياشادقجه هيچ برزمان مكتب
قوتلی بر تأثير ياپاماز . سلطانی ، اعدادی ، دارالمعلمات ... كی قيز
مكتبلری مملكتك اعتقادات و افكار عموميه سنه چوق تابعدر. مليتسز،
جمعيتسز حل ايديله جك هيچ برقادين مسئله سی و مكتب مسئله سی
يوقدر .

افنديلر ! بويوك برايمان وقناعت ايله طلب ايده ـم كه بو مملكت
آرتق قادينلرينی دوشونسون ... خرستيانلره نسبتله چوق وفات
ايده ن قادينلرينی اصلاح ايتسون .. ايسترم كه بوتون وطنداشلرمك
روحنده برزراعت برتجارت، برحيات مسئله سی كبی، برقادين فكری،
ايمانی ده ياشاسين . جاهل قناعتلر يقيلسين ، اونك يرينه ايمانلی ،
اخلاقلی بر قادين قناعتی دوغسون .. جاهل آلر چكيلسين ، اونك

Şimdi, asıl metnini yukarıdaki klişede okuduğunuz konuşmasını
İsmail Hakkı İzmirli Hoca'nın mübarek ellerinden bir daha öperek, bu-
günkü dilimizle sizlere aktarıyorum:

"–Nihayet kadınlar için yapılacak bir mesele vardır: MEKTEP-
LER... En nihayet mektepten bahsediyorum. Çünkü kadınlarınız peçe al-
tında, sefil, hayatsız, hürriyetsiz, sosyal varlıksız yaşadıkça hiç bir za-
man okul, bekleneni veremez. Liseler, ortaokullar, kız öğretmen okulları
ve benzerleri gibi kız mektepleri memleketin genel yapısına, inançlarına
sımsıkı bağlıdır. Milliyetsiz, toplumsuz halledilecek hiçbir kadın mesele-
si ve mektep meselesi yoktur.

Efendiler!.. Büyük bir imân ve inançla istiyorum ki bu memleket
artık kadınlarını düşünsün... Hıristiyanlara göre çok ölen kadınlarının
yaşama şartlarını düzeltsin... İstiyorum ki artık bütün vatandaşlarımın
ruhunda bir tarım, bir ticaret, bir hayat meselesi gibi bir kadın fikri,
imânı da yaşasın, cahil kanaatler yakılsın, onun yerine imânlı, ahlâklı

*bir kadın hasreti doğsun.. Cahil eller çekilsin, onun yerine çağ özlemini*
*gerçekleştirecek aydın görüşler vatanın kaderini eline alsın..."*

Bu sözlerin sakın yaşadığımız 1997'de söylendiğini zannetmeyiniz: Hayır!.. Bunlar, sekseniki yıl önce, Osmanlı'nın Birinci Dünya Harbi içinde ölüm-kalım kavgası yaparken 1915'te söylenmiş...

ATATÜRK'le *"–Hepsi karanlık, korkulu rüyâ idi. Geride kaldı.."* tozpembe ümidinden, O'nun bizleri bırakıp gitmesinin ellidokuzuncu yılında *(1938 Atatürk'ün bizi bırakıp gitmesi + 59 = 1997),* yani bugün, ne hale geldik anlıyor musunuz?

Görebiliyor musunuz?

Bir tutam haysiyetimiz varsa utanabiliyor muyuz?

# ATATÜRK
# VE
# DİN

(konu üzerinde kronolojiye,
belgelere, olaylara dayalı
kesin gerçekler, tesbitler)

# TEMELDEKİ SORUN

*Elinizdeki kitabın "temeldeki sorun"una gelmiş bulunuyoruz.*

*Bu sorun, Mustafa Kemal'in beraberinde götürdüğü özleme cevap bulmuş olmak, doğru teşhisi koymuş veya koyamamış olmaktır.*

*Sorun kısaca ve açıkça:*

## TÜRK İNSANININ TÜRKÇE İBÂDET

*bir başka deyişle:*

## ANADİLİMİZLE KULLUK HAKKI

*na sahip olmanın imkânı kadar meşruiyyetinin ve benimsenmiş kurallar içindeki yerinin niteliğidir.*

*Gerçek cevabı da, davanın sahibi Mustafa Kemal Atatürk'ün dinsel yapısı'yla doğrudan ilgilidir.*

*Yaşamıyla, tutumuyla,*

*söyledikleriyle, yaptıklarıyla,*

*ardında bıraktıklarıyla...*

● ● ●

# ● — ANA-ABA SOYUNDA DİN YAPISI

Vatanın kurtuluşuna, özellikle Cumhuriyetin kuruluşuna kadar Mustafa Kemal'in ailesinden çok söz edilmemiş, başka deyişle emeklerini, böylesine kıstaslarla değerlendirilmesini düşünmemiş, arzulamamıştı. Falih Rıfkı Atay'la, MİLLİYET Gazetesi'ni kuran eski yaverlerinden Siirt Milletvekili Mahmud Soydan'a anlatarak yazdırdığı anılarında da ancak, o günlerin Selânik'inden söz ederken ailesinden bahseder. Bu tercihinde insanların kişisel asâlet ve değer birimi yerine MİLLET NİTELİĞİ'nin öne çıkmış olmasının etkisi vardır. Nitekim, bizden çok, yabancı fikir adamları O'nun bu tercihini milletine karşı mutlak saygı ve hayranlığının kriteri olarak almışlar, kıymetlendirmişlerdir.

Kısaca hatırlayalım: 1881 yılında Selânik'te Koca Kasım mahallesi Islâhhane caddesinde üç katlı pembe boyalı ahşap-kârgir karışımı evde dünyaya geldi. Doğum günü kesinlikle bilinemiyor. 1936'da İngiliz kralının sunmak istediği bir armağan dolayısıyla bunun bildirilmesi Dışişlerinden rica edildiğinde, annesinden dinlediği **"leylakların açtığı bir bahar günüydü"**. O, Kendisinin ve ülkesinin hayatında unutulmaz gün olarak değerlendirdiği *19 MAYIS*'ı benimsemiş, böyle bildirilmişti.

Mustafa Kemal'in doğduğu ev bugün Apostolu Pavlu sokağında 71 numaralı binadır. Konsolosluğumuzun bahçe sınırları içindedir. Selânik Belediyesi 12 Şubat 1937 tarihinde aldığı kararla sahibinden satın almış ve Atatürk'e emânet etmişti. Hâlen müzedir.

Babası rusumat *(gümrük)* memurlarından Ali Rıza Efendi, annesi Zübeyde Hanım'dır. Baba soyu olarak **evlâd-ı fâtihan**'dır. Osmanlı'nın yayılma, genişleme devrinde fethedilen yerlere yedigöbek Türk asıllı aileler, *fethedilen toprakların soy-sopu* anlamına *evlâd-ı fâtihan* olarak anılmış, yerleştirilmiştir. Ali Rıza Efendi'nin dedeleri önce Vidin, daha sonra Serez'e gelmişler. Üçüncü Selim'in 1808 *Nizam-ı Cedîd = Yeni Düzen* yıllarında başlayan ve 1827 Osmanlı-Rus Harbi'nin yenilgisiyle çevreyi kaplayan Bulgar, Yunan, Sırp eşkiyalık taşkınlığı önünde Selânik'e yerleşmişlerdi.

Zübeyde Hanım'ın ataları Konya yörelerinden seçilen evlâd-ı fâtihan soyuydu ve kendilerine *KONYAR*'lar deniliyordu.

1839 doğumlu olan Ali Rıza Efendi, 1857 doğumlu Zübeyde Hanım'la 1871 yılında evlendi, altı çocukları oldu: Fatma *(1872-1875)* Ahmed *(1874-1883)* Ömer *(1875-1883)* Mustafa Kemal Atatürk *(1881-1938)* Makbule Boysan Atadan *(1885-1966)* ve Naciye *(1889-1901)*.

Kardeşleri Fatma dört, Ahmet dokuz, Ömer sekiz yaşlarında o senelerde Rumeli'yi kasıp kavuran kuşpalazı *(difteri)* salgınında ölmüşlerdi. En küçükleri Naciye oniki yaşında gözlerini kapadı.

Atatürk'ün dedesi Ahmed Efendi'ye *firarî = kaçak* denilmesinin sebebi şudur: 1876 yılında Müslümanlığı kabul eden bir Bulgar kızının Ruslar tarafından zorla kaçırılması üzerine gösteri yapan Selânikliler, kızın teslimini istemişler ve olaylar çıkmıştır. Bu arada Rus ve Fransız konsolosları öldürülmüştür. Osmanlı'nın her işine karışan BÜYÜK DEVLET'lerin filoları Selanik limanına gelmiş, suçlular tespit edilerek asılmış, Ahmed Efendi de korkarak kaçmıştır.

Mustafa Kemal'in ana soyundan dedesi Sofuzade Feyzullah Efendi'dir. Selânik'e bir saat uzaklıkta Langaza'da çiftlik sahibiydi. Atatürk'ün çocukluk anılarında okul tatilinde tarlalarda kargaları kovduklarından sözettiği çiftlik budur. Annesi Zübeyde Hanım, Feyzullah Efendi'nin üçüncü eşi Ayşe Hanım'dan olan tek kızıydı.

Atatürk'ün beş kardeşi arasında en uzun ömürlüsü Makbule Atadan Hanımfendi *(1885-1966)* YENİ İSTANBUL Gazetesi'nde yayınlanan anılarında: *"–Annemden sık sık şunları dinlemişimdir: Bizim esas soyumuz YÖRÜK'tür. Konya Karaman yörelerinden buraya gelmişiz. Babam Feyzullah Efendi'nin büyük amcası Konya'da kalmış, Mevlâna dergahına girmiş, orada kalmış Yörüklüğü tutmuş"* derdi. *Birgün ağabeyim Atatürk'e* "Yörük ne demek?" *diye sormuştum. Bana* "yürüyen Türk demektir *"cevabını vermişti"* der.

Çocukluğuyla ilgili ilk olayı Mustafa Kemal, 10 Ocak 1922 tarihli VAKİT gazetesinde şöyle anlatır:

"–Çocukluğuma ait ilk hatırladığım şey hangi okula gideceğim mevzuuydu. Annem ilâhilerle mahalle okuluna başlamamı, babam yeni açılan ve yeni usulle öğrenci yetiştiren Şemsi Efendi Okulu'na gitmemi istiyordu. Konu, annemle babam arasında anlaşmazlığa yol açmıştı. Babam iki görüşü bağdaştıran yolu buldu. Önce törenle, ilâhilerle mahalle okuluna başladım, annemin gönlü oldu, birkaç gün sonra da Şemsi Efendi Okulu'na yazıldım."

Mustafa Kemal Şemsi Efendi Okulu'nda ikinci sınıftayken büyük kayba uğrar: Bir süre önce memuriyet hayatından ayrılıp kereste ticaretine başlıyan Ali Rıza Bey, uzun sürmüş hastalık sonucu ölür.

Babası kırksekiz, kendisi sekiz yaşındadır.

Devlet Zübeyde Hanım'a iki mecidiye *(kırk kuruş)* aylık bağlamıştır. Ailenin başkaca geliri de yoktur. Dayısı Hüseyin Efendi'nin şifalı sularıyla ünlü Langaza'daki Zapla çiftliğine taşınırlar.

Adı sadece MUSTAFA'dır ve daha sonra öğrencisi olacağı Selânik Askerî Rüştiyesi'ndeki matematik öğretmeni kendisine, YETERLİK, TAMLIK ANLAMINA GELEN KEMAL adını da vermiştir. Nerede ve hangi menfi şart içinde olursa olsun, varlığını ispata daha o yaşta sahip olmanın ayrıcılığıyla çiftlik işlerini kavramaya ve hizmete başlar, bir yandan da kendi dünyasında verdiği KARAR da başarılı olmak için edindiği kitapları okuyarak sınava hazırlanır: Selânik'teki Askerî Rüştiye *(ortaokul)*nin kitaplarını okumaya başlar.

1893 O'nun hayatında tüm ömürboyu sürecek ve aslında YÜCE TANRI LÜTFU olan azim, irâde, zekâ haysiyet terkibinin zaferidir: O mini mini yaş düzeyi içinde elinden tutan aile büyüğü olmadan sınava girer, kazanır, askerî rüştiyenin ikinci sınıfına öğrenci olarak girer.

Daha çok sonraları, kurduğu TÜRKİYE CUMHURİYET'i onbir yaşında ve O, bu devletin başkanıyken, kişiliğine hayran, yabancı tarih ve fikir adamından biri olan devrinin ünlü biyoğrafi ustası Alman tarihçisi Emil Ludvig Mustafa Kemal'e şu soruyu yöneltir:

*"–Ailenizde zaferler kazanmış büyük askerler var mıydı?"*

Bu sorunun sebebi de şudur: 1914-1918 Dünya Harbi'nde Alman Orduları'nın Genel Kurmay Başkanı olan Mareşal Ludendorff, asıl konusu Türk Milli Mücadelesi olan bir kitap yazmıştır: Adı, *Der Totale Krig* = *Topyekun Harb*'dir. Bir milletin en kötü, elverişsiz ve ümitsiz günlerde madde ve manâda varyoğunu ortaya koyarak zafere nasıl ulaştığını anlatmaktadır: Atilla'dan Anibal'e, Cengiz'den Napolyon'a meşhur kumandanları sıralamakta, ama onlardan hiç birinin zaferinin, ANADOLU DESTANI kadar dünyada etken iz bırakmadığını ve Sakarya ile Dumlupınar derinliğinde olmadığını, kendi ülkesini de tutsak kılan VERSAY DÜZENİ'ni yırtıp parçalamadığını ve mazlum milletler için hürriyet yolu açmadığını anlatmaktadır.

Ve *ailesinde böylesine zaferler kazanan şahsiyetler olup olmadığı'*nı sorduğu kişi de bu zaferlerin mimârıdır...

Mustafa Kemal Emil Ludvig'e bütün hayatında şaşmaz tercihi olan açıklık ve gerçeklik içinde cevap vermiştir:

*"–Hayır... Benim ailemde tanınmış kumandanlar yoktur. Bana gelince ben askerlik mesleğini, biraz da zorunluk olarak kucakladım"* der

ve ilâve ederki sekiz yaşında babasız kalmıştır ve de onun ülkesi, o yıllarda parasız yatılı olarak, **sadece askeri okullara** öğrenci almaktadır.

Ve de *yapabilmiş oldukları*'nın asıl kaynağını hatırlatır:

*"– Benim bu meslekte birşeyler yapmış olduğumu düşünebilirsiniz. Ama bunlar, benim kişiliğime özgü değildir. Bu toprakların herhangi bir yerinde sokağa çıkın, vatandaşlarımı görün, benim verebildiklerimi her Türk çocuğu verir.*

*Benim gururum böyle bir milletin ferdi olmamdır."*

1895'e Selânik Askerî Rüştiyesi'ni 43 mevcutlu sınıfın dördüncüsü olarak bitirir. Geçim sıkıntısı içindeki annesi Zübeyde Hanım ikinci evliliğini yapmıştır. Sebepler ne olursa olsun, VEFA duygusunun yerine konulmaz olaylarında mutlak hassasiyet içinde olan Mustafa Kemal, bir üveybabanın varlığını zorunlu görecek mizaçta değildir: İstanbul Kuleli Askerî İdadisi'ne girerek Selânik'ten uzaklaşma kararı alır. Öğretmenlerinden Kurmay Binbaşı Tevfik Bey, onu uyarır:

*"– Kuleli yerine Manastır İdadisi'ni tercih et oğlum... Daha muvaffakiyetle neticeler alırsın"* der.

Öyle de olur.

O'nun, bir ülkenin siyaseti, akıl, mantık, ülke çıkarları gibi değerleri sağlamaya yetmiyorsa, askerlik alanında zaferlerin bile değer ifade edemiyecekleri acı hakikatiyle karşılaşması 1897 yılındadır: O yıl, Osmanlı-Yunan savaşı olmuş, Gazi Ethem Paşa kumandasında olan ordumuz kısa zaman içinde kesin üstünlük sağlamış, ATİNA YOLU'nu açmıştır. Başta Rus Çarlığı, Yunanistan'ı daima korumuş BÜYÜK DEVLET'ler olaya girmişler, barış masasında, savaşın sebebi olan NARDA bölgesiyle TESELYA'dan elimizde kalan topraklar Yunan egemenliğine bırakılarak barış imzalanmıştır. Teselya'dan Selânik'e doğru hicret de başlamıştır. Aradan yıllar geçecek, Sakarya öncesi İngilizler, Yunan Ordusu Vatan topraklarındayken bir barış plânı için İstanbul Hükumeti'ni davet ettiklerinde Mustafa Kemal, Türkiye Büyük Millet Meclisi'nin gizli toplantısında bu acı anısını anlatacak: *"– Ne bugün, ne yarınlarda Allah bu ülkeye böylesine tezatlar yaşatmasın"* diyecektir.

1899'da Manastır Askerî İdadisi'ni *(lisesini)* bitirmiş, İstanbul'da Harbiye'dedir. Burada öyle bir hâdise ile karşılaşır ki yarınlarda sadece kendisini değil, ülkeyi doğrudan ilgilendirecek olayların başlangıcıdır.

Olay şudur: Bugün de yürürlükte olan bir usulle öğrencilerden tatil günlerinde EVCİ çıkabilmek için bir ev adresi istenmektedir. Mustafa Kemal ilk defa İstanbul'a gelmektedir. Burada ne akrabası, ne tanıdığı vardır. Sınıf zabiti Yüzbaşı Ahmed Faik Bey bir çâre ararken kapı vurulur, içeriye kendisi gibi sapsarışın bir genç girer.

Bu, yine kendisi gibi Harbiye'de İLK senesini geçirecek olanlardan Ali Fuat *(Cebesoy)*'tır: Birinci Dünya Harbi'nde İngiliz Başkumandanı Mareşal Allenby'nin *"– O kahraman kolordu"* dediği Yirminci Kolordumuzun kumandanı, Millî Mücadelenin ilk Garp Cephesi ve Kuvayı Milliye Umum Kumandanı, Büyük Millet Meclisi Başkanı ve Mustafa Kemal'in, Harbiye ve Kurmay öğrenimi yıllarında 6 yıl 11 ay, 7 gün Kuzguncuk'ta babası İsmail Fazıl Paşa'nın konağında AYNI ODA'yı paylaşacakları Ali Fuat Cebesoy...

Sınıf Zabiti Ahmed Faik Bey rahat nefes alır: Harbiye'nin eski kumandanlarında olan İsmail Fazıl Paşa'nın, İstanbul'da yanlarında kalacakları aile olmayan dışardan gelmiş gençlere Kuzguncuk'daki köşkünde ve kıyı Salacak'taki yalısında yer verdiğini bilmektedir.

Ali Fuat'a söyler ve Mustafa Kemal'e yer bulunmuş olur.

Ve işte, bu YEDİ YIL'a yaklaşmış hayat devri içinde Mustafa Kemal, bu mekânda OSMANLI PİRAMİT'ini tanıdı, devrin ön şahsiyetleriyle tanıştı ve de sahip olamayacağı bir kütüphanenin sahibi oldu: Ali Fuat, Lise'yi Saint Joseph'de bitirmişti. Fransızcası mükemmeldi. Mustafa Kemal'in Manastır İdâdisinin ilk senesinde Fransızcası yeterli değildi, yaz tatilinde Selânik Frerler Okulu'nda tatil süresince ders almıştı. Ali Fuat ve kütüphanesinden yıllarca faydalandı. Akademi devrinde en tatminkâr sonuçlara erişti.

Hayatının bir bölümünü kitaplaştırmak mutluluğuna sahip olduğum Ali Fuat Cebesoy'dan dinlemişimdir: Babası İsmail Fazıl Paşa, hafta izinleri için Mustafa Kemal'in somyasının yatağının altına dört, kendisine iki mecidiye koyarmış:

*"– O da benim oğlum... Sen öncesinden aldıklarına mahsub et..."* dermiş.

Sekiz yaşında baba yetimi Mustafa Kemal'de, dünyada görülmemiş din, dil, ırk, renk, sosyal yapı farklılığıyla bir DÜNYA TERKİBİ olan Osmanlı İmparatorluğu'nun yapısı üzerinde böylesine mutlak isâbetle tâyin etmesinin gerçek sebebi üzerinde sık sık durulmuştur. Ali Fuat Cebesoy, *"Sınıf Arkadaşım Atatürk"* anılarında Mustafa Kemal'in tatil günlerini eğlenme ve dinlenme yerine, konakta yapılan ve ülkenin her alanda ön şahsiyetlerinin katıldığı toplantılara katılmayı tercih ettiğini, Sultan Hamid devrinin baskıları altında çok hakikatlerin ele alındığı sohbetlerin en canlı, en cesur, en net düşüncelerin sahibinin Mustafa Kemal olduğunu anlatır.

Akademi tahsilinin ilk yılında Mustafa Kemal, Yıldız Sarayı'na verilen Jurnalle Taşkışla sıkıyönetim mahkemesine verilmiş, beraat etmekle beraber siciline *"daima kontrol altında bulundurulmak, Dördüncü Ordu mıntıkasında vazife verilmek, Üçüncü Ordu erkânıharbiyesinde vazife almaması"* kaydı konulmuştur. Bu sebeple kurmay yüzbaşı olarak tâyini yapılırken, merkezi ŞAM'da olan Dördüncü Orduya tâyin edilmişti. Ali Fethi, Ali Fuad, Kâzım Karabekir gibi arkadaşları merkezi Selânik'te olan Üçüncü Ordu'ya tâyin edilmelerine rağmen...

Fakat bu kısıtlama, ATATÜRK'ün geniş bir bölgeye yaygın ve vazife sınırları içinde bütün Arap Yarımadası olan kritik alandaki kapalı gerçekleri iç yüzüyle kavramasını temin etmiştir: Görmüştür ki Araplar, Yavuz Sultan Selim'in HİLÂFET'i Osmanlı devletine getirmelerini asla affetmemişler, hak olarak görmemişler, gasp saymışlardır.

Ve Kur'an'ın ARAPÇA olmasını, yine Kur'an'ın metni içindeki: *"– Sizi ıslâh ve doğru yola sevk için diliniz ARAPÇA'yla indirdik"* açıklaması olmasına rağmen, Araplar, Arapçayı dinde bir egemenlik aracı olarak kullanmışlardır.

Bu temelsiz haksızlık hâlâ devam etmektedir.

Mustafa Kemal daha o senelerde bu *sömürü*'nün farkındadır. Bu güç inanılır gerçeği, annesi Zübeyde Hanım'ın amcası Sofuzade Hayrettin Efendi'nin ilk hanımından torunu olarak anne soyundan TEK arkabası ve ilk çocukluk günlerinden ölümüne kadar her hayat devrinde birlikte olduğu Ahmed Fuat Bulca'dan[1] dinliyoruz:

---

(1) AHMET FUAT BULCA (1881 - 1962) – *Anne tarafından Atatürk'ün hayatboyu beraberinde olan tek akrabasıdır. Babası Alemdarzade Binbaşı Hüseyin Beydir. Çehre olarak da Mustafa Kemal'e çok benzerdi. Aynı tarih (1881)'de doğmuştu. Aynı mahalledeydiler. Selânik Askerî Rüştiyesi'nde, Manastır İdâdisi'nde aynı sınıfta okudular. Mustafa Kemal erkânıharb öğrenimini yaparken, Ahmed Fuat yüzbaşı olarak Üçüncü Ordu hizmetindeydi.*
*Mustafa Kemal Dördüncü Ordu emrine verildiğinde Ahmet Fuat, ve Ali Fethi'yle beraber Rumeli'nde eşkiya takibinde ve gizli İttihat ve Terakki içindeydi. İkinci Meşrutiyetin ilânından sonra 1909'da yeni rejime karşı ayaklanan Trablusgarb (Libya)daki ayaklanmayı bastırmıya memur edilen Mustafa Kemal'in beraberindeydi. Bu birlik, 1911 İtalya - Osmanlı, 1912 - 1913 Balkan Harbi, 1914 - 1918 Dünya Harbi, 1919 - 1922 İstiklâl Harbi devrinde devam etti. Fuat Bulca bu son senelerde miralay (albay) rütbesiyle Ankara Mevki Kumandanı ve Rize Milletvekiliydi. Tayyare Cemiyeti (Türk Hava Kurumu) Başkanlığını Atatürk'ün ölümüne kadar yaptı. 1911 Trablusgarp (Lib-*

"–Kurmay yüzbaşı olarak askerlik hayatına başlayan Mustafa Kemal; iki yıla yaklaşmış Arabistan hizmetinden Selanik'e geldiğinde, adetâ başka bir insandı. Özellikle din ve mâneviyat mevzularında...

Daha çok bu sahada doğru fikir sahibi şahsiyetlerle birlikte oluyordu. Bunlar arasında Selânik Hukuk Mahkemesi Reisi ve daha sonra Şeyhulisâm ve Evkaf Nazırı olan Mustafa Hayri Efendi'yle, OSMANLI MÜELLİFLERİ başlığını taşıyan dört ciltlik eserin sahibi Bursalı Tahir Bey vardı.

Bizlerle sohbetlerinde sık sık Araplar'ın din yapıları ve bize karşı bu faktörü nasıl kasıtlı kullandıklarına ait dinledikleri ve gördükleri vardı. Hususiyetle Suriyeliler'in İslâmiyeti telakki ve tatbik tarzlarının, bize hiç benzemediği yolunda misaller veriyordu. İngilizler'in Vehabîliği ve bir mezhepten farklı olarak adetâ bir DİN yapısına sahip düşüncelerin esas İslâmiyetle alâkasını münakaşaya değer buluyordu.

Bu arada Hıristiyanlık ve Musevîlikte de kitaplar yerine kendi gözlemlerini değerlendirmeye çalışıyordu.

Selânik Askerî Rüştiye ve Manastır İdâdisinde talebeyken yaz tatillerinde Fransızca'sını ilerletmek için Cizvit Frerler Okuluna devam etmişti. Bu arada, Katolik ve Ortodoks papaz mektepleriyle de alâkalanmıştı. Birkaç defa beni de zorlayarak iki mezhebin kiliselerine, ayrıca Musevî Havrası'na (sinagog) gitmiştik. Bunları hiç yadırgamamıştım. Bugün de aynı duyguları koruyorum: O, milletini alâkadar eden her mevzuya, bizlerden çok farklı karar verir, onları kendi kıstasları içinde inceler, hükümlendirirdi.

Annesiyle babasının din mevzuunda bu kadar farklı düşünmelerinin sebeplerini araştırmaya lâyık bulurdu. Dedesi Sofuzade Feyzullah Efendi bir bakıma benim de soyumun başlagıcıydı. Onun ağabeyisi, Konya'dan gelmiş, Mevlâna dergâhına derviş olmuştu. Annesinin şekilde toplanmış olan dinsel yapısını bu verâsette buluyordu. İlâhilerle mahalle mektebine başlaması yolundaki ısrarındaki sebebi bu mirasa bağlıyordu.

İyi hatırlıyorum, bir defa, Arap İslâmiyet anlayışıyla Musevîlik ve Hırisityanlığın İslâmiyeti değerlendirme kıyaslaması içinde: "–Bunların inançları, Müslüman ismi taşıyan Lübnanlı Katoliklerden daha

ya) anılarını "TRABLUSGARB'DA BİR AVUÇ KAHRAMAN" başlığı altında ben yayınladım. Özellikle Cumhuriyetin ilk senelerine ait tarihe ışık tutacak hâtıralarını kitaplaştırma hazırlığı içindeyken, inanılmaz bir kaza, bir tramvay kazası sonu hayata gözlerini kapadı.

çok bize yakın... Hiç olmazsa BİR ALLAH'A bağlı kalmada daha samimîler... Anlaşılıyor ki dünyada en samimî Müslüman biziz. Milletimizi şu Arapça ibâdetten kurtardığımız zaman daha kalbî Müslüman olacağız" demişti.

1935 ve 1936 yaz mevsimleri Yalova'daki tatil günlerini bu konu üzerinde toplamasına ne ben, ne Nuri Conker hiç şaşmamıştık. Onun bu tarafını bilmiyenler şaşırmışlardı. Bunlar arasında Başvekil İsmet Paşa, Dahiliye Vekili Şükrü Kaya, Maarif Vekili Saffet Arıkan gibi çok yakını bilinen şahsiyetler de vardı.

Ama bunu ne ben, ne Nuri Conker, ne Tahsin Uzer, hatta ne İttihad ve Terakki'nin en uzun süreli Umumî Kâtibi Midhat Şükrü Bleda, ne de Mustafa Kemal'in MASON olmaya çalışmasını Talat Paşa ile başını çeken Kâzım Nâmi Duru vardı. Hatta 1936 yazında Kâzım Nami'yi özel olarak davet edip ondan mevzu ile alâkalı bilgiler aldığını duyduğum zaman hiç şaşmamıştım.

Size şunu apaçık söyleyeyim: Atatürk, kendi günlerinde de hususiyetle kendisinden sonra DİN ÂLİMİ geçinen çok insandan daha çok MÜSLÜMAN'dı.

Ama o dindarlığını, değişen zamanın önünde engel gibi gören şekilcilerden değildi: DİN'i, ALLAH'la KUL arasında kendi inhisarlarında vasıta sayanlara karşı çıktı. Onun LÂİKLİK anlayışının temelinde bu duygu, bir de ASIL olarak kadın özgürlükleri vardır. Bu hakikatlerin uzağında olanlar da Arabın CAHİLİYE DEVRİ kırıntıları halâ sürüp gidiyor."

## ● — ATATÜRK'ÜN DİN, İMÂN, İNANÇ ÜZERİNDEKİ DÜŞÜNCE VE HÜKÜMLERİNİ KENDİSİNİN AÇIKLAMASI

Şimdi izninizle Mustafa Kemal'in DİN ÜZERİNDEKİ düşünce ve hükümlerini kendi sözleri, yazıları, konuşmalarının metninde görelim.

Açıklamasız ve kişisel yorumlarımızın üstünde ve dışında...

Bakınız neler diyor:

"– Bizim dinimiz için herkesin elinde bir ölçü vardır: Bu miyâr ile hangi şeyin bu dine uygun olup olmadığını kolayca anlıyabilirsiniz. Hangi şey ki, akla, mantığa, halkın haklarına ve çıkarına uygundur, biliniz ki o bizim dinimize de uygundur. Bizim dinimiz aklın, bilimin, halkın yararına olmasaydı nasıl son din olurdu?" *(Söylev ve Demeçleri, II.S.. 127)*

● "– Milletimiz DİL ve DİN gibi kuvvetli iki hazineye sahiptir. Bu faziletleri hiç bir kuvvet milletimizin kalp ve vicdanından çekip alamıyacaktır ve alamaz. *(Söylev ve Demeçleri, C. II S. 66, 1923. Bu sözleri CUMHURİYET ÖNCESİ'dir: Görüyorsunuz DİL ile DİN'i birbirinden ayırmıyor. TÜRKÇE İBADET, Onun Cumhuriyet öncesi gaye ve hedefiydi).*

● "–Yolculuklarımda bir çok aydın din bilginimizi gördüm. Onlar, Batının fikir adamları düzeyinde idiler.

Onların yanında geri, ilkel, çıkarcı, hatta hain olanlar da vardır. Bunlar din kisvesi altında ve şeriat sözleriyle her türlü şerre âlet olanlardır. Onlar dini her türlü şer siyasetine âlet eden baskıcıdırlar. Bu milletin artık ne böyle hükmedenlere, ne böyle sömürücülere tahammülü kalmamıştır. Onlar için din ve bilgin sözcüğünü bile kullanmak istemiyorum. onların yüzündendir ki, dört halifeden sonra din, daima politika aracı, çıkar aracı, baskı aracı yapılmıştır. *(Burada bir açıklama yapmama izin verin: Hangi DÖRT HALİFE? Onların üçü, Hz. Ömer, Hz. Osman, Hz. Ali kaynağı din ve mezhep çekişmesi perdesi altında siyasal çıkarlar, halk üzerinde egemenlik kavgası olan çekişmelerde öldürülmedi mi? Hangisi normal ömrü sonu dünyadan ayrıldı? Peygamberimizin sevgili torununu bile aç ve susuz öldürmediler mi? Bugün de okutulan DİN kitaplarına bakınız: Bu cinayetlerden bile açıkça sözetmezler...).* Size bunlar hakkındaki hislerimi de söyleyeyim: Ben onların düşmanıyım. Onların bu şer yolunda atacakları bir adım, sadece benim gayeme değil, milletimin kalbine saplanmış zehirli bir hançerdir. Onu yoketmek vazifemizdir." *(Söylev ve Demeçleri, C.II. S. 144-146, 1923)*

● "– Ne acıdır ki yüzyıllarca hedefi olduğumuz bu muzur çalışmalar yine yakamızı bırakmayabilir. İçerden dışardan yine fesat ve aldatmacalara devam edebilir. Ne hazindir ki hala bunlardan söz etmek zorunluğunda bulunuyoruz. **Hurafeler yerini ilme bırakıncaya kadar din oyunları aktörlerine rastlamak devam edecektir.**" *(Mustafa Kemal bunları Büyük Nutuk'unda söylemiş: 1927'de... Bugün 1997. NUTUK C. II. S. 708)*

● "–Türkiye'de aslında mürteci *(gerici)* yoktu ve yoktur. Vehim vardı, vesvese vardı. Bundan sonra yalnız bir şey hatıra gelebilir. O da bazı ÂDÎ POLİTİKACILARIN, art düşünceli siyasetçilerin bu vehmi uyandırma gayretleri olabilir." *(1924, Söylev ve Demeçleri, C. III. S. 75)*

● "–Softa sınıfının din simsarcılığına müsaade edilmemelidir. Dinden maddî menfaat temin edenler iğrenç kimselerdir. İşte biz bu vaziyete karşıyız ve buna müsaade etmiyeceğiz." *(1930, Atatürk'ün Hususiyetleri, Kılıç Ali, S. 116).*

● "– Milletimiz, milletlerarası varlık mücadelesinde dayanç olarak ancak vatanın imkânlarını çağdaş değerler içinde kullanmak hakikatine bağlamıştır. İleri bir dünya görüşüyle bu imkâna sahip olmayı hedef olarak benimsemiştir." *(1925 Söylev ve Demeçleri, C. II, S. 237)*

● "– Din, bir vicdan meselesidir. Herkes vicdanının emrine uymakta serbesttir. Biz dine saygı gösteririz. Düşünüşe ve düşünceye muhalif değiliz. Biz sadece, din işlerini, devlet işleriyle karıştırmamaya çalışıyoruz. Kasıtlara dayalı ve aşırılık örülü hareketlerden ülkeyi sakınmak istiyoruz." *(Yakınlarından Hatıralar, Asaf İlbay, S. 103)*

★★★

● "– Din ve mezhep herkesin vicdanına kalmıştır. Hiç bir kimse, hiç bir kimseyi ne bir din, ne bir mezhep kabulüne zorlayamaz. Din ve mezhep hiç bir zaman politika âleti olarak kullanılamaz. Türkiye Cumhuriyeti'nde her reşit *(onsekiz yaşını bitirmiş vatandaş)* dinini seçmekte hür olduğu gibi dinin merasiminde de serbesttir. Tabiatıyla âyinler huzur ve asayişe, genel kurallara karşı olamaz. Siyasal gösterişlere dönüşemez." *(Mustafa Kemal Atatürk'ün Yazdırdıkları, Prof.A.İnan, S. 86)*

★★★

● "– Bizde RUHBANLIK yoktur. Hepimiz eşitiz ve dinimizin kurallarını eşitçe öğrenme zorundayız. Her fert, dinini, diyanetini imânını öğrenmek için bir yere muhtaçtır. Orası da MEKTEP *(OKUL)* tir.

Ülkenin okulları BİR olmalıdır. Bütün memleket evlâdı, kadın ve erkek aynı surette, aynı yerden, oradan çıkmalıdır. Fakat nasıl ki her meslekte uzmanlık varsa dinimizin hakikî felsefesini incelemek, araştırmak için bilimsel değerlere sahip seçkin din bilginlerimizin de yetişeceği yüksek dereceli okullar bulunmalıdır." *(1927, NUTUK III, S. 1183)*

★★★

● "– Hiç bir zaman hatırınızdan çıkmasın ki, Cumhuriyet Sizden fikri hür, vicdanı hür, irfanı hür nesiller istiyor." *(1924, Söylev ve Demeçleri CII S. 173)*

★★★

● "– Biz daima hakikat arayan, onu bulunca ve bulduğuna kani olunca açıkça söylemekten kaçınmayan insanlar olmalıyız". *(Sümerbank D. 1929, S. 184)*

★★★

● "– Cumhuriyetin ilânından sonra da, yeni Anayasa hazırlanırken LAİK HÜKÜMET tabirinden dinsizlik manası çıkarmaya yeltenen fırsatçılara fırsat vermemek maksadıyla kanunun ikinci maddesine manasız kalan bir tâbirin konulmasına müsaade olunmuştu.

Kanunun gerek ikinci ve gerek yirmialtıncı maddelerinde lüzumsuz görülen ve yeni Türkiye Devleti'nin ve Cumhuriyet'inin çağdaş karakteriyle bağdaşması mümkün olmayan tâbirler inkılâp ve cumhuriyetin o zamanı için sakınca görmediği tâbirlerdir. Millet Anayasası'ndan bu fazlalıkları ilk münasip zamanda kaldırmalıdır." *(NUTUK, 1927, S. 436)*

★★★

" – *Bu sözleriyle Atatürk, 1924 Anayası'nda yer bulan* (Türkiye Devleti'nin dini, din-i İslâmdır) *cümlesiyle* "Türkiye Büyük Millet Meclisi ahkâm-ı şer'iyyeyi bizzat tenfiz eder *(yerine getirir) hükümlerine işâret ediyordu. Nitekim bunlar, bu uyarıdan sonra anayasadan çıkarıldı. Son yıllarda siyasî partiler yelpazesinde yeri olanlar arasında, o çıkarılmış olanlar değil, 1876 İlk Kanun-i Esasi'deki şeriat hükümlerinin ardında olanlar var.*

★★★

● "– Bizi yanlış yola sevkeden habisler, biliniz ki, çok kere din perdesine bürünmüşlerdir. Saf ve nezih halkımızı hep şeriat sözleriyle aldata gelmişlerdir. Tarihimizi okuyunuz, dinleyiniz, görürsünüz ki milleti mahveden, esir eden, harap eden fenalıklar hep din kisvesi altındaki küfür ve mel'anetten gelmiştir. Onlar her hayırlı hareketi dinle karşılarlar, halbuki hamdolsun hepimiz Müslümanız, hepimiz dindarız, artık bizim dinin icaplarını, dinin yasaklarını öğrenmek için şundan bundan derse ve akıl hocalığına ihtiyacımız yoktur. Analarımızın, babalarımızın kucaklarında verdikleri dersler bile bize dinimizin esaslarını anlatmaya kâfidir. Buna rağmen hafta tatili dine aykırıdır gibi

141

sözler hakkında sizi aldatmaya, baştan çıkarmaya çalışan habislere iltifat etmeyin.

Milletimizin içinde hakikî, ciddî âlimler vardır. Milletimiz bu gibi âlimleriyle iftihar eder. Onlar milletin emniyet ve ümmetin güvenine mazhardırlar. Bu gibi âlimlere gidin, "bu efendi bize böyle diyor, siz ne diyorsunuz" deyin. Fakat umumiyetle buna da ihtiyaç yoktur. Bilhassa bizim dinimiz için herkesin elinde bir ölçü vardır. Bu ölçü ile hangi şeyin dine uygun olup olmadığını kolayca takdir edebilirsiniz. Hangi şey ki akla, mantığa, milletin menfaatine, islâmiyetin menfaatine uygunsa hiç kimseye sormayın, o şey dindir. Eğer bizim dinimiz akla, mantığa uygun bir din olmasaydı mükemmel olmazdı, dinlerin sonuncusu olmazdı." (Atatürk'ün Adana Seyahatleri, Taha Toros, S. 28, 29)

★★★

● "– Milletin hummalı inkılâp hamleleri esnasında sinmeğe mecbur kalan eski kanun hükümleri, eski hukuk erbabı, himmet erbabının nüfuz ve ateşi yavaşlamaya başlar başlamaz derhal canlanarak inkılâp esaslarını, onun samimî taraftarlarını ve onların aziz ideallerini mahkûm etmek için fırsat beklerler." (Ankara Hukuk Mektebi'ni açarken, 1925)

★★★

● "– Politika âleminde bir çok oyunlar görülür. Fakat mukaddes bir idealin tecellisi olan Cumhuriyete, asrî harekete karşı cehil ve taassup ve her nevi husumet ayağa kalktığı zaman bilhassa terakkisever ve cumhuriyetçi olanların yeri, hakikî terakkici ve cumhuriyetçi olanların yanıdır. Yoksa mürtecilerin ümit ve faaliyet menbaı olan saf değil." (Yeni İstanbul, 10.10.1930)

★★★

● "– Medeniyet tarikati Türkiye; şeyhler, dervişler memleketi olamaz. Ölülerden yardım ummak medenî bir topluluk için lekedir. Mevcut tarikatlerin gayesi kendilerine tâbi olan kimseleri dünyevî ve mânevi hayatta mes'ut etmekten başka ne olabilir? Bugün ilmin, fennin bütün şümuliyle medeniyetin göz kamaştırıcı ışığı karşısında filân ve falan şeyhin irşadiyle maddî ve mânevi saadeti arayacak kadar iptidaî insanların Türkiye medenî topluluğunda mevcut olabileceğini asla kabul etmiyorum.

Arkadaşlar, Efendiler ve ey Millet, iyi biliniz ki Türkiye Cumhuriyeti şeyhler, dervişler, müritler, mensuplar memleketi olamaz. En doğru, en hakikî tarikat, medeniyet tarikatidir. Medeniyetin emir ve talep ettiğini yapmak insan olmak için kâfidir." (İkdam, 1.9.1925)

★★★

● "– Tekkeler de behemehal kapatılmalıdır. Türkiye Cumhuriyeti her şubede irşatlarda bulunacak kudreti haizdir. Hiçbirimiz tekkelerin irşadına muhtaç değiliz. Biz, medeniyet, ilim ve fenden kuvvet alıyoruz. Başka bir şey tanımıyoruz.

Tekkelerin gayesi halkı meczup ve aptal yapmaktır. Halbuki halk meczup ve aptal olmaya karar vermemiştir. Tekkeler basit bir keyfiyet görünür, fakat ehemmiyeti vardır.

Biz dünya medeniyet ailesi içinde bulunuyoruz. Medeniyetin bütün icaplarını tatbik edeceğiz." (Çankırı, A. A., 31.8.1925)

★★★

● "– Biz, ilhamlarımızı, gökten ve gaipten değil, doğrudan doğruya hayattan almış bulunuyoruz.

Bizim yolumuzu çizen içinde yaşadığımız yurt, bağrından çıktığımız Türk Milleti ve bir de milletler tarihinin binbir facia ve ıstırap kaydeden yapraklarından çıkardığımız neticeleridir." *(1937, T.B.M. Meclisini açış nutkundan 1.11.1937)*

★★★

● "– Kubilây Bey'in şahadetinde mürtecilerin gösterdiği vahşet karşısında Menemen'deki ahaliden bazılarının alkışla tasvipkâr bulunmaları bütün cumhuriyetperverler ve vatanseverler için utanılacak bir hâdisedir. Vatanını müdafaa için yetiştirilen ve dahilî her politika ve ihtilâfların dışında ve üstünde muhterem bir vaziyette bulunan Türk zabitinin mürteciler karşısındaki yüksek vazifesi vatandaşlar tarafından yalnız hürmetle karşılandığına şüphe yoktur. Menemen'deki ahaliden bazılarının hatâları bütün milleti üzmüştür.

İstilânın acılığını tatmış bir muhitin, genç ve kahraman zabit vekilinin uğradığı tecavüzü bir suikast telâkki ettiği ve mütecavizler ile teşvik edenleri ona göre takip edeceği muhakkaktır.

Hepimizin dikkatimiz, bu meseledeki vazifelerimizin icaplarını hassasiyetle ve hakkiyle yerine getirmeğe mâtuftur.

Büyük ordusunun kahraman genç zabiti ve Cumhuriyetin idealist muallim heyetinin kıymetli uzvu Kubilây Bey temiz kaniyle Cumhuriyetin hayatiyetini tazelemiş ve kuvvetlendirmiş olacaktır." (Cumhuriyet, 28.12.1930)

★★★

● "− Bir takım şeyhlerin, dedelerin, seyyitlerin, çelebilerin, babaların, emîrlerin arkasından sürüklenen ve falcılara, büyücülere, üfürükçülere, nüshacılara talih ve hayatlarını emanet eden insanlardan mürekkep bir kütleye, medenî bir millet nazariyle bakılabilir mi? Milletimizin hakikî mahiyetini, yanlış mânada gösterebilen ve asırlarca göstermiş olan bu gibi unsurlar ve müesseseler, yeni Türkiye Devleti'nde, Türk Cumhuriyeti'nde idame edilmeli miydi? Buna ehemmiyet vermemek, ilerleme ve yenileşme namına en büyük ve telâfisi imkânsız hatâ olmaz mıydı?

İşte biz, «Takrir-i Sükûn Kanunu»nun mer'iyetinden istifade ettik ise, bu tarihî hatâyı irtikâp etmemek için, milletimizin alnını, olduğu gibi, açık ve pâk göstermek için; milletimizin mutaassıp ve ortaçağlık zihniyette olmadığını ispat etmek için istifade ettik. Onun için biz her vasıtadan yalnız ve ancak, bir bakımdan istifade ederiz. O da şudur: Türk Milletini, medenî cihanda, lâyık olduğu mevkie çıkarmak ve Türk Cumhuriyeti'ni sarsılmaz temelleri üzerinde her gün daha ziyade takviye etmek ve bunun için de istibdat fikrini öldürmek." *(Nutuk, S. 542)*

★★★

● "− Dünyanın belli başlı milletlerini esaretten kurtararak hâkimiyetlerine kavuşturan büyük fikir cereyanları; köhne müesseselere ümit bağlıyanların, çürümüş idare usullerinde kurtuluş kuvveti arayanların amansız düşmanıdır." (1923 (M. S., S. 40)

★★★

● "− İlerlemek yolunda vuku bulacak her mühim teşebbüsün, kendine göre mühim mahzurları vardır. Bu mahzurların asgarî hadde indirilmesi için tedbirde ve teşebbüslerde kusur etmemek lâzımdır." (Nutuk, S. 372)

★★★

● "– Memleket mutlaka asrî, medenî ve yeni olacaktır. Bizim için bu, hayat dâvasıdır. Bütün fedakârlığımızın semere vermesi buna bağlıdır. Halkla çok temasım vardır. O saf kütle, bilemezsiniz ne kadar yenilik taraftarıdır. Vatanımıza hiçbir zaman engeller bu kesif kalabalıktan gelmiyecektir.

Halk müreffeh, müstakil, zengin olmak istiyor. Komşuların refahını gördüğü halde, fakir olmak pek ağırdır." (Vakit, sayı 2130).

★★★

● "– Gözlerinizi kapayıp mücerret yaşadığımızı farzediniz. Memleketimizi bir çember içine alıp dünya ile alâkasız yaşayamayız.

Halkımız medenî bir millet olarak medeniyetçidir. Siyaset cambazları bir taraftan halkı, diğer taraftan hükümeti aldatarak, kendileri hesabına nüfuzlu bir mevki yaratırlar ve her suretle menfaat cerrederler. Bunlar hükûmete sokulup: Halk bizim her sözümüzü dinler; bizim dediğimiz yerine gelmelidir, diye şantaj yaparlar. Sonra halka dönüp, hükûmet bizim avucumuzun içindedir; sakın bizim sözümüzden çıkmaya kalkışmayınız, diye tehditte bulunurlar. Yani bizzat halk arasında hiçbir nüfuz ve kuvvete sahip olmadıkları halde simsarlığını yaparlar. Devletten yüz bulamadıkları dakikada kandillerinin yağı tükenir. Çünkü milletimiz hiç bir suretle taassuptan hoşlanmaz." (Vatan, Başyazıdan, 5.1.1951)

● — SERBEST FIRKA DENEMESİNDEKİ GERÇEKLERDE ATATÜRK

Yıl 1930... Tek Parti rejimi ülkede yedi yıldır tek siyasal harekettir. Ağustos ayında yıllık iznini geçirmek için İstanbul'a gelen Paris büyükelçimiz, ATA'nın yakın arkadaşı Ali Fethi Okyar, genç Cumhuriyetin Batı'daki eleştiri platformunda ÇOK PARTİLİ hayata geçişin merak konusu olduğunu söyler. ATA'da aynı düşüncededir. Cumhuriyetçilik ve özellikle lâiklik üzerindeki aydınlık düşüncelerini çok yakından bildiği dostuna, aktif siyasete dönmesini ve bir muhalefet partisi kurmasını tavsiye eder.

1925'te kurulan ve çatısı altında Millî Mücadele öncülerinden büyük bölümünü toplayan TERAKKİPERVER CUMHURİYET FIRKASI, özellikle Şeyh Said ayaklanmasının sancılı havası içinde, *takrir-i sükûn* kanunun kısıtlayıcı hükümleriyle kapatılmıştır.

Aradan beşyıl geçmiştir ve Mustafa Kemal, hiç de mizâcına uygun olmayan TEK PARTİ sultasından sıyrılmak ihtiyacı içindedir.

Kurulacak parti için Mustafa Kemal'in düşündüğü ad "Liberal Laik Cumhuriyet Fırkası"dır.

Tavsiye ettiği isim, O'nun mizâcının ifâdesidir: Liberallik ve laiklik...

Fethi Okyar, Mustafa Kemal'in tercihi LİBERAL'i, o günün şartları içinde vatandaş çoğunluğunun daha kolay anlayabilmesi için SERBEST sözcüğünü yeğledi ve partinin adı SERBEST LAİK CUMHURİYET oldu.

Fakat ömrü uzun sürmedi: Bugün de ibretle hatırlanacak gerçekler sonu 93 günlük hayatını kendi noktaladı.[1]

Mustafa Kemal'i çok etkilemiş olay, O'nun özellikle LAİKLİK, GERİCİLİK, KÖKLERİ DERİNLERDE TARİKATLER üzerinde düşüncelerini BİR DAHA açıklamasına imkân verdi.

Bunlardan birkaç örnek vererek konuyu noktalamak istiyorum: Çünkü TEMEL HEDEFİ *T ü r k   i n s a n ı n   a n a d i l i y l e   i b â d e t* hasretinin gerçekleşmesi yolunda kronolojik plânını gerçekleştirmeye başladı, 1935 ve 1936 yazlarını Yalova'da, alışılmış yaşantısını bu hedefe dönük emekle doldurmak için düzenledi ve de çok yol aldı.

Ali Fethi Okyar O'na kuracağı parti üzerinde düşüncelerini açıkladığı zaman, 1913'te Fethi Bey Sofya Elçisi iken, ataşemiliter olan Binbaşı Mustafa Kemal O GÜNKÜ fikirlerinden zerresi değişmemiş insan hüviyetiyle şu cevabı vermişti:

"– *Benim siyasî hayatımızda TEK dayancım, Cumhuriyetçilik - Lâiklik - Çağdaşlıktır. Sizin bu mevzulardaki kanaat ve tercihleriniz memleket adına en büyük teminattır.*"

Ve yeni partinin Cumhurbaşkanının doğrudan himayesinde kurulduğu sözlerinin yayılması üzerine 8 Eylül 1930'da genel sekreterlik bir

---

(1) *Olay üzerinde geniş açıklamalar için bakınız: ÜÇ DEVİRDE BİR ADAM* (Ali Fethi Okyar'ın hayat ve hatıraları). *Yazan: Cemal Kutay, 1981, Tercüman Yayınları, S. 642.*

açıklama yaptı, bunun doğru olmadığını, Anayasanın Cumhurbaşkanlığı makamının yetki ve ödevlerini açıklıkla tesbitlediği bildirildi. Atatürk'ün 27 Ağustos 1930 gecesi Yalova'da, sofrada davetlilere söyledikleri, bugün de ibretle hatırlanmaya ve tekrara değer:

*"– Biz Cumhuriyeti hacılara, hocalara terketmek için meydana getirmedik. Tarihi Octave'a bırakamayız. Cumhuriyet müessesesinin bir müstebit* (her türlü baskı yoluna başvuran) *eline geçeceğini mezarımda bile duysam millete karşı haykırmak isterim...... Cumhuriyetin milletin kalbinde kök saldığını görmek yegâne* (tek) *emelimdir."*

Bursa'da bir kısım tutucu kişiler, KAMET *(namaza durma)* ve EZAN *(namaza çağrı)*nın Türkçe okunmayı başlaması dolayisiyle 1 Şubat 1933 tarihinde toplantı yapmışlar, yine ARAPÇA okunmasını istemişlerdir.

Atatürk, 5 Şubat 1933'te, Bilecik'ten otomobille Bursa'ya gelmiş, metnini kendisinin hazırladığı aşağıdaki bildiriyi Anadolu Ajansı aracılığıyla milletin bilgisine sunmuştu. İlk cümlelerde olaydan söz ediliyor, bilgi veriliyor ve sonuç olarak şöyle deniliyordu:

*"– Olaya dikkatimizi özellikle çevirmemizin sebebi, dinin, siyaset ve herhangi bir kışkırtma sebebi yapılmasına asla hoşgörüyle bakılmayacağının bilinmesidir. Konunun aslı esasında DİN değil DİL'dir. Kesin olarak bilinmelidir ki TÜRK MİLLETİNİN MİLLÎ DİLİ ve MİLLÎ BENLİĞİ, BÜTÜN HAYATINDA HÂKİM ve ESAS KALACAKTIR."*

Bu cümleler O'nun ELYAZISI'ydı ve aslı Millî Mücadelede dışişlerinde danışmanı, Cumhuriyette Cumhurbaşkanlığı Genel Sekteri, Millî Eğitim Bakanı, SÂDÂBÂD paktının hazırlanışı için Kâbil Büyükelçisi ve ölünceye kadar pırıl pırıl bir ATATÜRKÇÜ olan rahmetli Hikmet Bayur'un "cânımdan azîz" dediği ATATÜRK dosyasının içindeydi.

Elinizdeki çalışmanın temel düşünce ve sebebi de budur.

İzninizle hep beraber, bir daha, bir daha, bir daha tekrar edelim ve ilkinden üniversiteye kadar *–özellikle imam hatip liselerindeki evlâtlarıma–* belleklerinde yer vermelerini sağlayalım.

Şöyle demişti Mustafa Kemal:

"– TÜRK MİLLETİNİN MİLLÎ DİLİ ve MİLLÎ BENLİĞİ BÜTÜN HAYATINDA HÂKİM ve ESAS KALACAKTIR."

Bu muhteşem olduğunca TÜRK MİLLÎ VARLIĞI'nın TEMELİ olan hakikatin en yüce, en engin duygu kaynağı olan İBÂDET, yüce Tanrı'ya KULLUK ÖDEVİ'nin ANADİLİMİZLE yerine getirilmesini onun için istedi ve bu himmeti de ancak kendisinin başarabileceği inancıyla 1935 ve 1936 yazlarını mutad yaşantısından ayırarak Yalova'da kendisini adetâ Anafartalar, Sakarya, Dumlupınar'da ki gibi *vazife başında* saydı.

1997 Türkiyesi'nde Sizleri bazı olup bitenler yadırgatıyor mu?

İnanınız ki elinizdeki hakikatleri kitaplaştırmamın ASIL sebebi, bu temel himmetini tamamlayamamış olmasıdır. O'nun beraberinde götürdüğü hasreti kavramış bir halefini bulmak ümidiyle.

Daha 1933'lerde, kafasındaki hizmet zincirine S O N diyebilmenin özlemiyle mi nedendir bilinmez, 10 Mayıs 1933 gecesi, seçkin fikir adamları, asker ve sivil şahsiyetler önünde şöyle konuşmuştu:

"– İki Mustafa Kemal var: Biri ben, fert olan, fanî olan Mustafa Kemal... İkinci Mustafa Kemal'den ise "Ben" diye bahsedemem. Ondan ancak "Biz" diye bahsedebilirim. O Mustafa Kemal, yani sizler, bu akşam etrafımda olanlar, memleketin her köşesinde çalışan köylüler, uyanık, aydın, vatansever, milliyetçi vatandaşlar... İşte ben onların hayalini tespit ediyorum, onların hayalini gerçekleştirmeğe çalışıyorum. O Mustafa Kemal, ölmez! O, Türk milletinin ihtiyaçları ile beraber, gitgide uyanan şuuru ile beraber, gelişe gelişe ebedî olarak yaşayacaktır. Bizde cumhuriyeti yapan, inkılâbı yaratan, o "Biz" diye ifade edebileceğim Mustafa Kemal'dir!"

Bu satırlar, 11 Mayıs 1933 tarihli, eski yâverlerinden Siirt Milletvekili Mahmut Bey'in gazetesi MİLLİYET Gazetesi'nde çıkmıştı. Mahmut Soydan, Mustafa Kemal'in duygulu bir ânında sözlerini not etmiş, onayını aldıktan sonra yayınlamıştı.

Size, belki doğrudan değil, ama eğer bugün Mustafa Kemal için BU veya BENZERİ gerçekler bir araya getirilmemişse;

Okullarda İstiklâl Marşı'yla birlikte tekrarlanmıyorsa;

Hatta titiz bir dikkat ve emekle derlenmemişse;

Biliniz ki asıl sebep, O'nun çizdiği BOY'a erişilememenin uyandırdığı konuşulmaz kıskançlık, insanın tabiatında olan benzer makamlarda aranan yapı farklıdır: Özellikle MUSTAFA KEMAL gibi bir BAŞLANGIÇ olursa...

Konuyla ilgili bir anımı satırlaştırmaya izin veriniz:

Anıt Kabir'in giriş holündeki rölyeflerin sağ tarafındaki kabartmaları, dünyaca ünlü heykel ustası rahmetli İlhan Koman hazırlamıştı. Dedesi, İkinci Meşrutiyet ve Cumhuriyet devirlerinin ön şahsiyetlerinden Edirne Milletvekili Mehmed Şeref Aykut'un "Üç Devirde, İrfan ve Vicdanının Hasreti Millet ve Devletini Arayan Adam" başlığıyla hayat ve hatıralarını yayınladığım için "dede dostu"ydum.

Bana, giriş holünde Atatürk'ün dünya durdukça ilham kaynağı ölümsüz fikirlerini cümleleştiren özdeyişlerinin neden işlenmediğini sorduğunda aldığı cevabı aktardı: Proje hazırlayan:

"– Ben de hatırlattım, ama sonuç alamadım" demişti.

Şimdi Sizlerden rica ediyorum: Elinizdeki şu iddiasız kitapçıktan, Mustafa Kemal'e ait özdeyişleri, hiç bir engelleyici duygu olmadan sıralarsanız, kaç cilt doldurur, lütfen düşünün!..

## ● — KAMET, HUTBE, EZAN ve SON BASAMAK: NAMAZ SURELERİ... TÜRKÇE İBÂDET'in İLK BÖLÜMÜNÜN TAMAMLANMASI... MUSTAFA KEMAL'in İLK ve SON HUTBESİ...

1 Şubat 1933'te Bursa'da KAMET *(namaza duruş)*le EZAN *(namaza çağrı)*a karşı bir tutucu grubun, kendi aralarında bile olsa, Arapça'ya dönüş girişiminin, Mustafa Kemal'i nasıl ilgilendirdiğini ve konunun D İ N değil D İ L olduğunu nasıl açıkladığını gördük.

23 Ocak 1930'da MENEMEN'de yedek subay teğmen Mustafa Fehmi Kubilay'ı öldürenlerin 1997'de Cezayir'de kadın, erkek, bebek, yaşlı, kendilerinin yanında yer almayanları *boğazlarından keserek* öldüren fundamentalistlerden zerre farkları yoktu, çünkü aynı şifasız illetin hastasıydılar. Ama o bir aksiyon, bir olay, bir girişimdi.

1997 Türkiye'sinde de durum, metot ve tatbik farklarıyla *aynı*'dır: Bugünküler bir siyasî parti çatısı, yüzlerce vakıf-dernek, görüntülü-yazılı basın-yayın şekli, kurslu-normal görünümlü her derece-kademe okul, literatürde yeri olan, olmayan tarikatleriyle fundamentalizm halindedir. Mustafa Kemal, ÇARE'nin ibâdeti anadille yerine getirmede olduğunu bilmenin şuuru içinde, önce HUTBE'yi denemedi, çünkü KAMET'de, NAMAZ'da ferdî *(bireysel)* kulluk ödevleriydi.

Şimdi Sizlere O'nun hayatında İLK ve SON hutbesinden söz edeceğim, bir saat yirmiiki dakika sürmüş bu İLK TÜRKÇE HUTBE'de, ülkenin ogünkü şartlarını olduğunca, CÂMİ'yi ve MİNBER'i[1] O'nun kadar

---

(1)  – *Mustafa Kemal'in kelimeleri kullanırken, nesillerin bu sözcüklere verdiği değere dikkat etmek, bizleri uzun uzun düşündürmeye değer. O'nun bu özelliğine Fransız devlet, fikir şahsiyeti Edouard Herriot, anılarında özellikle işâret eder.*
*MİNBER sözcüğü Büyük Osmanlı Lûgatı (cild II. sayfa 1033)nde "Câmilerde hatibin çıkıp HUTBE okuyacağı merdivenli yüksekçe yer, kürsü" olarak açıklanır.*
*İşte Mustafa Kemal, insanların duyması ve öğrenmesi için gerekli bilgilerin açıklandığı yer olarak, 1918'de, MONDROS mütarekesinin imzasından sonra, arkadaşı Ali Fethi Okyar'la çıkardığı ve elliüç sayı yayınlanmış gazetesine de MİNBER adını vermişti.*
*Bu tercihi O'nun dinin dünya hakikatleri için temel kaynak olduğu inancı kadar, Câmilere ve din adamlarına verdiği önemi de anlatmaz mı?*
*MİNBER'in yazılarının büyük bölümünü Mustafa Kemal yazmıştı. O günlerde son Osmanlı Mebusan Meclisindeki dostlarına, kurulacak hükümet üzerinde düşüncelerini imzasız veya bir başka imza altında açıklıyordu. Lütfen hatırlayınız: Sivas Kongresi öncesi Sivas'ta İRADE-İ MİLLİYE' gazetesini, Ankara'da HÂKİMİYETİ MİLLİYE'yi çıkardı.*
*Girişimlerinin zaman ve mekânına olduğunca, onlara verdiği isimlerde bile tesadüfleri değil GAYE'lerini isâbetle belirtmişti.*

149

*gerçek bir mümin* (inanmış) içinde başka bir Allah kulunun anlatmasının mümkün olmadığını da kavrayacak, eğer göz pınarlarınızda şükrân damlacıklarına kaynak varsa iki damla yaş içinde bu ayrıcalıklı insanımızı rahmet ve minnet anacaksınız.

Tarih 7 Şubat 1923'tür.

Cumhuriyetin ilânından altı ay ondokuz gün önce.

Zafer kazanılmış, Yunan Ordusu'nun görünürdeki şahsında 1914 - 1918 Dünya Harbi'nin galip devletleri vatanın bağrından sökülüp atılmıştır. Başkumandan Mustafa Kemal, 29 Ekim 1920'den beri adı "TÜRKİYE BÜYÜK MİLLET MECLİSİ HÜKÜMETİ" olan devlet şekline, siyasî literatürdeki yerini belirtmek için beraberinde eşi Lâtife Hanımefendi, 11 Ocak 1923 - 2 Mart 1923 arası 46 gün süren bir yurt gezisindedir.

Balkan, Dünya, İstiklâl Harpleri'ni kapsayan onyıllık çetin savaşlarda yorgun ve takatsız, işgalden kurtarılmış sahalar harâp, perişândır. Bu imkânsızlık içinde Türk Milleti dünyayı hayret ve hayranlık içinde bırakmış mucize bir zaferin sahibi, başı dik, geleceğe ümitle bakmaktadır.

Mustafa Kemal 7 Şubat 1923'te Balıkesir'e gelir ve hayatının İLK ve SON hutbesini Zağnospaşa Camiinde verir: Minber'e çıkarak...

Yıldırım Orduları Grup Kumandanlığı'nı, Çanakkale Savaşları sırasında yakından tanıdığı Osmanlı Birinci Ordu Kumandanı Alman generali Liman Von Sanders'den devir aldığında askerî literatürümüze *"Müşîr Liman Paşa Hazretleri"* olarak giren Alman kumandanı, O'na şu cümleleri söylemiştir: *"– Burası sizin vatanınız.. Ben burada dostunuz olarak Sizin misafirinizim. Sizi, Çanakkale Harplerinde tanıdım. Muvaffakiyetleriniz kıymetinizin burhanı (kanıtı)dır. Dostluğunuzla iftihar ederek yerimi size devrediyorum. Allah yardımcınız olsun. Memleketinizdeki beş senelik hizmetim sırasında, hakikatler önünde Türk Milleti kadar cesur ve azimli bir milletin dünyanın başka yerinde olup olmadığını sık sık düşündüm. Yeter ki ona gerçekler açık yürekle söylensin."*

Mustafa Kemal, klişe fikir ve cümlelerin değil, Alman Kumandanının işâret ettiği gibi Türk insanına hakikatler açık seçik söylendiği zaman, tehlikeleri aşmak için ne gerekiyorsa tereddütsüz onu kucaklayacağını defalarca denemiş olmanın tecrübesi içinde MİNBER'e çıktı, önce CAMİ'nin târifini yaptı.

Bugün 1997...

Bakınız, 7 Şubat 1923'te Balıkesir Zağnospaşa camiinin MİN-BER'inde camii anlatışı bugün halâ hasret... ALTI SAATE BİR CÂMİ yapılmasıyla öğünenler, gecekondu gibi câmi yaptırmak yerine CÂMİİN NEDEN, NİÇİN, NE GAYEYLE yapıldığını, O'nun Cumhuriyetin ilânından yedi ay önceki şu açıklamasının felsefesini kavramış olsalardı...

Önce, HUTBE'sinin asıl metnindeki bu bölümün klişesini alıyorum, sonra da bugünkü alfabemize aktarılmış çevirisini:

افندیلر ، جامعلر بربرمزك یوزیته باقمقسزین یاتوب قالقمق ایچون
یاپیلمامشـدر . جامعلر اطاعت وعبادت ایله برابر دین و دنیا
ایچون نه‌لر یاپیلمق لازمكلدیكنی دوشونمك یعنی مشورت ایچون
یاپیلمشدر . ملت ایشلرنده هر فردك ذهنی باشلی باشنه فعالیتده
بولنمق لازمدر . ایشته بزده بوراده دین و دنیا ایچون ، استقبال
و استقلالمز ایچون، بالخاصه حاكمیتمز ایچون نه‌لر دوشوندیكمزی
میدانه قویالم. بن یالکز كندی دوشونجه‌می سویله‌مك ایسته‌مزیرم.
هپكزك دوشوندكلریكزی آكلامق ایستییورم . آمال ملیه ،
ارادۀ ملیه یالکز بر شخصك دوشونمه‌سندن دكل بالعموم افراد
ملتك آرزولرینك ، املله‌رینك محصله‌سندن عبارتدر .

Önce lütfen bu eski harfli orjinal metnin günümüzdeki karşılığını okuyun:

«— Efendiler... Camiler birbirimizin yüzüne bakmaksızın, yatıp kalkmak için yapılmamıştır. Câmiler taat ve ibâdet ile beraber, din ve dünya için neler yapılmak lâzım geldiğini düşünmek, danışmak için yapılmıştır. Millet işlerinde her kişinin zihninin başlı başına çalışması lâzımdır. İşte biz de burada din ve dünya için, geleceğimiz ve istiklâlimiz için ve en çok millî egemenliğimiz için neler düşündüğümüzü meydana koyalım. Ben yalnız kendi düşüncelerimi söylemek istemiyorum. Hepinizin düşündüklerini anlamak istiyorum. Millî ülküler, millî irade, yalnız bir şahsın düşünmesinden değil, tüm millet fertlerinin, ülkülerinin toplamıyla yaratılır.»

Ben, Mustafa Kemal'in aramızdan ayrılışının OTUZİKİNCİ yılı 1970'te "BEKLENEN ADAM" adını taşıyan 320 sayfalık bir kitap çıkarmıştım. İç kapağını aşağıda görüyorsunuz:

## CEMAL KUTAY

# BEKLENEN ADAM

### ATATÜRK'ün
Yarıda
bıraktıklarını
tamamlayacak
olanın
## "NOT DEFTERİ"

Dış kapağın ortasında *boş bir madalyon* vardı: İçinde kimsenin yüz çizgileri yoktu, boştu, çünkü gerçekte MUSTAFA KEMAL'in gerçek halefini bekliyordu. 1923'le bugün 1997, arada YETMİŞ DÖRT sene geçti

152

Çankaya'dan gelip geçenler arasında Siz araştırın, BOŞ MADALYON'u doldurun...

Ve 1970'te yayınlanmış olan BEKLENEN ADAM kitabımın 257'inci sayfasına aldığım yukarıdaki O'nun sözlerinin altına şu kısa NOT'u eklemişim. Onu da AYNEN alıyorum:

Ne dersiniz?

1970 Türkiyesi'nde politikacı camii nasıl düşünür, yobaz nasıl düşünür, devrimci denen köksüz ve halkı bilmez kafa nasıl düşünür, Mustafa Kemal nasıl düşünür?...

## ● — 1923 İLK ve SON HUTBE'sinden 1997'ye ERİŞEN HASRETLERDEN ÖRNEKLER...

ATATÜRK ve DİN konusunun temel değerlerine gelmiş bulunuyoruz.

HUTBE'lerin mevzularının *neler* olacağı, O'nun Zağnospaşa Camisindeki sohbetinin üzerinden 74 yıl geçmiş olmasına rağmen pırıl pırıl aydınlık hâlinde karşımızdadır. O gün memleketin karşısındaki konular neymiş ve Mustafa Kemal bunlar önünde neler düşünmüş, neler önermiş, neler ele alınmış, neler hâlâ yerinde, bir saat oniki dakika sürmüş bu İLK ve SON sohbetinden, 1970'te, aramızdan ayrılışının otuzikinci yılında çıkardığım "BEKLENEN ADAM" kitabından alıntılar yaparak hatırlatmama izin verir misiniz?

Memleketinin gerçeklerini bilen, doğru çârelere varlığını seferber eden, ülkesinin insanlarına gönlü ve kafasıyla inanmış, yüce TANRI'nın ayrıcalıklarına sahip bir BÜYÜK İNSAN'ın ne olabileceği yolunda bir ân düşünmemizi hatırlatabilir ümidiyle...

Hepsi ATATÜRK'ün, o günkü hutbesinden, o günün konuları üzerinde, O'nun cümleleridir.

AYNEN alıyorum:

«Efendiler, millet ve memleket için kurtuluş ve başarı istiyorsak bunu yalnız bir şahıstan hiç bir vakit beklememeliyiz. Bir kişinin başarısı demek o milletin muvaffakiyeti demektir. Bir milletin başarısı, milletin genel varlığının aynı yöne çevrilmesiyle mümkündür. Bilelim ki bugünkü başarımız, milletin elbirliğinden, beraberce emeğindendir. Gele-

153

cekte de aynı güzel sonuçlara sahip olmak istiyorsak aynı birlik ve beraberlik yolunda yürüyelim.»

، — ملتمزى شيمد يه قدر سوى يلديكم سوزلرله وحركاتمله
آلداتمامش اولمله مفتخرم . [ ياباجغم . ياباجغز ، ياپا بيليرز ]
ديديكم زمان اونلرك فى الحقيقه ياپيله بيله جكنه قائل وقانع ايدم .

«Milletimizi şimdiye kadar söylediğim sözlerle ve harekâtımla aldatmamış olmakla müftehirim. "Yapacağım, yapacağız, yapabiliriz", dediğim zaman onların filhakika yapılabileceğine kail ve kani idim.»

«Memleketimizin mamur ve milletimizin mes'ut olması her ferdin azamî fedakârlığı ile hâkimiyet-i milliyeyi muhafaza etmesi ile kabil olacaktır. Arzumuz haricen istiklâl, dahilen bilâkayd-ü şart hâkimiyet-i milliyeyi muhafazadan ibarettir. Hâkimiyet-i milliyemizin velev bir zerresini haleldâr etmek niyetinde bulunanların kafalarını parçalıyacağınızdan eminim.»

«Bulgarlar, Sırplar, Macarlar, Rumlar sabanlarına yapışmışlar, varlıklarını korumuşlar, kuvvetlenmişlerdir. Bizim milletimiz de böyle fatihlerin arkasında serserilik etmiş ve kendi ana yurdunda çalışmamış olmasından dolayı bir gün onlara yenilmiştir. Bu, öyle bir gerçektir ki, tarihin her devrinde ve dünyanın her yerinde aynen olagelmiştir.»

«Memleketi bayındır hale, cennet hâle getirecek olan ekonomik güç ve ekonomik alandaki himmettir. Milletimizi insanca yaşatacak bir iktisat devrinin açılması lâzımdır. Hepimizin arzusu şudur ki, bu ülkenin insanları ellerinde örnekleriyle tarımın, ticaretin, endüstrinin, emeğin, yaşamanın temsilcileri olsunlar, artık bu memleket böyle fakir ve bu millet hakir değil, memleketimize zenginler memleketi ve yeni Türkiye'nin adına da çalışkanlar diyârı denilsin. İşte millet böyle bir devri yüceltecektir ve böyle bir devrin tarihini yazacaktır.»

«Bizim halkımızın menfaatleri birbirinden ayrıdır. Sınıflar halinde değil, tam aksine varlıkları ve emek neticeleri birbirlerine gerekli sınıflardan ibarettir. Şu dakikada dinleyicilerim çiftçilerdir, sanatkârlardır, tüccarlar, işçilerdir. Bunların hangisi ötekinin karşısında olabilir? Çiftçinin sanatkâra, sanatkârın çiftçiye ve çiftçinin tüccara ve bunların hepsine ve işçiye muhtaç olduğunu kim inkâr edebilir?

Bugün mevcut olan fabrikalarımızda ve daha çok olmasını temenni ettiğimiz fabrikalarımızda kendi işçilerimiz çalışmalıdır. Refahlı ve memnun olarak çalışmalıdır. Bütün saydığımız sınıflar aynı zamanda zengin olmalıdırlar. Hayatın gerçek huzurunu bulmalıdırlar ki, çalışmak kudret ve kuvvetine sahip olabilsinler. Bütün bu sebeplerle bir programdan bahsedildiği zaman adetâ denilebilir ki bütün halk için bir çalışma "ulusal andı" değerinde program olsun. Bu da çalışmanın millî misakı olur ve politik yönü ise normal parti özlüğü içinde sayılmaması gerekir.»

ده قاچ میلیونرمز وار ؟ هیچ . بناءً علیه بر آز پارهسی اولانلرهده دشمن اولهجق دگلز . بالعکس مملکتمزده بر چوق میلیونرلرك حتی میلیاردلرلرك یتشمسنه چالیشهجغز . صوكره عمله كلیر . بوكون مملکتمزده فابریقه، اعمال التخانهوساره کبی مؤسسات چوق محدوددر . موجود عملهمزك مقداری یكرمی بیكی گچمز . حالبوكه مملكت تعالی ایلك ایچون چوق فابریقهلره محتاجز . بونك ایچونده عمله لازمدر . بناءً علیه تارلاده چالیشان چیفتجیلردن فرق اولمادن عملهمزیده حمایه و صیانت

«Kaç milyonerimiz var? Hiç!.. Bu sebeple biraz parası olanlara da düşman olacak değiliz. Aksine memleketimizde bir çok milyonerlerin,

155

hattâ milyarderlerin yetişmesine çalışacağız. Sonra işçiler gelir. Bugün memleketinizde fabrika, imalâthane ve saire gibi müesseseler çok azdır. Mevcut işçimizin sayısı yirmi bini geçmez. Halbuki memleketi yükseltmek için çok fabrikaya muhtacız. Bunun için de işçi lâzımdır. Tarlada çalışan çifçiden farkı olmayan işçiyi de korumak ve sakınmak icap eder. Bundan sonra aydınlar ve din adamları gelir. Bu aydınlar ve bilginler kendi kendilerine toplanıp halka düşman olabilir mi? Bunlara düşen ödev halkın içine girip onları aydınlatmak, yüceltmek, ilerlemede, medenileştirmede öncülük etmektir. İşte ben milletimizi böyle görüyorum."

## ● — TÜRKÇE İBADETE DOĞRU İLK ADIMLAR...

7 Şubat 1923'de Mustafa Kemal, Balıkesir Zağnospaşa Camiinde İLK Türkçe hutbesini verirken, ne kendisi böyle bir hazırlıkta ve hatta karardaydı, ne de onu dinleyen cemaat, bir HUTBE'yi HATİP unvan ve makamına sahip bir din adamından dinlemek için oradaydı.

Ankara'ya döndüğünde, konu üzerinde değer verdiği iki milletvekiliyle konuştu: Uşak Milletvekili fikir adamı, öğretmen, dilci Besim Atalay ve Millî Mücadele yıllarının ilk Şer'iyye ve Evkaf Vekili olan Mustafa Fehmi Gerçeker.

İkisi de, Zağnospaşa Hutbesini, Hâkimiyet-i Milliye'de okumuşlardı. İkisi de düşüncelerini açıkladılar: HUTBE böyle olmalıydı.

Özellikle Mustafa Fehmi Gerçeker; Medreselerde okutulan Arapça ile yetişmiş imam hatiplerin, Mustafa Kemal'in örneğini verdiği günün temel meseleleri üzerinde hutbeyi mevzu yapabilecek din adamlarının bulunmadığını belirtti. Mustafa Kemal'in cevabı kafasındaki bambaşkalığı açıklıyordu:

*"– Mevzu zannederim ki hatibin şahsî bilgisi ve tercihi meselesi değildir. Bence asıl ele alınacak dinî manevî hayatımızın benimsediğimiz temel istikametlerde olmasıdır: Yâni HUTBE'lerden başlayarak Türkçe olması..."*

Ve mevzuu bu düşüncesi üzerinde fikirlerini açıklamaya davet ederek, konu üzerinde yetkili iki şahsiyetten açıklamalar istemişti. Mustafa Fehmi Efendi, Millî Mücadelenin ilk günlerinde, İstanbul Hükumeti'nin Ankara karşıkoymasını DİNE KARŞI HAREKET sayan ve ön şahsiyetlerini *"Huruc-u Ales-Sultan = Sultan ve Halifeye karşı, yâni DİN'e karşı"* olmakla ittiham ve ön şahsiyetlerini idama mahkûm eden tutuma karşı, hareketin milletin haysiyet ve istiklâli ve DİN'in mevcut olması için şart *müstakil devleti* temin hareketi olduğunu fetvâya bağlayan ANADOLU ÜLEMÂSI'nın başındaydı. Düşüncesini apaçık ifade etti:

*"– Hutbenin behemehâl ARAPÇA olmasına dair bir nass-ı kat'i* (kesin şer'î hüküm) *yoktur."*

Besim Atalay mevzuun ufkunu genişletmişti:

"– Hutbe'nin esas gayesi cemaate izahı faydalı ve hayırlı hâdise ve tercihleri açıklamak, izah etmektir. Bu vazife de elbetteki muhatapların anlayacakları lisan ile yapılır. Asırlar evvel betahsis dinî telkinlerin merkezi olan camiler ve mescitler için Arapça metinli hitâbet mevzuları tahrir ve kitap haline getirildiği için böylece devam edip gitmektedir. Bu metinleri tefsir edecek *(yorumlayacak)* Arapça bilen kimse de kalmamıştır."

Mustafa Kemal'in asıl hazırlığı *rejim üzerine* olduğu için konunun üzerine fazla gitmemiş, olduğu yerde bırakmıştı: Fakat, iki muhatabı da HUTBE'nin muhakkak Arapça olacağı yolunda bir hüküm olmadığını açıklamışlardı.

Lozan'da barış görüşmeleri hararetle ve sık sık kesilme noktasına gelen çekişmelerle devam ediyordu. İcra Vekilleri Heyeti'*(kabine)*ne Mustafa Kemal sık sık başkanlık ediyor, Lozan'dan gelen haberler karara bağlanıyordu. İcra Vekilleri Heyeti Reisi *(Başbakan)* Rauf Orbay, Büyük Millet Meclisi Reisi Ali Fuat Cebesoy'du. Üç arkadaş, Rauf'un Keçiören'deki evinde akşam yemeğindeydiler. Mustafa Kemal, kabinede Dahiliye Vekili *(İçişleri Bakanı)* olan Ali Fethi Okyar'ı da getirmişti. Yemekten sonra Ali Fethi'ye döndü:

"– *Fethi... Şu Sofya'daki Ortodoks Papazları hikâyesini arkadaşlara anlatır mısın?"* dedi.

Fethi Bey'in anlattığı şuydu: 1913'te Fethi Osmanlı Hükümeti'nin Sofya elçisi, Mustafa Kemal de ataşemiliterdi. Vazifesi içinde o zaman müstakil olan Karadağ'la Sırp Krallığı da vardı. Sofya'dan Çetine ve Belgrad'a da gidiyordu. Kafasının içinde şu suale cevap arıyordu: 1912'de bir ânda karşıya dikilmiş gözüken Yunan, Bulgar, Sırp, Karadağ ittifakının, en karamsar olan kaynakların bile tahminlerini yanıltan zaferi nasıl mümkün olmuş, o Anadolu kadar Türk topraklar, nasıl gözaçıp kapayıncaya kadar elden çıkmıştı?

Osmanlı'nın altıyüzyirmiiki yıllık uzun tarihinde ve üstelik İkinci Meşrutiyetin dördüncü yılında başımıza gelen bu felâketin asıl hazırlayıcısı kimdi, kimlerdi ve de nasıl bu hazırlığı görmemiş, tedbirsiz ve gafil avlanmıştık?

Mustafa Kemal Sofya vazifesi günlerinde aradığı cevabı bulduğuna kani idi: Dört düşman da Hıristiyan ve Hıristiyanlığın Katoliklik ve Protestanlık karşısında adetâ MÜSTAKİL DİN olarak ayrı inanç odakları olan ORTODOKS mezhebine bağlı idiler.

Rus Çarlığı, Osmanlı'nın elindeki Balkanları, başında olduğu Ortodoks kilisesine müstakil devletler halinde bağlamak siyasetinde Ortodoks kilisesini ve onun kadrosu papazları ele almış, madde ve manâda her yardımı yapmış, papaz kadrosunu sadece DİN ADAMI olmaktan çıkarmış, özel okullarda biraz tarımcı, bir düzeyde sağlıkçı, küçük sanatlardan biri veya birkaçı üzerinde zanaatçı yetiştirmişti. Bir ölçüde de küçük sabit sayılacak asker...

Osmanlı üzerindeki kapitülâsyon ayrıcalığına da sahip olan Ruslar, Balkanlar'da, hatta Anadolu'da Türk olmayan unsurları hayatın her alanında Müslüman halktan ileri yetiştirmek için, Lâtinler ve Protestanlar'ın misyonerlik örgütlerine göre daha aktif politika tatbik etmişler, özellikle Sırbistan, Karadağ, Bulgaristan'da millî hisleri ayaklandırmışlar, ayrılık için ortamı hazırlamışlardı.

Bu papazlar kısa zamanda bizim idarecilerin *domuz çobanı* olarak küçümsediği Ortodoks halkı, aynı birlik safında, Türk yönetimine ve Türk Milleti'ne karşı fikir ve eylemde aynı safta BİRLİK haline getirmişlerdir.

Mustafa Kemal Ali Fethi'nin bu açıklamalarını ilgiyle dinleyen arkadaşlarını işâret ederek:

*"– Fethi... Bir de şu KİLİSELER KANUNU hâdisesini anlat...* demişti.

Olay şuydu: Sultan Hamid, 31 Mart 1328 *(13 Nisan 1909)* gericilik ayaklanması sonucu tahttan indirilip Selânik'e Alatini köşküne sürgüne gönderildiğinde muhafızlığına, Ali Fethi tâyin edilmişti. İlk günlerin ürkekliğinin geçmesinden sonra düşük padişah, nâzik, bilgili, kibar bir genç kurmay olan Fethi Beye karşı güven duymuş, son günlerde okumasına izin verilen günlük gazetelerin son sayısında Osmanlı Mebuslar Meclisi'nin, Fener Rum Kilisesi'yle Bulgar Ekzarhlığı arasındaki anlaşmazlığı gideren KİLİSELER KANUNU'nu kabul ettiğini okuyunca âdeta bir feryat kopararak başını iki eli arasına almış: *"– Eyvah... Rumeli elden gitti... Bu gafleti nasıl irtikâb ettiniz?"* diye adetâ haykırmıştı.

Olay şuydu: Sultan Hamid, otuziki senelik saltanatı sırasında, yine bir Rum doktoru olan ve veliahtlığı zamanında dost olduğu Dr. İstalyanos'dan, bir zamanlar Rus elçiliğinin de doktoru olduğu için bu hazırlık plânını öğrenmişti: Eğer iki kilise arasındaki anlaşmazlık giderilirse, Petersburg'un bir süredir hazırladığı plân gereği Atina, Belgrad, Çetine, Sofya arasında KİLİSELER İTTİFAKI gerçekleşecek ve dört hükümet Osmanlı'yı Balkanlar'dan çıkaracak savaşa girişeceklerdi.

Nitekim öyle olmuştu.

Mustafa Kemal olayın ayrıntılarını, o günlerde Şeyhülislâm ve Evkaf Nazırı olan, Selânik'ten çok yakından tanıdığı Mustafa Hayri Efendi'ye yazmış, ele alınan ISLÂH-I MEDARİS = MEDRESELERİN DÜZELTİLMESİ ve DÜZENLENMESİ girişiminin, sadece bir yeni binalar, yeni dersler, aynı temele yeni eklemeler konusu olmadığını hatırlatmıştı. Mustafa Kemal'e göre MEDRESELER DEVRİ KÖKÜNDEN KAPANMIŞ'tı. Ortada Osmanlı'yı Avrupa'da toprak varlığında tasfiye eden BALKAN HARBİ bir askerî zaferden çok din adamlarının millî siyasetlerini yaratmada verdikleri emeğin zaferiydi. Çünkü o din adamları, o insanlara KENDİ ÖZ DİLLERİ'yle sesleniyorlardı. Aralarında derin farklar, anlaşmazlıklar olan bu insan topluluğunun, milliyet şuurlarını uyandıran bir DİN POLİTİKASI'nın tesiri altında müşterek hedefe yönelmişlerdi.

## ● — KAMET, HUTBE, EZAN'ın TÜRKÇELEŞMESİ ve SONRASI

Mustafa Kemal'in Sofya ataşemiliterliği günlerinde Şeyhülislâm Evkaf Nazırı Hayri Efendi'ye[1] ilettiği bu hakikatlerin, Türkiye Cumhuriyeti'nin kurulmasından sonraki LAİKLİĞİN YENİ DEVLETİN TEMELİ olmasından sonra, nasıl bir aktiviteye girdiği düşündürücü manzaradır.

Mustafa Kemal, BÜYÜK NUTUK'unun sonunda 1927 Teşkilâtı Esasiye'(Anayasa)sinden sözederken, kanunun ikinci ve yirmialtıncı maddelerindeki "devletin resmî dini din-i İslâmdır" kaydı ve "Meclisin şeriat hükümlerini yerine getirme" zorunluğunun kaldırılmasını "TÜRK MİLLETİNİN VAZİFESİ" olarak açıklaması, bir kararı ilân ediyordu: LÂİK PRENSİP teokrasiden boşalan yere yaşam düzeni olarak yerleşecekti...

Nasıl olacaktı?

Bu safha içinde değerli bir hukuk, ilâhiyat şahsiyeti ATATÜRK'e yol gösterdi: Adliye Vekili Seyit Çelebi Bey...

---

(1) Mustafa Hayri Efendi (doğumu 1867 - ölümü 1921) Osmanlı İmparatorluğu'nun son nazır ve şeyhülislâmlarındandır. Ürgüp'te doğdu. Medrese tahsilinden sonra İstanbul Hukukunu bitirdi. 1906'da Selanik Ceza Mahkemesi Reisi'ydi. İttihat ve Terakki'ye ilk katılanlardandır. 1908 Mebuslar Meclisinde Niğde milletvekili idi. İttihat ve Terakki kabinelerinde Şeyhülislâm, Evkaf Nazırı, Adliye Nazırı olarak 1918'e kadar çeşitli tarihlerde vazife aldı. Mondros Mütarekesi'nden sonra İngilizler tarafından Malta'ya sürülen devlet adamları arasındaydı.

Olaylara yakın olanlar bilirler ki Seyit Bey Mustafa Kemal'in özel misafiri olarak Ankara'ya gelmiş, Polatlı'da trenden alınmış, bir müddet topçu alay kumandanlığında istirahat ettirilmiş, daha sonraki bir trenle Ankara istasyonundan muhafız alayının arabasıyla Çankaya Köşkü'ne getirilmiş, kaldığı üç günlük süre içinde başta Hilâfet mevzuu olarak Mustafa Kemal'le görüşmesini tamamlamış, bu arada TÜRKÇE İBADET hazırlığının İLK tatbikatı üzerinde mutabık kalınmıştı.

Önce KAMET *(namaza durma)* sonra HUTBE, daha sonra EZAN' *(namaza çağrı)*nın Arapça metinleri yerine TÜRKÇE okunmaları kabul ve tatbik edilecekti.

Bunlar sırasıyla gerçekleşti.

Hepsinin üzerinde doğruluğuna, aslına, nokta virgülüne kadar titrenerek...

Ve emîn olunuz, zerrece zora, hatta telkine yer verilmeden halkımızın kadirbilir irfan ve vicdanında yerleşerek...

Ve asıl temel sebep, Türk insanının ulusal yapısında olan *GELEN ZAMANI KUCAKLAMA* duygusunun, alışkanlıklar üzerine çıkan yapısıyla...

Mustafa Kemal gözlerini kapayıncaya kadar.

Atatürk, şair Behçet Kemal Çağlar'ı gerçekten sever, değer verirdi. O'nun daha iyi, yeterli ve de tercihlerine uygun yetişmesi için ilgisini sona kadar gösterdi. Behçet Kemal de bu sevgi ve güvene lâyık olduğunu son nefesine kadar mutlak özveri ve inançla , dünya nimetlerini iterek, örnek karakter tecellisi içinde gösterdi. Şiirlerinde bir MÜSLÜMANLIK vardır ki, bu mısralar, ATATÜRK'ün gerçek İslâmiyet'te görmek ve bulmak istediği yapının sıralanışıdır. Bu sebeple Mustafa Kemal'in, Namaz sûrelerinin asıl metnine yaraşır Türkçe nazımla hazırlanması vazifesine lâyık gördüklerinin başında, Behçet geliyordu. İyi hatırlarım: Çağlar, yapılmış çevirilerin dışında, o günlerin din bilginleri Prof. Ahmed Hamdi Akseki, Prof. Şerafeddin Yaltkaya, DİNLER TARİHİ hocası CHP'nin son başvekili Prof. Şemseddin Günaltay, Arap Dili Profösörü Necati Lugal, Türk Lehçeleri üstadı Veled Çelebi İzbudak, Hazret-i Muhammed' (S.A.V.)in Türklüğüne inanmış Kutadu Biliğ uzmanı Prof. Reşid Rahmetî Arad gibi şahsiyetlerden yararlanmıştı. Bu emeğin sonucu KUR'ANDAN SESLENİŞLER'den örnekleri ilerdeki sayfalarda bulacağız.

Şimdi, ATATÜRK'ü İslâm dini üzerinde verdiği emeklerin gayesi MÜSLÜMAN'ı, Behçet Kemal Çağlar'ın mısralarında görelim:

İçini temiz tutmak, dışını temiz tutmak,
Temiz düzgün bir ömür sürmektir Müslümanlık,
Çalışıp didinmek, kötülüğü unutmak,
İnsanlığın hakkını vermektir Müslümanlık.

Kendi öz kaygısından, çıkarından kurtulmak,
Toplum için iyiyi görmektir Müslümanlık,
Her zaman iyi olmak, herkese iyi olmak,
İnsanlığın hakkını vermektir Müslümanlık.

Ne varsa işlememek düzensiz, haram, yasak,
İyi, uygun ne varsa yapmaktır Müslümanlık,
Küçüğe sevgi duymak, büyüğe saygı duymak,
Hakka candan gönülden tapmaktır Müslümanlık.

Dinlerin sonuncusu, en özlü, en olgunu,
İnsana gösterilen en doğru yoldur bu din,
MUHAMMED'in (S.A.V) tuttuğu ışık, gösteren bunu,
Gönlümüzün bağrında açan al güldür bu din.

Atatürk, 1935 ve 1936 yaz aylarını, özellikle Yalova'da Termal'de daha çok yalnız, Prof. Afet İnan, Uluğ İğdemir, Hasan Cemil Çambel gibi çalışma metodlarını kavramış yardımcılarıyla zamanının büyük kısmını ayırarak ve de alışılmış yaşantı tarzından adetâ vazgeçmiş kadar yoğun emek içinde...

İşte o günlerdedir ki, temeli TÜRKÇE İBÂDET olan, ama bu söz kullanılmadan, O GÜNLER'e kadar değil yazmak, konuşmak, ağır bir bağnazlığın, homurdanmaların önünde hissedilse bile içe gömülen emekler dışa vurulmaya başladı: İki öncüsü vardı bu kutsal emeğin... ikisi de şair/edib idiler.

Enver Tuncalp[1]

ve,

---

(1) ENVER TUNCALP– Asker, şair, ilâhiyatçı, araştırmacı. Doğumu *1914 Preveze*. Preveze Müftüsü İsmail Hakkı Efendi'nin oğluydu. Balkan Harbi sonunda İstanbul'a göçen aile Mudanya'ya yerleşti.Enver Harp Okulu'nu, Süvarî, Binicilik, Tank ve Zırhlı Birlikler okullarını bitirdi. Ayrıca İlâhiyat Fakültesi'ni tamamladı. Orduda çeşitli hizmetler sonunda albay rütbesiyle 1960'da emekli oldu.

Okul çağında daha çok tarihî, millî, hamasî, ahlâkî konularda şiirler yazan şair, Halkevlerinin yarışmalarında en çok ödül alan ediptir. İ.O.G.T. milletlerarası ahlâk insan yetiştirme kuruluşunun davetiyle Kuzey Ülkelerini de içine alan ziyâretler yaptı ve izlenimlerini kitaplaştırdı. Evli ve üç çocuk babasıdır.

Yerli ve yabancı bir çok ansiklopedilerde biyografisi yayınlanmıştır. Büyük merkezdekilerle beraber ülke gazetelerinin hemen hemen hepsinde şiirleri yer almıştır. Şiir ve nesir eserleri çeşitli mevzulardadır. Bir çokları birden çok baskı yapmıştır. Neşredilmiş kitap sayısı ellinin üstündedir.

Din, ahlâk, maneviyat şiirlerine, asıl mesleğinin ve ihtisasının etkisiyle bilimsel kriterleri ve tasavvufî duyguları terkip ederek bir ekol kurmayı başarmıştır.

Behçet Kemal Çağlar...[1]

İkisi de azîz, gönülden, sevgili dostlarımdı: MİLLET ve HAKKA DOĞRU dergilerini çıkarıyordum. Bu konu ile ilgili şiir ve nesirleri orada yayınlanıyordu.

Şimdi önce Enver Tuncalp'dan birkaç örnek vereceğim: Bunların ilk'lerinden birisi olan "TANRIYA DUALAR"ın ayrı önem ve özelliği vardır: Kapağını ünlü, çok yönlü sanatçı Münir Hayri Egeli yapmıştı. 32 sayfalık mütevazı hacmi içinde, ATATÜRK'ün son günlerinde "TÜRKÇE

(1) BEHÇET KEMAL ÇAĞLAR. *(doğumu 1918- ölüm: 1969)* Cumhuriyet Devri'nin Atatürk İnkılâp ve Felsefesi üzerinde oldukça duygusal olarak prensip ve ülküleri nitelik ve cesaretle mısralaştıran şair.
Erzincan'da doğdu. Kayseri Lisesi'nden sonra Zonguldak Yüksek Maden Mühendis Mektebi'ni bitirdi. Daha okul sıralarında şiirlerini yayınlamaya başlamıştı. *"Görmeye Geldim"* şiiri *(1930)* Atatürk'ün dikkatini çekti, edebiyat üzerinde çalışmalar yapmak üzere İngiltere'ye gönderildi.
Gerçekten çok verimli, velud az uyuyan çok okuyan Behçet; o yılların genel havasının yadırgıyacağı eleştirici üslupla şiirlerinde halk yaşantısı üzerinde açıkgönüllü, cesur yorumlar yaptı.
Cumhuriyetin ONUNCU YIL MARŞI'nı Faruk Nafiz Çamlıbel'le birlikte yazdı. Atatürk'ün direktifiyle sahnelenen *BAY ÖNDER* piyesiyle tarih konularına döndü ve ülkenin küçük merkezlerine kadar gezdi. Sanat hayatının gelişmesi için elinden geleni yaptı. Önce Türk Ocakları'nın, daha sonra Halkevleri'nin müfettişi oldu. İlçelerde ve hatta daha küçük beldelerde İLK sahneler, onun girişimiyle açıldı. Verilen aylık ve yollukları bu yolda harcadı. Adetâ bir dernekmişcesine imkânı olanlardan topladığı yardımlarla, o günler için BÜYÜK PARA olan ellibin lirayla, içine kapanık nice vatan köşesi bu emek sonu SAHNE yüzüyle tanıştı.
1941'de Erzincan'dan milletvekili seçildi. Atatürk EBEDÎ ŞEF gibi, kapanmış bir devrin kalan hâtırası olma gibi vefasız ve haksız kıstaslar içinde anılır olunca, CHP'nin son başvekili Prof. Şemseddin Günaltay'la Millet Meclisi'nde alışılmamış tempo ilçinde tartışması sonu hem milletvekilliğinden, hem CHP'den istifa etti. İstanbul'a geldi, Tevfik Fikret gibi Robert Kolej'e öğretmen oldu.
1935'de Atatürk Yalova Termal'de, temel gayesi milletine anadiliyle ibadet hazırlıklarını yaparken kendisinden istediği *NAMAZ SURELERİNİN NAZIM HÂLİNDE TAM METİN ÇEVİRİSİ* sundu. Bu emeğini ilk olarak 1965 Minnetoğlu Yayınevi *"Kur'an-ı Kerîm'den İlhamlar"* başlığı altında yayınladı.
O yıllarda daha çok , memleketin içinde bulunduğu siyasal ve sosyal durumu hiciv *(yerme, eleştirme)* yoluyla açıklayan halkağzı şiirlerini *ANKARALI AŞIK ÖMER* adıyla yayınladı. Tarafsız eleştirmenler bunların, 1950'deki rejim değişikliğindeki etkisi üzerinde birleşmişlerdir.
Kitaplaşan şiir ve nesirleri arasında *(Erzincan'dan Kopan Çığ, Burada Bir Kalp Çarpıyor, Benden İçeri, Çoban* (manzum oyun) *, Gezi Notları* birden çok baskı yaptı.
Boğaziçi Behçet Kemal Lisesi Vakfı 1994'de benzerinin çoğalmasına yürekten duacı olduğum kadirbilirlikle; sevgili, azîz, yeriboş dost Behçet'in yayınlanmamış şiirlerini 1994'de *TÜRKÜM BEN* başlıklı şiirinin altında toplayarak ileriki sayfalarda bir bölümünü aldığım Kur'an-ı Kerîm çevirilerini İngilizce'ye çevirerek 265 sayfalı hacim içinde, itinalı baskıyla sundu.
İsteme adresini veriyorum: Kanlıkavak cad. No: 10 Bebek-İst. Tel (0212) 277 99 32.
Kalp yetmezliği teşhisiyle Cerrahpaşa hastanesinde hayranlarından Prof. Dr. Kâzım İsmail Gürkan'ın hastasıydı. Bir İngiliz tarihçisinin ATATÜRK için istediği bilgileri hazırlamak için ölümünden ongün önce yanındaydım.
Son sözü *"TÜRK'üm ve MÜSLÜMAN'ım"* olmuştu.

İBADET" için hazırlanmış metinlerin üslûp ve felsefesine mutlak uygunluk içindeydi.

1947 yılında, İstanbul Osmanbey Matbaası'nda günümüzden ELLİ sene, diğer söyleyişle YARIM YÜZYIL ÖNCE basılmıştı.

Arka sayfada Münir Hayri Ege'nin kompozisyonu kapağı görüyorsunuz. İlk sayfada BESMELE'nin Türkçesi şöyle yer alıyordu:

## TANRININ ADIYLA

*Bana kuşku veren,*
*Şeytanları taşlarım.*
*Her işime Tanrımın,*
*Adı ile başlarım.*

## TANRIYI TANIYALIM

TANRI'nın adı büyük,
Kudret, sanatı büyük,
O dünyaya hâkimdir,
Fakat bilinmez kimdir.

Hayrettir her eseri,
O yarattı gök, yeri,
Bir kudrettir görünmez,
Hiç kaybolmaz ve sönmez.

O'nun varlığını biz,
Her dem, her ân sezeriz,
Arkadaşlar, çocuklar,
O her yerde vardır, var.

O korur hakkımızı,
O verir rızkımızı,
O'dur her sırra eren,
O'dur bize can veren.

164

Boş yere zahmet etmez,
Kötüye rahmet etmez,
Hâkimdir her bir yana,
Herkes borçludur O'na.

O'nu anlamak mümkün
Biz bir cüzüz, o bir kül,
O'ndandır ölüm, kalım,
TANRI'yı tanıyalım.

## TANRIM KOLAYLAŞTIR

Tanrım kolaylaştır benim işimi
Sakın güçleştirme bu gidişimi
İşimin başını hayırla sağla,
İşimin sonunu hayırla bağla.

## TANRI VE PEYGAMBER

Tanrı birdir, yoktur yeri,
Vardır onun melekleri,
Kitapları hakikattir,
O gönderir Peygamberi.

Kıyamete nişan verir,
Kaderimiz O'ndan gelir,
İyiliği, kötülüğü,
Ve ölümü O gönderir.

Hisleriyle ruha dolan
ALLAH'ımı bir tanırım
ALLAH'ımın kulu olan
MUHAMMED'e inanırım.

## EZAN

Tanrı uludur,
Şüphesiz bilirim, bildiririm,
Tanrı'dan başka yoktur tapacak,
Şüphesiz bilirim, bildiririm
Tanrı'nın elçisidir Muhammed,
Haydin namaza,
Haydin felâha,
Tanrı uludur,
Tanrıdan başka yoktur tapacak.


## KAMET
*(NAMAZA BAŞLAMA)*

Tanrı uludur,
Şüphesiz bilir, bildiririm
Tanrı'dan başka yoktur tapacak,
Şüphesiz bilirim, bildiririm.
Tanrı'nın elçisidir Muhammet
Haydin namaza,
Haydin fellâha
Namaz başladı
Tanrı uludur,
Tanrı'dan başka yoktur tapacak.


## YATMA DUASI

Yatarım yatağıma,
Sığınırım Tanrı'ma,
Şahid olsun melekler,
Dinime, imânıma.

Bana sağlık ver Tanrım,
Kalmasın hiç bir ağrım,
İnşa ALLAH yarın sabah,
Sapa sağlam kalkarım.

Sen yücesin, ulusun,
Lütfet dileğim olsun,
Ben uyurken bu gece,
Meleklerin korusun.

Ömrümüzü uzun et,
Düşmanları mahzun et,
Her dertten ailemi,
Ve yurdumu masûn et.

Hisleri ruha dolan,
ALLAH'ımı bir tanırım,
Allah'ımın kulu olan,
MUHAMMET'e inanırım.

## YEMEK DUASI

Önünde sofra kurduk,
Yüce Tanrım bugün de,
Karnımızı doyurduk,
Hamdolsun bu öğün de.

Nimetini bollaştır,
Her şeyi ziyade et,
Kudretinle ulaştır
Rızkımıza bereket.

Fakir, yetim kulları,
Düşünürüz elbette,
Esirleri, dulları
Eksik etme nimette.

Her canlıya rızkını,
Yolculara yolluk ver,
Her kuluna hakkını,
Yurdumuza bolluk ver.

Yurduma ver selâmet,
Bizi nura çek Tanrım,
Hepimize âfiyet
Olsun bu yemek Tanrım.

HAKKA DOĞRU dergisi, çocuklarımız için "TANRIYA DUALAR" yanında, yine Enver Tuncalp'ın "Kudsî Hadis"lerden derlediği gerçekleri, 1947'de Levhalar halinde bastırdı. Büyük ilgi gördü ve yıllarca, özellikle beldelerin iş yerleri duvarlarını süsledi.

Bunlar bugün var mı?

Hayır... Ne yazık ki yok.

Yerinde Arapça, İngilizce, Amerikanca ve öteki Batı dillerinde anlamsızlıklar var.

Levhaların kalın karton üzerine renkli baskıları 5 kuruştu.

Bir bölümünü aşağıya alıyorum.

Arzu edenler içindeki imkân sahipleri belki benzer hizmet arzusunu esirgemezler:

- — Âlemin sahibi aynı ALLAH'dır,
  Hepimizin Rabbi aynı ALLAH'dır.

- — Evlilik insana sanma zahmettir,
  Evlilik bereket, çocuk nimettir.

- — Yapılacak işi alırken ele,
  İçten okumalı hemen Besmele.

- — İhlâs ile niyazı bir âdet eder mümin
  ALLAH'ı görür gibi ibadet eder mümin.

- — Bedeli ödenmez emilen sütün,
  Kul hakkı ALLAH'ın hakkından üstün.

- — Günah işlememiş kimse gibidir,
  Af isteyen kişi hak sahibidir.

- — Mümin korumalı nefsini kibirden,
  Ağzını küfürden, gönlünü kirden.

- — Doğruluktur cihanda saadetin inancı,
  Dünya ve âhirette azâb görür yalancı.

- — Bolbol dağıtsa da lütfu eksilmez,
  TANRI rahmetinden ümit kesilmez.

- — Mağrur bir insanın benliği ölü,
  Ulu İnsan taşır alçak gönülü.

- — İslâmda şart hak ve hukuka dikkat,
  Büyüklere hürmet, küçüklere şefkat.

- — İmân et, doğru çalış, hakkını verir ALLAH,
  Yarattığı mahluka rızkını verir ALLAH.

- — Mümin vatanını seven insandır,
  Vatan sevgisi Hak'ka imândır.

- — Bir hüner ve mârifet kişinin ekmeğidir,
  Kazancın en helâli elinin emeğidir.

# EMEĞİMİZİN TEMEL GAYESİ ATATÜRK'ün YARIDA BIRAKTIĞINI TAMAMLAMAKTI:

## TÜRKÇE İBADET, ANADİLİMİZLE KULLUK HAKKI...

Lütfen dinleyiniz, bakınız, Kur'an-ı Kerîm'in 12'nci sûresi olan YUSUF sûresinin İLK âyetinde yüce Tanrı ne buyuruyor:

"– *Elif Lâm râ. Tilke âyât-ul-kitab-il-mubîn. İnnâ enzelnâhu kur'ânen Arabiyyen leallekum ta'kilün.*

Anlamı şöyle:

"– ... Bunlar *(yâni Kur'an'dakiler)* gerçekleri açıklayan kitabın âyetleridir. *(Yani Kur'an'ın söyledikleri, bildirmiş oldukları).* Biz onu akıl erdirirsiniz diye ARAPÇA bir Kur'an olarak indirdik."

Ben, yirminci yüzyılın en büyük din bilgini, müctehid *(Kur'anı yorumlama, açıklama hakkı olan bilgin)* rahmetli Musa Carullah Bigi'ye 1948 senesi 10 Kasım günü, eseri Türkçe Kur'anı yayınlama hakkını bana emânet noter belgesini düzenlememizden sonra MİLLET ve HAKKA DOĞRU dergilerimin idarehanesinde şu suali sormuştum:

"– *Üstadım...Diyelim ki Kur'an-ı Kerîm Arabistan'da Araplara değil de Türkistan da biz Türkler'e inzâl edilecekti. Metni Türkçe mi olacaktı?"*

Tereddüdsüz şu cevabı vermişti:

"– *Hiç şüphe etmeyiniz ki evet.. Üç Semavî kitaptan Tevrat Musevîlere hitap etmiştir, bu sebeple lisan, onların anladıkları İbranice'dir. Bilinir ki İncil, Hazret-i İsa'nın ölümünden çok sonra havarîleri tarafından derlenmiştir, Lâtince ve Yunanca'dır. Dört muteber İNCİL'den birisinde bunlara ilâveten Arapça tâbir ve cümleler de vardır.*

*Bu tercih, kitapların hitap ettikleri kavimlerin dilleri üzerinde olması tabiî ve zarurîdir.*

*Kur'an-ı Mübîn'in ARAPÇA olması, muhtevâsının Arap ümmetine tebliği, CAHİLİYYE Devri'nin felâketlerinden, irtidad ve inkârlarından, madde ve mânada Arap ümmetinin perişân hâlinden kurtarılması yollarını onlara göstermek için onların diliyle inzâl edilmiştir. Bu bir imtiyaz değil, Arap ümmetinin İslâmiyet öncesi hayat şartlarının feci ve hicabâver (utanç verici) hâl ve tecellilerini düşündürmesi icab eden hâdisedir."*

Yine iyi hatırlıyorum: İzmit Kâğıt ve Sellüloz Sanayii'ni kuran azîz dostum Mehmed Ali Kâğıtçı'nın Finlandiya seyahatinden bana getirdiği FİNCE Kur'an-ı Kerîm'den söz ettiğimde, o gün bugün, bana, günün birinde milletimizin ANADİLİMİZ'le ibâdet hakkına kavuşma ümidini verdiğinde, 1417 senedir çektiğimiz yoksunluğun acısını yaşatan şu cevabı vermişti:

*"– Evet... Fin Müslüman Türkleri'nin, Fin diliyle Kura'n-ı Kerîm'i okuyabilecekleri ve ibâdetlerini bu okudukları dilde yapabilecekleri fetvâsını ben vermiştim. İkinci Dünya Harbi'nde Fin Ordusu'nda Rus istilâcılarına karşı mücadele eden Fin Müslümanları'nın soğuktan telef olmamaları için domuz eti ve yağı yiyebilecekleri, çünkü, İslâmiyette domuz etinin sıcak iklimlerde oluşan trişin dolayısıyla sıhhate zararlı olması yüzünden yasaklandığı sebebiyle.... İslâm fıkhının en muhteşem ve başka bir din veya hukukta bu kadar açık ve sarih olmayan hikmeti, dinimizin üç esas rüknünden birisi olan "tagayyür-i ezmân ile tahavvül-i ahkâm"dır. Bu büyük hakikati, maalesef bizim ulemay-ı rüsûm kavrayamamışlar, anlayamamışlar, bu sebeple de Bab-ı ictihad (düşünce kapısı) kapanmıştır" safsatasıyla muazzam Osmanlı Hakanlığı'nı yıkmışlardır."*

Üstadın, hayatımda feyzaldığım uyarılarını sıraladığı hakikatlerden ülkemizin hâla yoksun olduğu acısı da yüreğimde... O unutamadığım gün, bu gerçekleri dinlemiş olan Sahaflar Şeyhi Raif Yelkenci ile, Bakırköy Müftüsü Ali Rıza Hayırlı'nın bugün aramızda olmaları nasıl hasretimdir, bilemezsiniz, çünkü ben anlatamam.

Daha sonra HAKKA DOĞRU'nun başyazılarını hazırlayan Esad Sezai Sünbüllük üstad, Musa Carullah'ın verdiği misali, Kur'an-ı Kerîm'in 41'inci Fussilet *(İkinci Hamim, Secde)* suresinin İLK âyetiyle mutlak aydınlığa çıkardı. Âyet şudur:

*"– HÂ... Mim... tenzilun minerrahmanirrahim. Kitabun fussilet âyâtuhu Kur'anen ARABİYYEN likavmin ya'lemûn. Beşiren ve neziren..."*

172

Anlamını şöyle açıklayabiliriz:

"– Bu kitap, bağışlayan ve esirgeyen tarafından indirilmiştir. Bu, öyle bir kitaptır ki, anlaması şart bir kavim için ARAPÇA olarak âyetleri açıklanmış, sıralanmıştır. Müjdeleyicidir ve korkutucu *(uyarıcı, aydınlatıcı)*dur."

Peki... ARAP'dan gayrı Müslümanlar, bu *müjdeleyici, aydınlatıcı* ve gerektiği zaman da *korkutucu* olan Kur'an'ın bildirmelerini, kendi öz dillerinden gayrı ARAPÇA gibi, tam 19 lehçe, O N D O K U Z[1] Lehçe *(konuşma biçimi)* içindeki bir dili yarımyamalak okuma halinde ne anlayacaklardır? Nasıl kavrayacaklardır? Nasıl yüreklerinden duyacaklar, anlamını yaşantılarının ışığı yapabileceklerdir?

Türk Milleti'ne, Kur'an'nını her Müslümanın KENDİ ÖZ DİLİ'yle okuması ve kulluk vazifelerini eksiksiz kendi diliyle yerine getirmesi hakkını özellikle Kur'an Kerîm'in çok yerinde, her imkân ve fırsatta tekrarlamasına rağmen, O'nu, Arap dilinin esiri yapanlar ve bu gaflete –hatta ihânete... Suikasta...– göz kapayanlar kabirlerinde ve onların bugünkü kalıntıları rahat mıdırlar?

Size, dinî yayınların son yüzyılda sayı ve mevzu olarak rekorunu elinde tutan SEBİL-ÜR REŞAD yayınevi sahibi rahmetli Eşref Edib Fergan'dan dinlediğim bir olayı anlatmak isterim:

Osmanlı 1914'de, biraz da iradesinin dışında, özellikle ordunun ekmeğine, memurun maaşına kadar uzanmış imkânsızları karşılayacak parayı bulmanın da zoruyla, Almanlar'la beraber Birinci Dünya Harbi'ne katılmıştı. Osmanlı Hakanı, aynı zamanda İslâm Halifesiydi. Kur'an'da CİHAD, yâni *HARB, SAVAŞ* için kesin hükümler vardı. Eğer Emir-ül Mümin *(İslamların Başı)* savaş için CİHAD FETVASI yayınlarsa, buna katılmak, dünyanın neresinde olursa olsuz FARZ-I AYN *(yâni yerine getirmek kişisel olarak)* borçtu, şarttı. Katılmayanların günahı affedilmeyecek kadar ağırdı.

Ve 1914'de tüm ARAP YARIMADASI Osmanlının egemenliğindeydi.

Fetvâ, Şeyhülislâmlık makamında toplanan komüsyonda hazırlandı. Önce müttefikimiz Almanlar'a karşı İngiliz-Fransız Ordusu saflarında çarpışan Afrikalı, Asyalı Müslümanları uyarmak için, daha sonra da Arap isyanlarını önlemek için Medine'ye gönderilenler arasında bulunan Mehmed Akif de vardı.

---

(1) – Prof. Necati Lugal – "Arapça Sarf ve Nahvin Esasları, 1951, Ankara.

Fetvâ'nın dünya İslâmları'na ulaştırılması için, bu Müslümanların konuştukları dile çevrilmesi kararlaştı. ARAPÇA metin için seçilenler arasında olan Mehmet Akif, Şeyhülislâm Mustafa Hayri Efendi'ye, o günlerde misafiri olan ve Japonya'da İslâm dinini yayan ünlü bilgin Abdürreşid İbrahim Efendi'nin de bu komüsyonda bulunmasını teklif ve kabul ettirmişti.

Abdürreşit İbrahim'in açıklaması bizimkileri hayrete düşürdü:

*"– Bu Arapça metin tek üslûp ve lehçe ile olamaz. Siz, sadece MISIR ARAPÇASI'nı almışsınız. Bu lehçeyi komşusu Sudan bile bilmez. Betahsis URBAN'ın Arabçası bir ortak lehçeden tamamen mahrumdur. Bunlar, Kur'anı Kerîmi öyle okurlar ki aslî manasını çıkarmak dahi mümkün değildir. Bu itibârla Urban arasında Cihad-ı Mukaddes Fetvâsını vacib-ül ifâ* (yerine getirilir) *görmek istiyorsanız, ya ehline tevdi ediniz, ya da vazgeçiniz."*

"Nüzûl sırasına göre Kur'an-ı Kerîm'in 42'nci suresindeki şöyle başlayan âyetin önce metninin başlangıcını , daha sonra manasını hatırlayalım:

"– ...Ve kezalike evhaynıâ ileyke Kur'anen Arabiyyen litunzire ümmel'kura ve men havleha ve tunzire yevmelcem'i lâreybefikhi ferkun fissair."

Anlamını şöyle açıklayabiliriz:

*"– Ve sana ARAPÇA bir kur'ân vahyettik, ki bu Mekke ve öteki şehirlerde yaşayanları korkutasın* (hizâya getiresin, uyarasın) *ve ergeç olacak kıyamet gününde de olacaklardan hatırlatasın ki bir kısım halk cennete, bir bölümü de cehenneme..."*

Kur'an-ı Kerîm'in kaç suresinin kaç âyetinde, Tanrı Buyruğunun, NEDEN ARAPÇA indirildiğinin açıklaması var. Bindörtyüz yıldır KUR'AN HAKİKATLERİ ÜZERİNDE kaç bin, kaç onbin, kaç yüzbin kitap yazmış olan İslâm ilâhiyatçıları, bu gerçeklerden ilham alarak neden ve niçin, her Müslüman milletin kendi öz diliyle ibâdet hakkını açıklamamışlar, savunmamışlardır?

Cevabını kendim vereyim:

Çünkü, kendilerinin de ister istemez bir unsuru oldukları halk üzerindeki egemenliklerini, ayrıcalıklarını kaybetmekten korkmuşlardır.

İslâm dünyasında Teokrasinin *(din sınıfı egemenliğinin)* temel dayancı ibâdetin ARAPÇA olmasıydı. Dini siyasete sokmakla kalmayarak, siyasetin TEMEL KUDRETİ yapanların sultası, daima, bu tekelden kudret ve kuvvet almıştır. Son tecelli, sekiz yıllık zorunlu eğitimde İmam

174

Hatip Liselerinin ilk kısmıyla, kur'an kurslarının ARAPÇA KUR'ANA dayanmış olması ihtimalidir.

Saltanatlarını yıkacak, Türk insanının ana sütü kadar helâl hakkına ulusun sahip çıkma kaygısıydı. Alın tarihi önünüze: Görürsünüz ki hiç bir konu üzerinde ellerindeki ARAPÇA İBADET Demokles'in Kılıcını böylesine pervasız ve insafsız kullanmamışlardır.

Türk Milleti ATATÜRK'ün beraberinde götürdüğü hasretini tamamlayacak olan gerçek halefine kavuştuğu, Tanrısına kulluk ödevine sahip olduğu gün Kur'an Kurslarına ne lüzum kalacaktır? İmam Hatip Liselerinin gereği nedir? Peki... O zaman ŞERİAT PARTİSİ kadrosunu nasıl ve nereden yetiştirecektir?

Şimdi mevzuun en çarpıcı, hatta dehşet verici bölümüne gelmiş bulunuyoruz.

O da şudur:

Bugün, yâni 1997 Türkiye'sinde ŞERİAT'ı isteyenler, asla hakiki İSLÂM ŞERİATI'nın ardında değildirler: Çünkü din, aslında, bir *vicdan hareketi*'dir ve ALLAH ile KUL'u arasında *aracı* yoktur. Çünkü İslâm'da *"Lâ Ruhaniyeti Fil İslâm = İslâm'da ruhban sınıfı olamaz"* kuralı, İslâmiyetin SON DİN olmasının üç kökeninden biridir. Ötekiler *"Lâ ikrahe fid-din = dinde zorlama yoktur"*, ve *"tagayyür-i ezmânla tebeddül-i ahkâm = zamanın yeniden yapılanması ile kuralların bu değişikliğe uyması"* kaidesidir, ama 1997 Türkiye'sinde vatandaşlar (inananlar-inanmayanlar) olarak ikiye ayrılmışlardır. Neye inananlar? DİN'i Arap kültür emperyalizmi adına tekelleri altına alma iddiasında olanlara ve İslâm'ın ruhban sınıfına... Neye inanmayanlar? Bu despotizme ve de fundamentalizm köktenciliğine...

Çekişme bunların arasındadır ve aslında yüzlerce yıldır sürmektedir.

Konunun öteyanında ZAMANIN İNKÂRI'na dayanan bir kör taassubun direnişi yatar.

O da şudur ve İslâm'ın SON DİN olmasının en hayatî, en vazgeçilmez özelliği üzerindedir. Biliyoruz ki İslâm'ın akıl, bilim yapısının temel harcı; büyük fakîh Ahmed Cevdet Paşa'nın güzelim tesbitiyle: *"– Tagayyür-i ezman ile tebeddül-i ahkâm = Zamanın yapı değiştirmesiyle kuralların bu değişikliğe uygunlaşması"* himmetidir. İşte bizim yobaz, bu muhteşem teşhisin karşısındadır: *"– Bab-ı ictihad (düşünce kapısı) kapatılmıştır"* der.

Diyanet İşleri Başkanlığı Kur'an-ı Kerîm'i çağ bilimi içinde yorumlama hazırlığı içindeymiş. Haber, üçyıl önce bir dergide kuruluşun sayın başkanı tarafından doğrulandı. Peki... Diyelim ki bu yorum yapıldı ve yüce kitabımızın yaşanan zamanı olduğu gibi gelecek zamanları da kapsadığı muhteşem hakikati ispatlandı.

Peki... Türk insanı ibâdetini bu çağ kriterleri içinde derleyen eserin metniyle mi, yâni anadiliyle mi, yoksa yine Arapça mı yapacaktır?

Asıl sorun budur...

Ancak öndeki bu barikatlar kaldırıldığında Atatürk'ün beraberinde götürdüğü hasreti milletinin kendi diliyle ibâdet hakkına sahip olma mutluluğuyla noktalanacaktır. Ortada, asliyeti zamanla, kasıtlarla, çıkar art düşünceleriyle zedelenmiş olmasına rağmen yapılması gereken tarihin ve ilmin tasdikinde olan hakkı, yasal formalitelerin yerine getirilmesinden sonra hayata geçirmektir.

Evet.. Cesur, yürek tamlığı isteyen, Atatürk'ü kavramış kişiliğin sahibi ve de Mevlâna Celâleddin'in dileğine uygun: *"bir beste ol ki, ardından rahmet ve minnetle anılasın.."* Ümidinin sahibi bir insanımızı bekleyeceğiz: Yürekler dolduran hasretle...

## ● — EKBER ŞAH'dan MUSTAFA KEMAL'E 392 YIL SONRA...

Şimdi izin verirseniz, 1997 Cumhuriyet Türkiyesi vatandaşlarının tozpembe rüyası olan bu mutlu himmeti, hakanlığı devrinde kucaklamış, o da bizim sevgili Atatürk'ümüz gibi sonucu göremeden gözlerini kapamış bir başka BÜYÜK ADAM'dan, Hindistan'daki o muhteşem TÜRK/MOĞOL Devleti'nin namlı hakanı Celâleddin Mehmed Ekber Şah'dan *(doğumu: 1542- ölümü: 1605)* sözedeceğim.

Devleti kuran BABÜR'ün torunuydu. Babası Hümayun Şah'ın ölümüyle ondört yaşında tahta geçti. Zekâsı, azmi, geniş görüşlülüğüyle ülkesinin sınırlarını, Afganistan dahil tüm HİNT KITASI'na genişletti. Budistler arasında dul kadınların yakılması, Brahman rahiplerinin kişisel haklar üzerindeki baskısı, Hint paryacılığının bir bölüm halkı perişan eden şartlarını düzeltti. Orta Asya Türk aile düzenini, kadının itibârlı yeri-

Ekber Şah I.

176

ni, sosyal yaşantısını ele aldı. Göçebeliği mümkün olduğunca azalttı, yeni şehirler kurdu, yollar açtı, geniş kıt'ada asayiş ve huzur sağladı.

Hindistan bugünlerde de devam eden karmaşık inanç sistemi, din çatışmalarıyla huzursuzdu. Dinler tarihini derinden incelemiş olan EKBER, bütün halka yaygın bir mezhep, daha geniş söyleyişle YENİ BİR DİN denedi: Temel felsefesi TEK TANRI *(MONARİTE)* ydı. Düşünce ve gayesine uygun bir de isim buldu: "TEVHİD-İ HUDA= TEK TANRI" dedi. İsim de vahdaniyete dayalı TEK'lik de, Orta Asya Türkleri'nin GÖK TANRI'sını hatırlatıyordu. Veziri Ebülfadil'in yazdığı ve Şah'ın gayelerini derleyen, başardıklarını anlatan "EKBERNÂME"sinde geniş bilgiler vardır.

Ünlü fikir ve tasavvuf şahsiyeti Muhammed İkbâl, Ekber Şah'ın çok dinlilik, özellikle çok mezheplilik bakımından bir temelde buluşmanın mümkün olmadığı Hindistan'da TEVHİD-İ İLÂHİ hareketinin, temeli sâf ve mezheplerden arındırılmış bir MÜSLÜMANLIK felsefesi olduğunu söylüyor. Ruhban sınıfını reddeden, özellikle bu sınıfın inançlar ve yaşantı üzerindeki egemenliğine izin vermeyen görüşüyle Ekber'in inanç hürriyetleri üzerindeki felsefesinin Atatürk'ün İslâm dininde yaptıklarıyla paralelliği rahatlıkla söylenebiliyor.

Günümüzle arasında dörtyüzyıl gibi uzun zaman fâsılası olan benzerlik; insan oğlunun vicdan özgürlüğünü elde edebilmek için aşmaya mecbur bırakıldığı barikatları hatırlatınca, EKBER'in elli yıla ulaşmış saltanatıyla, Mustafa Kemal'in demokratik sınırlar içindeki onbeş yılının neler getirdiği hakikatini önümüze çıkartıyor.

Atatürk iki cilt hacimli HİNDİSTAN TARİHİ eseri de olan, Maarif Vekili ve Genel Sekreteri Hikmet Bayur'dan konu üzerinde bilgiler edinmiş. Bayur, bunları dinledikten sonra: *"– Ne kadar haklı ve mantıklı olursanız olunuz, zamanın nesiller üzerindeki verâsetini bir nesil içinde değiştirmek mümkün değil..."* dediğini söylerdi.


● — TÜRKÇE İBADETİN ÖNEMLİ AŞAMASI: NAMAZ SURELERİ...

ATATÜRK'ün hayatının son yılında ele aldığı, TÜRKÇE İBADET'in önemli aşama evrelerinden birine, namazlarda Türkçe okunacak SURE'lere gelmiş bulunuyoruz.

Bu bölümde emekleri rica edilen ve benim için –*özellikle bugün*...– kutsal anı olanlara, iki şahsiyet daha eklenmişti: Saadeddin Kaynak ve Hafız Ali Rıza Sağman...

Mustafa Kemal'in bizleri bırakıp gitmesinden sonra, manevî mirasına, vefakâr bir insan yüreğinin tüm gücüyle devam edenler oldu, sadece kafa ve gönüllerinden gelen sesle...

Şimdi bu alanda emek vermiş iki azîz dostu, Enver Tuncalp ve Behçet Kemal Çağlar'dan örnekler vereceğim: ENVER TUNCALP'ın "manzum namaz sureleri" kitabından başlayarak örnekler sunuyorum: Arapça asıllarıyla, Türkçe nazım çevirilerini karşılaştırmanızı rica ederek...

## FÂTİHA SÛRESİ

Âlemlerin Rabbı, Rabbe hamdolsun,
Rahman ve rahîmdir, dileğini sun,
Din gününün bir tek sahibi o'dur,
O gün yalnız O'nun isteği olur.

Yalnız Sana kuluz, Sana taparız,
Yardım isteğini Sana yaparız,
Bizi doğru yola ilet Allahım,
İnâyetin kula devlet Allahım.

Verdiğine çoktur verdiğin nimet,
Bizi o kulların yoluna ilet,
Senin gazabına uğramış zelîl,
O sapık kulların yoluna değil.

## ASR SÛRESİ

Asra yemîn olsun, devran içinde,
İnsan mutlak ziyân hüsran içinde,
Ancak imân edip güzel ameller,
İşleyip de hayra yönelen eller.

Bir de birbirini Hakka ileten,
Ve bir de Sabr'ı tavsiyeden her beden,
İyiye, doğruya etmiştir meyil,
İşte bu kişiler ziyanda değil.

## MAUN SURESİ

Dini yalanlayan kulu gördün mü?
Dini yalanlamak kişiye ün mü?
Yetimlere bakmaz hiç bir kez onlar,
Yoksulu doyurmak istemez onlar,
Vay hâline vay ki onlar hep sapık,
Bu haliyle namaz kılan münafık,
Onlar namazından şüphesiz gafil,
Onlar riyâkârdır, riyâkârdır bil,
Zekâtı vermezler, vermezler onlar,
Hakka, hakikate ermezler onlar.

Biz sana gerçekten kevseri verdik,
İlâhi en güzel eseri verdik,
O halde namaz kıl, Rabbına kul ol,
Şüphesiz ki asıl sana buğzeden,
Odur zürriyetsiz, kısır bir beden.

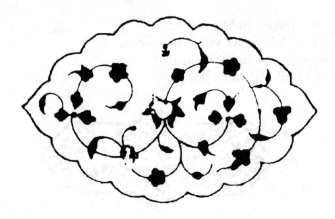

## YARDIM SURESİ

Allahın yardımı, Feth'i gelince,
Zafer aşkı doğar yaşlıya, gence,
O gün Hakkı gör ki hep tümen tümen,
Allahın dinine girmekte hemen,
Sen her ân Rabbini hamd ile tesbih et,
Allahı yarlığa, onu tenzîh et,
Şüphesiz ki O Rab, hakkı bilendir
Allah tevbeleri kabul edendir.

## İHLAS SURESİ

De ki: O ALLAH birdir, bir tektir,
Varlığı, birliği Haktır, gerçektir,
Rabbim, zevâlsizdir, bâki ve daim,
Doğmamış, doğurmaz zâtiyle kaim
Hiç birşey benzeri ve dengi değil,
O eşsiz ALLAH'ın önünde eğil....

Şimdi, izninizle, Behçet Kemal Çağlar'ın manzum surelerinden örnekler sunacağım.

Bunları, aramızdan ayrılışından yirmibeş yıl sonra, hayatında yayınlanmamış şiirleri "TÜRK'üm BEN" başlığı altında toplamış, kitabın sonuna, ayrı bölüm halinde alan "Boğaziçi Behçet Kemal Çağlar Lisesi" Vakfı'nın kadirbilir yöneticilerine bir daha teşekkür ediyorum. Özenle hazırlanmış eserde azîz dostum için birkaç satırımın olması, benim için haz ve gururdur.

Ümit ediyorum ki, Behçet'in nazım çevirileri, Arapça metinlerin sadece âhenk ve makam olarak gönlümüzdeki ayrıcalıklı yere, dilimizin Tanrısal seslenişi ne misilsiz düzeyde kucakladığını isbat edecektir.

Kur'an-ı Kerîm'i muhteşem anlamıyla da kavrayacağız ve yakarışlarımızı ana dilimizle yerine getirmenin hazzına kavuşacağız.

Aksini düşünenler, eğer bilgileri kadar damarlarındaki kan da izin veriyorsa, 1417 yıldır süren Arap kültür emperyalizminin temel dayancı *"Kur'an'ın Arapça metniyle ibâdetimize devam edelim"* gafletinin safında yer almıya devam etsinler...

**AÇIKLAMA:** Behçet Kemal'in çevrilerinde ayrı bir özellik var. Asıl metine tam sadakat halinde yapılan çeviriye ek olarak, surenin tefsir *(yorum)* metni de alınmıştır. Böylelikle, ibâdette okunacak Türçke nazım metin daha açık şekilde anlaşılmaktadır.

En alt bölüme yine tam metinin İNGİLİZCESİ ilâve edilmiştir. Rahmetli dostum *"– Beni İslâmiyetin telkinini düşünmekle mühürleyenler olabilir. Bundan kaygılı değilim. Çünkü Kur'an'ın bütün insanlığa sesleniş olduğuna yürek ve kültürümle inanmışım"* demişti...

Kitabın sonunda bir de İngilizce sözlük var.

FÂTİHA suresini bir tamlık içinde örnek olarak aldım:

## FATİHA SURESİ

Hamd, evrenler sahibi yüce Allah içindir;
Allah ki acıyandır, koruyandır, sevendir;
Günü gelince; ancak
O'dur, hesap soracak...
Tek sana tapan, senden medet umanlarız biz;
Sapıtmışlar yoluna düşmekten koru bizi,
Doğru yoldan ayırma bizi, aman Rabbimiz!

## FATİHA SURESİ

"Esirgeyen ve bağışlayan ALLAH'ın adıyla"
"Bütün hamdü sena, O Allah'a ki, rabbilalemiyndir. Alemlerin mürebbisi ve malikidir."
"Rahman ve Rahiymdir."
"Hesap ve ceza gününün hakimidir."
"Ancak sana ibadet ederiz ve ancak senden yardım dileriz."
"Bizi doğru yola hidayet et; O kendilerine nimet verdiklerinin yoluna."
"Gazabına uğrayıp İslam'ı terkedenlerin yoluna değil,
Hava ve hevesine uyup doğru yoldan azmışların yoluna değil."[1]

---

(1) Tib. Tef. S. 12 - 17

## FATİHA-Opening Chapter

"In the name of Allah, most gracious, most merciful."
"2.Praise be to God (ALLAH), The Cherisher and Sustainer of the worlds;"
"3. Most gracious, most merciful;"
"4. Master of the Day of Judgment."
"5. Thee do we worship and thine aid we seek."
"6. Show us the straight way,"
"7. The way of those on whom, thou hast bestowed thy grace,"
"Those Whose (portion) is not wrath, and who go not astray."

## FELAK SURESİ

Sabah aydınlığını yaratan Rabbe sığın
Umulmayan şerrinden nice yaratıkların.
Şerrinden, kötülüğü gizleyen gecelerin;
Şerrinden, dişi sinsi ve kaypak nicelerin;
Şerrinden, kıskançlıkla yanan hasetçilerin.

## FELAK SURESİ

"De ki; yarattığı şeylerin şerrinden, karanlığı çöken gecenin şerrinden, düğümlere üfleyen nefeslerin şerrinden ve hasedini izhar ve muktezasiyle amel eylediği zaman hasetçinin şerrinden sabahın Rabbine sığınırım"[1]

## FALAG SURESİ

"In the name of Allah, Most gracious, Most Merciful."
"Say: I seek refuge with the Lord of the dawn."
"From the mischief of created things;"
"From the mischief of darkness as it overspreads;"
"From the mischief of those who practise secret arts;"
"And from mischief of the envious one, as he practises envy."

---

(1) Tib. Tef. S. 1294.

## İHLAS SURESİ

Söyle ki gündüz-gece
Tanrı tek, Tanrı yüce;
O doğmaz ve doğurmaz
Kimse ona denk olmaz!

## İHLAS SURESİ

"De ki: O Allah birdir. Büyüklük O'nda nihayet bulmuştur. (Daim ve bakidir. Her şeyden müstağni, her dileğin merciidir.) Doğmamış, doğurmamıştır. Hiç eşi (ve benzeri) yoktur."[1]

"In the name of Allah, Most gracious, Most Merciful."
"Say: He is Allah, the one and only;"
"Allah, the eternal, absolute;"
"He begetteth not, nor is he begotten;"
"And there is none like onto him."

## NASR SURESİ

Tanrı yardımıyla canlar, iz'anlar
Açılıp da; dalga dalga insanlar
Doğru yola akın eder görürsen;
Allah'ına şükret, tövbe et ki sen,
Tövbe için bu en uygun zamandır.
Allah günahları bağışlayandır.

## TİYN SURESİ

Zeytinin, hurmanın hakkıyçin inan,
Mekke'nin, Sina'nın hakkıyçin inan:
İnsanı özenle yaptık, yarattık;
"Pişsin, olsun" diye dünyaya attık;
Sabreden, inanan, çalışan insan,
Tükenmez niymete konar bir zaman.
Münkirlik, nankörlük, en büyük günah.
Unutma: Hakimler hakimi, Allah...

---

(1) Tib. Tf. S. 1293

## KEVSER SURESİ

Kevser bağışladık susuz ruhuna;
Allah'ına şükretmeyi unutma!
Ona kurbanlar kes, adaklar ada.
Sonu gelmeyen, kendisi:
"Sonu gelmez" diyen sana.


## ADİYAT SURESİ

Birden dörtnala kalkıp tozu dumana katan,
Tırnaklarıyla taştan al kıvılcım çıkartan,
Seher vakti o hızla düşman safına dalan
Küheylanlar hakkıyçin,
Nankördür miskin insan:
Yalnız kendine sanır Rabbinden gelen ihsan;
Ne yapacak parayı, malı, bilmem, o zaman
Yeryüzüne çıkınca bütün kabirdekiler;
Meydana vurulunca ne varsa kalptekiler...


## DUHA SURESİ

Yükselen gün, inen gece hakkıyçin
Rahatlasın, Rabbe güvenip için:
Ne seni bıraktı ne de darıldı.
Bir başka imkan var bundan hayırlı,
Başka bağışlarla sevineceksin.
Rabbin niye senden elini çeksin?

Yersizdin, yetimdin; yurt vermedi mi?
Çıplaktın, kuşatıp giydirmedi mi?
Yolu yitirdin de göstermedi mi?

Rabbin niymetine, lütfuna şükret;
Sen de kimsesiz, yoksulu gözet!

## ALAK SURESİ

Yaratan Tanrının adıyla oku
–Gönül şevki, ağız tadıyla oku–
İnsanı bir damla sudan halkeden
Bilmediği nice şeyi öğreten
İnsana okuma yazma belleten
Allah'a şükr için vesile, oku!
Yüce Allah'ının ismiyle oku!
Bu kitap gerçeği süzüp yazıyor...
Buldukça bunuyor insan, azıyor;
Yola getirecek öğüt bundadır;
Candan seslen, Rabbin yanında hazır.
Temiz tut gönlünü, koy secdeye baş,
Silkin fanilikten, Allah'a yaklaş!

## ALAK SURESİ-IKRAA

"Esirgeyen ve bağışlayan ALLAH'ın adıyla"

"(Her şeyi) yaratan Rabbinin adıyla oku. O insanı bir kan pıhtısından yarattı."

"Oku, O keremine nihayet olmayan Rabbindir. Ki kalemle yazı yazmayı öğreten O'dur. İnsana bilmediği şeyleri O öğretti."

"Hakka ki insan kendini ihtiyaçtan vareste gördüğü zaman haddini aşar, tuğyan eder. (Ey insan!) Akibet rucuun Rabbinedir."

"Bir kulu namaz kılarken nehyedeni gördün mü?"

"Haber ver bana! Ya o (namaz kılan) hak dini üzerindeyse veya takvayı emrettiyse."

"Bana haber ver! ya öbürü, dini tekzip etti, imandan yüz çevirdiyse."

"O (nehyeden) Allah Tealanın muhakkak her şeyi görür olduğunu bilmiyor mu?"

"Hakka ki o eza etmekten fariğ olsun. Şayet bundan vazgeçmezse, celalim hakkı için, onu alnından (perçeminden), yalancı, hatiatkar alnından tutar, (cehenneme) sürükleriz. O vakit o, kavim ve kabilesini çağırsın. Biz de zebanileri çağırırız."

"Sakın ona itaat etme. Secde et. (Allah Tealaya) yaklaş."[1]

---

(1)  Tib. Tef. S. 1278

## İKRA READ OR PROCLAIM!

"In the name of Allah, most gracious, most merciful."
"1. Proclaim! (or read). In the name of thy Lord and cherisher, who created–"
"2. Created man, out of (mere) clot of congealed blood."
"3. Proclaim! And thy Lord, is most bountiful."
"4. He Who taught (the use of) the pen."
"5. Taught man that which he knew not."
"6. Nay, but man doth, transgress all bounds,"
"7. In that he looketh, upon himself as self-sufficient."
"8. Verily, to thy Lord ,is the return (of all)."
"9. Seest thou one who forbids–"
"10. A votary when he (turns) to pray?"
"11. Seest, thou if, he is on (the road of) Guidance?"
"12. Or enjoins Righteousness?"
"13. Seest thou if he, denies (truth) and turn away?"
"14. Knoweth he not, that Allah doth see?"
"15. Let him beware! If he desist not. We will drag him by forelock."
"16. A lying, sinful forelock!"
"17. Then, let him call (for help) to his council (of comrades):"
"18. We will call on the angels of punishment (to deal with him)!"
"19. Nay, heed him not; but bow down in adoration and bring thyself, the closer (to Allah)!"


## FECR SURESİ

Hakkıyçin şu sabah ağartısını,
Gecenin kaybolan karartısını,
Yıldızların sönen parıltısını;


Bir düşün: Allahın ne yaptığı Ad'a,
İrem'e ki boy atardı semada,
O şehre ki eşi yoktu dünyada,
Semud'a ki saray oyardı dağda,
Firavn'a ki tek hakimdi o çağda.

Onlar kulluklarını unutup azdılar da
Yediler, Rabbin gazap kamçısını ard-arda!
Allah ki, gün gelmeyip kesmeyip yollarını
Gözetler ta yukardan ta içerden kullarını;
Allah ki, insanlara açmış kollarını
Onları hayat boyu büyütür, dener, sınar.
İnsana, nankör, yitik, ne bir yoksulu anar
Ne kimsesiz yoksulu bulup derdiyle yanar;
Çok kere ummadığı hazır mirasa konar,
Harcar da onu son meteliğe dek
Düşünmez fakire biraz pay gerek;
Düşer yarasaca karanlıklara
Malının üstüne kanat gererek.
Gün gelip gökyüzü göz göz olunca,
Cehennem bir ateş deniz olunca.,
 Yeryüzü yamyassı dümdüz olunca,
Aklını başına toplar ya insan
Ne çare çok geçtir artık o zaman!
Döver dizlerini, döver durmadan:
"Eyvah bu gafletten ne geç aymışım!
Ah keşke vaktinde anlasaymışım!"
Söylenir, çırpınır, kıvrana-yana;
Tanrı, öylesine kıyar ki ona
Çekeceği azap hiç ermez sona...
Sen ey iyi insan, sen ey mutlu can,
Vicdanında huzur, kalbinde iman;
Şüpheden vaktiyle sıyrılmış olan;
Tanrıya sığınan, rızkına kanan!
Yüzün var çıkmaya benim karşıma;
Makamın cennettir, korku taşıma!


## İNŞİRAH SURESİ

Biz senin gönlünü şenletmedik mi?
Sırtındaki yükü hafifletmedik mi?
Bükmüyor muydu o yük belini?
Adını sanını yüceltmedik mi?..
Her zorlukta bir kolaylık var elbet;
Artır başarını, Tanrıya şükret

## ZİLZAL SURESİ

Bir olunca yerin yokuşu düzü,
Depreniverince bütün yeryüzü,
Ağırlıklarını silkince toprak;
Yaşayanlar, çırpınacak, şaşacak.
Dünyanın kaderi gelecek dile;
Vuracak cesetler dışa, sahile;
Hayattan hesaba geçmiş nesi var
Doğrulup görecek ölmüş olanlar.
Hayr işleyen o gün hayre erecek,
Şer işleyen şer ne imiş görecek!

## ASR SURESİ

Günün omuzlara çöktüğü saat;
Yorulmuş insanın, hayat yükünü
Söylene yüksüne çektiği saat.
O vakit de sever inanan yürek,
Çevresine sabrı sağlık vererek...

## MAUN SURESİ

Yazık: gösterişçin namaz kılana
Yoksula yardımdan uzak kalana;
Öksüzü hor görüp azarlayana;
Ödünç vermeyi de ayıp sayana!
Onun nasibi yok imandan yana.

## LEYL SURESİ

And olsun şu ışıyan güne, inen geceye
Ve erkeği-dişiyi yaratan en yüceye:
Kötülüğü hor gören, gerçek inana eren,
Bir şey tanımayacak sonunda engel diye.

Gerçeğin inkârcısı, cimri, para düşkünü
Görecek ne çetinmiş ne yamanmış son günü;
İmdada gelemeyince ne parası, ne malı.

Ta baştan gösterdikti biz ona çıkar yolu,
Bizim emrimizdedir dünya da ahiret de,
Kötüler cehennemde yanacaklar elbette.

Bir kul ki yardım sever, bir kul ki hakkı tanır,
Yüreği bu sayede arınır, aydınlanır;
Karşılık beklemeden iyilik yapar her sabah;
İşte böyle kulundan razıdır elbet Allah...


## KADR SURESİ

Kur'an, Kadir Gecesi'nde inmiştir.
Bildin mi ki Kadir Gecesi nedir?
Bir gece ki bin gündüzden yücedir.
Tanrının buyruğuyla, ruhların, meleklerin,
Hayırlı işler için indikleri gecedir.
Ve bu gezinti bütün gece süresincedir.
Yeridir bu geceye imrense binbir fecir!


## YASİN SURESİ

Yasin
Kur'anın hükmü kesin:
Sen Rabbin arza elçi gönderdiklerindensin;
Doğru yol üstündesin;
Ataları önderden yoksun bir toplum için
İlk uyarmadır sesin.
Varsın yitikler senin sözünü dinlemesin,
Kader zincirlerini boynunda sürüklesin;
Sen Kur'an'a uyanı
Allah'ını sayanı
Tam uyarmış demeksin
Ona müjdele, de ki:
– Mükafat göreceksin;
Cennete gireceksin.

İnsanoğlu ne yapmış, ne yapacak biliriz;
Hesabını sormaya ölüyü diriltiriz;
Herşeyi yazdık, çizdik, kestirdik önceden biz.
Anlatsana, o şehrin başına gelenleri:

Gönderdik ya onları biz iki Peygamberi;
Baktık ki inanan yok, bir üçüncü gönderdik,
Islâh olsunlar diye imkan verdik, yol verdik;
Yine inkâr ettiler, kötülüğe gittiler,
Güldüler, söylendiler "Ne demekmiş Peygamber?"
"Biz haktan gönderildik" dediler bizimkiler;
Onlar yine güldüler, söğdüler dizi dizi
– Uğursuzlar, defolun, yoksa taşlarız sizi
Yüzünüzden yağıyor, başımıza belalar.
– Bizlersiz başınıza daha çok gelecek var;
Uğur, öğüt bizdendir;
Uğursuzluk sizdendir!
Böyle tartışırlarken şehrin ucundan biri
Geldi soluk soluğa, gür sesle şöyle dedi:
– "Bu, ne hiyle ne oyun.
Hemen bunlara uyun;
Bunlardır hak Peygamber,
Ne kandırırlar sizi
Ne bir ücret isterler!
O sesi duydum madem
Durabilir miyim ben Rabbe kulluk etmeden:
O'dur bizi halk eden;
Bizler hep O'ndan gelip
Ergeç, hep O'na giden.
Hangi akılla başka birine tapayım ben?
Allah'sa eğer bana zarar vermek isteyen.

Hangi putun, fayda var hangi şefaatinden.
Rabbe bel bağladım ben,
Benim sözümü duyun;
Bunlara uyun hemen,
Hadi bunlara uyun!.."
Yine homurdanmaya, kızmaya başladılar;
Canını verenedek onu da taşladılar.
Aldık onu cennete
Hala sızlanıyordu

"Ne olur kavmim de erseydi bu izzete.."
O kavme ne bir ordu, ne sel, ne de zelzele;
Sadece bir kükreme!
Ödleri patlayarak serildiler yerlere...
Nice toplum, bu çeşit akıbeti hakketti,
Onları gazabımız helak etti, yok etti.
Dünyadan nice kavmi sildik biz kaç kereler;
Hepsi huzurumuzda hesap vermek üzreler...
Meydandayken: Toprağa hayat getirdiğimiz,
Tane bitirdiğimiz,
Meyva yetirdiğimiz,
Yerlere çeşit çeşit tohumlar attığımız,
Yerlerde gürül gürül sular akıttığımız,
Yine mi farketmezler,
Doğru yola gitmezler,
Yine mi şükretmezler?
Bizdeki eşsiz güce
Belgedir gündüz-gece;
Karanlıkta dinlenir, ışıkta çalışırlar;
İnsanlar yaşamaya böylece alışırlar.
Öylece gece olur ki, Ay büyür kaderince,
Sonra, bir de bakarsın, hurma dalından ince;
Ne güneş, yetişir de kararır ayın yüzü;
Ne gece bir an için geçebilir gündüzü:
Hepsi de gökyüzünde
Yüzer kendi izinde.
Görseler bunlardan da üstün belgeler vardı:
Bitkiler-hayvanlarla boğulup kalırlardı
Tufanda hepsini bir gemiye yüklemesek;
İmdada kim gelirdi biz boğmayı dilesek?
Her haliyle borçludur şu insanoğlu bize;
Yaşayıp geçinmesi bağlı takdirimize..
Sonradan görmelere biri dese insanca
"Allah'ın verdiğinden kula verin bir parça"
Derler ki –"Rab dilese doyururdu kendisi"
"Bir tek biz mi olalım her açın efendisi?"
Bu, bir saçma bahane; bir açık sapıtmadır.
"Sonunda hayır vardır" deseniz, cevap hazır:
"Görmedik biz bu va'din geldiğini yerine!
Örnek oladursunlar onlar birbirlerine;
Gün geldi mi bir emir,

Bir davranış elverir;
Uykudan kalkmış gibi kalkıp kabirlerinden;
"Kim uyandırdı?" diye sorarlar birbirinden.
O gün Rabbin kurduğu mahkemeye girilir;
Herkese yaptığının karşılığı verilir;
İyiler, şevk içinde, gider, cennete konar;
Tanrının sesi, canı serinleten bir pınar,
Çağıldar başlarının ucunda: "selam size!"
Aynı ses gür ve korkunç: "Suçlular! gelsenize."
"Şeytana uydunuzdu dünyada ,birçok işte,
Size uygun düşen yer: Cehennem budur işte!"
Ağızları mühürlü, kilitlenmiş dilleri
Ne inkâra mecal var, ne tev'ile boş yere;
Bir bir tanıklık eder ayakları, elleri,
Derler "Bizi kullandı şu şu kötülüklere!"
İsteseydik onları çarpardık yaşarken de;
Çıkmazdı içlerinden konuşan da, gören de...
Niye O'na uymazlar, aslını düşünmezler:
Ne sihirbaz, ne şair; O sadece Peygamber.
Ne söylemişse çıkar, bir belirli zamanda,
Herşeyi açıklayan, öğüt veren Kur'anda,
Binbir bağıştan biri yeter, hatırlasalar,
İnsan için halkoldu, süt ve et veren davar;
Hala nankör ve gafil, ona bile taparlar.
Cansız veya ölümlü, putun da ne hükmü var?
Üzülme ya Muhammed! Çabaları nafile..
Bir eski mezar görse bir münkir gelir dile
"Bu mu dirilecekmiş? Bir avuç kemik kaldı!"
Hey bir damla pıhtıdan yaratılan zavallı!
Seni öyle var eden, bunu diriltir elbet:
Yeşil ağaçtan kızıl ateş yaratan kuvvet...
Cümle yaratıkları, yeri-göğü var eden;
Kemikten yeni insan türetemezmiş, neden?
O, herşeyi yaratan, gören, bilen, bildiren;
Ol deyince olduran, öl deyince öldüren.
Onunla var oldunuz, onunla gerçeksiniz,
Ondan kopup geldiniz, O'na döneceksiniz.

## BAKARA SURESİ
### *AYET-EL-KÜRSİ*

Yoktur başka tapacak
Bir tek Allah var ancak:
İçinde uyanıktır;
Her şeyine tanıktır;
Şaşırıp sorma: Nerde?
Her yerde, hiçbir yerde!
Ne dalar ne uyuklar;
Her an her yerde hazır;

Her işte takdiri var.
O'nundur, O'nunladır
Yerde-gökte ne varsa;
Şefaat mümkün ancak
O'ndan izin çıkarsa..
Köyünde-yurdundaki
Önünde-ardındaki
Neyse insan oğlunun,
Hepsi elinde onun.
Gerçekleşir sadece
O'nun "olsun" dediği;
Birşey yok yerde-gökte
Allah'ın bilmediği.

Dinlenip uyulacak ne kalıyor geride;
Kürsüsü, yerleri de kaplamış gökleri de!
Kavrıyor denetliyor, kolluyor göğü-yeri...
Bir olmaz sapıtanla inananın değeri;
Eli böğründe kalır sapıtan-oyalanan;
Kopmayacak bir kulpla yapışmıştır inanan.
Allah ki doğruların dostudur, önderidir;
Onları karanlıktan aydınlığa iletir.

# MİLLET VE DEVLETÇE ANLAMAMIZ ŞART GERÇEK ŞUDUR: İBADETİMİZİ ANADİLİMİZLE YAPMADIKÇA DİNİMİZE SAHİP OLAMAYIZ...

**Hıristiyan misyonerliği, bizim bugünkü acınacak çâresizliğimizin devamı için Arap kültür emperyalizmiyle kolkola, içiçedir.**

*Sosyal, politik, ekonomik görünümlü nice sorunların içyüzünde bu alıştığımız köleliğin çeşitli oluşumları gizlidir.*

*ATATÜRK, Cumhuriyet öncesi eriştiği bu idrâkin hasretini beraberinde götürdü. Bu bölümde sisler içindeki ibretli hakikatleri dinleyeceksiniz.*

● — BU BİLMECENİN BİR ÇÖZÜMÜ OLMASI GEREKMEZ Mİ?

Elinizdeki seslenişin can noktasına gelmiş bulunuyoruz.

Biz ki, yâni biz Türk Milleti ki, İslâmiyeti Musevîlik gibi ilk semavî din olmasına rağmen, onun yerel, belirli saha içinde, lokal bir varlık olarak kalması âkibetinden kurtarmış, ona, evrensel değer kazandırmışızdır, peki, bu inkâr edilmez gerçek içinde neden 1417 yıldır ibâdetimizi Arapça'nın elinden kurtarıp kendi ana dilimizle yerine getirmek özgürlüğünden yoksun bulunuyoruz?

Bu esaret için Kur'an'da kesin bir Tanrı buyruğu, Arap şeriatının şart koştuğu bir *nass-ı kat'i* mi var?

Asla yok!..

İşte, Kur'an-ı Kerîm ortada, sahih Hadîsler ortada... Şeriatçı varsa göstersin...

Bu hakikati, Türk Anavatan Bilgini Kaşgarlı Mahmud, 1073'te, yâni ALPASLAN'ın Anadolu'yu Türkleşdirmesinden sadece iki yıl sonra, o muhteşem emeği "DİVAN-I LUGAT-İT-TÜRK"de, sahih hadislere dayanarak enine boyuna açıklamıştır.

Şüphe eden şeriatçı yobaz, üstat Besim Atalay'ın Türk Dil Kurumu'nca bastırılan üç ciltlik açıklamalı çevirisini alsın, okusun.

Şimdi izninizle kitapların yazmadığı, ama gönüller ve kanlarda yaşayan MİLLİYETÇİLİK nedir, örneğini Kaşgarlı Mahmud'un bu eşsiz eserinin Cumhuriyet Türklerine kimin tarafından kazandırıldığını hatırlatayım: Şehit Sadrazam Talât Paşa'nın himmetiyle... Evet, İkinci Meşrutiyete kadar Türk dilinin bu eşsiz eseri, sadece Ali Emirî Efendi'nin özel kitaplığında elyazmalı TEK nüsha olarak varmış. Hani "komitacılıktan başka nesi vardı?" denen Talât Paşa var ya bu TEK sayıyı Matbaa-i Âmire *(Devlet Matbaası)* de bastırdı. Onu Atatürk'ün ricasıyla üç cildi dolduran özenli himmetiyle Cumhuriyet nesline sunan rahmetli Besim Atalay'dır. Kâşgarlı Mahmud'un bin yıla yaklaşmakta olan bu eşsiz himmetinin açıkladığı temel gerçek Türk Milleti'nin ibâdetini ANA DİLİ'yle yerine getireceğini sahih hadislerle ispatlamasıdır. Ama biliyor muyuz ki, değil bu hak, Kur'an-ı Kerîm'in Türkçe'ye çevrilmesi bile, Ancak ATATÜRK günlerinde, gizli açık karşı koymalar aşılarak mümkün olabilmiştir.

Atatürk bununla da kalmamıştır: Bu sahada bilgisiyle tanınan ve Millî Mücadelede İstiklâl Mahkemesi'nce gıyabında idama mahkûm edilip zaferden sonraki muhakemesinde beraat eden *(aklanan)* Elmalılı Mehmed Hamdi Yazır'a, ogünden bugüne yapılmış en ayrıntılı çeviri ve yorum olan sekiz ciltlik HAK DİNİ, KUR'AN DİLİ adlı eseri, Atatürk'ün arzusuyla Diyanet İşleri Başkanlığı'nca bastırılmıştır.

Aslında bu emek, İstiklâl Marşı şairi Mehmed Akif'e rica edilmiş, ve kendisine o günlerin para değeriyle beşyüz lira verilmişti. Mehmed Akif'in o muhteşem nazmı ile ortaya bir şâheser çıkacağını, Atatürk'ün çok defa söylediğini, İstiklâl Marşı onun Maarif Vekilliği zamanında kabul edilmiş olan Hamdullah Suphi Tanrıöver anlatmıştı. Akif'in Mısır'a gittikten sonra, belki SAFAHAT'tan üstün bir şâheser olacak emeğinden neden vazgeçtiği ayrı ve de ibretli bir hâdisedir. Akif'in çok sevdiklerinden birisi olan Balıkesir Milletvekili rahmetli Hayreddin Karan'ın elyazılı açıklamasını satırlaştırdığı defter elimdedir, Türk insanını anadiliyle ibâdetten yoksun bırakma suikastının ispat hadiselerinden birisi olarak...

Mehmed Akif'in iade ettiği para, Elmalılı Mehmed Hamdi Yazır'a verildi.

Lütfen hatırlayın: Bu emeklerden önce Kur'an'ın dilimize kazandırılması için TERCÜME, ÇEVİRİ değil, anlamsız M E A L sözcüğü kullanıyordu. Büyük Osmanlı Lûgati *(cild II. sayfa 961)* Arapça MEAL sözcüğünü şöyle açıklıyor: "Mana, mefhum, anlama kavram, mana itibariyle, anlam olarak."

Görüyorsunuz: Arap kültür emperyalizminin emrindeki şeriatçı, Mustafa Kemal'e kadar kutsal kitabımızın dilimize TAM ÇEVİRİSİ'ni bile önlemiş, değil onun buyruklarıyla Tanrıya kulluk ödevimizi yerine getirmeyi...

Bilmeceye bu akıl yolundan çözüm ararsanız çözecek çok anahtar var elinizde... Ama onun sırlarını konuşturmak için yürek ister: ŞERİATÇI ŞİFASIZ HASTA'nın yüzündeki maskeyi düşürme cesareti...

## ● — ATATÜRK, DİL ve DİN... ve de MEVLÂNA CELALEDDİN...

Şimdi izninizle Sizlere, ATATÜRK'ün DİL ve DİN arasındaki sağlam temele ait ve O'nun GERÇEK DİN için ANADİLİ, vazgeçilmez şart saymış ödünsüz felsefesi üzerine Mevlâna Celâleddin'le ilgili bir anısını aktaracağım:

Atatürk, Mevlâna'ya hayrandı: Geniş görüşüne, humanizmasına, hoşgörüsüne ve değişen zamanlara değer verişine...

Ve birbiri ardınca "Postnişn-i Hazret-i Mevlâna" olmuş, yâni onun yerini almış, bilgili, değerli ve de Millî Mücadelenin buhranlı günlerinde yanında yer almış iki şahsiyet: Abdülhalim Çelebi, Veled Çelebi....

İkisi de Mevlâna'nın öz torunlarıydılar.

Sultan Hamid'in saltanatının son devrinden, tekke ve dergâhların kapatılmasına kadar Hazreti Mevlâna'nın manevî vekâleti bu iki şahsiyetin emanetinde kalmıştı.

Fotoğrafını yan tarafta gördüğümüz Abdülhahim Çelebi, 23 Nisan 1920'de vatanın kaderini eline alan Türkiye Birinci Büyük Millet Meclisi'nde Konya Milletvekili'ydi ve Meclis Başkanı olan Mustafa Kemal'in yardımcısı, ikinci başkandı. Birincisi 1907-1909, ikincisi 1918-1919, üçüncüsü 1920-1925 olarak üç defa *postnişîn* olmuş, yâni Hazreti Mevlâna ve tarikatini temsil etmişti. Hayati kararlar alınırken Meclis Başkanlığında olmasına dikkat edilecek kadar şahsiyet sahibi, bilgili bir insandı. Mevlâna'ya ait özel eşya ve hatıraların MÜZE hâline getirilmiş dergâhta düzenlenmesi onun hizmet zamanına rastlıyor.

Fotoğrafını karşı sayfada gördüğümüz Veled Çelebi ise son yüzyılın en kıymetli bilim, fikir, maneviyat şahsiyetlerindendi. İlki 1908-1918 onyıl, ikincisi 1921-1926 arası olarak Postnişin-i Hazret-i Mevlâna'lık yaptı. Türk Lehçeleri üzerinde kürsü sahibi olacak değere sahipti. Atatürk'ün kendisine özel sevgi, saygısı vardı. Soyadı kanunu çıktığında Mustafa

Kemal, O'nun bu yapısını İZBUDAK soyadı ile tescil etti. Türkocakları'nın kuruluşunda vazife alan İLK din adamıdır. Divan-ı Lügat-i Türk'ü, Besim Atalay'la birlikte bugünkü dilimize o çevirdi . Hayatının son yıllarında bütün Türk Lehçelerini derleyen BİRLEŞTİRİCİ BİR YOL üzerinde çalışıyordu.

İşte şimdi Sizlere, bu iki Mevlâna torunuyla Mustafa Kemal arasında bir sohbeti anlatacağım.

Biliyoruz ki Mevlâna, eserlerini Farsça *(İran diliyle)* yazmıştır: Bir fâninin hayatına sığması, aklın zor alacağı binlerce sayfa hacmindeki

ölümsüz eserleri... Bu tercihini de, yedigöbek Türk oğlu Türk olmasına rağmen şöyle bir sebebin *–daha doğrusu bir mazeretin...–* kılıfına sokmuştur: Farsça'yı hiç bir İranlı şairin, kendisi kadar anlam genişliği içinde kafiyeleştiremiyeceğini göstermiş olmak için...

Mustafa Kemal Mevlâna'nın bu tercihi üzerinde neler düşündüklerini O'nun yerini almış iki torununa sormuş ve düşüncelerini öğrenmişti. İkisi de ünlü dörtlüğünü hatırlatmışlardı:

*Yabancıyım sanmayın, köyünüzdenim hem de,*
*Evimi arıyorum sokak sokak çevremde,*
*Soğuk yüzlüyüm ama, hiç de düşman değilim.*
*SOYUM HALİS TÜRK SOYU: Hind'çe sözler desem de.*

Mustafa Kemal'in bu açıklama önünde düşüncesi, O'nun doğruyu aramaya başladığı çocukluk çağından beri benliğine hâkim olan ölçüdür: Bir insan topluluğunun ÜMMET olmaktan kurtulup MİLLET olabilmesinin vazgeçilmez, zerre ödün tanımaz şartı: DİL yeterliği ve bu yeterliğin hürriyet, istiklâl, özgürlük, uygarlığının da temel dayancı olabildiği mutluluk düzeyine erişmesidir. Bu yolda emek verecek durumda olanların da mazereti olamaz. Hiçbir mazereti!..

İki Mevlâna torunu önünde bu düşüncesini açıklamış ve nekadar ibretlidir, Mevlâna gibi yapmamış ve düşünmemiş olan Kâşgarlı Mahmud'un Türk Dili adına O GÜNÜN ŞARTLARI İÇİNDE, bir milliyet şâhlanışı olan ünlü eseri DİVAN-I LÜGAT-İT TÜRK'ü bugünün dili üzerinde düzenlenmesinde Besim Atalay'a yardımcı olmasını Mevlâna torunu Veled Çelebi İzbudak'tan rica etmişti: Büyük dedesinin yanlış teşhisine teselli için mi?

Bilinmez...

Ama Mustafa Kemal, Mevlâna Celâleddin'in o birbirinden yüce eserlerini ANA DİLİ TÜRKÇE ile vermiş olsaydı TÜRKÇE İBADET davasında sağlam bir dayanak olacağını düşündüğü için mi ona kırgındır?

O da bilinmez...

Ama 1997 Türkiye'sinde sekiz senelik aralıksız eğitim gibi çoook geç kalmış uyanışa, ARAPÇA'nın din konusunda baskı aracı olmasından ürken, hayır, sadece ÜRKMEK değil, vicdan baskıları üzerinde temel dayançlarını kaybetmenin korkusu içinde olanların karşı çıkması, Kur'an kurslarından imam hatiplere, oradan ilâhiyat fakültelerine uzanan kültür saltanatlarının SONU olacağı kaygısıyla neden karşı çıktıklarını anlıyabiliyor musunuz?

Çünkü onların ŞERİAT KADROSU, Türk insanının halâ özdiliyle kulluk hakkından yoksun bırakılmış olmasının bedeli... Bir diğer söyleyişle vicdanlar üzerindeki hegemonyalarının sultası... Kurban derisinden Hac'a kadar, PARA'nın da, siyasî üstünlüklerinin de hammaddesi...

Neden anlamak istemiyorsunuz?

Biliyor ve görüyorsunuz: Özellikle son yıllarda çeşitli tarikatlarda, değişen zamana göre bir *yeniden doğuş* havası esiyor ve de yeni yeni adlarla, şeyh ve müritlerinin garip kılıklarıyla DİN'in, onüçüncü yüzyılda başlamış olan TASAVVUF'un gruplaşması ve daha sonra da dünya konularında söz sahibi olma hareketi göze çarpıyor.

Bunların arasında KÖK'ü, Osmanlı'da manevî hayatta varlığını hissettirmiş tarikatların, şart MERTEBELERİ'ni çıkmadan ŞEYH makamına oturmuş olanlar var... Meslek ve ünvânlarına baktığınız zaman hayrete kapılmamak mümkün değil... Fransızlar Cizvitler'i kovdukları zaman, bunların ön şahsiyetlerinin makam, mekân, unvânlarını da kaldırdılar.

Bizdekiler, üniversite kürsülerinde üfürükçülüğe kadar şerit hâlinde..

Bilinen tanınmış tarikatların, insanlarımızın yaşanan zaman içinde belli müşterek kıyafetlerine, bir alem, bir işaret, özellikle sarık, takke, serpuş ve benzeri başa giyilen nesne üzerinde şekil, renk armonisi ayırıcı işâret benimsenmiş tarzdı.

Kendilerine ACZMENDİ dedikleri hareketi tarikatlar yelpazesinde araştırdım, aynı veya benzer adla bulamadım. SÜNNET, bir başka deyişle Peygamberimizin risâlet vazifesini ifâ ettiği günlerde takip ettiği yol, yâni TARİK, kendisinden sonraki zamanlar için KIYAS ancak fikirde muteber ve muta' *(ardında gidilir)* olduğu, CAHİLİYYE devrinin tasfiyesi için benimsenmiş yaşam düzeninin asırlar ve devirler sonra düşünülemeyeceği başta DÖRT BÜYÜK İMAM'ın müşterek kanaatlarıyla tescil edildiği halde bizdekilerin aradığı ve ardında oldukları SÜNNET'in yapısı üzerinde aydınlık fikir edinemedim.

Yalnız bu arada, esasında Nakşîliğin bir kolu tarikat arayışı içinde PİR veya MÜRŞİD'lerini yakından tanıdığım akımdan bir örnek vereceğim:

Asıl mesleği deniz subaylığı ve Balkan Savaşından Rauf *(Orbay)* Bey'in HAMİDİYE seferi kadrosunda iaşe işlerinde vazifeli Ömer Fevzi Mardin, tasavvufla meşgul, son senelerinde de başını çektiği topluluğun MÜRŞİD'i durumundaydı. Türkçe ibâdetin şart olduğu inancına sahip olduğunu yakından biliyordum. Konu üzerindeki düşüncelerini sordum. Aldığım cevap ilginçtir: "– *Size yürekten katılacaklar çok olacaktır, fakat sanırım bu düşüncelerini açıklayabilecek, özellikle benimsediğini tatbik cesareti gösterenler pek bulunmayacaktır. Ama biliyorum ki Sizin ömrünüzü temsil eden gayeniz de budur. Siz doğru ve hayırlıyı yerine getirmeye çalışmakla hizmetinizi tamamlamış oluyorsunuz. Türkiye'nin bugünkü manevî hayat şartları içinde bu emek, boşlukta kalsa dahi sahibine tesellî olabilir.*"

Bugün kalabalık bir cemaatin MÜRŞİDİ olan zatın, Karacaahmet'teki aile kabristanındaki kitâbesi, hayatında hazırladığı öğüttür ve şöyledir:

*Her el ALLAH'a uzanır,*
*HER avuç ALLAH'a açılır,*
*Her yürek ALLAH'a dökülür,*
*Ümîd, sığınma kapısı tektir*
*Ve o da ALLAH'ındır.*

Görüyorsunuz: bugün ülkemizde, sadece NAKŞİBENDİ tarikatının, sadece İstanbul'da ayrı kolları, tekkeleri hatta dergahları var: Somuncubaba Dergâhı, İskenderpaşa Dergâhı, Erenköy Cemaati, İsmailağa Tekkesi, Sultan Babacılar ve de ötekiler..

Merkezi Adıyaman olduğu bilinen MENZİL kolunun iki milyonu aşan müridleri olduğu söyleniyor. Son iki yılda Kadirîler, Cerrahîler, Rufâiler gibi tarikatler literatürünün bilinen YOL'ları dışında fundamentalizm *(kökten dinciliği)* telkin eden hareketlerin belirmesi nasıl olur da dikkati çekmiyor?

Görünen şudur: Özellikle Refah Partisi'nin iktidar yolunu açmasından sonra, Arap şovenliği, ibâdetin Arapça olmasına dayanarak ve de boşlukta masum bir tesellî ihtiyacıyla gelişen tarikatçılığı, Türk kökenli Bektaşîlik, Bayramîlik, Yesevîlik gibi odaklar yerine Arap şeriatçılığının faaliyet alanına çekme eğilimi önünde TEK ÇARE beliriyor: İBÂDETİN TÜRKÇELEŞTİRİLMESİ...

Burada hatırlanacak perde arkası hakikat şudur: Hıristiyan misyonerliği, uzun zamandır, evet, çok uzun zamandır Türkiye üzerindeki ibâdetin Arapça olmasından kaynaklanan Arap Kültür Emperyalizmi ile kolkola, içiçe, kucak kucağadır.

Şimdi bu inanılmaz gizli açık bağdaşmaya ait belgeler sunacağım:

Karşı tarafta, üçü de İngilizce olan üç kitabın kapağını görüyorsunuz. İsimleri şöyle:

• — Türkler Arasında,

• — Türkiye'de Otuz Sene,

• — Konstantinopl'da Elli Yıl.

*(Constantinople, İstanbul'un eski adı.. Osmanlı günlerinde "Konstantaniyye" denilirdi. Yani KONSTANTİN'in şehri anlamına).*

Bu üç kitabı yazanlar, hem Hıristiyan din adamı, hem misyoner rahip idiler. Kitapların birincisi 1878, ikincisi 1909, üçüncüsü 1955 yılında yayınlanmıştı. Üçünün mevzuu ayrı yerlerde, ayrı tarihlerde ayrı kalem sahiplerinin eseriydi, fakat konu hemen hemen AYNI'ydı: Rejimin adı ne olursa olsun, Türk Milleti hangi yollardan oyalanarak, zaman kazanılarak, İslamiyetin gerçek yapısını kavramaktan alıkonulmaya, Arap Kültür Emperyalizmi'nin arkasında harcamasına devam edilebilirdi?

# FIFTY YEARS
# IN CONSTANTINOPLE

## AND RECOLLECTIONS OF
## ROBERT COLLEGE

BY

### GEORGE WASHBURN, D. D., LL. D.

*Commander of the Princely Order of St. Alexander (Bulgaria)*
*Grand Officer of the National Order of Civil Merit (Bulgaria)*

BOSTON AND NEW YORK
HOUGHTON MIFFLIN COMPANY
The Riverside Press Cambridge
1909

Üçü de ayrı tarihler, ayrı yerler ve ayrı şartlar içinde kitaplaştırılmış olmalarına rağmen HEDEF'leri tek ve alternatifsizdi. Türkler Arapça ibâdete devam etmeliydiler...

Evet, inanılması güç, ama gerçek!..

# MY
# THIRTY
# YEARS
# IN TURKEY

## LYNN A. SCIPIO

RICHARD R. SMITH PUBLISHER, INC

Rindge • New Hampshire • 1955

Misyonerler, sadece Katolik, Protestan, Anglikan, Ortodoks ve bili-
nen öteki HIRİSTİYAN mezheplerine mensup değildiler: İsimleri MÜS-
LÜMAN olan Lübnan Katolikleri, Süryanîler, Nasturîler de vardı. 1789
Fransız Büyük İhtilâli'nden sonra devrim hükümetleri, dine karşı tavır
takınınca, CİZVİT'ler ülkeden çıkarılmışlar, Vatikan devreye girmiş, Os-

# AMONG THE TURKS.

BY

CYRUS HAMLIN.

———•o❀o•———

NEW YORK:
ROBERT CARTER AND BROTHERS,
530 BROADWAY.
1878.

manlı üzerinde emperyalist politikaları arasından anlaşmazlık olan devletler ellerindeki tüm araçlar ve yollarla Bab-ı Ali'nin gafletinden, belirli bir millî siyasetin değil, kendisi, şuuru bile olmamasından istifade ederek CİZVİT'lerin Osmanlı'nın bellibaşlı şehirlerine kız, erkek okulları açarak yerleşmesi için geniş haklar ve imkânlar tanımıştı.

Şurası da unutulmamalıdır: 1839 TANZİMAT'ı, Fransa'ya, yani LÂTİN KÜLTÜRÜ'ne açılmış pencereydi.

BATILI KAFA'da devlet adamı yetiştirmek ümidiyle Paris'te OSMANLI MEKTEBİ'nin açılma senesi 1827'dir.

Osmanlı, öylesine bir ÜMMET çukurundaydı ki, sınırları içindeki İslâm olmayan unsurları, Rumlar, Ermeniler, Bulgarlar, Musevîler merkezî devletten ayrılış hareketlerine karşı ilgisiz, bir bakıma çâresizdi. Ama asıl hayâl kırıklığına o meşhur ve bugün kendisini göklere çıkartan HİLAFET POLİTİKASI'nın ardında olan İkinci Sultan Abdülhamid uğradı: Zıll-ul-lâhi Fil-Âlem= *Tanrının yeryüzündeki gölgesi* denilen Osmanlı Padişahı'na kendi tebeası arasındaki bu gayr-ı müslim (Müslüman olmıyan) insanlar, Arapların gizli ihtilâl cemiyetlerinde yetiştirilerek suikast düzenlediler: Bugün, Suriye, Irak, İran, Lübnan, Sudan ve ötekilerin teröre, gizli açık göğüs açtıkları gibi...

Kapak klişelerini ön sayfada gördüğümüz ve benzerlerinin dilimize çevrilerek 1997 Cumhuriyet Türkleri'nin gözleri önüne serilmesinin nasıl hasreti içindeyim, anlatamam.

Elbetteki bu MİSYONER örgütler, kendi yollarında devam edeceklerdi ve de devam ediyorlar. Ama biz bu vatanın sahipleri olarak ne zaman uyanacağız? Yâni bu tezgâhın devamını önleyecek asıl tedbirin, Arap kültür emperyalizminden kurtuluşumuzun TEK YOL'unun Tanrımıza kulluk ödevimizi kendi anadilimizle yerine getirerek DİN, VİCDAN, İMAN özgürlüğümüzü elde etmenin gününün geldiğine ve geçtiğine ne zaman inanacağız?

Size bir ihâneti ve onunla ilgili belgeleri hatırlatacağım:

Osmanlı, İkinci Meşrutiyet sonrası iktidarda olan İttihat ve Terakki'nin arzu ve irâdesi dışında 1914-1918 Dünya Harbine sürüklendi.

Çünkü bu dünya savaşının gayesi OSMANLININ ZENGİN MİRASININ BÖLÜŞÜLMESİ kavgasıydı. İngiliz, Fransız, Rus ittifakı onunla anlaşamazdı, çünkü üçü de bu mirasın ardındaydılar, Almanya'yla aynı safta olma, çâresizlik içinde benimsenmişti. Katolik ve Protestan Kiliseleri, Osmanlı'da 1830'dan beri *kendi kültür nesilleri*'ni yetiştiriyorlardı.

Fransızlar, özellikle Suriye, Lübnan, Irak, Filistin'deydiler. Amerikalılar, İstanbul, İzmir'den sonra büyük merkezlerin yanında, Merzifon, Tarsus, Kayseri, Antep'teydiler. Faaliyet alanları sadece okullar değildi: Sağlık ve kültür hayatının çeşitli kuruluşlarıydı.

Ve de gerçekten yaşanılan devri temsil eden uygarlık örnekleri veriyorlardı: Bunlardan mahrum kalmış insanları minnettar eden humanizma hayranlığının izlerini bırakarak...

Osmanlı Teşkilât-ı Mahsusası,[1] Şam'daki Fransız Başkonsolosluğu'nun, Şam, Halep, Beyrut, Kudüs'teki Fransız okullarında yetişmiş ve bir bölümü Fransa'da yüksek ihtisasını yapmış Müslüman ve Katolik[2] Arap gençlerinin, Fransa'nın temin ettiği imkânlarla Osmanlı Devletine karşı ihtilâl hazırladığını haber almış, Şam'daki konsolosluk binasına bir gece çatıdan girerek kasalardaki gizli evrakı ele geçirmişti.

Gerçekler, inanılır gibi değildi...

Arap ihânetinin maskesi düşüyordu.

Bu acı hükmün gerekçelerini merak edenler, ALİYYE DİVAN-I HARBİ'nin tutanaklarını ve Dördüncü Ordu Kumandanı Bahriye Nazırı Ermeni anarşistlerinin şehit ettiği Cemal Paşa'nın 1918'de Berlin'de basılan o günler için *gizli* belgelerle değerlendirilmiş anılarını okusunlar.

Türk insanının o pırıl pırıl din duygusunun, anlayamadığı bir dilin kasıtlı saptırmaları ve gırtlağına kadar siyaset örülü bir yolda nasıl sömürüldüğünü kavramak için...

Şu olup, bitenler, Türk Milleti'nin tarihteki yerini kavramışlara asla bilmece değildir: Prof. Reinhard Dozy, yayınladığı gündenberi üzerinde tartışmaların sürdüğü, Dr. Abdullah Cevdet'in "TARİHİ İSLÂMİYET" başlığı altında çevirdiği "İslamiyet Üzerinde Bir Kalem Tecrübesi" eserinde şöyle diyor:

---

(1) Teşkilâtı Mahsusa, Türkçe'siyle özel örgüt, Osmanlı İmparatorluğu'nun ilk çekirdeği 1907'de sürgündeki Eşref Sencer Kuşcubaşı ve Veteriner Albay Rasim Beyler tarafından kuruldu. 1910'da Sultan Reşad'ın Fermanı Hümâyunu'yla Hakanlık adına Harbiye Nezaretine bağlı, gizli kuruluş hüviyetiyle faaliyete geçti. Kısa zamanda dünyanın en mükemmel haber alma ve tatbik merkezlerinden birisi oldu. Kadrosu büyük çoğunlukla fahrî *(onursal)* her meslek ve kademeden seçkin varlıktı. İngilizler İstanbul'u işgallerinde ilk olarak, Harbiye Nezareti'nde Teşkilâtı Mahsusaya ait belgeleri elde ettiler, Londra'ya gönderdiler.

(2) Müslüman isimli Katolik Arap'lara asla şaşmayınız: Sultan Hamid'in 28 yıl sarayının en nüfuzlu, en sözü geçer, en zengin iki PAŞA'sı Selim ve Necib Melhame Paşalar, Müslüman isimleri taşımalarına rağmen KATOLİK HIRİSTİYAN idiler... 1876 Mebusan Meclisinde ünlü Halep Mebusu *(milletvekili)* Halil Ganem KATOLİK'ti. Arap B.A.A.S.ının fikir babası Dr. Mişel Eflâk'in asıl adı Şefik Nâfi idi ve o da KATOLİK HIRİSTİYAN'dı. Şaştınız değil mi?

"–Hiç bir devirde bir din üzerinde bir milletin tesiri, Türkler'in, İslâmiyetin çıkışından dünya varlığı olmasına kadar tesir, tanzim, terkib edici olmamıştır. İslâmiyetin madde manâ mevcudiyetinden Türkleri aldığınız zaman geride, konuşulmaya değer pek bir şey kalmıyor. Bu sebepledir ki cihan, İslamiyet denince hemen Türkler'i hatırlıyor. Bu hakikatin, öteki İslâm milletlerince idrâki bir tarafa, bizzat Türkler'in dahi bu gerçeğin içinde olduklarını söylemek mümkün değildir. Türklerin ibâdetlerini Arap diliyle yaptıklarını öğrendiğimde bu kayıtsızlığa hayret etmedim."

Ünlü bilgin, 1820-1883 yılları arasında yaşadı. Bugün 1997... Eğer o zamanki Osmanlı cedleri gibi, bugünkü Türkiye Cumhuriyeti vatandaşlarının BİR ATATÜRK'ü de yaşamış olmalarına rağmen, Tanrı'ya kulluklarını hâlâ ve hâlâ 1417 yıldır olduğu gibi, anlayamadıkları yabancı bir dille yerine getirmeye çabaladıklarını görseydi.

"– Ben bir Hıristiyandım, Siz Türkler'in ibâdetinizi Arap diliyle yapmanızın beni memnun etmesi gerekirdi. Çünkü sizler Kur'an'ı kendi dilinizle öğrenip, kendi öz dilinizle ibâdenizi yapsaydınız, İslâmiyeti HAKİKİ YAPISIYLA dünyaya sunardınız, o zaman belki de Müslümanlık DÜNYA DİNİ olurdu. Ben, buna rağmen bir tarihçi olarak vazifemi yaptım, ama neyleyeyim ki dedelerinizde olduğu gibi Sizler de hakikati görememişsiniz. Yazıklar olsun.." derdi.

Bir başka ünlü fikir adamı, Fransız Dr. Gustave Le Bon (1841-1931) klasikler arasına yer almış *"Dinlerin Psikolojisi"* eserinde dinsel duyguların milletlerin varlığı üzerinde etkisini araştırırken:

"– Aynı dini kabul etmiş milletler arasında ırk özelliklerinin çok farklı etkisini İslâmiyette bulmak mümkündür. Yakın ve Ortadoğu'da geçmiş senelerimin oralardaki insanları üzerindeki gözlemleri çok zaman keskin hatlarla birbirinden ayrılmıştır: Araplar, Türkler'in İslamiyeti bir DÜNYA HAREKETİ haline getirmesini asla affetmemişlerdir. Ferdlerin olduğu gibi kavimlerin de hasetlerini, ben, Araplar'ın İslâmiyeti bir cihad hâdisesi hâline getirmiş Türkler'e karşı duygularında gördüm" diyor.

Beğendiniz mi Arap hayranları?

Bu yabancı tesbitlere bir de, bir Arap şahsiyetinden örnek vermek istiyorum: Hani şu Arap dünyasının kurtarıcısı, Emevîler'in MUHTEŞEM ARABİSTAN hâyalinin ütopik rüyası Mısır'ın kuyruklu yıldız misali yanıp sönen lideri Cemal Abdülnâsır *(gerçek adıyla Gamel Abdel-Nasser)*'den..

Kendisinden dinleyelim:

"– Çocukluk yıllarında havada ne zaman bir uçak görsem kendi kendime mırıldanır olduğum şarkının anlamını eleştirirdim: *"– Ey Büyük Allahım.. İngilizi kahret.."* Zamanla öğrendim ki bu sözler bize Memluklar[1] devrinden kalmadır... Dedelerim buna benzer bir beddüayı *(kötü dileği)* vaktiyle Türkler'e karşı ederlermiş: *"– Ey Allahım... Sen Türk'ün belâsını ver.."* benim mırıldandığım şarkı eskiden kalma bir formülün yeni bir duyguya uygulanış şekli olmaktaydı.."

ARAP'ın TÜRK'e olan haksız, sebepsiz, tutarsız, kendisinin yoksunluklarının kinini Türk Milletinin tamamiyetinden, faziletinden, Atatürk'ün güzelim deyişiyle "damarlarındaki asîl kan"dan mahrumiyetinin hasedinden kopup gelmiş devam halindeki mirâsın çok uzaklara, islâm dininin fikir ve tatbik yapısını çerçevelemiş DÖRT BÜYÜK İMAM'ın, HANEFİ mezhebinin kurucusu İmam-ı Azâm EBU HANİFE'yle ilgili bir olayla noktalamak istiyorum:

İslâm tarihine adı "EN BÜYÜK İMAM" olarak geçen Ebû Hanife'ye Emevî Halifesi Yezîd KADI'lık teklif etti. Emeviler'in Peygamberimizin torunlarına revâ gördüğü zulümden dertli olan bilgin, bu özlenen mevkii reddetti, Halife onu önce kırbaçlattı, sonra hapsettirdi. Araya girenlere bu büyük bilgin şöyle demişti:

"– Ben Arap değilim. Araplar, kendilerinden olmayan bir kimsenin sözünü, ne kadar doğru ve haklı olsa da kabul etmezler. KADI'lık hüküm mevkiidir. Şahsımda adaletin itibârının zedelenmesine vasıta olamam."

---

(1) MEMLÜK'ler, Eyyubiler'den sonra Mısır'da iktidarı ele alan Kafkas Türkleri'ydi. Yavuz Sultan Selim Mısır'ı bu Türkler'den aldı, Osmanlı'ya geçirdi. Kavalalı Mehmet Ali Paşa isyanına kadar Memlükler Mısır'da çok sahada yönetime hâkim mevkilerdeydiler.

Onun ilmine ve faziletine hayran olanlar, hapisten kurtarmışlar, o da, Mekke'ye gelmişti.

Bir süre sonra Emevî saltanatı son buldu, yerine Abbasî'ler geldi. Yeni Halife Ebû Cafer Mansur onu Kûfe'ye davet etti ve hürmetle karşıladı.

O da Yezid'in teklifini tekrarladı, KADI'lık teklif etti, Soyu Türk olan İmâm-ı Âzam *(en büyük imam)*ın Arap Halifesine verdiği cevap, 1997 Türkiye'sindeki ARAP ŞOVENLİĞİ'nin bilir bilmez maşalarının kulağına küpe olmalıdır:

"–BEN, MİLLİYET İTİBÂRİYLE ARAP DEĞİLİM. BU İTİBARLA ARAPLAR İCTİHADIMA RAZI OLMAYABİLİRLER..."

Araplar, bu şövenliklerine bir de kılıf bulmuşlardır: *Asabiyet-i kavmiye!*

Peki... Kendilerinden gayrı milletlerde bu duygu yok mudur? Kaldı ki, Arap, asla MİLLET değildir: Ümmet'tir.

Ve İmam Ebu Hanife, Abbasî Halifesi Mansur'un ısrarla arzuladığı KADI'lık vazifesini kabul etmediği için onu hapsettirdi, biz Türkler'in de benimsediğimiz HANEFİ mezhebinin kurucusu büyük bilgin, onbeşgün sonra hapiste öldü.

## ● — ÜNLÜ İNGİLİZ CASUSU LAWRENCE'İN ANILARINDAN İBRETLER...

Bin yılı aşkın süredir, doğrudan, dolaylı kişi, devlet olarak yaşantımızın içinde olan sisli hadise üzerine, ünlü İngiliz casusu Lawrence'in anılarından birkaç ibret cümle alarak konuyu kapatmak istiyorum: Bugün ve yarınlarımıza da mirâsı çözülmemiş tortu olarak...

Şöyle diyor Lawrence:

"– Osmanlı'nın hızla çöküşü için Arap Yarımadası'nda Padişah Halifeye karşı ayaklanmaya ihtiyaç vardı. Bunu teminde hiç sıkıntı çekmedim. Hicaz Şerifi olarak İslamlar için kutsal toprakların emânetçisi Şerif Hüseyin, oğulları Faysal ve Abdullah, kendileri, aileleri, ümmetleri için ihâneti, mukaddes vazife sayarak adetâ bana yol gösterdiler. Baba ve oğullar her Arabın baba ve dedesinden miras olarak aldığı TÜRK DÜŞMANLIĞI, patlamak için ateş bekleyen bomba gibiydi. Abdullah bana, kendisine Belçika'dan hediye edilmiş bir mavzeri armağan etti ve: "– Türklerin üzerinde deneyin!..' dedi, dediğini yaptım, ileri rütbeli bir Türk zabitini öldürdüm, namluya bir çentik attım, daha sonra bir gün, Bedevîler'in zehirlediği kuyulardan su içerek ölmek üzere olan Türk askerleri üzerinde silâhı denedim, namluya onların sayısı kadar çentik attım."

Beğendiniz mi?

Bu silâhın bugün, İngilizler'in Lawrence için Londra'da kurdukları özel müzede olduğunu, ricam üzerine üzerindeki çentikleriyle gören bir dostum anlattı.

Artık kabul edin lütfen: Bütün bu ihânetler, yüzkarası hareketler, hepsi, Kur'an-ı Kerîm'in ARAPÇA ibâdete temel olması gafletinin içinden çıkıp geliyor.

Hiç bir tanrısal gereklilik yokken, ne Kur'an'da, ne sahih Hadislerde böylesine bir zorunluk getirilmemişken...

Sadece İslâmiyetin aslında RED'dine, karşı çıkmasına rağmen dişinden tırnağına kadar sömürü, Tanrı ile Kul arasında aracı bir RUHBAN SINIFI'nın çıkarları uğruna: "– Asla!.. Zinhâr!.. Neuzubillâh kâfir olursun!.." korkusunun uşağı olarak...

1417 yıl !...

Yetmedi mi dersiniz?

# KUR'AN-I KERÎM'İN
# "SONSUZA KADAR" DEĞER
# OLMASININ AKIL YAPISI

*Kur'an'da (**hükmü kaldırılmış,**
**hükümsüz bırakılmış,**)
âyetler varken*

ve

**İslâmın SON DİN olmasının
asıl sebebi:
"Zamanın yeniden yapılanmasıyla
kurallar da değişir"**
*(tagayyür-i ezmânla tebeddül-i ahkâm)*
**benimsenmişken;**

İnsanımıza  YABANCI DİLLE İBÂDET
zorunluğu Kur'an-ı Kerîm'in
akıl, mantık, ilim, zaman terkibini
inkâr ve red değil de nedir?

İbâdetimizin, başka deyişle "Yüce Tanrımız'a kulluk ödevimizin"
bize yabancı Arapça yerine öz dilimizle yerine getirme özgürlüğümüze
kavuşma yolundaki seslenişimizin dayanakları üzerinde son bölüme gel-
miş bulunuyoruz.

İspatlarımız arasında, değerli bir Türk ilâhiyatçısının senelerini vererek sahip olduğu bilimsel dayançları açıklayan kitabı ve ona dayalı izahları var.

Bu kitap, IX ve X. seçim devrelerinde Tokat, 1960'dan sonra I. seçim devresinde Konya Milletvekili olan, dinî sahada emek ve ilim mahsulü eserler sahibi ilâhiyatçı Ahmed Gürkan'ın en dikkat değer eseri:

## KUR'AN'IN
## NASIH-MENSUH
## ÂYETLERİ

adlı ve başlığının altında *(Tarihi, Mucizeleri ve İlimleri)* açıklanmaları olan 288 sayfalı kitabıdır.[1]

Kitap 1980 yılında "Yeni İlâhiyat Kitabevi" tarafından Elif Matbaacılık Tesisleri'nde basılmıştır. Siyasî sebepler ve hadiselerle dinsel konuların aktüalitede yer aldığı günlerde, mevzuun geçmişte üzerinde durulmamış olmasının etkisiyle de eleştirilere, tartışmalara yol açmıştır. Bilimsel çevreler, kitabı, sahasında ilk ciddi emek olarak karşılamışlardır.

Yazarı da emeğini şöylece sunmuştur

"–Yeri geldiğinde okunacağı üzere Hz. Ali (rd.) Kûfe mescitlerinden birisinde vaaz eden bir sehabî'yi Kur'anın **neshe**den ve **neshedilen** âyetlerini bilmediği için Ona:

"–O halde Sen, hem kendini ve hem de dinleyicilerini helâk ediyorsun" diyerek bir daha ona vaaz verdirmemiştir.

Ehemmiyeti bu kadar açık olan bu konu hakkında ne acıdır ki Türkiyemizde her hangi bir Türkçe kitap yazılmış değildir. Bu se-

---

(1) *Ahmet Gürkan, Rize 1903 doğumludur. Rize'de Medrese öğreniminden sonra özel derslerle Arapça'sını ilerletmiş ve icâzet almıştır. İstanbul'da imtihanla Dârül Hilâfe Medresesi'nin Âliye kısmından mezun olmuştur. Millî Mücadele başlarında Samsun'da kurulan Hey'eti Nâsıha (öğüt kurulu)ya katılmış, zaferden sonra aynı ilde atandığı ilkokul öğretmenliğinden 1929'da ayrılmıştır.*

*1946'da siyasî hayata Demokrat Parti'den giren Gürkan, 1950 - 1957 yıllarında bu partiden iki devre Tokat Milletvekili, 1960 müdahalesinden sonra Demokrat Partinin devamı olarak kurulan Adalet Partisi'nin kurucuları arasına katılmış, seçimlerin ilk devresinde Konya'dan milletvekili seçilmiştir.*

*Çeşitli mevzularda daha çok bizzat yaşadığı olaylarla, araştırma, tetkik, geçmiş kaynaklara dayalı kitapları arasında birkaçı şunlardır:*

*Milletvekilliğim, İslâm Kültürünün Garbı Medenîleştirmesi, Cumhuriyet Devrinde Meclis, Hükümetler, Başbakanlar, Kâbe Tarihi.*

*Çok dergi ve gazetelerde sahasında yazıları çıkmıştır.*

214

beple olacak "– *Kur'an âyetleri arasında neshe uğrayan* (yâni hükmü kaldırılan) *âyet yoktur* diyen veya yazanlara rastlarız."

Dinî hayatımızın bu eksikliğini tamamlamak için bir hayli uğraşmalar yaptık. Nihayet Arapça iki eserin rehberliğinde ve diğer tefsirlerin delâletleri sayesinde bu nâciz eseri yazabildik."

Kendi açık yürekli ifadesiyle *"ehemmiyeti bu kadar hayatî olan bu konu üzerinde ne acıdır ki Türkiyemizde Türkçe bir kitap yazılmış değildir"* gerçeğini ortaya koyan sayın Gürkan, elbetteki bu göz kapamanın hakikî sebebini de biliyordu.

Açıklamak istemediği düşünülebilir. Sebepler arasında kendi emeğini değerlendirmemek gibi tevazuun da etken olduğu hatıra gelebilir.

Fakat aslında, böylesine mevzua gözkapamış olmanın hakikî sebebi, bizdeki *rüsûm üleması* ve "**bab-ı ictihad** *(düşünce kapısı)* **kapanmıştır**" diyen medrese mantığının **NESHEDEN** ve **NESHEDİLEN**, yâni **HÜKMÜ KALDIRAN** ve **KALDIRILMIŞ OLAN** âyetlerin varlığı sonunda, insanımızın kafasında Kur'an-ı Kerim'in hikmetlerinin, mantığının, akan zaman karşısındaki felsefesinin ve asıl "**tagayyür-i ezmân ile tebeddül-i ahkâm**" yâni *"zamanın yapı değiştirmesiyle kuralların da zamana uyması"* gerçeği önünde vatandaşların, bu donmuş kafalara: *"1417 senede Sizler bu ebedî hakikat üzerinde neler yaptınız?"* sorusunun önlerine çıkarılması korkusudur.

Asıl sebep budur ve bu sebebin içinde Kur'anı Kerîm'in tanrısal mantığının inkârı vardır.

Bir mantık akışı içinde hükme varma cesaretiniz varsa o zaman görür ve anlarsınız, asıl kaygıları, bu mantık soruşturmasının sonuncu halkası olan "Türk insanının ANA Sütü kadar helâl hakkını, ana diliyle kulluk hakkının önünü nasıl kestin" sorusu önündeki çâresizlikleridir. Bin, onbin, hatta yüzbinlerce benzer kitap(!) larında, gusul abdestinin "**makbuliyet ve meşruiyyeti**" adına tırnak arası, burun deliğinin başlama bitim noktaları vesaire vesaire gibi insanı dinden imandan eden binbir ayrıntı içinde ömürlerini harcayanların, böylesine Kur'an-ı Kerîm'in YAPISI ve TAMLIĞI bakımından vazgeçilmez mevzuu unutmuş olması mümkün müdür?

Hayır!...

Saltanatlarının devamı, yâni ARAPÇA'nın çatısı altında dilediklerini **papağan misali** nesillerimize *nasara yansuru* çerçevesi içinde tekelleştiren kafa, milleti taaa Mustafa Kemal'e kadar Kur'an çevirisine "MEAL = ANLAM"anlamsız sözcüğünün esiri yapmıştır: Hem de kelâm ilminin ordinaryüs (!) profesörlerinden BİLİM FETVASI alarak!..

Bu ibret gerçeklerini kronolojik sıralamaya kalkışırsak ciltlere sığmaz!

Sorunuzu duyuyor gibiyim:

"– Peki.. Aralarında hilâfeti bir nimet gibi Türk milleti'nin başına getirenden sonuncusuna kadar unvanları arasında *"Zıll-ul-lâhi Fil-Âlem = Tanrının yer yüzündeki gölgesi"* de olan Osmanoğluları'nın Hakan, Halifeleri, Kur'an-ı Kerîm'e karşı böylesine tutum önünde ne yapmışlardır?

Hiç!...

Çünkü biliyorlar ki bu KARA KUVVET, menfaatlerine dokunulduğu zaman Yeniçerilerle elele verir, Sultan başları da vücutlarından ayrılır: Genç Osman'ın, Üçüncü Selim'in âkibeti ne olmuştur?

Sayın Ahmet Gürkan'ın açıklamalarını dinlemeye devam edelim:

"– Bulabildiğim iki kaynaktan birisi Ebû Muhammed Mekkî *(Ölümü 1059)* tarafından yazılmış olup Kılıç Ali Paşa Kitaplığı'nın 305 sicilinde kayıtlı ve *"El izahu linasihil Kur'an ve mensuhihî"* adındadır.

Diğeri ise, Hibetullah *(ölümü 1032)* tarafından yazılmış kitaplığımda ve *"Ennasihu ve Mensuh"* adındaki bir risaledir.

Görüleceği üzere bu kitabımızda Kur'an'ın:

1 – **Nesheden** ve **Neshedilen** âyetlerini,

2 – İlk vahyinden itibaren tarihini,

3 – Gerek üslup ve gerekse anlam bakımından taşıdığı ve ilmî tecrübelerle belirlenen mûciz vasıflarını, mümkün mertebe ve kaynaklara sadık kalarak yazmış bulunuyoruz.

Şunu da belirtmeliyiz ki meâlleri yazılan âyetlerin metinlerini abdestsiz okuyanların el sürmelerinden aynı zamanda günahtan korumak için yazmadık.

216

Eğer bu samimî çalışmalarımız, ALLAH *(C.C)* indinde makbul ve okuyucularca da rahmetle anılmamıza vesile olursa ne mutlu bu âciz kula. 28/8/1978

AHMED GÜRKAN

Böylesine, Kur'an'ın esas yapısıyla alâkalı hakikati, kronolojik akış içinde ayrıntılarıyla bir cilt halinde ülkesinde İLK defa derlemiş emeğin Tanrı katında makbul olduğunca okuyanların kalbinde minnet duygusuna mazhar olmaması mümkün müdür?

İbadetimizi anadilimizle yerine getirmek mutluluğuna kavuştuğumuz gün, verdiğimiz şu örnek yanında nice nice meçhulumüz din gerçeklerini kavramak, incelemek, kıyaslamak yolumuz açılacak.

Hasretle bekliyoruz.

Zamanlarca üzerinde özel emek verilmemiş, hatta meçhul bırakıldığı için, muhterem Ahmet Gürkan'ın da işâret ettiği gibi çok insanımız, hatta mesleği din adamlığı olarak bilinenlerin de aralarında bulunduğu vatandaşlarımıza bu itinalı eseri vererek aydınlanmalarını sağlayan kitaptan, bana imzalı lütfedilmiş sayısından gayrısını bulamadım.

Dış ve iç kapaklarını birleştirerek, yazarının TBMM albümünden edindiğim fotoğrafıyla buraya alıyorum.

Teşekkürler ve Tebriklerle...

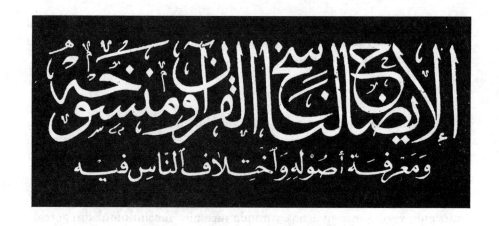

# KUR'AN'ın NÂSİH-MENSÛH AYETLERİ

### (Tarihi, Mucizeleri ve İlimleri)

# TÜRKÇE İBADET
## (ana dilimizle kulluk hakkı)
## HÜRRİYETİ BİZLERİ
## GERÇEK İSLAM DİNİ;
## AKLA DAYALI İMAN;
## MANEVİ HUZUR'a
## NASIL KAVUŞTURACAK?

## AÇIKLAMA

Konumuzun son bölümüne gelmiş bulunuyoruz.

Bu bölümde gayemiz olan "TÜRKÇE İBADET" *(anadilimizle kulluk hakkı)* hürriyetine kavuştuğumuzda dinî hayatımızın yapısı üzerinde düşüncelerimi derlemeye çalıştım. Tüm yüreğimle inanıyorum ki, aslında İslâm dininde olmayan, aradan geçmiş 1417 yıl içinde yanlış yorumların, zaman zaman da kasıtlı saptırmaların yığdığı bâtıl inançlarla zamanın ardında kalmış düşünceleri göreceğiz, yerlerini almasını tasviye ettiklerimizle beraber...

Denilebilir ki bunlar uzun zaman, hatta devirlerce malum olduğu halde neden ıslâh edilmemiştir? Şüphesiz ki zor inanılacak cevap şudur: İslâmda RUHBAN SINIFI olmadığı halde dinsel konuları kendi yorumları tekeline almak yolunda olanlar, medreselere hâkim olmuşlar ve İmparatorluğun duraklama ve çöküş devirlerinde hem gericiliğin, hem de düşünceyi yasaklayarak şekilciliğin değişmez düzen olmasını sağlamışlardır. *"Bab-ı ictihad= Düşünce kapısı kapanmıştır"* akıl almaz iddiası yaygınlaşarak, onyedinci yüzyılda inanılmaz katılıkta bir RUHBAN SINIFI'nın türemesine yol açmıştır.

KÖPRÜLÜLER DEVRİ'nin temel olayı KADIZADELER adını almış belli bir grubun, Batı'da çağdaşlaşmanın yol almaya başladığı devirde ülkeyi **Arap Cahiliye Devri** şartlarına götürme düşüncesiyle, mücadele ve hareketi zor kullanarak tasfiye olmuştur.

İbretlidir: Esasında Türk varlığına dönük olan hareketin inancın en etken varlığı olan DİL'e uzanmış olduğu göze çarpıyor: Arap, Acem'le

219

paralel olarak FRENK sözcüğünde toplanmış olan *dine ve kültüre dayalı* yabancı baskısı,Tanzimat'tan sonra başka hüviyete girmiştir. Bu düşündürücü gerçeği, devrin tanınmış fikir şahsiyetlerinden Kemalpaşazade Sait Bey, şu dörtlüğüyle tespitlemiştir:

> Arapça isteyen Urbana gitsin,
> Acemce isteyen İran'a gitsin,
> Frengiler Frengistana gitsin,
> Ki biz Türk'üz, bize Türkçe gerek.

KADIZADELER günlerinde HUTBE'lerde başlangıç ve sonun içinde bulunan tektük TÜRKÇE kelimelerin çıkarılması istenmiş ve istek yerine getirilmiştir.


## ● — NESİLLERİN UZAĞINDA BIRAKILDIĞI BİR NİMETİN İZAH ZORLUĞU

Uzun bir ömrü KİTAP'a vakfetmiş, insan boyunu aşmış eser vermiş ben emektar kalem Cemal Kutay, inanınız ki, TÜRKÇE İBADET (Anadilimizle kulluk hakkı hürriyeti) konusu üzerinde, mâzinin derinliklerine gömülmüş örnekler vermekte sıkıntı çekiyorum.

Böylesine kutsal özgürlük hakkından bu kadar zaman nasıl yoksun kaldığımızın teessüfü ve de hayreti içinde...

Nasıl asılsız, temelsiz, mantıkdışı bir korku, bir vehim gönlümüze hâkim olmuş, açıklaması kolay değil..

Arap Kültür Emperyalizmi Türk insanının dine, özellikle İslâm dinine karşı ırkının özelliklerinden birisi olan yüreklilikle nasıl kökten, derinden bağlandığının idrâkı içinde, bu duygusunun yapısını kavramasını maharetle önlemiş, hayalî bir günah korkusunu KÜFRE kadar uzanan kademeler hâlinde yüreğimize yerleştirmiş..

Ve de, "Bab-ı ictihad= Düşünce kapısı kapanmıştır" safsatasıyla düşünmemizin önüne çıkmış.

MEDRESE'de de kendisine müttefikler bulmuş.

Bizi değişen zamanın ardına iten, o koskoca Osmanlı Hakanlığı'nı yıkan, Rönesans'ı açmış Türk Devleti'ne matbaayı 227 yıl sonra aldırtan işte bu aslında Arap, Acem ittifakına katılan; hatta onu yönlendiren Batı Emperyalizminin *çıkar anlaşması*'dır: İçerde, dışarda ortakları olan bir anlaşma...

İstiyorum ki Sizlere, aktüalitenin içinde, hatta doğrudan *kendisi* olan dertlerimiz üzerinde bir-iki örnek sunayım. Sizler, kendiniz ve özellikle çocuklarınız üzerinde "TÜRKÇE İBADET"in açacağı ufukları düşünerek bu misallere dilediğiniz kadar ilâveler yapınız.

Aranızda Yahya Kemal'in : *"İnsan alemde hayâl ettiği müddetçe yaşar"* hasretiyle kalbi bulutlanacaklar şüphesiz ki olacaktır.

Olsun..

Goethe:*"– Nasıl hakikat olduğu yüzyıllarca insanlığın meçhulü kalmış hangi büyük gerçek, önce ışığı kalpleri saran bir ümidin müjdesi halinden dünyamızı kaplamadı?"* sualini boşuna mı soruyor?


## ● — TRAFİK CANAVARI ve HAYATIN DEĞERİNİ KALP ve DİMAĞA EMANET EDEN TANRISAL DÜŞÜNCENİN YÜCELİĞİ

Bu azîz vatanın, birbirinden farklı, fakat ikisi de aynı insafsızlık ve gözüdönmüşlükle masum insanlarımızın canını alan dert içinde olduğunu inkâr edebilir misiniz?

TRAFİK VE TERÖR...

Dikkat ediyor musunuz? Gazeteler ve televizyon kanalları hergün tekrarladıkları trafik kazalarında ve de teröre karşı yapılan mücadelenin sonuçlarında sadece *ölü* sayısını veriyorlar: **"Yaralılar tedavi altına alındı"** diyorlar, o kadar... Kaçı ölü sayısına katıldı, kaçı sakat kaldı, meçhul..

Kur'an-ı Kerîm'de, mini mini canlı yaratıkların aklı durduran *yaşama düzenleri* üzerinde açıklamalar vardır.

İbretli, meraklı, düşündürücü..

Düşünüyorum ki, bu sureler Arapça okunduğu zaman hiçbir hakikati anlaşılamıyor. Türkçe çevriler de var. Fakat onlarda **ibâdette okunmuyor, okunamıyor.**

Samimî olalım: Kaçımız ibâdetin dışında çeviri Kur'an-ı Kerîm okuyoruz?

Bir de şu var: NAMAZ KILMA'nın âdabı içinde Kur'an-ı Kerîm okumak başkadır, Yüce Tanrı'nın huzurunda olmanın başka...

İhlâs ile niyâzı bir âdet eder mümin,
ALLAH'ı görür gibi ibâdet eder mümin

hakikati, Tanrı'ya açılmış ellerin varlıklarının derinliğindeki ebedî gerçek değil midir?

Asıl mevzu, Tanrı'nın huzuruna çıkan kişinin ancak kendi dili ile olduğu zaman kalbindeki duygunun asliyetini muhafaza edebilmiş olmasındadır.

Hıristiyanlıkta Luther'e kadar sürmüş olan Katolik Kilisesi baskısının mevcudiyeti, ibâdetin İncil'in Lâtince metniyle okunması zorunluluğundan geliyordu. Katolik Kilisesi Luther'in iddialarına önce karşı koymuş, fakat ibâdetini konuştuğu lisanla yapması yolunda tez'in yanında yer alması üzerine kilise dışında başka dille okunmasına izin vermiş, en nihayet Lutherizm, PROTESTANLIK *(baskıyı protesto edenler)* bir mezhep olunca değişen şartlar içinde kutsal kitapların ona inananların öz dilleriyle olması kabullenilmiştir.

Bizim bugün ardında olduğumuz hasret budur.
Dünyanın çok ülkesinin sahip olduğu meşrû hak...

Kur'an-ı Kerîm'de sadece İNSAN için değil, tüm canlılar için yüce Tanrı, benzerini değil yaratmak, düşünmek bile mümkün olmayan ve CANLI'lara karşı kendi öz varlığımız için gösterdiğimiz alâka ve dikkati BİR İNSANLIK VECİBESİ olarak buyurmaktadır. Ruha dolan, aklı harekete getiren, *kıyaslama*'ların en yüce değeriyle vicdana emânet eden bu seslenişin İBADET HALİNDE anadille tekrarının duygulandırmayacağı bir yürek tanıyor musunuz?

Kur'an-ı Kerîm'de namaz surelerinin namazdan başka yerde okunmaması gibi bir sınırlama ve buna karşı surelerin belli yerlerde okunması zorunluluğunu getirmiş bir kayt (tahdît sınırlama) var mıdır?

Asla.... Yoktur..

Unutmayalım: İslâmiyet bir YAŞAMA DÜZENİ'dir.

İstiklâl Marşı şairi rahmetli Mehmet Akif'in Milli Mücadele öncesi ve sonrası vaazlarını okuyun: Göreceksiniz ki, mevzular yaşanan günlerin ve hâdiselerin ilhamıdır. Bugünün hâdiseleri nelerdir? İşte bugünün fikir ve din adamlarına düşen vazife, isâbetle onları tâyin etmek, Kur'an-ı Kerîm'de bu hadiselerle alâkalı sure ve âyetleri tespit etmek, sadece vaazlar ve hutbelerle değil, NAMAZ'larda bunları **ANADİLİYLE OKUTMAK**'tır.

Tanrı'nın huzurunda olmanın huşû ve şuuru içinde..

Otomobil ve kamyonu bu ruh hali içinde alkollü kullanacak sürücüyü düşünmek kolay değildir. İstisnalar elbette olacaktır. Hangi kaidenin istisnası yoktur?

ALLAH KORKUSU'nun yanında ALLAH SEVGİSİ'nin gerçek müminin kalbinde yeri üstün asîl duygudur. İkisi bir arada İslâm ahlâkının bir temelidir. Günümüzde şartlar çok değişmiştir. Hep birlikte gördük: Sadece kanun tedbirleri herşeyi halledemiyor. Yeni Trafik Kanunu'nda cezaların artması neyi değiştirdi? Benzin fiatlarının anormal sayılan yükselişi bu konuda iyileştirici bir etki olabildi mi? Siz, bir CANLI önündeki sorumluluğu Allah'ın huzuruna ibâdet için çıkmış bir kulun kalbine: *"Karıncanın kanadını yaratamayan Sen, insanoğlu, hemcinslerinin hayatı önünde daha dikkatli, daha duygulu olmaya mecbursun. Bu senin insan olmanın temel duygusu"* hakikatini, o ilâhi yapı içinde gözlerimiz önündeki olay ve varlıklardan örnekler sıralamış olan seslenişleri, DUA olarak değil İBADET olarak Yüce Tanrı huzurunda okuyan bir insandan, bugün istediklerimiz ve aldıklarımızdan daha başka şeyler beklemez misiniz?

Denemek imkansız mı?

● – Ben bu satırları baskıya verirken Ege-Akdeniz kıyılarımızın Tanrı lütfu o cânım ormanlarımızın cayır cayır yandığı haberi geldi. Bir kasıt, bir sabotaj iddiası ortaya atıldı.

Soruyorum:Kur'an-ı Kerîm'de bitki ve her türlü ağaç, yeşillikler için aklı ve yüreği dolduran açıklamaları, anlatışları kendi öz diliyle iba-

223

det sırasında tekrarlayan bir insan varlığı KLİNİK TIP OLAYI hastası olmadan onları yakabilir mi? Saygıdeğer yargıçlarımıza soruyorum; bu ağır suçun faili olarak önlerine çıkarılan insanlarda böylesine bir ruh, ve vatan yapısına sahip olmalarına rağmen böylesine bir suçu kucaklamış tek kişi var mıdır?

Peki..... Yine soruyorum: Onları böylesine yetiştirmemiş olanlar, bu duygulara sahip olmalarını YABANCI BİR DİL tutsaklığına mahkum edenler onlardan önce gerçek suçlu değiller midir?

Bu örnekler, devam halindeki dertlerimizin çoğunda geçit resmi yapar...

## • — İNTİHAR PSİKOLOJİSİ VE İSLAM DİNİ

Farkında mısınız? Ülkede intihar (kendisini öldürme) sayısı, ilgilileri yeni tedbirler düşündürecek ölçüde artmıştır.

Burada son yüzyılın büyük fikir adamlarından Prof. Mehmet Ali Aynî'nin (Doğumu:1869-Ölümü:1951) insan ruhu, din, Tanrısal düşünce, yaşam ve ölüm konularını derleyen, 1927'de İstanbul Yeni Matbaa'da basılmış "Reybilik (şüphecilik), Bedbinlik (karamsarlık), Lâ İlahilik ( tanrıtanımazlık, ateistlik) Nedir?" eserinden söz edeceğim.

Üstadın eserini yazma sebepleri arasında şair Tevfik Fikret'in fırtınalar koparan TARİH-İ KADİM'ine cevap düşünceleri de var: BEDBİNLİK *(KARAMSAR)*in yürekte ve akılda yer bulamamasının temel sebebinin İNSAN İRADESİ'ni fert olarak vazifelerini yerine getirdikten sonra KADER kavrayışı içinde, dertlerden sıyrılma, karamsarlık sebeplerini yenme, zorluklardan sıyrılma çârelerini arama gibi emeklerden sonra TEVEKKÜL'ün, uğraş ve ümidi kaybetme anlamına gelmediğini açıklıyor.

Şöyle düşünüyorum: Acaba intiharların arttığı görülen son yıllarda, bu akıma karşı tedbir olarak bu açıklamalar, günümüz diliyle sunulamaz mı? Kur'an-ı Kerîmdeki konuyla ilgili âyetler açıklanarak bir dua üslubu içinde verilemez mi?

Anlatmak istediğimiz şudur: Üç semavî dinden ikisi, Musevilik ve Hıristiyanlık aşırı tutucu davranışlar dışında genellikle dindaşlarına ibâdetlerini kendi konuştukları dillerle yerine getirme hakkı ve imkânına sahiptirler. Böylelikle de varlığı arzulanan bilgiler, düşünceler, değişen şartlar içinde geliştirilerek iletilebiliyor.

Düşünüyorum ki, bizim için bugünlere kadar *hayâl olmuş ümit* anadilimizle ibâdet özgürlüğüne sahip olduğumuzda, ilâhiyatçılarımıza, şüphesiz ki güç, fakat o nisbette şerefli, gurur verici kutsal ödev, bu yüzyılların boşluğunu doldurmak olacaktır.

Tabii ki, yaşanan devrin şartları içinde..

Namaz Surelerinin değişmiyeceği yolunda Kur'an'da kesin bir hüküm veya Peygamberimizin sahîh bir Hadisi var mı? Neden Kur'an-ı Kerîm'de, bir karıncayı, hatta gözle görülmez canlıları yaratmanın yüce Tanrı'nın inâyeti olduğu, hayatın değeri, yaşama sevinci, emeğe ve tedbire ümit getiren, bunları öğütleyen sureler ibâdette okunmak üzere vatandaşlara sunulmaz? Bizim bugünkü ilâhiyatçılarımızın "– *Bab-ı ictihad (düşünce kapısı) kapanmıştır*" akıl almaz bağnazlığına değer vereceğini düşünmek bile mümkün değil...

Denemeye değmez mi?

## • — ANADİLİNİZLE İBADETTE İNSANLARIN KAFALARININ İÇİNDEKİLERİ DAHA DOĞRU ANLAYACAKSINIZ, KILIK-KIYAFETİ, DIŞ GÖRÜNÜMÜ KIYMET SAYMAKTAN KURTULACAKSINIZ.

Diyeceğim ki TÜRKÇE İBADET'le manevî hayatımızda kazanacağımız bir özelliği tanıma safhasına gelmiş bulunuyoruz.

Müslümanlıkta ibâdette, *kılık kıyafet özelliği* yoktur. Temiz giyinmeye elden geldiğince ilgi göstermiş olmak yeterlidir. Kûfeli bir zenginin şatafatlı kılıkla mescide geldiğini gören Hz. Ali'nin "– *ALLAH'ın huzuruna kalbini iyiliklerle süsleyerek çıkman daha doğru olmaz mı?*" dediği bilinir.

Günlük yaşantıda kıyafet özelliği, dinsel düşüncelerin, manevî hayata verilen değerin kıstası gibi gösterilmek istendiğinde ardında *açıklanamamış bir maksad*'ı arıyacaksınız.

Bu özel, ayrıcalıklı giyiniş, dinsel bir düşüncenin belirlenmesine dayanç olursa daha başka anlam taşıyabilir.

Arka sayfada yanyana iki ünlü kadınımızı görüyorsunuz: Sağdaki Halide Edip Adıvar... Son yüzyılın fikir hayatımızda yıldızlaşmış adı.... Dünya üniversitelerinde kürsüsü, dünya dillerine çevrilmiş eserleri yanında, Millî Mücadele'nin Halide Onbaşısı, İstanbul Hükümeti'nce Mustafa Kemal'le idama mahkûm olan dokuz vatansever arasında tek kadın...

Bu fikir yapısı içinde Türk kadınının haklarının ödün vermez savunucusu... ve burada da *çarşaftan* çağdaş kılığa geçişin öncüsü *(çok kısa bir biyoğrafisi bile elinizdeki kitaba güç ve eksik sığar).*

İkinci örtülü kadın Sayın Tansu Çiller... O'nun da üniversitelerde kürsüsü var. Kitapları, fikir hayatının ürünleri yok ama, makam ve ünvanları var: Eski Başbakan ve halen Doğru Yol Partisi Genel Başkanı.

Eğer fotomontaj değilse Halide Edip'in resminin yanında neden yetmişbeş sene önceki kılıkla yeraldığına merak etmişsinizdir: Hep biliyoruz, Türkiye'de özellikle bir siyasi partinin kademeli faaliyetinden sonra, (TESETTÜR=ÖRTÜNME) dinî vecibeler arasında yer aldı; başörtüyle başladı, uzun etekli manto ve çarşafla devam ediyor. Aslında öyle olmadığı halde dinsel bir yapıya büründürülerek...

Peki.... Moda'yı tâkip, hatta modaya giyim kuşamıyla öncülük eden Sayın Çiller'in bu sadece yüzünün eksik bölümüyle kara bir kumaş içinde görünüşünün sebebi nedir?

İşte bu soruya TÜRKÇE İBADET'e (anadilimizle kulluk hakkı özgürlüğü) sahip olduğumuz bir günde sorulmuş olsaydı, hiç çekinmeden verilecek cevap şuydu:

**"– Siyaset yapıyor!..."**

Halide Edip, ŞERİAT iddiası altında Türk kadınını çarşafa ve kafes arkasına itmiş bağnazlığın karşısına çıkmış, O karanlık günlerde Fatih, Sultanahmet ve Üsküdar Meydanları'nda, kadın erkek Türk insanını ayağa kaldırmış, İngilizler İstanbul'u işgal edince evini basmışlar, O, son yüzyılın seçkin fikir ve siyaset şahsiyeti eşi Dr.Abdülhak Adnan Adıvar'la Ankara yollarındadır. ER'likle fiilen katıldığı savaşta İzmir'in kurtuluşuna kadar onbaşı, çavuş, başçavuşluğa yükselmiş.

İstiklal Madalyasının gerekçesi de bu..

Ama Halide Edip, İngiltere ve Amerika'dan Hindistan üniversitelerine kadar yaygın dünya parçasında KÜRSÜ'lerinde,Türk kadınının kavuştuğu *çağ kılığı* içindeydi. Haydarabad, Aligar, Lahor ve Peşaver İslâm Üniversitelerinde bu çağ kıyafetini gururla sürdürdü.

Uğradığı haksızlıklara rağmen, bu çağdaş görüntüden zerresini fedâ etmedi: Bu İslâm üniversitelerindeki telkinlere rağmen...

Sayın Çiller'in bu "İslâmî" kılıklı resminin yeraldığı gazetenin sütunlarını dolduran haber, sekizyıllık eğitimle ilgilidir: Elinizdeki sayfalarda okudunuz. KARŞI TARAF'ın tutumu, Kur'an Kursları ve İmam Hatip Okulları'nın **Arapça terkibli** programlarının devamıdır. Bu hale katılmayan bir parti başkanı hanımın mutâd kıyafetli fotoğrafı elbetteki hoş karşılanmaz!

Ülkenin durumu, böyle acı bir ihtimali hatırlatacak şartlar içindeyken, Atatürk Türkiye'sinde İLK KADIN BAŞBAKAN'lığa lâyık görülmüş bir şahsiyetin genel tutumu, tavrı, hareketi bir fotomontaja mevzu olma şartları yaratan ASIL SEBEP'e başlarımızı döndürmelidir: Kesinlikle söylüyorum, bu sebep, ibadetimizi, hâla **yabancı bir dil**, yani ARABÇA yapmaya devam etmemizdir.

Sayın Çiller kendisini ümit dolu gönüllerle kucaklayan Atatürk nesillerine karşı şükranını açıklayacak temel hizmet olarak neden O'nun yarıda bıraktığı **anadilimizle kulluk hakkı**'nı kucaklamamıştır? Neden böylesine bir fotomontaja ilham olmuştur?

"Bir ATATÜRK KIZI'nın böylesine acınacak, utandıracak değişim tercihini düşünmek bile dayanılacak acı değil..."

Meraka değer... Acaba sayın Çiller-deyiniz ki fotomontaj-bu fotoğrafı gördüğünde neden bu muhteşem hizmeti yani Türkçe İbadeti bayraklaştırmadığını acaba hatırladı mı?

Heyhat!....

**Çünkü OY SANDIĞI korkusu** böylesine gerçek yüce hizmetlerin yolunu kesiyor.

Ve de kesmekte devam ediyor.

Bilmiyorum, aranızda bir insan varlığında, akıl, mantık, ahlak almaz değişiklik iddiasında muhatabındaki etkinin neden adalet önünde hesaplaşma sorunu olmadığı sualine cevap arayan var mı?

Çünkü konu OY PAZARINDA temel faktördür: **Dinin sömürülmesi!...**

Bu yolda kişiliğe hakaret, vefayı inkâr, karakteri hiçe sayma bile olsa, sonuç" **nabza göre şerbet"** yolunda ise hepsi mübahtır!

Çünkü TAKKİYYE'nin felsefesi budur. OSMANLI'yı yıktı, ATATÜRK CUMHURİYETİ'ni sarsıyor.

Başka konularda mesela bir tapu, bir bono, bir çek, bir nüfuz suistimali iddiaları astronomik tazminat rakamlarıyla hakim takdirine sunulabiliyor, fakat saf seçmenin, saptırılmış din duygularına hoş gelme ihtimali iftira bile olsa sineye çekiliyor...

Anadilinizle kulluk hakkının bu ülkenin insanlarını politikanın hammaddesi olmaktan nasıl kurtaracağını anlıyabiliyor musunuz?

Lütfen kabul edin: Anadilinizle ibâdette, insanlarımız ne ölçüde MASKE ustası olsalar da kafalarının içindekilerini daha doğru anlayacaksınız, kılık kıyafet dahil her türlü dış görünümü kıymet sanmaktan kurtulacaksınız.

İzninizle bir *örnek* daha vereyim: Dini, diyâneti, vicdanı, ahlâkı, imânı başa giyilen, başı örten ŞAPKA'yla denk tutan bir parti başkanın TEK **şapkalı resmi yok**muş!...

Ne muhteşem klan *(kabile)* kafası değil mi?

Kafasının DIŞ'ı böylesine *çıplaklık* içinde olanın *kafasının için'*den nasıl bir olgunluk, asalet, vatan sevgi ve saygısı beklersiniz?

Sade kendinizi değil çocuklarınızı, gelecekleri düşünerek dünyanın az uygar ulusunun yoksun olduğu "ANADİLLE KULLUK HAKKI" özgürlüğüne lütfen kendinizi de layık görünüz.

Biz anlamadığımız bir yabancı dilin papağanları mıyız?

## ● — ANADİLİNİZLE İBADETİNİZ SİZLERİ *"KUR'AN TARİHİ"* İLE BULUŞTURACAKTIR

Evet.... Biliniz ki anadilimizle ibâdet, dine değer veren, ibâdete vakit bulmasa da bu değeri vicdanında yaşatan ayrıcalıksız bir MÜSLÜMANIM diyen, hatta demese de böyle demiş ve diyecek bir toplum içinde yaşayan her insanı, KUR'AN TARİHİ'yle ilgilendirecektir.

Muhterem din bilginimiz Ord. Prof. İsmail Hakkı İzmirli "Meâni-i Kur'an"ında diyor ki:

> "– Sûreler anlayarak okunduğu nisbette, neden, niçin, ne sebeple inzâl ettikleri suali müminlerin ilâhi azamete karşı şükran hislerinin vazgeçilmez vecibesi olacaktır. "Bunun da cevabı KUR'AN TARİHİ'ndedir."

Peki... diyelim ki üstadın "Meani-i Kur'an"ını okudunuz. Bu okuduklarınız bir ibâdet vecdi içinde olmadıkça yüzeyde kalmış bilgi olmaktan ileri gidebilecek miydi?

Hayır!.....

Kur'anın bizzat kendisinin işâret ettiği surelerin imân üzerindeki yerine, hiç bir yorumun tesir edebilmesi mümkün müdür?

Elbette değildir.

O halde TEK YOL kalıyor: O sureyi İBADET İÇİNDE yine anadille okumak ve onun iniş tarihini, iniş sebebini, karşıladığı ruhi ihtiyacı kavrayarak KUR'AN TARİHİ'nin ışığı altında nurlanmış olmak...

Musa Carullah Bigi *"Rahmet-i İlahiye Burhanları"*nda dini vecdin *"İdrâk ile mümkün"* olacağını açıklarken: *"– Elbetteki bu vecd huzur-u ilâhiye kurbiyyet* (yakınlık) *ile mümkündür ve elbetteki niyaz duasının vecd hâli başkadır, bir namazın edâsı gibi huzur-u ilâhiye teveccüh başkadır"* diyor.

Biliyoruz ki, tesettür bahsi NUR ve NİSA sureleriyle gelmiştir. Bu iki surenin gelişi sırasındaki hâdiseleri de Kur'an-ı Kerim kendisi izah ediyor. Denilebilir ki bu dikkatten sonra Kur'an'ın muhteşem hakikatı *"yaş ve kuru ne varsa bu kitâb-ı mübin içindedir"* gerçeği imânımızın temeli oluyor.

Yüce Tanrı bu ışıklı günlerimizi nasip etsin: Anadilimizle kulluk hakkımızı...

● — **TÜRKLERİN, İBADETLERİNİ ANADİLLERİYLE YERİNE GETİRMELERİYLE İSLAMİYETTE ÇAĞDAŞLAŞMA RÖNESANSI BAŞLAYACAKTIR: TAGAYÜR-İ EZMAN İLE TEBEDDÜL-İ AHKAM" HAREKETİ, MÜSLÜMANLIĞI YEREL DİN OLMAKTAN ÇIKARMIŞ, ONA EVRENSEL YAPISINI GETİRMİŞ TÜRK MİLLETİNİN YÜCE DİNİNE YENİ HİZMETİ OLACAKTIR...**

Sanıyorum çok fundamentalist *(kökten, fanatik dinciler)*lerin kavramaları güç bir hakikati açıklama gününe gelmiş bulunuyoruz: Türk Milleti'nin, anadiliyle ibâdet özgürlüğüne kavuşmasından sonra, ırk özelliği, mânevi yapısı, yaşanılan zamanı kucaklama şuuru ile İslâm dinine asırların özlemi rönesansını getirme himmeti...

Evet...... Biliyorum ki "İslamiyette REFORM'a ihtiyaç yoktur!" diyeceklerdir.

Evet, doğrudur ama şartı var: İslamiyet SON DİN olmasının yapısı içinde reformun, başka deyişle, *yaşanılan zamanın gerisinde kalmama hayatiyeti*'nin dinidir.

Benim de hatırlatmak istediğim O'nun bu unutulmuş yapısıdır ve zannediyorum ki, "bab-ı ictihad *(düşünce kapısı)* kapanmıştır" o zaman inkârı böylece ortaya çıkmış ve islâmiyetin din ve ona bağlı ulusların gerilemesine yol açmıştır.

Biliyoruz ki ne Tevrat, ne İncil, Kur'an-ı Kerim'in asliyetine, orijinalitesine, otantik yapısına sahip değildir.

Özellikle İNCİL'in yüzlerce nüshası vardır ve bunlardan dördü geçerli sayılmıştır. Bu geçerlilik de HAVARİYUN'un kişilikleri, râvilerin *(metni yazan veya anlatanların)* şahsiyetleri mevzuudur. Kur'an, üçüncü Halife Hz. Osman zamanında derlenmesi tamamlanmış ve Peygamberimizin günlerine erişmiş olanların fikirbirliğiyle tamamiyeti tasdik edilmiştir.

Fakat aradan 1417 sene geçmiş olmasına rağmen, SON DİN olmasının en esaslı unsuru *"tagayyür-i ezmân ile tebeddül-i ahkâm"* üzerinde, ciddi, köklü bir emek verilmemiştir.

Bir misal vermek istiyorum:

Özellikle KATOLİK'lerde erkekler için Pére *(baba, peder)* kadınlar için Soeur *(hemşire, kızkardeş)* müessesesi vardır. LAZARİSTE tarikat olarak Saint *(aziz)* Vincent de Paul tarafından 1640'da kurulmuş, 1680'den sonra Fransa ve İtalya'dan başlayarak bütün dünyaya yayılmıştır.

Tarikat, erkekler kadar kadınları da sahası içine almıştır. Dine, yâni Hıristiyan dinine hizmetlerini verirken, dünyayı kavrama ülküsünü de beraberinde getirmiştir. Bu yapısında Hıristiyan misyonerliğinin egemenliği şüphesizdir.

Pére'lerde, Soeur'lerde tarikatları için evlenmemek, evlât edinmemek, kişisel servet yerine toplumsal varlığı tercih etmek gibi özveriler vardır. Hıristiyanlığın benimsediği prensipler, bu tarihten sonra tarikat sayısı çok artan çeşitli mezheplerle içe açık dışa kapalı, faaliyeti daha çok dinsel ve sosyal hareketin öncüsü ve de tatbikatçısı olmuştur.

Benzer faaliyet Protestanlıkta ve daha sonra MÜSTAKİL KİLİSE hüviyetini alan ANGLİKAN Kilisesi'nde de görülmüştür. Bugün, Amerikan Üniversitelerinde gelişmiş olan faaliyetin, kendisine özgü yapısı olan Amerikan Misyonerliği'nin temelinde Lazarist Felsefesi'nin izlerini bulmak mümkündür.

Prof. Hilmi Ziya Ülken, Tahir Harimi Balcıoğlu'nun **Türk Tarihinde Mezhep Cereyanları** başlıklı, üzerinde uzun bilimsel emekler verilmiş kitabına yazdığı MUKADDEME'de, özellikle Osmanlı Türklerinde bizim mezhep cereyanlarının dini, siyasi yapısı yanında sosyal aktivitesinin etken olmadığı düşüncesindedir. Prof. İsmayıl Hakkı Baltacıoğlu'nun KUR'AN tercümeleri arasında ayrı yeri olduğuna kani olduğum eserini 1957'de yayınlamasından sonra bu mevzu ile, deneyimli pedagog olarak meşgul olmuş, Doğu Batı kaynaklarını incelemiş, bizdeki tarikatlerin temsil ettiği humanizmayı tarikatlerin çerçevesi dışına çıkmış muhtevada bulamadığı kanaatine varmıştı.

Bu gerçeği devlet yapısında, özellikle Osmanlı'da görmek mümkündür.

Değil Yeniçerilerde, Nizam-ı Cedid'te bile ordu içinde bir hemşire teşkilâtı yoktu. 1853-1855'e Kırım Harbi'nde İngiliz Florence Nightingale'in de bir ekip halinde getirdiği HEMŞİRE'ler, Soeur de la Charité *(hizmet içinde şefkat)* kuruluşunun orduya dönük kadınların vazife aldığı koldu.

·Bizde yoktu.

Neden? Hilal-i Ahmer *(Kızılay)*'in uzun zaman genel başkanlığını yapmış olan Besim Ömer Paşa'nın hâtıralarında yer aldığına göre, İkinci Sultan Hamid'in şahsen ilgilenmesine rağmen Ordu'da HEMŞİRELİK, Şeyhülislâmlığın karşı çıkmasıyla kurulamamıştır: Şeriat müsaade etmediği için!...

Şimdi izninizle Sizlere, belki yarınlarda da ibretle okuyacağınız bir olayı aktaracağım: Bugün de istanbul'da Şişli'de ÇOCUK HASTANESİ adıyla hizmetine devam eden sağlık kuruluşunu kuran Dr. Halil İbrahim Paşa'nın hatıralarından...

Geçen yıl yayınladığım, büyük fikir adamımız rahmetli Celal Nuri'nin HATEM-ÜL ENBİYA *(SON PEYGAMBER)* ismiyle 1913'de yayınlandığı gün toplatılan ve Süleymaniye'de Bab-ı Fetvâ (Şeyhülislâmlık) külhanında yakılan, kurtarılmış iki nüshasından birini, eserin sahibinin emânetini vasiyet sayarak *"İNSANI İNSAN YAPMIŞ BİR İNSAN"* adıyla, aziz Peygamberimiz Hazreti Muhammed Mustafa (S.A.S.)'in mübeccel varlığına sunduğum 492 sayfalık kitabımın (472-475)'nci sayfalarından, (dipnot 43'den) nokta, virgülüne dokunmadan alıyorum:

**"(43) – Çok benzerinde olduğu gibi, şahsiyet ve emekleri, daha sonraki siyasî hâdiselerin haksız tasarruf ve müdahelasiyle sislere itilen** Hamidiye Etfal Hastanesi **(bugünkü Şişli Çocuk Hastanesi)nin kurucusu Dr. Halil İbrahim Paşa, 11 Ocak 1860'da İstanbul'da Küçükayasofya'da dünyaya geldi. Babası tarafından Gerede'li, annesi tarafından Sungurlu'ludur. Babası yazmacı esnafından Hacı İbrahimoğlu Ali Efendi'dir. İlk öğrenimini Beylerbeyi'nde**

yaptı. Soğukçeşme Askerî Rüştiyesini birincilikle bitirdi. Ahırkapıdaki Mekteb-i Tıbbiye'i Mülkiye'sinden 1886'da hekim diplomasıyla mezun oldu ve Bahriye Nezareti'nin açtığı imtihanda muvaffak olarak esfar-ı baide (uzak seferler) gemi doktoru olarak Akdeniz ve Atlas Okyanusu limanlarına sefer yapan İdare-i Mahsusa gemilerinde vazife aldı. Böyle bir seferde, donanmayı ıslâh için getirilmiş olan İngiliz Amirali Gambel Paşa'yla tanıştı. Amiralin tavsiyesiyle önce İngiltere'ye, daha sonra Almanya'ya gönderilerek, gemilerdeki salgın hastalıklarla mücadele için gerekli görülen bakteriyoloji sahasında ihtisas yaptı. 1893'de Almanya'da önce Dyden'e, onbiray sonra Bonn'da ünlü Schultze'nin kliniğinde asistan olarak vazife görmüş ve Prof. Finkler, daha sonra Kruse'nin başında oldukları Hijyen Enstitüsü'nde de iki yıl ihtisas yaparak bakteriyoloji uzmanı sıfatıyla Berlin'de dünyaca meşhur Prof. Robert Koch'un tek yabancı asistanı olarak enfeksiyon hastalıkları dalında da uzmanlık belgesi almayı başarmış ve Prof. Beginsky'nin başında bulunduğu Çocuk Hastalıkları Hastanesi'nde uzmanlık eğitimini de tamamlamıştır.

Vatana dönüşünden sonra Bahriye Hastanesi'yle birlikte Askerî ve Mülkî Tıbbiyelerde branşının İLK hocası oluyor. Besim Ömer (Akalın) Paşa, Halil İbrahim Paşayı: "– Çocuk hastalıklarının müstakil mevzu ve tedavi şubesi olarak Tıp hayatımıza intikalinin bânisi ve tatbikatçısı" olarak kaydeder.

Metinde açıklanan, Sultan Hamid'in küçük kızı Hatice Sultan'ın difteri hastalığına teşhis konulamaması ve vatanın bu ve benzeri illetlerden yavrularımızı tedavi edecek şifâhaneden mahrum olması, Halil İbrahim Bey'in acı hakikati Padişaha cesaretle arzetmesi ve Sultan Hamid'in bir cami yaptırmak yerine Etfal (çocuk) hastahanesinin yaptırılması tavsiyesini kabul etmesiyle mümkün oldu.

Bütün masrafları ceb-i hümâyun'dan (Padişahın kişsel servetinden) ödendi. 17 Şubat 1898'de temeli atılan hastane, 6 Haziran 1899'da, onaltı ayda, zamanın en mükemmel cihaz ve araç gereçleriyle tamamlandı. Bu benzeri bugünlere kadar kaydedilmemiş başarısından dolayı Padişah, Halil İbrahim Bey'e Bahriye Tabib Mirliva'lığı (deniz kuvvetleri tabib tümgeneralliği) rütbesini verdi ve kendisini Saray-ı Hümâyn Etibbay-ı Şâhane kadrosuna aldı. Sadece sağlık konularında değil, memleket ve dünya meseleleri üzerinde düşüncelerini dinledi. Ben; şahsiyetini Mabeyn Kâtibi Semih Mümtaz ve Reşit Rey Beylerden dinlediğim Halil İbrahim Paşa'nın elyazılı hatıralarını refikası İhsan Uğursay Hanımefendi'den alarak bir bölümü 16 Ekim 1978 gününden başlayarak SON HAVADİS gazetesinde neşrettim. Gün gün tuttuğu anıları; gerçek yüzünü asla bilmediğimiz ve bundan sonra öğrenemeyeceğimiz sislere itilmiş bir devrin ışığı olarak elimde, öteki benzerleri gibi duruyor.

Burada, İttihad ve Terakki'nin izahı ve savunması imkânsız bir zulmünü de hatırlatacağım: Değişen iktidarlar'ın benzer haksızlıklarına daha sonra da şâhid oldum: Genç ve tecrübesiz İttihadcılar, Sultan Hamid tahtından indirildikten sonra Sarayda ve yakınından kim varsa hepsini kötü kişi saydılar ve yerlerinden aldılar, cezalandırdılar. Bunlar arasında, memlekete bugün de hizmet veren Şişli Çocuk Hastanesi'ni kuran ve hatıralarından anlaşıldığına göre vehimli padişahı nice hatalardan uzak tutan Halil İbrahim Paşa da vardı. Önce rütbesini aldılar, sonra başhekimlikten uzaklaştırdılar. Fakat Balkan Harbinde değerini onlar da anladılar, Parmakkapı'da, Reşit Paşa'nın konağında kurduğu hastanenin başına getirdiler. Cumhuriyetin ilânından sonra Sağlık Bakanı rahmetli Dr. Refik Saydam kendisine şahsiyet, emek, tecrübelerine uygun makam teklif etti, Halil İbrahim Paşa istemedi ve Silivri Dispanseri'nde hekim oldu. Meslek hayatını başlangıç noktasıyla mühürlemek mi istemişti? Kim bilir...

Burada Sizlere O'nun kimlik yapısı, hür düşüncesi ve de bugünlerde de geçerliliği olan bir girişimini hatırlatacağım:

Ünlü Prof. Dr. Robert Koch, talebesi Halil İbrahim'in kurduğu Şişli Hamidiye Etfâl Hastahanesi'ni görmek için 1903'te İstanbul'a gelmişti. Hastahaneyi umduğundan ve beklediğinden daha çok mükemmel bulmuştu. Yalnız bir şey dikkatini çekmişti: Hemşireler arasında Türk kadını yoktu: Genellikle Ermeni, Rum, Musevî, baş hemşireler de Levanten veya ecnebiydiler. Başhemşire de Alman'dı.

Sebebini sordu: İslâm dininin tesettür=örtünme kuralları hemşire ve hastabakıcılığının yerine getirilmesi için şart beden kılığına izin vermiyordu.

Hayretle savaşlarda ne olduğunu sordu: Bu vazifeleri yapabildikleri kadar erkekler yerine getiriyorlardı. Ünlü bilim adamı, Osmanlı Hıristiyan tebasının ayrılık hareketlerinin bilincindeydi. Balkanlar da kaynıyordu. Daha dokuz yıl önce Osmanlı-Yunan Harbi olmuş, Osmanlı sınırları içindeki Rumlar, açıkça karşı tarafın zaferi yolunda cephe tutmuşlardı.

Bu duygularını dile getirmiş ve bir harb hâlinde ordunun sağlığını tehdit eden bu tehlikeye nasıl göz kapandığına hayretini talebesine söylemişti.

Halil İbrahim Paşa, İstanbul'a gelişi bilim dünyasında bir hadise olan Prof. Robert Kockh'dan dinlediklerini Padişah İkinci Sultan Abdülhamid'e arzeder ve der ki:

"– Şevketmeâb... Yunan Harbi'nde bahsedilen hakikatlere şâhid olduk. Fener Patrikhanesi, açıkça Yunan iddialarının yanında saf tuttu ve Memalik-i Şâhane'nizdeki Rumlar, Atina ile beraber oldular. Maazallah bir harb vukuunda asker kadar mevcudiyeti şart olan hemşireleri nereden temin edeceğiz? Müdafaa-ı vatan cümle mevzuatın fevkinde olduğuna göre, Prof. Koch'un hastahanemizde faaliyetini tavsiye ettiği hemşirelik ve hastabakıcılık kursuna Müslüman kadınlarının da devamını temin hususunda Fermân-ı Şâhaneleri mümkün değil midir?

Padişahın irâdesiyle mevzuu Şeyhülislâm Cemaleddin Efendi'yle görüşen Halil İbrahim Paşa anılarında, Peygamberimizin vekili ve İslâm âleminin Halifesi sıfatıyla Osmanlı Hakanı'nın tasvibine rağmen FETVA'nın mâni sebepler açıklanmadan verilmesinin hakikî sebebini kavrayamadığını kaydeder ve şöyle der:

"– Böyle bir kurs ancak meşrutiyetin ilânından sonra açıldı, fakat ona da Müslüman kadınlar katılmadılar, sadece Hıristiyan ve Musevî kadınlar iştirâk ettiler, cihan harbi esnasında ve Musa Kâzım Efendi'nin Şeyhülislâmlığında, tesettürün ahkâm-ı şer'iyesine münafi olmayacak şekildeki kıyafet içinde İslâm kadınlarının hemşirelik ve hastabakıcılık yapmalarına mâni olunmadı, fakat bu hususta ayrıca bütün memlekete şâmil karar da alınmadı.

Bir milletin kendi evlâtlarını kendi refika, hemşire, kerimelerinin şefkat ve alâkasını, müstakil sıhhi meslek olan hemşirelik ve hastabakacılık bilgisiyle cihazlamış himmetinden böyle garip itiyatlar için fedâ etmesi havsalanın alacağı gaflet değildir."

Yıl 1995...

**Halil İbrahim Paşanın dertlendiği gafletten sıyrılabildiğimizi söyleyebilir misiniz?**

Bugün 1997....

İki yıl daha geçmiş..

Gerçekler, aynı odaklar, benzer kafa terkibi, Osmanlı'yı yıkmış Arap Kültür Emperyalizmi'nin değişik şartları içinde TÜRK İNSANINI ANADİLİYLE KULLUK HAKKINDAN YOKSUN BIRAKMIŞ zulmün devamı içinde yeni senaryolar...

Başörtüden çoooook geç kalmış aralıksız sekiz sene öğretime karşı saf tutma, Kuran kurslarından başlayarak TÜRKÇE İBADET'e karşı şeriat kadrosunu yetiştirmeye devam..

Ama Siz beni dinleyin: Bir kere ATATÜRK'ün beraberinde götürdüğü hasret TÜRKÇE İBADET başlasın, Türk insanı anadiliyle kulluk özgürlüğü hakkını kullansın, bu 1417 yıllık haksızlığın SON'u olacaktır.

Bu mutlu günlerde *"istemezük"* barikadı yıkılacak,

ve

bölümün başlığındaki ümidimi AYNEN tekrar ediyorum:

"– TÜRKLERİN İBADETLERİNİ ANA DİLLERİYLE YERİNE GETİREBİLMESİYLE İSLAMİYETTE ÇAĞDAŞLAŞMA RÖNESANSI BAŞLAYACAKTIR: "TAGAYYÜR-İ EZMAN İLE TEBEDDÜL-İ AHKAM" HAREKETİ, MÜSLÜMANLIĞI YEREL DİN OLMAKTAN ÇIKARTMIŞ, ONA EVRENSEL YAPISINI GETİRMİŞ TÜRK MİLLETİ'NİN YÜCE DİNİNE YENİ HİZMETLERİ OLACAKTIR.

Evet!.... İslâmiyetin bugünleri, yarınları, Vehabi Suud'un Râbitatül Alem Arap Kültür Emperyalizmi'nin propagandasının ürünü veya Arap Sosyalizmi'nin fikir babası Katolik Michel Eflak'in masallarının sonucu olacaktır. İslâmiyet Rönesansı'nı, ibâdetini anadiliyle yerine getirme özgürlüğüne erişmiş TÜRK MİLLETİ kucaklayacaktır.

İslâm âlemi içinde hiçbir millet biz Türkler kadar savaş meydanlarında kadının şefkat ve yardımını aramadı ve bu yokluğun bedelini bizim kadar kanla ödemedi.

Merak ederseniz Hilâl-i Ahmer (Kızılay) Genel Başkanı Dr. Besim Ömer Akalın Paşa'nın hatırasını okuyunuz.

Çünkü taa HAÇLI SEFERLERİ'nden beri, İslâmiyet adına kanını döken biziz: Ne Araplar, ne İranlılar, ne de dünyanın dört tarafındaki İslâm toplulukları....

Biz Türkler'iz.

1911'de İtalyanlar'ın yirmidört saatlik ültimatomla Trablus Garb'ı (Libya) işgal etmesi de böyle oldu: Meşrutiyetin üçüncü yılıydı. Donanma Marmara'ya çıkmaktan bile yoksundu. Otuzüçyıllık Sultan Hamid devrinde limanlarda yatan gemilerin kazanları çürümüştü. Çâresizlik içinde bir avuç kahraman genç Türk Subayı VATAN SAYDIĞI o toprakları kurtarmak için değişik ad ve kılıklarla Mısır üzerinden Libya'ya girdi, hârikalar yarattı. Başlarında Enver ve Mustafa Kemal'in bulunduğu bu destanı, ben TRABLUSGARB'TA BİR AVUÇ KAHRAMAN başlıklı 320 sayfalık kitabımda, belgeler, fotoğraflar, film konusu sahneleriyle anlatmaya çalışmıştım.

Derne ve Bingazi cephelerinde kurulmuş seyyar hastanelerde Mısır Hilâl-i Ahmer'i adına vazifeli bir Dr. Mecid Bey vardı. İki hastanenin başdoktorluğunu yapıyordu. Kölemen soyundan, değerli, bilgili insandı. Mustafa Kemal'le yakın dost olmuşlardı. Yaralılar HEMŞİRE yokluğunun sıkıntı ve kan kaybı içindeydiler. Dr. Mecid Bey Mustafa Kemal'e, Trabluslular'ın din ve yönetim reisi olan Şeyh Sünnusî'den hastanelerde kadın hemşirelerin çalışmasına izin vermesini teminini istedi. Şeyh İdris El-Sünnusî, vatanında bizim O BİR AVUÇ KAHRAMAN'ın yiğitlik destanının öylesine hayranı idi, Millî Mücadelemizin en buhranlı yıllarında Ankara'ya geldi.

Şeyh Sünnusî, Mustafa Kemal'in ricasıyla Dr. Mecid Bey'i dinlemiş, arzusunu yerine getirmişti. Bedevî Berberî kadınları, hemşire olarak Hilâl-i Ahmer hastanelerinde başarıyla hizmet etmişlerdi.

1912'de BALKAN HARBİ çıkınca bizimkiler tehlikede olan anavatanın hizmetine koştular. İtalyanlar'a, kuvvetli donanmalarının ateş sahası dışında adım attırmamışlardı.

Bir felâket ve gaflet olayı olan Balkan Harbi'nde ANADOLU KADAR TÜRK RUMELİ'yi dünkü tebaamız Yunan, Bulgar, Sırp, Karadağlı'ya 153 günde kaptırdık. Yaralı dolu hastanelerde HEMŞİRE yine yoktu.

Mustafa Kemal, Selânik'te hukuk hâkimliği günlerinden yakın tanıdığı, Şeyhülislâm ve Evkaf Nazırı Ürgüplü Mustafa Hayri Efendi'ye cepheden bir mektup yazdı. Trablusgarp'taki durumu anlattı: "– Bir Şeyh Sünnusî olamıyor musunuz?" sualini sordu ve Trablusgarp Harbi'nde İtalyan Soeur'lerin KIZIL HAÇ çatısı altında nasıl çalıştıklarını gıpta örülü cümlelerle anlattı. Bu Hıristiyan kadınlar gönüllü kuruluşu, bizim yaralılarımızla da alâkadar olmuştu. Derne cephesi kumandanı olarak kendisine başvurmuşlar ve lüzum görürsek yaralılarımızı kendilerinin tedavi edeceklerini bildirmişlerdir.

İnsanlık duygusu DİN'in çok üstünde kıymetti ve DİN'lerin temelinde de bu duygu asıl unsurdu.

Mustafa Kemal Hayri Efendi'ye mektubunda: "– Ben İslâmiyetin, hiç bir sebeple, kadına, Cenâb-ı Hakk'ın ihsan ettiği şefkati elinden alacağına inanmak istemiyorum. Bu, İslâmiyeti inkar ve hakarettir. Siz, Şeyhülislâm olarak ne düşünüyorsunuz?" diyordu.

Ben bu mektubu, Hayri Efendi'nin oğlu Başbakan Suat Hayri Ürgüplü'nün MALTA sürgününden hasta dönen ve kısa zaman sonra ölen babası Hayri Efendi'nin evrakı arasında buldum, okudum, SÜRGÜNLER ADASI MALTA kitabımda bahsettim.

Bugün 1997....

Bu ilkel, anlamsız, bağnaz ve yobazlığın insanlık duygularını inkâr eden karanlığının çok şükür uzağındayız.

1853-1855 Kırım Harbi'nde Rus'a karşı müttefikimiz İngiliz Ordusu için yurdumuza gelen, modern hemşireliğin sembolü Florence Nightingale'in adını taşıyan muhteşem bir okulumuz ve onun yetiştirdiği kızlarımız var.

Ama bu güzel tablo tehlikede......

Türk kızını, çarşaf, peçe içinde KAFES ARDINA sürmeye çalışıyorlar......

Bunu böylece bilin....

Başörtü senaroyosu, kuran kursları, imam hatipler, sekizyıllık aralıksız eğitim, eninde sonunda hepsinin, bugün için konuşamadıkları gayesi bu...

Ve BİR MUSTAFA KEMAL daha **sakın ama sakın** beklemeyin: Çünkü Yüce Tanrı vefasızlığı, kadirbilmezliği affına bile lâyık görmez.

Şimdi isterseniz bu ARAP KÜLTÜR EMPERYALİZMİ'nin maşalarının ardından gidiniz.

**Gülegüle, yolunuz açık olsun!.**

## ● — ŞERİATIN KENDİ GETİRDİĞİ "YAŞAMA DÜZENİ"NE KARŞI KENDİ İCADI KAÇAMAK YOLLARI: HİLE-İ ŞER'İYYE, TAKİYYE, HÜLLE, VESAİRE VESAİRE...

Anadilimizle ibâdetimizin, Türk insanının kalbi ve kafasıyla bağlandığı değer ölçüleri üzerinde aydınlık ve doğru düşünceye sahip olabilmesinin bir temel meselesine gelmiş bulunuyoruz.

Biliyoruz ki İslâmiyet bir *hayat düzeni*'dir ve bunun şartlarını ŞERİAT temsil eder.

*ŞERİAT* tâbirini Türk Hukuk Lügati şöyle izah ediyor:

"– İbadet ve muamelâta müteallik olan dini ahkâmın hey'eti mecmuasıdır ki bunlara ahkâm-ı şeriyye-i ilmiye denir. Şeriat tâbiri din manasında da kullanılır."

Bu ağır üsluplu açıklama gösteriyor ki, aslında bir YAŞAMA DÜZENİ olan İslâmlığın kuralları ŞERİAT'te toplanıyor.

ŞERİAT, Peygamberimizin hayatında tekmillenmiş...Kur'an-ı Kerim tamamlanmış, Peygamberimiz *(S.A.V.)* vedâ haccında vazifesinin son bulduğunu kendi açıklamış, Kur'an'ın aydın hükümlerini, kendi hayat ve sözleriyle berraklığa kavuşturmuştur. HADİSLER (söyledikleri) engin bir kaynak olmuş, KIYAS (bir bilinene dayanarak hüküm); icma-ı ümmet (halkın arzusu) doğruyu tamamlamıştır.

Medine'ye HİCRET'in İslâm Takvimi olmasıyla 1417 yıl evvelinden bugüne bu yoldan gelinmiştir.

Bu geçen zaman içinde dünyada ÇOK ŞEY olmuş, Ortaçağ kapanmış,yeni zamanlar çağı gelmiş ve sonunda da yüklü gündemli YİRMİNCİ YÜZYIL da son üç senesini dolduruyor.

ŞERİAT hükümlerinin değişmezliği de şekilde kalmış.. Yeni yorumlara kesin gereklilik duyan, görüş ve kararları İCTİHAD *(YORUM)* olarak geçerli sayılan kişiler, bu değişikliğe garip, yadırgatıcı tâbir bulmuşlar: *Hile-i Şer'iyye - şeriat hilesi* demişler!

Ve belki de şaşıracaksınız: Konu üzerinde en geçerli,mükemmel yorumlu, din bilginlerinin şöylece yüzeyde kaldıkları mevzuları ve de özellikle bütün dinlerin reddindeki HİLE yoluna neden mecbur kalındığını, değerli bir Hukukçu kadın bilim şahsiyetimiz, Ankara Hukuk Fakültesi Felsefe Hukuku ve Sosyoloji Profesörü Sayın Hâmide Topçuoğlu, doktora tezi olarak aldığı çetin mevzuu ayrıntılı işliyerek " KANUNA KARŞI HİLE, KANUNDAN KAÇINMA hallerini ibret, zaman zaman da dehşet sahneleriyle derlemiştir.

Dört ciltlik "OSMANLI TARİH DEYİMLERİ ve TERİMLERİ SÖZLÜĞÜ" emek, bilim eserinin cilt II. sayfa 134'de Mehmed Zeki Pakalın üstad HİLE-İ ŞER'İYYE'yi şöyle izah ediyor:


"– Yapılması şer'an memnu *(yasak)* olan bir şeyin icrası için baş vurulan çâreler hakkında kullanılan bir tâbirdir".


(Şeyh Muhsin Fâni) takma adayla " Yirminci Asırda İslâmiyet, Felâha (kurtuluşa) Doğru, İstikbale *( geleceğe) Doğru*, gibi değerli araştırma eserleriyle tanınan, Halep Valisi Hüseyin Kâzım Kadri Bey eseri TÜRK LÜGATİ'nde Hile-i Şer'iyye için şu uzlaştırıcı açıklamayı yapar:

"– Müşkil *(zor)* bir meseleyi şer'î esaslara göre hazaketle *(ustalıkla)* hal ve izah KİTABA UYDURMAK meselesinin şer'an *(şeriatça)* muahazayı *(eleştiriyi)* mucib olmayacak *(önleyecek)* surette tevilini *(yorumlama)* yolunu bulmak..."

Beğendiniz mi?

Aslında ÇOK PARTİLİ PARLAMENTER SİSTEM'i denediğimiz yıllarda çeşitli adlarla siyaset sahnesine çıkan ve son seçimlerde iktidarın büyük ortağı olan hareketin ŞERİAT FELSEFESİ'nde Hile-i Şer'iyyenin esas kaynak olma gerçeğini, bu ölçülerle ele alacak emek, düşündürücü bir tablo ile sahneye çıkar.

Ben elinizdeki kitap hacmini aşacak ÖRNEKLER'e girmeyeceğim yine bu siyasî akım içinde çok sık kullanılan **Hile-i Şer'iyye'**nin bir başka koluna TAKİYYE'ye geçeceğim.

Üstad Mehmet Zeki Pakalın'ın OSMANLI TARİH DEYİMLERİ ve TERİMLERİ sözlüğünü dördüncün cildi sayfa 383'de TAKİYYE şöyle açıklanıyor:

"– İman ve itikadını yerine ve zamanına göre saklayarak başka türlü itikat ve başka türlü biçim imân izhar etmek, diğer bir tarifle OLDUĞU GİBİ GÖRÜNMEMEK, GÖRÜNDÜĞÜ GİBİ OLMAMAK YERİNE KULLANILIR bir ıstılah'tır." *(Istılâh sözcüğü bir ilim veya sanata mahsus tâbir anlamına geliyor. Büyük Osmanlı Lügatı cilt II, sayfa 754).*

Yine son yıllarda siyasi literatürümüze giren TAKİYYE'yi de hatırlamış oluyoruz.

HÜLLE'ye gelince: Hiddetlenen bir Şeriatçının eşine tekrarladığı Talâk-ı Selâse- (Üç kere tekrarladığı BOŞADIM)den pişman olduğunda, tekrar nikâh için yerine getirilmesi şart işlemin adı..

Bu şartı **(Osmanlı Tarih Deyimleri ve Terimleri Sözlüğü, cild:4, sayfa 853"de** Mehmed Zeki Pakalın şöyle anlatıyor: "– Bir kadının talâk-ı selâse kocasından ayrıldıktan sonra yine eski kocasına varması şer'an mümkün ve helâl olmak için kadının başka bir erkekle evlenerek tekrar boşanması yerinde kullanılan bir tâbirdir".

Dr.Fahri Celâl'in "Talâk-ı Selâse" adlı hikâye kitabındaki mevzu; bin yılı aşkın zaman, olduğu gibi korunmuş bir düzenin terkibindeki boşlukları doldurmak için başvurulan çareleri benimsetme gayretini sergiliyor. Yakın dostum ve fikirlerine saygı duyduğum Sebil-ür-Reşat ve Sırât-ı Müstakim Dergileri'nin ve Yayınları'nın sahibi rahmetli Eşref Edip Fergan, bu hile-i şer'iyyeler, takiyyeler, hülleler'in İslâm şeriatında ASLINDA OLMADIĞI'nı iddia eder:

"– Değil sadece Arapça, bu ağdalı, anlaşılmaz, terkipli ve uzun cümleli dil yerine, halkımızın rahat ve kolay anlayacağı dille dinini diyanetini öğretebilmiş olsak bu yanlış kavrayışlara yer kalmazdı. İnşallah yakında gerçekleşir" derdi.

Yukarıdaki düşünce, İslâmi literatüre ömrünü vakfetmiş bir din bilgininin hükmüdür.

Ben, hasreti çekilen sonuca erebilmek için, yarım, noksan, şartlı değil; doğrudan TÜRKÇE İBADET, ANADİLİMİZLE KULLUK HAKKI HÜRRİYETİYLE gayeye kısa yoldan erişmeyi düşünüyorum.

Göreceksiniz: " Türk insanının sağduyusu, dindarlığı, akıl mantık tercihi önünde hile-i şer'iyyelerin, takiyyelerin geçerliliği SON bulur, özellikle siyasetin araçlarından biri olmaktan çıkar.

Bunların içyapısını kavramış insanımıza, onu bir sanat hâline getirmiş olsanız bile TAKİYYE yapabilir misiniz?

Ve bunlara ümit bağlamışlara yüksek sesle "– **Seni artık tanıyorum....**" demese de Ziya Paşa'nın mısrâlarını hatırlar:

En ummadığın keşfeder esrar-ı derunun,
Sen herkesi kör, âlemi sersem mi sanırsın

der, başını çevirir: "– **Ben dinimin hakikatlerini anadilimle ibâdetimi yaparak yerine getiriyorum. Tanrımla arama girme. Yetmedi mi?**" sorusuyla yoluna devam eder.

Nesiller boyu hayâl edilmiş sonucun huzur getiren varlığı....

## ● — NAMAZDA OKUNACAK SURELERİN NAZIM OLARAK TÜRKÇESİNDEN ÖRNEKLER

İbâdetimizi anadilimizle yerine getirinceye kadar okumaya devam edeceğimiz Arapça metinler yanında Türkçelerinden bir demet sunacağım.

Ricam şudur: Lütfen Arapça'larıyla Türkçe metinleri kıyaslar mısınız?

Özellikle NAZIM olarak Türkçeye çevrilmişlerin Arapça asıllarıyla, dini duygular üzerinde kıyaslamanızı rica edeceğim.

Hangisi sizi daha fazla etkiliyor?

Duygu, his, Tanrısal atmosferin ruh ve düşünce hazzı ve tatmini bakımından...

Daha açık deyişle: Arapça bilseniz dahi hangisi daha fazla duygulandırıyor? Düşündürüyor?

## FATİHA SURESİ

Hamd evrenler sahibi yüce ALLAH içindir,
ALLAH ki acıyandır, koruyandır, sevendir,
Günü gelince ancak,
O'dur hesap soracak
Tek Sana tapar, Senden medet umarız biz
Sapıtmışlar yoluna düşmekten koru bizi,
Doğru yoldan ayırma bizi, aman Rabbimiz.

## ASR SURESİ

Günün omuzlara çöktüğü saat,
Yorulmuş insanın hayat yükünü,
Söylene yüksüne çektiği saat,
O vakti de sever inanan yürek,
Çevresinde sabrı salık vererek.

## YASİN SURESİ

Yâsin,
Kur'an'ın hükmü kesin
Sen, RAB'ın arza elçi gönderdiklerindensin,
Doğru yol üstündesin.
Ataları önderden yoksun bir kavim için
İlk uyarmadır sesin.
Varsın yitikler Senin sözünü dinlemesin,
Kader zincirini boynunda sürüklesin,
Sen Kur'a'na uyan,
ALLAH'ını sayan,
Tam uyarmış demeksin.
Ona müjdele, deki,
Mükâfat göreceksin,
Cennete gideceksin.

Üzülme Ya Muhammed, çabaları nâfile,
Bir eski mezar görse bir münkir gelir dile,
**"– Bu mu dirilecekmiş, bir avuç kemik kaldı,"**
Hey bir avuç pıhtıdan yaratılmış zavallı,
Seni öyle vâr eden bunu diriltir elbet,
Yeşil ağaçtan kızıl ateş yaratan kuvvet,
Cümle yaratıkları, yeri göğü vâr eden,
Kemikten yeni insan türetemezmiş neden?

O, herşeyi yaratan, gören, bilen, bildiren,
Ol deyince olduran, ÖL deyince öldüren,
O'nunla vâr oldunuz. O'nunla gerçeksiniz,
O'ndan kopup geldiniz, O'na gideceksiniz.


## ● — YETMİŞ ÜÇ YIL SONRA TUNALI HİLMİ BEY - MUSTAFA FEYZİ EFENDİ TARTIŞMASI VE GÜNÜMÜZ...

Tarih 17 Nisan 1924..... Türkiye Büyük Millet Meclisi İLK Diyanet İşleri Başkanlığı bütçesini görüşüyor.

O günün söyleyişiyle İLMİYYE, bugün DİN BİLGİNLERİ olarak adlandırdığımız milletvekilleri ardarda söz alıyorlar ve bütçenin gerekçesinin olmadığını Şer'iyye Vekâleti *(Din İşleri Bakanlığı)*'nin kaldırıldığını, Medreselerin kapatıldığını, müderrislerin *(medreselerde ders veren öğretmenlerin)* kapatılan medreselere sokulmadığını, câmilerin ilgisiz kaldığını, onarımların durduğunu, imamlar, hatipler, müezzinlerin işsiz bırakıldığını söylüyorlar. Maliye Vekili Abdülhalik *(Renda)* Bey, itirazlara cevap veriyor. Erzurum Milletvekili Raif Dinç Hoca Efendi, Şer'iyye Vekâleti'nin kaldırılmasını kabul eden Meclisin yerine kurulan Diyanet İşleri'nin Teşkilât Kanunu'nun neden bütçeden evvel hazırlanmadığını, bu kuruluşun kendisine bağlı olduğu Başvekil İsmet Paşa'nın Meclise açıklamalarda bulunmasını istedi.

Daha sonra kürsüye gelen Konya Milletvekili Hoca Mustafa Feyzi Efendi, kapatılan medreselerdeki binlerce öğrencinin açıkta kaldığını, din dersleri yanında **öğretilmesi zorunlu Arapça'nın** kimler tarafından öğretileceğini sordu.

Ve kıyamet o zaman koptu....

Kürsüye gelen Tunalı Hilmi Bey[1] normal mekteplerde artık Arapça öğretilmesine lüzum ve sebep olmadığını söyledi. Hocaefendilerin büyük bölümü itiraz ettiler. Erzurum Milletvekili Ziyaeddin Efendi, Müslüman olanın Arapça bilmesi gerektiğini çünkü Kur'an-ı Kerim'in Arapça nâzil olduğunu söyleyince Tunalı Hilmi Bey: *"– Sizin bütün telâşınızın asıl sebebi bu... Ama hakikati söylemiyorsunuz. Kur'an, Cahiliye Devri'nin rezaletleri içinde pûyan olan Araplar'ı ıslâh için onlara Arapça gönderildi. Bunu Kur'an kendisi söylüyor. Ben kalûdanberi Müslümanım. Ama Arapça'nın esiri değilim. Birgün bizim milletimiz, dinini kendi güzel , kifâyetli dili ile yerine getirecek. Buna mâni olamayacaksınız".*

Mustafa Fevzi Efendi'nin cevabı sert oldu:

*"– Arapça olmadı mı din âlimi de yetişmez. Maksadınız bu mu? Kalûdanberi Müslüman olabilirsin ama bu sıradan Müslümanlıktır"* deyince Tunalı Hilmi Bey: "– Çocuklarımız İngilizce, Fransızca, Almanca

---

(1) Tunalı Hilmi (doğumu: 1863 - ölümü: 1928). Son yüzyılın şuurlu, coşkulu, bilinçli Türk milliyetçilerindendir. Tuna, Eski Cuma doğumludur. Tıbbiyenin son sınıfındayken 1886'da Avrupa'ya kaçtı. Dergi ve kitaplarıyla baskı rejimine karşı çıktı. II. Meşrutiyet'te Osmanlı Meclisi'ne Zonguldak milletvekili seçildi ve vazifesine Türkiye Büyük Millet Meclisinde ölüm tarihi 1928'e kadar devam etti. Türk dilinin ödün vermez kavgacısıydı. Müdafaa-i Hukuk Grubu'nun gizli bir toplantısında Mustafa Kemal'in açıklamalarında kullandığı Osmanlıca kelimelerin, Türkçe karşılıklarını liste halinde eline vermişti. Atatürk yıllar sonra bu listeyi İbrahim Necmi Dilmen'e vermiş; incelenmesini ve terimlere alınmasını istemişti.

öğrenecekler köy hocası olmayacaklar, elektrik, makine mühendisi olacaklar. Arapçaya ihtiyaç duyan sizlere başvursun öğrensin" cevabını verdi.

Tartışmalar, hasta başvekilin iyileşip meclise gelerek açıklama yapmasıyla noktalandı.

Bugün 1997..... Temelde değişmiş ne var?

Lütfen anadilimizle kulluk hakkı özgürlüğüne sahip olalım da hem perdenin arkasındakileri görelim, hem de fitne dinsin...

Sahnede Tunalı Hilmi Bey'ler yok, ama Mustafa Fevzi Efendi'ler çok...

## ● — TÜRKÇE İBADET SİZE, TEMELİ TÜRK FELSEFESİ OLAN TARİKATLERİ TANITACAK...

Hep biliyoruz: Son yıllar, Tarikat hareketlerine göze çarpan artış ve yayılma getirdi.

Bu sahada da su yüzüne çıkmayan bir çekişme var: Sünnî görüş ağırlığını temsil eden ve İkinci Beyazıt zamanında Gazzali'nin şahsında Türk İbni Sinâ ve Farabi felsefesi yerine Gazzali'yi hâkim kılan Arap, Acem İttifakı ....

Eğer ibâdetimizi TÜRKÇE yaparsak, Farabi, İhvân-us-Safâ'cılar, İbn Rüşd, Hacı Bektaş Veli, Mevlâna Celaleddin, Nesîmî, Simavne Kadısıoğlu Bedrettin, Yunus Emre, Hacı Bayram ve öteki Türk kökenliler Tasavvuf hayatımızın *tevekkül*'ünün değil, hayatiyet ve aktivitesinin kaynağı olacaklardır.

Türkçe ibâdetimizle milli şairimiz Mehmet Emin Yurdakul'un:

> İbni Sina'n, Fârabi'n,
> Daha birçok uleman,
> Muhammed'in yurdunda,
> Cehle yumruk vurdular,
> Medeniyet kurdular.

hakikatinin ışığında toplanacağız.

246

Asıl önemlisi Karahanlılar'dan Selçuklular'a kadar Türk Devletleri'nde, fikir felsefe alanında kaynağı Türklük olan tarikatların, devlet varlığına etkilerini kavrayabileceğiz. İslâmiyeten önce ŞAMAN olan ceddimizin natüralist yapısını, doğanın yüce varlıklarındaki tanrısal düzenin milletimizi PUT'lara mahkum etmemiş *monarite* (Vahdaniyet, Tektanrı) inancını Türk filozof ve tarikatlerinde bulacağız.

Neden bunu bugün yapmadık, hiç olmazsa denemedik diyebilirsiniz:Çünkü bu görüşlerin hepsi kulluk ödevimizi anadilimizle yerine getirmenin sağladığı geniş ufuklar içinde mümkün olabilirdi de ondan...

Son yirmiyıl içinde, mesela NAKŞİ'lerde aynı şehir içinde semtlere kadar daralmış şeyhler, icâzeti kuvvetli bir şahsiyetin beraberinde getirdiği kudret olarak değil, tarikatın anonim halkalarının içinde kalan, dünya hadiselerinin uzağında kendi bünyesine dönük minik halkalar hâlinde İsmailağa Tekkesi, Somuncubaba Dergâhı, İskenderpaşa Dergâhı, Erenköy Cemaati, Sultan Babacılar, Menzilkolu gibi belli saha içinde, belli şahsiyetlerin varlığıyla sınırlanmış yerlilik, Osmanlı günlerinde geniş topraklı bir ülkenin sınırlarını aşmış kudretini aratır olmuştur. En yaygın tarikat olan Nakşibendiler'e göre daha sınırlı hareketleri olan Rıfailer, Kadîriler, Cerrahiler, yanında Alevi vatandaşları çatısı altında toplayan Bektaşiler, kitlesel yapılarını, TÜRKÇE İBADET halinde daha derin hissettirebilecektir. Böylelikle de Anadille kulluk hakkı özgürlüğü toplumsal yapımızda âhenkli yükselişlere yol açarken, siyasetin etkisinden de mümkün olduğu kadar uzak kalacaktır. Selçuklular'ın dağılışı buhran günlerinde Ahiler'in sahneye çıkışı, HORASAN ERLERİ'nin Alpörenler'i Anadolu'nun bağrında nasıl Türk mührünü tazelemişse, emin olun, ibâdetimizi ana dilimizle yaptığımızda temeli Türklük olan tarikatlar manevi ışığımızın sönmez aydınlığı halinde parlayacaktır.

Hakkımız ve kaderimiz....

Neden geciksin?

# LÜTFEN OKUYUN: RAKAMLARLA GERÇEKLER ve TEK KURTULUŞ YOLU

**_"Lütfen okuyun:_**

_Kendiniz ve Sizden
sonrakiler için;_

_Haysiyetiniz için;_

_İnsanlığınız için;_

_Vatandaşlığınız için;_

_Hür yaşama hakkı için;_

_Değer verdiğiniz ne varsa
hepsinin varlığı için:_

**_Lütfen okuyun!"_**

● — **Hemen rakamlara geçiyorum 1997 Türkiyesi'nde:**

● — **KUR'AN KURSLARI:**

Kayıtlı Kur'an kursu öğrenci sayısı 1.685.000 dir. Kayıtsızların ne sayısı, ne kadar öğrencisi olduğu bilinmiyor. Bu sayı her beşyılda iki katına çıkıyor.Üç yıl sonra 2000 yılında 7 milyona çıkacak.

● — **İMAM HATİP LİSELERİ:**

Sayısı 561 veya 602 . Bu liselerde 492.809 öğrenci okuyor. Yıllık mezun sayısı : 53.553.... Buna karşılık, her yıl, her yeni hükümette seçim yatırımı YENİ KADROLAR'a rağmen yıllık imam ihtiyacı 2.288.... Peki, açıktaki İmam Hatip Liseleri'nin her yıl 51.265 mezunu ne oluyor? Siyasal Bilgiler'e, Hukuk Fakültelerine , Polis Akademilerine yönlendiriliyor. Siyasi İslam'ın ŞERİAT KADROSU'nun ihtiyacına göre, 1.100 kaymakamdan _kadın eli sıkmayan 600'ü_ buralardan yetişenler anlaşılan. Peki..... Ordu'ya sızmadılar da, az veya çok, her yıl Ordu bünyesinden ŞERİATÇI tasfiyesi neden yapılıyor?

● — SİYASAL İSLAMCI MEDYA: Bakın, rakamlar ne diyor: 19 gazete, 110 dergi, 51 radyo, 20 televizyon kanalı..... Memleket nüfusunun yüzde kaçının bunları okuduğu ve dinlediği Millet Meclisi aritmetiğine bakıldığında tahmin edilebilir.

● — SİYASAL İSLAMCI KURULUŞLAR: Bunlar da çalışmaları gözler önünde olanlardır ve şöyle: 2.500 dernek, 500 vakıf, 1.000 şirket, 200 yurt, 800 okul ve kurs ve de 5.000 tarikat şeyhi.... Bu rakamlar GİZLİ değildir. Milli Güvenlik Kurulunun toplantılarında açıklanmıştır. Kuruluş gayeleri Cumhuriyeti korumak olan kuruluş ve makamlara iletilmiştir. Zaten gizlemiyorlar: Kuvvetlerinin tescili, hazırlıklarının çapı ve de " gerektiğinde kanla geliriz" meydan okumasının dayanağı olarak ilan ediyorlar.

● — İSLAMİ SERMAYE: Bu kuruluş ve hareketlerin dayandığı sermayenin kaynağı nedir ve nasıl bir düzeye çıkmıştır?

Ticaret ve sanayi alanında harekete destek veren ilk 100 kişinin serveti şöyle tesbit edilmiştir:

6 kişi 100 trilyondan fazla (lütfen dikkat ediniz: TRİLYON)

5 kişi 20 trilyonla 50 trilyon arasında,

15 kişi 10 trilyonla 20 trilyon arasında,

13 kişi 1 trilyonla 10 trilyon arasında,

61 kişi bir trilyon altı.

● — ALTI SAATTE BİR CAMİ: Biliyorsunuz ki Türkiye'de ALTI SAAT'te bir CAMİ yapılıyor. Sayısı seksen bin'e ulaşmıştır. Cuma'dan gayri çoğu dolmuyor.

NAMAZ'ın câmide kılınacağı üzerinde ne Kur'an-ı Kerim'de, ne sahih Hadis'lerde , ne doğrudan dolaylı, hatta kıyas yoluyla bir HÜKÜM yoktur. Ama siyasi İslâm kadrosunun (şu gerçeği de açıklamış olayım: Bu Sİ-YASİ İSLAM tabiri, bizimkilerin icadıdır. ŞERİAT'ın eş anlamı olarak kullanıyorlar!) düşüncelerini yaymak için, yâni dini siyasete sokmak için her yeni câmi bu yol için hazırlanmış yer oluyor.

● — DESTEK VEREN ÜLKELER: Böylesine bir yapı içindeki hareketi, siyaset ve gayelerinin icabı olarak desteklemekte olan devletler bilinmiyor mu?

Elbette biliniyor...

Libya, Suudi Arabistan, Suriye, İran, Sudan.

Ve de SEKİZLER'in bundan sonraki safhalarda geri kalanları.

Çünkü bizimkiler de, O'nlar da çok iyi biliyorlar ki ATATÜRK'ün Lâik Cumhuriyet'i yıkılırsa İslâm fundamentalizmi yeni metodlar içinde dünya sahnesine çıkacaktır.

## ● — AKLIN, BİLİMİN, TARİHİN, HAYSİYETİN BİRLEŞTİĞİ TEK ve de SEÇENEKSİZ KURTULUŞ ÇARESİ: *TÜRKÇE İBADET, ANADİLİMİZLE KULLUK HAKKI HÜRRİYETİ...*

Emin olunuz, aslında dayançları, ne maddi imkânlar, ne bir ham hayâl yoluna sürüklenmiş mâsum vatandaş topluluğu değildir: Türk insanının ibâdetini hâlâ Arapça Kuran-ı Kerimi okuyarak yapmaya devama zorlanmasıdır: Ortada hiç bir dini sebep olmadan, 1417 yıldır devam eden, daima beslenen kökleşmiş bir bâtılın ardında giderek...

ATATÜRK, kısa ömrünün son iki yılında büyük hizmeti kucaklamış, KAMET, HUTBE, EZAN'dan sonra NAMAZ SURELERİ'ne gelmiş, bütün hazırlıkları yapmıştı.

Hasretini beraberinde götürdü.

Temel mirası olduğu yerde duruyor...

Başka HİÇ BİR SEÇENEK yoktur: Ortada en katı şeriat anlayışının bile karşı çıkma imkânı ve hakkı yoktur: Çünkü bu haktan yoksun dünyanın hiç bir uygar ülkesi de yoktur.

İstiklâl Mahkemeleri'nden, Takrir-i Sükûn kanunlarına karşı denenmiş olayların âkibetine bakınız, onların yanında sağduyusu dünya örneği olan Milletimizin ruh yapısına bakınız: Bu ülkenin insanları akıl, bilim, gerçekler yolundaki hangi girişimi geri çevirmişlerdir? ATATÜRK (1923-1938) o kısacık onbeş yıla sığdırdıklarından hangisini *süngülerin gölgesinde* başardı?

● – DERHAL, EN KISA ZAMANDA " DİNLER ARASI" bir kurultay toplayacaksınız, İlâhiyat *(Tanrıbilim, teoloji)* alanında her din ve görüşten, hatta ateistlerden *(Tanrı tanımazlar)* dahil hatıra gelebilecek bütün inançların söz sahiplerini toplayacaksınız: *"– Ben Türk'üm... Kutsal Kitabım Kur'an'ın Türkçesiyle ibadetimi yapmak istiyorum. Anadilimle kulluk vazifemi yerine getireceğim. Buna mâni var mı?"* sorusunu sorun.

Göreceksiniz: " *Dilediğini yap! Bu senin insanlık, hür vatandaşlık hakkın....*" cevabını alacaksınız.

● – Bu gerekçeleri, halkına anlayacağı üslup içinde kısa ve öz iletecek, bütün dinsel ödevleri, ÖZDİLİMİZLE yerine getirmenin şartlarını SON DİN'e özgü şartlar ve tarzlar içinde hazırlayacak, kısa geçiş süresinden sonra, O'nu iki dünyada aziz kılacak hizmet olarak sunacaksınız.

● – ATATÜRK'ün Lâik Cumhuriyetine karşı çıkanlar, göreceksiniz en güvendikleri dayançlarını kaybedeceklerdir, sömürü kaynakları elden gidecektir. ANADİLLE KULLUK HAKKI, bu temele göre programları düzenlenmiş ihtiyacı karşılayacak sayıda İmam Hatip Lisesi'nde GERÇEK DİN ADAMI'nı yetiştirecektir. Arapça ancak ve yalnız üniversiteler İlahiyat Fakülteleri'nde, Farsça gibi Lâtince gibi, İbranice gibi ihtisas dili olacaktır, o kadar!

● – ARAPÇA'nın tekelinden kurtulmuş Kur'an kurslarına çocuklarımız din bilgilerini sekiz yıllık arasız eğitimin, karar alış bölümünde "müfredat programı" içinde göreceklerdir. Arzu eden aileler, bu bilgiyi, ahlâk bilgisiyle tamamlayan kurslarda değerlendirebileceklerdir.

ARAPÇA'nın (A) sının anılmadığı kültür kuruluşlarında.. *(Merak ediyorsanız elinizdeki kitabın 245. sayfasındaki* yetmiş üç yıl önce Tunalı Hilmi Bey ile Mustafa Fevzi Efendi arasındaki tartışma" olayını ibretle okuyunuz!)

● – Sadece *"ATATÜRK'ün ordusu vazife başında"* hakikatiyle yetinmeyiniz. Evet Ordu vazife başında ama, bu ülke aydınlarının, gerçekleri görebilen her düzeydeki vataşlarının da vazife başında olmaları gerekmez mi?

Size, üzerinde koskoca kitap yazdığım bir ibret olayını anlatacağım:

İkinci Meşrutiyet, 33 yıl süren

İkinci Sultan Hamid baskısının ardından 23 Temmuz 1908'de ilân edildi.

Tarihlerimizin "31 Mart irticâ *(gericilik)* ayaklanışı, olarak adlandırdığı asker ayaklanması, Meşrutiyetin sekiz ay yirmibirinci günü *(13 Nisan 1909)* patladı.

Ayaklanan askerler, İttihat ve Terakki'nin inkılâbı yapmış zabit ve kumandanların, Padişahın bir karşı hareketine imkân vermemek için Rumeli'den getirdiği (AVCI TABURLARI) idi. Kışlalarında zabitlerini odalarına kitlemişler, Sultanahmet Meydanı'na dökülmüşlerdi.

İstanbul onüç gün kan ve ateş içinde kaldı: Öldürülen "mektep"li genç zabitlerin cesetleri Hareket Ordusu şehri kurtarıncaya kadar sokaklarda kaldı.

Kurulan Divan-ı Harp *(sıkıyönetim)* Mahkemesi'nin gerekçeli kararı, ayaklanmanın 85. yılı 1994'e kadar yayınlanmadı.

Ben, isyanı bastıran Hareket Ordusu Kurmay Başkanı, Korgeneral Pertev Demirhan Paşa'nın *(doğumu: 1871-ölümü: 1958)* Japonya anılarını derlerken evrakları arasında buldum. Mahmut Şevket Paşa kendisine: *"–Bu ihanet isyanın hakikî sebeplerini halka açıklarsak Orduya itimadı sarsılır diye endişe ediyorum. Basiretimiz bağlanmış... Bir Derviş Vahdetî kışlaya kadar girmiş askerin sâf dinî hissiyatını istismar etmiş. Bir müddet sonra neşredilir"* demiş, o "bir müddet sonra" sürüp gitmişti.

Ben, ayaklanmanın 85'inci yılını 1994'de "OTUZBİR MART SEKSENBEŞ YAŞINDA: BİR GERİ DÖNÜŞÜN MİRASI" başlığı altında 515 sayfada kitaplaştırdım.

Kılık ve şekil değiştirmiş bir benzerinin ayak seslerini duyarak..

O gün **bir Derviş Vahdetî** varmış, bugün kaç tane bilemiyorum.

İzin verirseniz ben nâciz Cemal Kutay'ı değil, İstikalâl Marşı şairi Mehmet Akif'i dinleyelim: (BİR GERİ DÖNÜŞÜN MİRASI, sayfa: 513)

Şu bizim halkı uyandırmadadır
varsa felâh
Hangi bir millete baksan uyanık..
çünkü sabah
Hele bîçâre şeriatla nasıl
oynanıyor,
Müslümanlık bu mu yahu? diye
insan yanıyor,
Gölgesinden bile korkup bağıran
bir ödlek,
Otuzüç yıl bizi korkuttu *ŞERİAT*
diyerek,[1]
*Vahdetî muhlisiniz, elde asâ çıktı*
*herif,*
*Bir alay zabit kestirdi, Sebep"*
Şeri' Şerif!"
Karı dövmüş, boşamış, "emri
ilâhi" ne denir,
Bunların emîn ol ki hepsi
cehalettendir.

---

(1) *Mehmed Akif'in:*
  "Gölgesinden bile korkup bağıran bir ödlek Otuzüç yıl bizi korkuttu "ŞERİAT" diyerek" *mısralarında hedef aldığı kişi, İkinci Sultan Abdülhamid'dir.*

Ne diyor İstiklâl Marşı şairi? AYNEN tekrar ediyorum.. Şükrân ve minnetle:

*"Şu bizim halkı uyandırmadadır*
*varsa felâh"*

Felâh.. Yâni kurtuluş, selâmet, mutluluk *(Büyük Osmanlı lûgati, S. 360)* İşte ben, bu aziz vatana 171 telif tarih vermiş emektar, vatandaşlarımı, layık oldukları *felâh*'a, yâni, **kurtuluşa, selâmete, mutluluğa** kavuşturmak için 1417 yıllık bir vazifeyi BÜYÜK ATATÜRK'ün beraberinde götürdüğü hasretin bitmesi kutsal emeğini hatırlatmak istedim:

## TÜRKÇE İBADET

*(ANADİLİYLE*
*KULLUK HAKKI HÜRRİYETİ)*

● – Kanlı kinli OTUZBİR MART İRTİCA *(GERİCİLİK)* hareketini karara bağlayan Divân-ı Harb-i Örfî *(sıkıyönetim)* mahkemesinin tespitleri arasında ARAPÇA'nın Müslümanların dinsel inançları, itikatları, Kur'an-ı Kerîm'e saygılarının nasıl kötüye kullanıldığına dair ibretli örnekler vardı: Derviş Vahdetî'nin "İttihad-ı Muhammedî" cemiyeti adına câmilerde Hutbe okuyanlar, kışlalara da girmişler, Arapça vaazlar vermişlerdi.

Mahkeme Başkanlığı, bu Arapça vaazların metin ve mevzularını Şeyhülislâmlıktan sormuştu.

Gelen cevap inanılır gibi değildi: Bu Arapça metinler, Medreselerde okutulan Arapça sarf ve nahiv (gramer) kitaplarından derlenmişti!

Din diyânetle alâkası yoktu.

Yine, DUA diye okunan Arapça metinlerden biri de gusul abdestinin nasıl alınacağını târif eden bir metindi!

Derviş Vahdetî'nin ifadeleri arasında konuyla ilgili şu ibretli açıklama var:

*"– Tilâvet edilen* (okunan) *Arapça oldumu, müminler* (Müslümanlar, inananlar) *manâları bilemedikleri için Kur'an zannıyla ve tilâvetin* (okumanın) *makam ve tarzından heyecan duyarak dinlerler. Anladıkları bir lisanla bu teheyyücü temin mümkün olmadığından bu tarz daima tercih edilegelmiştir."*

Mahkemeden "akıl dengesinin bozuk ve bu yapısı ile de cezai ehliyeti olmadığını" savunmasında söyleyecek kadar medenî cesaret yoksunu bir maceracının Kur'an-ı Kerîm'in ARAPÇA metnini açıklama tarzını, bugünkü DERVİŞ VAHDETÎ'lerin nasıl yorumladığını öğrenebilmek ne ibretlidir diye düşünüyorum.

● – Ufukta bir yeni seçimin ümit ışıkları var...

Lütfen şu duyganlığı göstereceksiniz: Azîz milletimizin 1417 senedir

göz kapatılmış, ana sütü kadar helâl bu hakkı ona takdimi ALLAH, VİCDAN, AHLÂK BORCU sayanların seçilmesine elinizden gelen gayreti göstereceksiniz..

İğfal edilmiş, uyutulmuş, aldatılmış masum insanlarımızın, bâtıldan esinlenen kanaatlerini seçim sandığında yatırım unsuru olarak kullananları ASLA seçmeyecek, elinizden geldiğince seçtirmeyeceksiniz: Vatandaşlarınızı aydınlatarak!...

● – Unutmayın.. uygarlığın, demokratik düzeyin başlıca ölçülerinden birisi, vatandaşların kalp ve kültürlerinde yeri olmuş inançlarını teoriden kurtulmuş, hayatın içinde yerini almış olarak görmektir.

Bu gaye için KARAR MEVKİİNDE olanları aydınlatmaya çalışmalısınız. Elbetteki Sizin gibi düşünmeyenler olacaktır. Fikirlerinizi hoşgörü ortamı platformunda eleştirme ve tartışma konusu yapınız. Yanlış düşündüğünüz kanısına varırsanız Siz inancınızı düzeltiniz, haklılığınıza inanıyorsanız doğruyu açıklamaya devam ediniz.

Uygarlığın daha inandırıcı açıklanmasını biliyorsanız lütfen en açıkça söyleyiniz.

Üçüncü Sultan Selim'in nezdinde Napoleon'un elçisi olan General Sebastian, Sadrazam Koca Yusuf Paşa'nın kendisiyle sohbetinde doğruluğunda ısrar ettiği bir mevzuun, Padişah tarafından tasvip görmediğinde *"Ne yapabilirim"* çâresizliğini duyduğunda hayret ve ümitsizlik içinde kaldığını söyleyince:

*"– Peki... Siz böyle bir halde İmparatorunuza ısrar edebilir misiniz?"* sualine şu cevabı verir:

*"– Benim imparatorum, huzurunda doğruların söylenmesine imkân ve dinlediği doğruların arkasında gitmeseydi o mevkiye tesadüfle gelmiş olurdu."*

Tarih Napoleon'un âkibeti için hükmünü halâ veremiyor, ama bu âkibeti daha çok başka sebeplerde arıyor. Ama Koca Yusuf Paşa'nın buna hakkı var mıdır?

Karşısındaki PADİŞAH bile olsa hakikatin üstünde midir?

Sultan Hamid birgün, Mâbeyn Müşiri Eğinli *(İngiliz)* Said Paşa'ya:

*"– Paşa.. Şu Arapça ne fasîh lisan.. Acaba bizde resmî muhabereleri Arapça'yla yapsak ne olur?"* dediği zaman, bu Anadolu çocuğu, sürülmeyi bile göze alarak:

*"– O zaman da zat-ı şahâneleri, Hanedân-ı Âl-i Osman olmaz, falan Arap Şeyhi olurdunuz!"* cevabını vermişti.

Lütfen Sizler, ceddinizin nesillerdir katlandığı bu ARAP DİLİ KÖLELİĞİ'ne "YETER!.. deyinizki bu günah noktalansın....

# AÇIK
# MEKTUPLAR

Hiç bir kişisel konuyu AÇIK MEKTUP yapamazsınız. Hatta düşünceleriniz, belli bir kesiti ilgilendiriyorsa, yine *kapalı sesleniş*'i tercih edersiniz.

Ama sergileyeceğiniz gerçek, ülke ve insanlarınızı toptan karşınıza alıyorsa "AÇIK MEKTUP" gireceğiniz tek yoldur. Devam etmeniz veya geri çevrilmeniz seslenişinizin değeri konusudur.

Haddini bilme kadar cesaret meselesidir.

Sonraki sayfalarda elinizdeki kitabın *asıl muhatabı* saydığım şahsiyetlere Sizler önünde seslenmeyi zorunlu saydım: Vatan ve Milletimizin, hatta bütün Türk Dünyası'nın, bugün ve yarınlarının kaderi içindeki yerlerini iyi bildiğimizi tescil için...

AÇIK MEKTUP'lardan bir bölümünün sahipleri dünyamızda değil.. Ama emeklerinin izlerini zaman silememiş. Onlara seslenişin; şükrân borcunu öderken, yaşayanlara da bir avuç toprak olduktan sonra geride kalanın *ne olduğu* ebedî hakikatini hatırlatır diye düşündüm: Dinlerinin vecîbelerini, bir *yabancı dil* olan Arapça'yla yerine getirmeye devam eden dünya Türklüğünün anadiliyle ibadet özgürlüğüne kavuşmasında himmet muhatabı gördüğüm kimselerin kavşağında oldukları iki yoldan birinin haysiyet ve cesaret, ikincisinin bu şereflerden yoksunluk olduğunu kavrayacakları ümidindeyim.

Hakem olmanızı rica ediyorum.

●  ●  ●

*Ölmüş – Yaşayan Son Yüzyıl*
*İnsanlarımıza Açık Mektup:*

# HEPSİ ATATÜRK DEVRİ SONRASI İNSANLARIMIZ... BU CUMHURİYET VATANDAŞLARINI BU HÂLE KİM GETİRDİ?

Lütfen yukarıdaki fotoğrafa dikkatle bakınız: Resim, 30 Temmuz 1997 Çarşamba günkü SABAH gazetesinin birinci sayfasından alınmıştır. Olay şu: Sekiz yıl kesintisiz eğitimi bahane ederek şeriat gösterisi yapanlar polisle çatışmışlar, olayları objektifle tesbit eden gazetecilere, televizyon kameramanlarına saldırmışlar. Olanlardan bir sahne...

Yetmiş milyona erişmiş insan varlığı içinde, sadece Osmanlı'nın süresi 622 yıl; devletin yapısını simgeleyen ŞERİAT'ı koruma - hatta yeniden yaşama döndürme - gayretinin şaşılacak nesi var diyebilirsiniz.

Bu; olayın *sadece bir tarafı*'dır.

259

Böyle düşünüyorsanız resme dikkatle bakmamışsınız diyeceğim.

Lütfen bir daha bakınız ve binlerce kişilik kalabalıktan öne çıkmış, adeta belli bir düşünceyi kucaklatmak için bir film sahnesi gibi kasden yanyana getirilmiş şu BEŞ KİŞİ'nin yaşına, kılığına dikkat ediniz: Sanırım İLK tesbitiniz şu olacaktır:

> "– Bunlar YAŞ olarak Türkiye'nin ortalama yirmişer yıllık periyotlar içinde BEŞ NESLİ'ni temsil ediyorlar. Tesadüflerle bir araya gelmeleri mümkün değil... Acaba: "– İşte ülke böyle düşünüyor!" ispatı için ustaca bir senaryo mu?"

Ah... Keşke böyle olsaydı!...

Arkadaki sakalı bembeyaz, gözlüklü, yaşlı vatandaşımız, belli ki ömrünün son basamaklarında... Çocuk çağında da olsa Cumhuriyet öncesini, kurtuluş savaşı sancılarını yaşadığı düşünülebilir. Onun önündeki ÜÇÜ de çember sakallı orta yaş neslinin sol baştakinin bakışlarındaki sabitliğe lütfen dikkat ediniz: Yanındaki beyaz berelinin bir tarikat âyininde tekbîr-tehlîl getirircesine *cezbe içinde* dudakları oynuyor, sağbaştaki de kendilerini sokağa döken olayın *etkisi* içinde... Hepsinin de askerliklerini yapmamış olmaları mümkün değil: Demek ki orta yaş basamaklarındaki ÜÇ ÇEMBER SAKALLI, *kışla*'nın kapısından girmişler çıkmışlar... Arkada, ihtiyarın yanındaki - belki de torunu... –*çocuklukla gençlik arasındaki*– vatandaşımız BEŞ NESLİN son halkası...

Kim yetiştirmiş belki de birbirlerini tanımayan bu insanları böylesine TEK BİR İSTEK gibi gözüken gaye için...

Kim yetiştirmiş bunları?

Aslında hiç de bilmece değil!..

Osmanlı, çok kısa ömürlü 1876 Birinci Meşrutiyet'ten sonra otuzüç yıllık Sultan Hamid devrini yaşarken çok yönlü *çöküş*'ün içindeydi. 1908-1918 İkinci Meşrutiyet din, ırk, dil, milliyet bakımından *yaprak dökümü*'nün sergilenmesiydi. Temeli TÜRKLÜK olan bir millî devletin *mucize* sayılmasında asla abartılık ve hayal teşhisi yoktur.

Söyleyemediğimiz ve içörgüsünü bu perişânlık manzarası içinde bile yüreklilikle ele almadığımız gerçek, ATATÜRK DEVRİNİN O'NUN DÜNYAMIZDAN AYRILIŞIYLA kapanmış olmasıdır.

Ve artık bugün lütfen açıkça görmek, tespitlemek, konuşmak cesaretini gösterelim, O'nun ömrünün son yıllarını temelde kapsayan TÜRKÇE İBADET tamamlanabilmiş olsaydı bugünkü kışkırtmaların kapıları sımsıkı kapanmış olması değil, *konusu* kalmayacaktı.

Evet... Konusu kalmayacaktı.

Çünkü bütün hata, ibadete, *yabancı bir dil*'le devamdan geliyordu ve bugün kıyamet koparılan sekiz yıllık kesintisiz öğrenimi daha başlangıcısında, bu tezada ödünler vererek *devam* çâresizliği içinde olmayı benimsemenin **ehven-i şer** olan gerçeğinde yatar...

Cesaretiniz varsa şöyle bir deneme yapın:

- İmam-Hatip çıkışlılar dışında öğrenimin bütün kademelerindeki öğretmenlere sorunuz: ATATÜRK'ün hasreti o günlerin şartları içinde her bakımdan daha kolay, emîn ve öteki değişimlerde olduğu gibi kesin ve hızlı sonuçlandırılmış olsaydı, içlerinde emeklilikleriyle köşelerine çekilmiş olanlar dahil, artık söz götürmeyen *dış kışkırtmalar* sonu bugünkü manzara karşısında büyük eseri korumak için *vazife başı* yapmazlar mıydı?

- Ve Ordu'da, ATATÜRK GÜNLERİ'nde Cumhuriyeti felsefe ve müesseseleriyle koruma, günlük yaşamın devamı sayma duyganlığı aynı ölçü ve kıstaslar içinde devam etseydi şu gördüğünüz resimde, hepsi de askerliklerini yapmış oldukları ortada olan ÜÇ ÇEMBER SAKALLI'nın kafası, aslında DİN'le *zerrece* ilgisi olmayan ve temeli ARAPÇA'dan kopup gelen bir kültür emperyalizminin gayesiz, bilgisiz, kapanmış bir devrin alışkanlığı içinde kendi öz dili gibi bayrağı kadar kutsal ulusal varlığının karşısına çıkarlar mıydı ve onları bu terkib için yetiştirmiş olanlar böylesine olay önünde sessiz, sadece *"vah vah... Neler oluyor?"* hayıflanmasıyla kalırlar mıydı?

- Ordu yüksek kademelerinin, ATATÜRK devrinden kendilerine emanet duyganlığın kıstaslarını hatırlayarak, *bugünlere* nasıl gelindiğinin kendileriyle alâkalı bölümünde bir *öz eleştiri* yapmalarını hatırlatmanın zorunlu olduğunu düşünüyorum.

★★★

# ● — İÇİMİZDEN BİRİLERİNİN GÖZ KAPADIKLARI SORUMLULUĞU YOK MUYDU?

Hepsi ATATÜRK DEVRİ SONRASI *beş nesli*, böylesine öfkeli, aynı hizada, aynı düşüncenin safında görmek, isyan konularını da öğrendikten sonra beni, uzun uzun düşündürdü.

Sorumlular aradım.

Yadırgıyabilirsiniz ama bulduğumu söyleyeceğim: Sanatçılarımız...

İslam Şeriatı Arap'ların *putlara tapma* alışkanlığını önleyebilmenin tedbirlerinden olarak, güzel sanatların iki temel varlığını RESİM ve HEYKEL'i yasaklamıştı. Türk insanı bu kısıtlamayı, sanat yapısının reddinde görmüş, RESİM-HEYKEL yerine kaligrafi, ebrû, mozayik, camiden mezartaşına kadar bir avunmanın içine girmişti: Binaları ve TABLO'laşmış güzel yazılarıyla... Bir sanat eseri dalını icat ve ihya etmişti.

TANZİMAT'a kadar...

İkinci Meşrutiyet'le genişleyen sanat alanı, ATATÜRK'le beraber Batı'nın geniş ufkuna ulaşmıştı.

Gerçeğin bu noktasında sanat tarihi profesörü dostum Suud Kemal Yetkin'in hükmünü hatırladım: Böylesine konular üzerinde bir sohbet sırasında elindeki 1541-1614 yılları arası yaşamış Yunan asıllı İspanyol ressamı El Greco'nun şâheserlerini derlemiş albümden Hz. Meryem'in, karşıda gördüğümüz tablosunu göstererek dedi ki:

*"– Biliyorsun, Hıristiyanlığın ikinci yüz yılından sonra "tasvirci"ler, yani, Hz. İsa ve Hz. Meryem'in resimlerini ve heykellerini kiliselerde isteyenlerle, "gayrı tasvirciler" istemeyenler arasında uzun zaman sürmüş, oluk gibi kan dökülmesine, hatta mezhep kavgalarına yol açmış çekişmeler rönesansdan sonra, bugün de yerleri boş dünya çapında ressamlar, heykeltraşların hala hayranlık uyandıran eserlerinin kişilik taşıyan azameti önünde tasvîrci'lerin zaferiyle son buldu.*

*Bak Cemal Kutay, bir ATATÜRK DEVRİ yaşadık. Bu büyük adam bizlere hayal bile edemediğimiz özgürlükler yaşattı. Dinin ve geleneklerin önümüze diktiği barikatları aştırdı ve her sahada güzel sanatların engîn ufuklarını önümüze serdi.*

*Bizler ne yaptık?*

*İslâm dininin Arap cahiliyye devrinin özellikle resim ve heykelde toplanmış puta tapıcılığa karşı koyduğu yasak kalkınca, ben sanatçılarımızın değer oldukları sahalarda birşeyler yapmasını bekledim, hala da bekliyorum. "*

Düşünüyorum: Mikelanj olmasaydı Hz. Musa, Tevrat'ın hikâyelerinden gayrı insan düşüncesinin doruğundaki yerini bulabilir miydi?

Ünlü Fransız edibi Ernest Renan, Hıristiyanlığın en kalabalık din olmasının, İNCİL'den çok rönesans sonrası sanatçılarının resim ve heykellerinde arar.

Düşünüyorum: Eski Yunan'dan önceki uygarlıklar *Anadolu'nun bağrında*'ydı. Yunan-Roma mitololojisinin kaynağı, üzerinde yaşadığımız toprakların derinliklerindedir. Gökten indiğine inanıldığı için *semâvî* olarak adlandırılan üç büyük din, Musevîlik, Hıristiyanlık, Müslümanlık; en derin izlerini bu topraklara vurmuşlardır. İki sene sonra, 622 yıllık saltanatıyla bir dünya rekoru sahibi OSMANLI'nın 700'üncü yıldönümü 1999'da kutlanacak. Varlıkları büyük şehirlerimizin galerilerinde yılın hemen hemen hergünü bir sergi ile bezenen resim-heykel sanatçılarımızın gündeminde böylesine emek var mı?

Size bir örnek vermeme izin veriniz: Geçen yıl, genç bir hanım resim sanatçımızın SALTANAT KAYIKLARI olarak adlandırdığı bir sergisi, Ankara, İstanbul, İzmir'de açıldı. Bütün vatanda köy-kent izlenmesini isterdim. İlhamı; bir gezi sırasında Venedik gondollarından gelmişti: O kıyı beldesinde asırlardır varlığını koruyan bu orijinal deniz ulaşım aracının benzerleri ülkesinde yok muydu? Dönüşünde Beşiktaş Deniz Müzesi'nde daha haşmetlilerini, her bakımdan *başkalık* taşıyan gelişmişlerini buldu ve tarihimizin dikkate değer kesitini bir bütün olarak sergiledi.

Hem de ne derinlemesine... Kronoloji içinde bir devri kucaklayarak...

Zannederim çok kimse, otuzuncu Osmanlı Padişahı İkinci Sultan Mahmud'un annesinin, Napoleon Bonapart'ın ilk eşi İmparatoriçe Joséphine'in kardeş kızı, Martinik Adası Valisi Fransız asılzâdesi Buc de Rivery'nin kızı Aimée de Rivery olduğunu, Fransa'daki öğreniminden sonra Martinik'e dönerken fırtınaya tutulan gemisinden Cezayirli korsanlarca kurtarılarak İstanbul'a getirildiğini, Saray'a takdim edildiğini, tahttaki Birinci Sultan Abdulhamid'in eşi Nakşidil Sultan olarak İkinci Sultan Mahmut'un annesi olduğunu bu sergide öğrendiler.

Renkler, çizgiler, çehreler, kompozisyon olarak onyedi konu tabloyu, ilham ummanının nasibi kırkiki güne sığdırmış sanatçı; NAKŞİDİL SULTAN'ın şahsında Osmanlı'nın DOĞU'dan BATI'ya geçmişinin kronolojik tarihini de yazmış oluyordu: KALEM'lerin en nâdiri, en hünerlisi fırçasıyla...

Bir ebedî gerçeği de ispatlıyordu. ATATÜRK'ün *"dünyada güzel ve doğru ne varsa orada kadın vardır"* gerçeğini... Aimée de Rivery'nin ayrıcalıklı güzelliği yanında kültür tamlığı, *yol arayan* Osmanlı'nın, devrini tamamlamış nesnelerden sıyrılıp, bilim ve tekniğin kaynağına dönmesi, aydın bir annenin oğluna emâneti olmuştu... Tarihler, İkinci Sultan Mahmud'un aralarında İSTEMEZÜK direncinin kaynağı Yeniçeri ocağının yıkılması dahil Batı uygarlığına dönüşünün binbir sebebini, çoğunu icat ederek sıralarlar. Ama hiç biri, *Aimée de Rivery*'i ne tanımış, ne tanıtmış, ne de bu güzel, anlamlı, kültürlü kadına, ülkesine gösterdiği uygarlık yolunun minnetini ödemiştir: Ne satırlarla, ne fırçayla, ne de mermeri şekillendirerek...

Hayır... Bu şükrânını, SALTANAT KAYIKLARI sanatçısı sergisinde O'nu üçlü bir tablonun ortasına alıp, bir yanına oğlu İkinci Mahmud'u, öteyanına onun oğlu TANZİMAT padişahı Abdülmecid'i yerleştirerek...

Ve de *Aimée de Rivery*'ye, yâni NAKŞİDİL Sultana, benim şu uzun ömrümde hiç bir kadınımızda göremediğim kendine özgü, düşündüren, zamana hükmedici, kalıcı emeklere ilham olacak şahane terkip içindeki bakışıyla baktırarak milleti adına şükrânını ödemiştir.

Lütfen EL GRECO'nun Hz. MERYEM'iyle bizimkinin NAKŞİDİL SULTAN'ını yanyana getiriniz: İmkân olsaydı da bizimkinin çok renkli aslını orijinalindeki gibi Sizlere sunabilseydim ve hakemliğinizi bu eşitlik içinde isteseydim.

İşte, tarihin nabzını tutan gerçek sanat ve sanatçı budur.

Şâheserler verebilme yeterliğini bir misalle ispatlamış sanatçıya, özellikle tuval ve mermerden asırlarca uzak tutulmuş bir ülkenin insanına dünyanın Saygıyla yer vermemesi mümkün müdür?

Serginin bir başka özelliği SALTANAT KAYIKLARI'nda Osmanlı monarşisinin teokratik yapısının, *idare eden*'le *edilenler* arasındaki farkın, ZAMAN gibi tanrısal kanunların bile *egemen kudret*'in, yapımı dahi ayrıcalı bir KAYIK'da belirmesiydi: Sanatçı, fırçasıyla *tarih yazmış*'tı.

Bu ATATÜRK KIZI, nasıl oluyor da, benim yüreğimi yakan *beş nesli*, bir İSTEMEZÜK narasının safında toplamış çelişki karşısında sâkin ve umursamazdı?

Neden ülkesindeki çelişkiler önünde sahasında kendisini vazifeli saymanın mübarek şuurundan yoksun bırakıyordu?

Acaba O, ve O'nlar, sanat alanlarında haklıyı ve doğruyu eserleriyle ölümsüzleştirmiş olsalardı, bu BEŞ NESİL bir felâket tablosu halinde karşıya dikilir miydi?

Rica ederim: EL GRECO'nun Hazreti Meryem'iyle, bizim sanatçımızın NAKŞİDİL SULTAN'ını yanyana getirin ve düşünün: Erkek-Kadın, kişiliklerine değer verdiklerimiz, içlerinde hatta manevî, dinsel yaşantımızın sembolü saydıklarımızı, böylesine tablolaştırma kudreti TANRI AYRICALIĞI olarak ellerinde olanlar ardı ardına eser verseler ve de kültür düzeyleri ne olursa olsun insanlarımız bunların ışığıyla akıl ve yüreklerini aydınlatsalar, O BEŞ NESİL, uygarlığın önüne aşılması zor blok halinde dikilebilir mi?

ATATÜRK'ün ruhu bu çelişkiler önünde nasıl dertlenmez?

TÜRKÇE İBÂDET, sanat dünyamızdaki bu *asıl emeğe dönüş*'ün de ümîd ediyorum yolunu açacaktır: Kuru, sınırlı, ufuksuz bir konu gibi görünen SALTANAT KAYIKLAR'ında yaşantısı ve insanıyla bir tarih kesitini objektif kadar sadık, zamana, o objektifin içindeki tuvalde şekillendirecek kadar hakim fırçanın sahibesinden, İslâm dininin yüce kişilerini tablolaşmış görebilirsek, Arab'ın cahilliye devrinin günahını biz ödemiş olacağız. SAN'AT denen mucizenin, bu istisnâlık içinde AZİZE *(SAİNTE)*si olan sanatçımızdan *azîze*'liğinin duyganlığını bekleyeceğiz.

● – Bir bölüm sanat tarihçileri, Hz. İSA ve Hz. MERYEM'i, resim-heykel sanatçılarının şâheserleriyle *yok*'tan *var* ettikleri düşüncesindedirler. BODRUM, doğa özellikleri olarak kendine eşit, hatta kendinden üstün dünyanın çok kıyı beldesi yanında neden *ayrıcalıklı*'dır? *Büyü*'sü nerden geliyor? ATATÜRK, Arap şeriatının sanata getirdiği *yasak* zincirleri'ni kırarak Nakşidil Sultanı *Aimée de Rivery*'e ulaştıran dehâ fırçasından bir BODRUM ALBÜMÜ'nü hiç şüphesiz ümîd etmişti. Uygarlığın sihiri, *zamana hükmetmiş* ölümsüzlüklerdedir.

ATATÜRK KIZI olabilmek; bu idrakin içindeki yeterliktir.

Hasretle bekliyoruz.

● – Taaa Amerika'dan bir başka kızımız, Chantal Zakari Ankara'ya geldi. Kendisi 1968 İzmir doğumlu. Alsancak Gazi İlkokulu'ndan sonra Özel Amerikan Lisesi'ni bitirmiş. Ardından Chicago Güzel Sanatlar Enstitüsü'nde dörtyıl eğitim görmüş.

Şimdi orada öğretim görevlisi. Vatanı Türkiye'ye doktora tezi olarak aldığı *"Atatürk'e ait resim ve heykellerin halk arasında nasıl yorumladığı"*nı tesbit için gelmiş, her tarafı gezip görüyor.

Ankara'dayken *"imam hatipler kapatılıyor"* yaygarasıyla kışkırtılan kara çarşaflı kadınların sokaklara döküldüğünü görünce ATA'nın büyük bir portresini almış, yollarının önüne çıkmış, resmi elleriyle kaldırarak sessiz, bir vefâ, idrâk, aydın

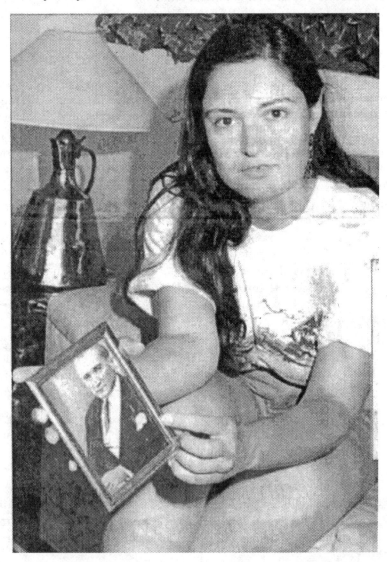

bir insanın şuur duygusu içinde karşısındaki çarşaflı kalabalığa göstermiş.

Durmuşlar ve baka kalmışlar...

Bilgi, mantık, akıl yoksunu çok olayda olduğu gibi...

Eşiyle birlikte doğduğu şehir İzmir başta, EGE'nin öteki il ve ilçelerini gezdikten sonra İstanbul, Trakya'yı dolaşmış, kaldıkları otellere. ATATÜRK'ün birer fotoğrafını bırakıyor, konuşuyor, onları dinliyormuş. Bugünlerde İç Anadolu'ya, Doğu ve Güney Doğuya gidecekler, gördüklerini ve dinlediklerini, belgesel bir kitap ve CD-ROM haline dönüştürecekler.

Olaya lütfen kişisel bir inanç ve onun belirtisi olarak bakmayınız: Ulaşım ve iletişimdeki inanılmaz gelişmeden sonra dünyamız *küçülmüş*'tür. Değer ölçülerimizde inanılmaz, benimsenmiş kriterleri yok sayan, onun yerine *zamana hükmedebilmiş*'leri kucaklayan derinlikler var. Sadece politikadan kaynaklandığı sanılan olaylara böylesine geniş ufukla bakarsanız görülür ki, kıymetlerin değişmesinden kopup gelen bir kargaşa var ve de takvim yaprakları olarak *kapanmış*'lara özlem, böylesine *yanlış*'ın içinden çıkıp geliyor.

● – Rica ediyorum: Lütfen ön sayfalardaki, O, BEŞ NESİL'in BEŞ CUMHURİYET VATANDAŞI tipine bir daha dikkatle bakınız,

Ve,

Hemen aşağıdaki iki resme dönünüz, altındaki *açıklama*ları ibretle okuyunuz.

Ve eğer bir:

*"– Ne olmuşuz? Kim bizi bu hâle getirmiş?"* dehşeti yüreğinizde çöreklenmemişse ülkenin âkibetini düşününüz: Bu çöküş, benliğini kaybetme, yozlaşmış olmanın günahının vebâli, hepimizin vicdanında tapulaşmış...

İlk resim şu:

269

Yukarıda resim, Bulgarlar'ın bugün Kolarovgrad dedikleri bizim ŞUMNU şehrimizde 1919'da, Birinci Dünya Savaşı'nın sona erme yılında alınmıştır. ŞUMNU'daki Türk Kız Ortaokulu *(rüştiyesi)*nda, o yıl diploma alan kızlarımızı öğretmenleriyle gösteriyor.

270

1919... Mustafa Kemal'in elde kalan toprakların ŞUMNU âkibetine uğramaması için Samsun'a çıktığı yıl...

Lütfen kızlarımızın O GÜNÜN şartları içinde kıyafetlerini, bir de bugün Türkiye Cumhuriyetindeki Kur'an kurslarındaki mini kardeşlerinin kılığını düşününüz!

İrticâ şebekesinin, o medrese mugalatası *(demagojisiyle)* BAŞÖRTÜMÜZE UZANAN ELLERİ KIRACAĞIZ tehdidinin ardından gelen KARA ÇARŞAF DİN faşizminin pervasız ve saldırgan vatan sathını sardığı günlerde bizler, bu binyıllık geriye dönüş önünde ne yaptık?

Kimler iktidardaydı ve kimler bugün vatan kurtaran arslan rolünde isim cisimleriyle, lütfen hatırlayınız!

1919'da ŞUMNU'da çarşaf, fotoğrafın ortasındaki müdire *(başöğretmen)*in sadece sembol kadın kılığı iken, bugünkü o kapkara, yüzü tekgöz dışından sarıp sarmalayan ummacı kılığına nasıl oldu da yerini terketti? İşte Millet Meclisi tutanakları, SOL'u, Orta'sı, Sağ'ı ile hangi kulvarın milletvekili kürsüye çıkmıştır da bu ihanetin maskesini düşürmüştür?

Rey *(oy)* sandığı uğruna ya göz kapadılar, ya da gizli-açık tebessüm ettiler!..

Resimdeki iki uçta, fesli, takım elbiseli, frenk gömlekli, kravatlı erkek öğretmenlerin adeta üniformalı haline, bir de 78 yıl sonra 1997'de Atatürk Türkiyesi'ndeki din öğretimi yapan gizli açık okul kurslardaki çember sakallı, başı takkeli, şalvarlı, cübbeli, sakalı kadar kafası karmaşık tipleri düşününüz.

Nereden nereye değil mi?

Ne yazık ki yükselişlere değil, doldurduğumuz hayali içinde avunduğumuz çukurlara doğru...

Önce yerini ve tarihini söyleyeyim: Sonraki sayfadaki fotoğraf, 1935 yılında İtalya'da, Alp dağları eteklerinde bir kasabada alınmıştır. Resimde görülen çift, o günlerin modasına mutlak itina içinde iki yabancı değillerdir. Türkiye Cumhuriyeti vatandaşlarıdır. Erkek, Avrupa'ya sık sık iş seyahatleri yapmaktadır. O tarihlerde daha çok İtalya'dan ithal edilen tekstil ticaretiyle meşguldür. Daha sonra ülkenin büyük tekstil

fabrikalarından birisini kurmuştur. Eşi de kendisi de Ankara'nın kadîm eşraf ailelerine mensupturlar.

Bugün ikisi de, ardlarında elinizdeki kitabın bir sayfasına sığmayacak çeşitli kültür, sağlık, yaşanılan ve yaşanılacak çağ tesislerini vakfederek Allahın rahmetine kavuşmuşlardır.

Cumhuriyetin onikinci yılı 1935'de, bir batı kentindeki kılık kıyafetleri kadar dünyaya güvenle, hatta gururla bakışlarındaki espriyi değerlendirin lütfen... ATATÜRK'ün çağdaşlarıdırlar. Onlara, Cumhuriyetin getirdiği *yaşama düzeni*'ni kucaklamaları, öncü olmaları için hiç bir telkin, bir zorlamanın zerresi yapılmamıştır. O günlerde, bugünlere göre daha çok, kalın, kesif, sınırlayıcı olması takvim yapraklarının gereği maziperestlik *(geçmişe özlem)* duygusu daha taze, daha derindi. Buna rağmen çağı, güzeli, ileriyi, aydınlığı temsil eden hareketler, ölçüler, metodlar, duyular, Türk insanının sağduyusunda ve ATATÜRK'ün şahsında geriliği ve geçmişi hatırlatan hiç bir hisse iltifat etmiyordu. Eğer ben Sizlere bu çifti tanıtmamış olsaydım da: *"– Bakın şu Batı'nın Nordik ülkelerinin insanlarına... Ne zaman onlara benzeyeceğiz?"* deseydim inanmakta tereddüt eder miydiniz?

Peki... Neler oldu da bugünlere, bu hale geldik?

Cevap vereyim: Çünkü, bu idraki, bu şuuru, bu duyganlığı kaybettik... Siz o *"birimiz hepimiz, hepimiz birimiz için"* sloganını çıplak, köksüz bir duygunun tesellîsi zannetmeyiniz: Onun özünde sıpsıcak humanizmanın ülkeye, çevreye, kişiye dönük ilgi kaynağı vardı.

Mustafa Kemal, Halkevlerini bile bu ümitle kurdurmuştu ve bir süre böyle de oldu.

GERİ ADIMLAR demagojisi *çok partili yıllar*'la girmiştir: *"Halk böyle istiyor"* utanmaz eyyamcılığının kılıfına girerek...

Çare mi?

Asla sabit bir fikrin izi değil, ama aklın, mantığın yolu: İBÂDETİ T Ü R K Ç E yapacaksınız;

ARAPÇA'nın dayanaksız tasdiklerinden arındırıp, Kur'anı Kerîm'i Türkçe okuyup, anadiliyle ibadet ederek, aslında *şeriat ordusu* olan Kur'an kursları ve imam hatiplerden boşalmış yeri, *"tagayyür-i ezmân ile tebeddül-i ahkâm = zamanın yeniden yapılanmasıyla kurallar ona uyar"* İslâmın asıl varlığına dönüşün ışığı altında KELÂM *(LÂF)*a değil çağın teknolojisinin bilimiyle dolduracaksınız.

Hepsi, evet hepsi, TÜRKÇE İBÂDET'in beraberinde getireceği nimetler olacak.

TÜRKÇE İBÂDET'le, DİN, *kapanmış devirleri* değil *gelecekler*'i arayacak: ARAP'ın bahtsız papağanı olmaktan kurtulduğunuzda, İNANÇ denen sonsuz ufukların genişliğinde, ırkınıza has yüce düşüncelerle *çağı reddetme* bağnazlığını değil, *yeni çağlar* açma öncülüğünü yapacaksınız... DİN'den gayrı her alanda yaptığınız gibi... Hangi kahrolası kısır mantık, bizi bu nimetten mahrum etmişse, çektiklerimizin bu gafletin içinden çıktığını anlayacak, derlenip toparlanacağız.

Hayır mı?

O zaman da bu bölümün başındaki o asliyetini yitirttiğimiz ak-kara sakallı *beş nesil*'deki örneklerde yeriniz belirir, orada utancınızdan kahrolur gidersiniz...

Konuyu kapatmadan, Kur'an-ı Kerîmi ARAPÇA hıfzetmiş hafızlara, bu yoldakilere, mevlidhânlara, imam-hatip lisesini bitirmiş olup da Kur'anı da hıfzetmiş olanlara, ve de ibâdetimizi ARAPÇA yerine getirmekte olan din adamı vatandaşlarına, izinleriyle seslenmek istiyorum.

Lütfen, milletimizin ibâdetini anadiliyle yerine getirmede yardımcı olunuz, yol gösteriniz.

Nesiller ve devirler boyunca devam etmiş bir hasretin yerine getirilmesinde Sizlerin *vazife* yanında, tarih önünde esirgemeyeceğiniz hassasiyet ölçüsünde manevî huzurunuz ve ülkenin şükrân borcu olacaktır.

Özellikle tasavvuf musikimizde yeri olan besteciler, güfteciler, sözyazarları; musiki ile amatör ve profesyonel meşgul olanların hizmet sahası TÜRKÇE İBÂDET'le yeni boyutlar kazanmaktadır. Dininin vecîbelerini, bir *yabancı dil* yerine kendi özdiliyle yerine getirmiş olmanın yaratacağı huşû ve huzur elbetteki Sizler için manevî ilhamın tükenmez kaynağıdır.

Emeğiniz iki dünya için azîz ve makbûl olsun...

İnsanlarımızı Tanrısına kulluk ödevini yerine getirirken, aynı saf duygular, aynı idrak, aynı ilâhî haz içinde görmek hasretimizi; mesleklerimiz ne olursa olsun, şahsî tercihlerimizi muhafaza ederken de, bahsin başlangıcında gördüğümüz BEŞ NESLİN İBRET VERİCİ manzarasından kurtarmış ve korumuş olmak HEPİMİZ'in vazifesidir.

O "İSTEMEZÜK" Osmanlı'yı yıktı.

Cumhuriyetimizi koruyalım.

Lütfen, bu mevzuda:

ATATÜRK öncesini,

ATATÜRK'ün aramızdan ayrıldığında bıraktığı vatanı ve geleceğin aydınlığı içindeki ümitlerimizi;

Bir de bugünleri;

Yanyana getiriniz ve son bir defa, konuya girerken O BEŞ NE-SİL'in bir aradaki ibret manzarasını düşününüz.

Karar Sizlerin...

"– İnsanlar daima yüksek, necip ve mukaddes hedeflere yürümelidir-ler. Bu hareket tarzıdır ki, insan olmanın vicdanını, dimağını, bütün insan-lık mefhumunu tatmin eder. Bu tarzda yürüyenler ne kadar büyük fedakârlıklar yaparlarsa o kadar büyüktürler." *ATATATÜRK. (Atatürk dik-tatör müydü, Ahmed Muhtar Kumral, sayfa: 55)*

★★★

# ADALETİNİ, HAKTANIRLIĞINI, ŞEFAATİNİ NİYAZ EDİYORUZ

# HOŞGÖRÜNÜ, MÜRÜVVETİNİ, ŞEFAATİNİ NİYAZ EDİYORUZ

*Hazret-i Muhammed Mustafa (S.A.V.)*

İslâm Peygamberi, gelmiş geçmiş insanlığın müstesnâ şahsiyeti

Efendimiz;

Ben, yaşadığımız bugünlerde Türk Milleti'nin bir ferdi Cemal Kutay; EFENDİMİZ tâzim, tekrîm sözcüğünü yalnızca ve sadece Senin için kullanmışımdır. Müstesnâ şahsiyetine böylesine hassasiyetler, diğer Müslüman milletler arasında, biz Türklerin, muazzez şahsında Âl-i Resûl'e karşı kalbimiz ve kafamızdaki sonsuz saygının ifâdesi idi. Ne yazık ki son zamanlarda MUHAMMED adı, ona lâyık olsun olmasın yaygınlaştı. Biz MEHMET; dünyanın en kahraman askerine de MEHMETÇİK deriz.

Sen, ben âciz kul için *"İNSANI İNSAN YAPMIŞ İNSAN"*sın. Gönlümden ve kültürümden gelen bu inancı, muhakkak ki şefaatine mazhar Türk fikir adamı rahmetli Celal Nuri İleri'nin 1913 senesinde *Hâtem-ül Enbiyâ = Son Peygamber"* ismiyle yayınladığı, bir kısım bağnaz yobazların yüce şahsiyetini efsânelerden arındırarak tarihin kefesinde ele aldığı esere başkaldırmalarıyla toplatılan felsefe, mantık hakikatleriyle örülü

277

eserini, bugünkü dilimize aktarıp genişleterek 1996'da, işte bu Sana lâyık en güzel adla:

## İNSANI, İNSAN
## YAPMIŞ BİR İNSAN

başlığıyla 492 sayfalık hacim içinde yayınladım.

Sana minnet ummanımızdan bir katrecik olarak...

Efendimiz;

Biz Türk Milleti, SON DİN'in mukaddes emâneti ilây-ı kelimetullah *(Tanrının yüce varlığı)* adına İslâm ile şeref duyduğumuz günden beri kanımızı, gönlümüzü, kafamızı selsebîl ettik. Son Din'e evrensel yapısını biz getirdik. HAÇLI SEFERLERİ karşısına bizden gayrı çıkan olmadı. Biz Senin mübarek ayaklarının bastığı yerleri kutsal saydık, başta Araplar öteki devletler, kendilerini bu yerlerin *hâkimi* sayarken biz, *hâdimi* (hizmetçisiyiz) dedik.

Ve bu vecîbeyi sona kadar başımızda taşıdık, taşıyoruz.

Ama biz Türk Milleti'nin ibadeti bugün, Kur'an-ı Kerîm'de ve sahih Hadislerinden çok açıklamalara rağmen, bir bölümü cehalet ve gaflet, fakat asıl tesirlisi menfaat ve bu yolla tahakküm gayesiyle, ARAPÇA'nın tekelinde tutuluyor.

Her ümmete tebliğ edilen DİN'in, o halkın konuştuğu dille açıklanması, özellikle semâvî üç dinin, muhatabı Musevîlere İBRANİCE, Hıristiyanlığa LATİNCE ve YUNANCA, Arap ümmetine de ARAPÇA tebliğ edilmiş olması hakikati içinde...

Eğer Türk insanı, ibadetini anadiliyle yaparsa, İslâmiyetin yüceliğini, bir papağan misali değil, ruhu ve kafasıyla kavrayacak, Senin, tüm hayatında örnek olduğun iki dünya saadetine kendi idrâkiyle kavuşacaktır. Bugün İslâm dininde yasakladığın ÜÇ temel, ne yazık ki, din simsar ve sömürücülerin elinde vatanımızın asıl derdidir:

Sen, İslâmda RUHBAN'lık yoktur dedin, bunlar Katolik ifratında görülmemiş yapıda RUHBAN SINIFI kurdular;

Sen DİNE ZORLAMA YOKTUR dedin, inhisarlarına aldıkları şeklî dindarlık gösterisiyle halkı parçalara ayırmaya kalktılar;

Sen, *"tagayyür-i ezmân ile tebeddül-i ahkâm"* evren yapısı kuralını *"bugünü dün'ü ile bir olan yaşamamış gibidir"* muhteşem mantığıyla açıkladığın halde, her türlü çağdaşlaşma, zamana uyma, değişen zaman şartlarına göre kurallar getirme emeğinin karşısına çıktılar ve çıkıyorlar. Osmanlı'yı yıktılar, şimdi ATATÜRK'ün Cumhuriyetini tehdit ediyorlar.

Hepsinin ana kaynağı da ibadetimizi, papağanlar misali ARAP Dİ-Lİ'yle yapmaya devamımızdan doğup geliyor. Hangi derdin derinliğine indiğimizde şeriatın hiç bir hükmü olmamasına, akıl ve mantık dışı bulunmasına, bir DİN LİSANI'nın üç semavî dinde yeri olamamasına rağmen, ilk günlerde bir geçiş devri hazırlıkları zamanı için mi, aslına uygun çevirilere zaman için mi bilinmez, ARAP'ın ne fonetiği, ne şîvesi, ne söyleyişi bize asla uymamasına rağmen, evet, papağanlar misali nesillerimizi anadilimizle kulluk ödevimizi yerine getirmekten yoksun bırakılmışız.

Efendimiz;

ARAP'ın Cahiliyye devri şartlarından arındırılması, PUT yapmak ve PUTA TAPMAK alışkanlığından sıyrılması için heykel ve resmi yasakladın.

Bu yasağın en ağır bedelini biz Türkler ödedik ve bir bakıma hala da ödüyoruz.

Oysaki biz, yedibin yıllık varlığımızda PUT'a asla tapmadık.

Biz Efendimiz, biz, Senin de Yüce ALLAH *(C.C.)*ın eşsiz eserlerinden biri olan evrene duyduğun hayranlık gibi, aynı duyguyla, doğanın erişilmez sanılan varlıklarına hayrandık, saygı duyardık, Senin getirdiğin SON DİN'le en gelişmiş yapısına kavuşan VAHDANİYET'e *(GÖK-TANRI)* diyerek çok evvelinden inanmış, bağlanmıştık. PUT'un adı yoktu.

Biz, Senin yasaklarına saygı duyarak heykel yapmadık, ama Hıristiyanlık, Musevîliğin yerine tanrısal din olarak gelirken, yoketmek ihtiyacı duyması için sebep olmayan bu yasağı koymadı ve Hazreti Musa'yı bugün insanlık, Tevrat'tan önce Mikelanj'ın MUSA heykeliyle hayran seyrediyor ve de düşünüyor.

Biz, heykel ve resim yapmadık ama birer şaheser olan camileri, külliyeleri, sebilleri yaptık, resim yapmadık ama doğa hayranlığımızı *güzel yazı* (hüsn-ü hat)da, mezar taşlarımıza uzanan san'at zevkimiz ve yeterliliğimiz içinde ispatladık. EFENDİMİZ... Şimdi Senin de rızan ve izninin manevî desteğiyle, hele bir ibâdetimizi anadilimizle yapalım, bak, o dünyada eşsiz olan beden, zekâ, mantık yapısının sanatsal nice nice şaheserlerini evlâtlarımız birbir sıralayacak...

Senin getirdiğin SON DİN'e bunlar yaraşır ve yakışır: Yasaklar değil!...

EFENDİMİZ...

Biz Türkler, SON DİN'in çatısı altındakiler arasında, en büyük, uzun ömürlü devletleri kurmuş, Senin arzuladığın hak ve adaleti kucaklamış, medeniyetlere yol vermiş, insanlık için gaye edindiğin fazilet ve meziyetleri yaşamış ve yaşatmış bir milletiz.

Eğer anadilimizle ibadet hürriyetimize sahip olma yolundaki hasretlerimizde bizi lütfen himayene alırsan, İslâmiyetin SON DİN olmasındaki nice nice bâkir gerçeklerin hakikatleşmesinde hoşnutluğuna nail olacak mertebelere ulaşacağız. Eğer bizim ihlas örülü kan-kafa özverimiz olmasaydı ve Senin şefaatini aydınlığımız yapmasaydık, İslâmiyetin Musevîlik gibi mevziî bir din olarak kalacağında dünya tarihçileri birleşiyorlar. Biz, dinimizin vecîbelerini öz dilimizle yerine getirdiğimizde Tanrısal mana ve mefhumları elbette daha derinden kavrayacak, daha doğru yorumlayacak, değerlendireceğiz.

Sen, hiç bir haksızlığa göz kapamamışsındır.

İbâdetimizi anadiliyle yerine getirme hakkımıza sahip olmamızda dayanaklarımızın başında, meşrû isteklere nail olabilmenin manevî istinası olan bu *hak şuurun* yer alıyor. Onun üzerimizden eksik olmadığına ve olmayacağına inanıyoruz. Manevî huzurundan müsaadenle, HÂTEM-ÜL-ENBİYÂ müellifinin eserinin son sayfasındaki son cümleleri tekrarlayarak, yüreğindeki sana

صدد انتباه شان احدیی تعظیماً ( و قطعیاً شاعران اولماق اوزره ) شونی سویلیه‌لم که اکر صنم یاپتی و تصاویره پرستش اتمك فخر كائنات طرفندن نهی ایدلسه ایدی محراب مقدساتمزه جناب سیدالبشرك هیكلنی وضع ایدر و آنك خاكپای شوكتنه تعظیمات عبودیتكارانه‌مزی رفع ایدردك .

صلی‌الله علیه وسلم

یكی كوی ۱۵ ربیع‌الآخر ۱۳۳۲

— صولك —

280

karşı hayranlık, şükrân, minnet duygularına tüm varlığımla katılarak ayrılacağım. Bugünkü Türk nesli o günlerin üslûbunu bile anlamakta güçlük çekerken, kendisi için tamamen YABANCI BİR DİL olan ARAP-ÇA'yla ibâdet mahkûmiyet ve mecburiyetinin bir mutsuz papağanı hâline getirme faciasını hak ve insan sevgisi örülü mantığının kesinlikle reddedeceğine inanıyorum:

**"– Sadedi intihâda şân-ı Ahmedî'yi tâzimen (ve katiyen şâirane olmamak üzere) şunu söyleyeyim ki eğer sanem yapmak ve tesâvire prestiş etmek Fahr-i Kâinat tarafından nehyedilmese idi, mihrab-ı mukaddesatımıza Cenab-ı Seyyîd-ül-beşer'in heykelini vaz'eder ve onun hâkipây-ı şevketine tâzimat-ı ubudiyet-kârânemizi ref'ederdik."**

### SALLALLAHU ALEYHİ VESSELLEM

EFENDİMİZ;

*Son Din,* eğer ARAPLAR yerine biz TÜRKLER'e tebliğ edilmiş olsaydı, aralarında tapılacak heykel, resim ve benzerleri aslında insanoğlunun güzellik değeri sanat eserlerinin hiç biri yasak olmazdı, çünkü biz Türkler hiç bir devirde insan yapısı hiçbir şeye tapmadık: Bir TANRI HÂRİKASI olan doğa'nın yüceliklerine yöneldik. O zaman da hayatını bu kadar yürekten yazmış Celal Nuri'nin hasreti yerine gelir, Senin, insanlığın yüzakı heykelini yapacak dünyanın dört bucağından en ünlü sanatçılar sıraya girer, ona kutsal mihrabında yerini almış kendi sözleriyle *"mihrab-ı mukaddesatımıza Cenab-ı Seyyid-ül-Beşerin heykelini vaz'eder ve onun hâkipây-ı şevketine tâzimat-ı ubudiyet-kârânesini ref'eyler"*di.

EFENDİMİZ;

Daima hayrın, doğrunun, güzelin, hakkın yanında yerini almış, insanlığın şerefi bu meziyet ve faziletleri kaybolmuş dünyada *yeniden tesis* için gelmiş, Sen, yücelerin yücesi insanın kâinat baki kaldıkça değerini kaybetmeyecek şefaatinle gayemize erişelim, göreceksin, öteki iki semavî dinin peygamberlerine nasip olmuş güzel san'atların dörtbaşı mamur olanlarının en seçkinleriyle biz Türkler, bu vatanı tezyîn edeceğiz.

Lütfen elimizden tut: İbâdetimizi, kulluk ödevlerimizi, yakarışlarımızı anadilimizle yapalım...

"– İlmiyle âmil olmayan âlime **(Bilgisini yaşam yolu yapmayan bilgine)** şefaat etmem. – *Hazreti Muhammed* (S.V.S.)"

★★★

# HAKİKATLERİN CESUR İNSANLARA İHTİYACI

*Saygıdeğer Mehmet Nuri Yılmaz*
*Diyanet İşleri Başkanı*

Muhterem Efendim;

Zat-ı fâzılanelerine bu satırları, manevî hayatımızda hususî mevkii olan makamınızı, birbirini tâkiben temsil etmiş üç kıymetli din şahsiyetimiz, Mehmed Rıfat Börekçi, Prof. Ahmed Hamdi Akseki ve Ord. Prof. Şerefeddin Yaltkaya'yı tanımak ve teveccühlerine mazhar olan emektar olarak takdim ediyorum.

Elinizdeki kitaba, lütfen gözatmış olmanız ümidiyle, milletimizin bugün ve yarınlarında ATATÜRK'ün emaneti *Lâik Cumhuriyet*'i korumak, bunun için ASIL ve TEMEL istinat olduğuna, O'nun günlerindenberi tarihçi olarak inandığım TÜRKÇE İBADET mevzuunda şu suallere lütfen cevap vermenizi istirham ediyorum:

1) Dînen ve Şer'an Kur'an-ı Kerîm'in münhasıran ARAPÇA okunacağına;

2) Dinî farîzelerin münhasıran ARAP LİSANIYLA ifâ edileceğine;

3) Tadarrû ve münacâtların yine münhasıran ARAPÇA muteber ve makbul olduğuna;

dair bunları kaziyye-i muhkeme halinde tevsik eden *nass-ı kati* hükmünde bir âyet veya hadis-i kutsî mevcut mudur?

Mevcut ise nelerdir, nerelerdedir?

4) Bugün dünyanın madde ve manada istiklâl ve hürriyetlerine sahip, yine madde ve manada vasıl oldukları medenî seviye, yaşadıkları hayat şartlarının tasdikinde olan kaç ülkede o ülkelerin insanları, mensup oldukları dinlerin ibadet ve taatlarını, günlük lisanlarının haricinde bir *yabancı dil*'le ifa etmektedirler?

5) ATATÜRK'ün KAMET, HUTBE, EZAN'la başlamış olduğu milletine ANADİLİYLE İBÂDET özgürlüğü hasretinin bıraktığı yerden devamı için ne düşünüyorsunuz? Gusul abdestinin tırnak arası veya kadının şer'an ne zaman ne sebeple kaç sopa yiyeceği mevzularını kitaplaştıran emekleriniz arasına, Türk insanını Arap kültür emperyalizminden kurtaracak böylesine yüce, Tanrı katında da kabulü, akıl-mantık gibi, İslamın iki temel dayanağının tasdikinde olduğu söz götürmez himmetini ele almayı düşünmüyor musunuz?

Muhterem Diyanet İşleri Başkanı;

Hassaten Selatin Camileri, günümüzde, din faşizminin mekanı haline gelmiştir: *"İstemezük"*lerin sokağa dökülen dalgaları, bu gidişle, kasabalara, köylere kadar yaygınlaşacaktır. Osmanlı'nın çöküş sebeplerinin başında gelen KADIZADELER hareketi, ardında siyasî partileri bularak ve görünürde onlara karşı olanların da rey *(oy)* kaygısıyla ödün kapılarını açarak, Tanrı korusun, Cumhuriyeti tehdid edecek **kara kuvveti** düşündürmelidir.

Çâresi nedir?

Bunu SİZLER söyleyecek, bulacaksınız: İbadeti Türkçeleştirerek ATATÜRK HASRETİ'nin başını çekeceksiniz.

Kafanızda bu gerçek ışık, yüreğinizde bu cesaret varsa...

Kur'anı Arapça okuyan *Hafız Ordunuz*, Namazı Arapça kıldıran subay sayısının kat kat üstündeki *İmam-Hatip Ordunuz,* Mimar Sinan'ların, Kasım Ağa'ların, Mehmed Ağa'ların; Kemalettin Beylerin huşuu kubbesi altında dualaştıran san'at âbidelerinin banilerinin ruhunu tâzib eden her altı saatte bir yapılarak, sayıları okul sayısını aşmış gecekondu camiler'inin başıboşluğu, muhterem başkan, yirminciyüzyıl kapanırken GERÇEK İSLAM DİNİ adına Size huzur ve gurur veriyor mu?

284

Bu satırları Zat-ı Âlilerine, Cumhuriyetin ellinci yılına kadar ele alınmamış bir minnet borcumuzu:

## KURTULUŞUN ve
## CUMHURİYETİN
## MANEVİ MİMARLARI

adlı kitabın müellifi olarak sunuyorum.

Bilinir ki Millî Mücadelemiz, önce, bir FETVÂ KAVGASI olarak başladı: İstanbul'daki Halife Padişahın safındaki din adamları, Millî Mücadelenin meşrû olmadığını, devlete karşı isyan olduğunu, gerçekleşmesi mümkün olmayan ham hayal ve şahsî ihtirasın macerası bulunduğunu ve *"huruc-u ales-Sultan"* fetvasıyla Mustafa Kemal ve arkadaşlarını idama mahkûm ederek başladı. Oluk gibi kardeş kanı döküldü. HİLAFET ORDUSU, KUVAY-I AHMEDİYE, KUVAY-I İNZİBATİYYE adları altında hapisaneleri boşaltarak, işgal kuvvetlerinin parasıyla asker toplayarak Anadolu'nun çeşitli yerlerinde isyanlar çıkardılar. İyi tarih bilen Mustafa Kemal, akıl ve vicdanın reddindeki tarza, hakkı ve doğruyu kucaklamış olarak Anadolu din adamlarının **karşı Fetvâları**yla cevap verdi ve savaş meydanlarından önce bu FETVA KAVGASI kazanıldı.

O günlere kadar İLK defa, siyasî iktidarın yanında yer almamış DİN, ülkenin istiklâl ve hürriyeti yolunda cephe almıştı. O mübarek **Anadolu Üleması,** bununla da kalmamış, bir elinde Kur'an, bir elinde silâh, halkın itibar ve itimadını benliğinde toplamış şahsiyetler olarak Milli Ordu'nun temelinde vazife aldılar.

**Birinci Büyük Millet Meclisi'nde en büyük meslek gurubu, DİN ADAMLARI'ydı.**

Zafere kadar sadece kendi şahıslarında değil, oniki yılda, hepsi yenilgiyle mühürlenmiş üç büyük savaştan yorgun ve bitkin halkın mâneviyatını ayakta tutarak zaferin belkemiği oldular: Sadece ALLAH RIZASI için ve hakikî din adamları oldukları için...

Nitekim büyük çoğunluğuyla *siyasetin dışında* kaldılar.

Hiçbirisi de, bu emeği, gelecekler için yatırım düşünmemişler, vicdan rahatı içinde, hür bir memleketin insanları olarak göçüp gitmişlerdi.

Kimliklerini ve himmetlerini kitaplaştırmak için elimden geleni yaptım. Çok değerli iki selefinizi, saygıdeğer Doç.Dr.Lütfi Doğan'la, saygıdeğer Tayyar Altıkulaç'ı şükrânla yâdediyorum. Alâka ve müzaheretlerini esirgemediler.

Bu çapta himmet ummanından bir avuç olan büyük boy 352 sayfa kitap, Başkanlığınız yayınları arasında 159'uncusu olarak 1973'de Cumhuriyetin ellinci yılında basıldı. Sahasında sanırım tek araştırma olmasına rağmen bugün neden bulunamıyor, bilmiyorum, fakat bir *kıyaslama*'ya mevzu olmaması ihtimali de ister istemez hatıra gelebiliyor: O GÜNLER'le, BUGÜNLER arasında benzer konularda kıstas olmasından duyulan endişe midir, bilmiyorum.

Ve de ilgilenmiyorum: O ölüm-kalım günlerinde, hiç bir ikbal ve maddî huzur şemmesi olmadan *sadece ve yalnız ülkenin kurtuluşu* için ve de sadece ALLAH RIZASI için rahatını ve de hayatını ortaya koymuş bir nesil selefinizin mebrûk ve mubarek himmetlerini karınca kararınca derlemiş bir emeği unutturmak kimlerin tercih ve takdiridir, bunu düşünmek dahi istemiyorum.

Ama ben vicdan rahatıyla hatırladığım bu kıdemime dayanarak, bugün de Sizlere, yine, o tebcîle şayan selefleriniz gibi MUSTAFA KEMAL ATATÜRK'nün yanında saf tutmanızı hatırlatıyorum.

Bir de O yüce insanın Sizler hakkındaki ümidinin isbatı olarak.

Lütfen dinleyiniz:

FETVA KAVGASI had safhası içindeydi: İstanbul'dakiler Anadolu üzerinde ardı kesilmeyen bir propagandaya girişmişlerdi. İğfal edilen masum halk DİN ve DÜNYA'nın temsilcisi HALİFE-PADİŞAH'ın Şeyhülislâmlık makamınca onaylanan iradesinin icabı, Millî Mücadeleye karşı çıkıyordu. Mustafa Kemal Birinci Büyük Millet Meclisi'nin en kalabalık meslek gurubu olan din adamlarımızdan şu ricada bulundu: Seçim bölgelerine gitmek ve köy ve kentlerde hakikati halka anlatmak...

Gideceklere de İrşad *(aydınlatma)* Heyetleri adı verildi.

Maarif Vekili, Türk Ocakları Genel Başkanı Hamdullah Suphi *(Tanrıöver)*idi. Heyetlerin gidecekleri yerler tesbitlendi, hazırlıklar yapıldı, Maarif Vekili Mustafa Kemal'e geldi, dediki:

*"– Paşam... Bizim Hoca milletvekilleri halka davamızın dînen dayanaklarını ispat için Arapça dua okuyacaklar. Halk birşey anla-*

*yamayacak. Acaba bu duaların Türkçe'sini hazırlayıp vermemiz daha doğru olmaz mı?*

Mustafa Kemal'in cevabı şu oldu:

*"– Sen tasalanma Hamdullah... Onlar ARAPÇA okusalar da TÜRKÇE düşünürler... Bekle... Mevzuu temelinden halledeceğimiz günler gelecek..."*

Saygıdeğer Mehmet Nuri Yılmaz... Mustafa Kemal O GÜNLER'de böyle diyordu: BUGÜNLER'de Sizlerin arasında Türkçe konuşanların bir bölümü ARAP kafasıyla düşünse de, Sizler lütfen, O'nun "– O GÜNLER DE GELECEK" ümidini kucaklayın ve beraberinde götürdüğü hasretini gerçekleştirin...

Her insan hata yapabilir: Eğer Mustafa Kemal'de KAMET, HUTBE, EZAN'ı Türkçe'leştirerek başladığı, bir bölümü elinizdeki kitapta yeralmış NAMAZ SURELERİ'yle devam ettiği hareketin DİN YAPISI bakımından imkânı yoksa bunu açıklayın. Ama itimat edin, böyle bir akıl, bilim, mantık sebebi olsaydı, hatta binbir demagoji terkibi, milyon mugalata formülü ile böyle bir yol bulunsaydı, bunu, bugünkü medrese döküntüsü ellerindeki sayılarca televizyon, gazete, dergi, tekke, dergâh aracılığıyla ülkeyi ayağa kaldırırlardı.

ATATÜRK, böylesine *"milletime en büyük hizmetim"* dediği yola, dörtbaşı mamûr mantık, akıl yolu olmadan girer miydi?

Elinizdeki kitapta, belki Size de hocalık yapmış nice gerçek din üstadlarının pırıl pırıl düşünceleri az rastlanır FETVA MANTIĞI'yla yolunuzu aydınlatıyor.

"BÂTIL ZEVÂLE MAHKÛMDUR" ebedî gerçeğiyle elbette bir gün gelecek, Türk insanı Tanrısına kulluk ödevini ANA DİLİYLE yerine getirecektir. Bu çırpınışlar, o aydınlık günün pırıltılarını karanlık dünyalarından sezenlerin çaresizliğidir.

Ne doğru söyler Ziya Paşa:

*Rencîde olur dide-i huffaş, ziyadan* (Yarasanın gözü aydınlığa bakamaz) der.

Saygıdeğer Mehmet Nuri Yılmaz... Elbetteki bu muhteşem himmet, karar mevkii, kudret sahipliği, yasal düzenleme, halk tercihi meselesidir. Kabul... Fakat bu arada İLK TEMEL, yeterli cesaretin, Milletimizin sağduyusuna inancın, zaferlerin uğruna harcanmış emeklerin çapıyla orantılı olma hakikatinin idrâki yeterliğidir.

Bir kudsî hadisin meal olarak şöyle buyurduğunu hatırlıyorum: *"– Şeref-ül-mekân bil-mekîn = Makamlar insanlara değil, insanlar makamlara şeref verir."*

Saygılarımı kabul buyurunuz, efendim.

● ● ●

*BİLENLE BİLMEYEN BİR OLUR MU? – Kur'an-ı Kerîm*

## İBÂDETİNİ, BİZİM GİBİ ANA DİLİYLE YAPMAKTAN YOKSUN MİLLETLERE SESLENİŞ

Sizler *o günler*'e yetişemediniz: Babalarınız, özellikle dedeleriniz bilirler: 1914-1918 arası dört uzun yıl, dünyanın büyük bölümünü kasıp kavuran bir CİHAN HARBİ olmuştu. Dünyayı eline avcuna alma hırsının uğruna... Yenenler, kısaca VERSAY DÜZENİ adını verdikleri hegemonyalarına, kendilerinden gayrı milletleri aldılar ve *en aşağı yüzyıllık dikta*'larıyla insanlığın kaderine hakim oldular.

ATATÜRK'ün önderliğinde sadece biz, TÜRK MİLLETİ, bu zulme karşı geldik. Varyoğumuzu ortaya koyduk, onların erişilmez sanılan varlığınla üzerimize saldırılarını yendik, Cumhuriyetimizi kurduk.

Derlendik, toparlandık, bugünlerimize geldik.

ATATÜRK, ele aldığı bir temel yoksunluğumuzu gideremeden dünyamızdan ayrıldı: 1417 yıldır, dinimiz Müslümanlığın Arabistan'daki halka tebliğ edildiği için ARAPÇA yerine getirdiğimiz dinsel ödevlerimizi anadilimizle, Türkçe ile yerine getirememek yoksunluğunu...

Birgün gelecek, O'nun beraberinde götürdüğü hasretini yerine getireceğiz.

Bizim kurtuluş hareketimiz, kaskatı, kalpsiz bir emperyalizmin baskısı altındaki dünya mazlum milletlerine özgürlük bayrağı olmuştu. Eğer insanoğlunun kadirbilirlik duygusu, bayraklarında yer alabilseydi bugün özgür çok milletin bayrağında Mustafa Kemal'in izi görünürdü.

ATATÜRK 57 yıl yaşadı, aramızdan ayrılalı da 59 yıl oldu. Bugün ülkemizde, bizi üzen, doğrudan, dolaylı dertlendiren ne varsa, temelinde, ibadetimizi anadiliyle yerine getirememiş olmanın görünür-görünmez izleri var. Dünyaya bakın: Sözü ve düşüncesi değer olmuş her ülke, inandığı DİN'de kulluk ödevini *yabancı bir dil*'le değil öz diliyle yerine getiriyor.

Sizler de bunlara katılın.

ATATÜRK, milletinin bir başka dille Tanrısına kulluk ödevini yerine getirmesini, diline, haysiyetine, onuruna yakıştırmamıştı. Biz ondan sonra çok şey kaybettik: Böylesine duygularımızı da...

Sizler bu ödevi yerine getiriniz ki, hem tüm milletlere özgürlük yolunu açtığı emeğinin şükrânını ödeyin, hem de bizim derlenip toparlanmamıza öncü olun...

> *"– HAKİKATLERİ KONUŞMAKTAN KORKMAYINIZ."*
> **Atatürk, 1926** *"Ölmez sözleri"*, Münir Süleyman Çapanoğlu, Çığır Kitabevi, 1939.

★★★

*Saygıdeğer Mesut Yılmaz,*
*Başbakan, Anavatan Partisi Genel Başkanı*

Muhterem Efendim;

Bu satırları, elinizdeki kitabın sergilediği gerçeklere, gözatabilmiş olmanız ümidiyle sunuyorum.

Bunca tecellîye rağmen, Sizin de, kendinizden öncekiler gibi, benzer bir *yanlış teşhis*'den korunmanız uyarısı olarak.

ATATÜRK, daha 1921'lerde, *yerine getirme*'nin *söyleme*'nin yerini aldığı günlerde şöyle demişti: *"– Tatbik eden, icra eden, karar verenden daima daha kuvvetlidir."*

Siz bugün TATBİK ve İCRA mevkiindesiniz.

Ve hemen, doğrudan, temel, yerine getirilmesi İLK şart hizmete giriyorum:

ATATÜRK'ün
beraberinde
götürdüğü hasret:
TÜRKÇE İBADET
ana dilimizle
KULLUK HAKKI

Sekiz yıllık arasız eğitimin dördüncü maddesinin Millet Meclisi'nce reddini kaderin Size bir lütfu sayacaksınız, evet, Refahlılar ve kişisel ihtirasların onlara kattığı Doğruyol oylarına; gerçek yapılarını kendilerinin de açıklayamadıkları sebeple Cumhuriyet Halk Partisi'nin katılışıyla oluşan sonuç, Size, *ATATÜRK'ün temel vasiyeti'*ni yerine getirmenin muhteşem vazifesinin yolunu açmıştır.

Lütfen tarihin bu lütfuna göz kapamayınız.

Ve de,

Anayasanın yürürlükteki 24'üncü maddesi hükümlerinin tatbiki yolunda, bugün İmam-Hatip Liseleri'ndeki ARAPÇA ve ARAPÇA METİNLİ KUR'AN-I KERİM'in, üç yılda bilmem şu kadar saat okutulduğu, Sizin tedbirlerinizle bir yılda bilmem 960 saat okutulacağını *müjdeleme* yerine, 1417 yıldır, manevî, dinî hayatımız üzerindeki *Arapça ipoteği'*ni kaldırdığınızı, Türk insanının ibadetini ANA DİLİYLE yapma kurtuluş yolunu açtığınızı göğsünüzü gere gere, sesinizin tüm gücüyle haykırınız.

Gizli açık yobazlık, bağnazlık, her tip fundamentalizm kadroları, içeride, dışarıda Türk insanının hakikî vicdan özgürlüğünden yoksunluğunun sömürücüleri Size saldıracaklardır. Bunları **bekleyecek, göğüsleyecek**siniz. Temel dayancınız da, Atatürk'ün *Gençliğe Sesleniş'*indeki ümit kaynağı olacaktır: Türk insanının eşsiz sağduyusu ve damarlarındaki asîl kan...

Ve lütfen bu şerefli himmetinizin sonunu alıncaya kadar: *"– Ülkemizi İran'a çevirtmeyiz!"* gibi büyük lâflar etmeyiniz. Size, tarihlerimizin kısaca "OTUZBİR MART İRTİCAİ" olarak kaydettikleri, o kanlı-kinli geri dönüş hareketinin seksen beşinci yılında, 1994'de yayınladığım *"BİR GERİ DÖNÜŞÜN MİRASI"* kitabımın, elimde kalmış son sayılardan birisini sunuyorum: İbretle, hayır, sadece ibretle değil, dehşetle okuyun: İkinci Meşrutiyet'in sekizay yirmibirinci günü *(13 Nisan 1909)*da devlet merkezi İstanbul, DERVİŞ VAHDETİ adlı dengesiz, gûya bir din adamının[1] tahrikiyle onüçgün kan ve ateş içinde kaldı. Siyasî iktidar, gafletinin kamuoyundaki tepkisinden çekinerek gerçekleri sakladı. Bunların günümüzde aydınlığa çıkması, bilmiyorum, benzer bir felâketten korunmamız için tarihin uyarısı mıdır?

---

(1) *Derviş Vahdetî, sıkıyönetim mahkemesinde aklî muazenesi'nin yerinde olmadığını, dolayısıyla cezaî ehliyeti bulunmadığını iddia etmiştir. İkinci Meşrutiyeti ilân eden İttihat ve Terakki, Sultan Hamid'in karşı hareketinden endişe ederek, Rumeli'nde, genç subayların kumanda ettikleri AVCI TABURLARI'nı İstanbul'a getirmiş, buradaki sarıklı-sarıksız, Arap-Arnavut, Zuhaf Alaylarını diğer yerlere göndererek yerleştirmişti. Derviş Vahdetî kurduğu İttihad-ı Muhammedî Cemiyetine bağlı HOCA'larla bu kışlalara sızmış, DİN ELDEN GİDİYOR propagandasıyla, binbir tahrikle isyanı başlatmıştı: ŞERİAT adına!..
Ben, ayaklanmayı bastıran HAREKET ORDUSU'nun Kurmaybaşkanı Pertev Demirhan Pa-*

Tabiî KARAR MEVKİİNDE olan Sizlerin lütfen okuması, tarihi masal saymaması, ibret alması kaydı şartıyla...

Lütfen dinleyin efendim:

Dünyada bir "DİN DİLİ" diye mevzu, benimsenmiş düşünce, varılmış hüküm yoktur.

MUSEVÎLİK, Hz. Musa'nın temsil ettiği dini derleyen TEVRAT'ı tebliğ ettiği halkın dili olan İBRANİCE;

HIRİSTİYANLIK, Hz. İsa'nın temsil ettiği dini, Roma İmparatorluğu'nun egemen olduğu yerler olarak, kendinden sonra havarîlerinin İNCİL adı altındaki kutsal kitabı LÂTİNCE ve YUNANCA;

MÜSLÜMANLIK, Arap Yarımadası'nın özellikle Mekke-Medine çevresindeki Arap ümmetinin bir bölümüne tebliğ edildiği için ARAPÇA inzâl ve tebliğ edilmiştir. Bu gerçek Kur'anı Kerîm'de defalarca tekrarlandığı gibi, Peygamberimizin sahih *(kaynağı belli)* hadislerinde de defalarca tekrarlanmıştır.

SEMAVÎ *(gökyüzünden)* indirildiğine inanılmış ÜÇ büyük di-

*Cemal Kutay*

**OTUZBİR MART**
**85. yaşında**

**bir
"GERİ DÖNÜŞ"ün
mirâsı**

**(1909-1994-?)**

KAZANCI
KİTAP TİCARET A.Ş.

şa'dan Japonya anılarını derlerken, divânı harb dosyalarının kendisinde olduğunu öğrendim. Mahmud Şevket Paşa, o kanlı isyanın nasıl gözler önünde hazırlandığını halkın öğrenerek Ordu'ya olan güveninin sarsılacağından endişe etmiş, bir süre saklanmasını istemişti. Bu saklayış, seksen bir yıl sürmüştü. Ülke, benzer tehlikeler önündeydi. Rica ettim, fotokopisini aldım ve sunduğum 515 sayfalı kitabı belgeler-fotoğraflar-anılarıyla doldurdu. Vakit ayırın lütfen ve ibretle okuyun...
Mehmed Akif'in:

Vahdetî muhlisiniz, elde asâ, çıktı herif
Bir alay zabit kestirdi. Sebeb: Şer-i şerîf

beytini hatırlayın ve kendi kendinize sorun: 1997 Türkiyesinde kaç DERVİŞ VAHDETİ var, bilmezseniz bile tahmin edebiliyor musunuz?

nin hiçbirinde, şu veya bu DİL'in, DİN LİSANI olduğuna dair tebliğ, hüküm, hatta düşünce yoktur. Sadece üç kitabî din de, aynı tekelci zihniyete, o dinin İLK tebliğcilerinin Musevîler'de İBRANİCE, Hıristiyanlar'da LÂ-TİNCE, İslâmiyet'te ARAPÇA'yı o dinlerin DİLİ olarak benimsetme yolunu tercih ettikleri ve böylelikle, Musevîler'de HAHAMLAR, Hıristiyanlar'da PAPAZLAR, İslâmiyet'te HOCA'ların *"RUHBAN SINIFI"*nı kurdukları gözleniyor.

İslâmiyetin *"Lâ ruhbaniyeti fîl- İslâm"* = *"İslâmda ruhbanlık yoktur"* kesin hükmüne rağmen...

Musevîlik İBRANİCE'yi, kaybolmamak için direnme noktalarından birisi olarak koruyor. Hıristiyanlık Luther'in reformuyla İNCİL'in tüm Hıristiyan halkın öz diline çevrilmesi ve ibâdetini anadiliyle yapması devriminden sonra bugün uygar dünyanın en kalabalık dini olabilmiştir. Budha ve Brahman'lık, çevresine topladığı çeşitli ulusların *kendi ana dilleri*'yle kulluk vazifelerini yerine getirme özgürlüğü içinde yerlerini koruyabiliyorlar. Osmanlı, özellikle Hilâfet'in benimsenmesinden sonra teokrasinin tarihte görülmemiş çapıyla devlet-millet hayatına girmesiyle, radikal sünnîliğin mihveri içinde ümmetleşmiş, ATATÜRK'e kadar bu yapısını koruma çıkmazlığı içinde çöküp gitmiştir. Elinizdeki *"Bir Geri Dönüşün Mirası"* kitabı, İkinci Meşrutiyet'in sekizay yirmibirinci gününde patlak vermiş o kanlı-kinli gericilik ayaklanmasının yayınlandığı günlere kadar saklanmış ibret hakikatlerini sıralıyor. Kışlalara sızan Derviş Vahdetî'lerin PEYGAMBER EMRİ diye ARAPÇA gusul abdesti kurallarını nasıl saf askere aktardıklarını, DİN ELDEN GİDİYOR masalını nasıl zihinlere yerleştirip sokaklara döktüklerini sergiliyor. İbâdeti Türkçe'leştirin, dinsel görevleri cemaat teşkilâtına bırakın, lâik devleti din teşkilâtı çelişkisinden arındırın ve derdi kökünden halledin... ATATÜRK, yaşasaydı, ibadeti Türkçe'leştirerek ve milletine Tanrısına kulluk hakkı özgürlüğünü de vererek muhteşem eserini tamamlamış olacaktı. Çünkü bunun dışındaki, mesela Sizin uzlaştırıcı formüllerinizin yaraya devamlı şifâ getireceği hayalinin üstünde ve dışında olarak...

Saygıdeğer Efendim...

Deyin ki Zat-ı Âliniz seleflerinizden daha dindar, manen daha keremkârsınız, deyiniz ki onlar Arapça ve Arapça Kur'anı üç senede yekûn olarak şu kadar saat, Sizin sisteminizde TEK yılda şu kadar saatte öğretti, hıfzettirdi... Peki, anlamını bilmedikleri yabancı bir dilde şu kadar papağan yetiştirmekle övünecek misiniz? Elinizdeki kitapta, ATATÜRK'ün namaz sureleri için hazırlattığı *nazım Türkçe metinler* var: Alınız, lütfen oğlunuz Hasan'a, bir bunları, bir de Arapça metinleri okuyunuz ve de sorunuz: Hangisini anlamış, yüreği inancın hazzı ile dolmuştur?

Lütfen dinleyin: 1912'te, Şeyhülislâm ve Evkaf Nazırı Mustafa Hayri Efendi'nin yaptırdığı bir istatistiğe göre, Hicaz'ı, Irak'ı, Suriye'siyle bütün Arap Yarımadası'nı, Lübnan'ı Filistin'i, Batı Trablus (Libya)u, Ürdün'ü, bir bölüm Rumeli'yi kapsayan *altı milyon kilometrekareyi* aşmış topraklarda kırkbin câmi vardı, gerisi mescitti. Türkiye Cumhuriyeti yediyüzseksenbin kilometrekare... Yuvarlak rakam SEKSENBİN cami var ve her altı saatte bir cami yapmakla övünülüyor. Cumhuriyetin kültür merkezi İstanbul'da 1864 okula karşı 2547 cami var. İmam Hatiplerden senede 55 bin gencimiz çıkıyor, buna karşı ihtiyaç üçbin bile değil... Nedir bu depolaşma? Şeriat kadrosunun ihtiyatları mı? Diyeceksiniz ki ibâdet Türkçe olursa bu çelişkiler düzelir mi?

Zerrece şüphe etmeyin ki, kısa zaman sonra evet... Türk insanın sağduyusu hakikatleri kısa sürede kavrayacak, benimseyecek, haysiyet şuurunun ışığında, ANADİLİ'iyle kulluk ödevini yerine getirmenin sağlayacağı GERÇEK DİN KAVRAMI içinde aracıları, sömürücüleri, simsarları defedecektir. Türk insanı namazın evde de kılınacağını, ama uygar nesillerin çağ okullarında yetişebileceğini yaşayarak tasdik edecektir. Anadiliyle Kur'anı, tecvidli, idgam-ı maal-gunne'li okumak garabetinden kurtularak, öz dilinin ahengi içinde kalp-kafasıyla HIFZ'a gerek kalmadan okuyacak, belleğindeki yerleri geçerli yabancı dillere, bilim-teknoloji terimlere ayıracaktır.

Göreceksiniz: Hepsi birbirini kovalayacaktır.

Yeterki Siz ATATÜRK'ü anlamış, kavramış, hatta sevmiş olun...

Şöyle der Mustafa Kemal:

*"– Lüzumuna kani olduğumuz bir işi derhal yapmalıyız".*

**(Anadolu Ajansı, 31 Ağustos 1925)**

Rahmetli liderinizle aramızda, kalbi, samimî, kıdeme dayalı ve politikaya zerre bulaşmamış bir dostluk vardı. Çankaya yıllarında sadece BİR defa, BİR tarih eserini tanıtmak için İstanbul Üniversitesi rektörlük binasında toplantı yaptı: Hamidiye kahramanı, Millî Mücadelenin zaferi kucaklamış İcra Vekilleri Heyeti Reisi (başbakanı) Hüseyin Rauf Orbay'ın hayat ve hatıralarını beş ciltte derlemiş emeğim için... Tüm yüreğimle inanıyorum ki, ülkenin bugünkü durumunda hayatta ve söz hakkı olsaydı, ne falan-filan şeyhi, ne sabık mormon yakını, ne şu tarîkatın kerameti kendinden menkûl şeyhinin maverâ hikâyelerini dinler: "– Atatürk'ün yarıda bıraktığına sarılıyorum" derdi.

Böylesine verâsetler, üzerimizde emeği olanlarca düşünülmemiş olsa bile, onları hatırlatmaya vesile olmak bile vefa faziletidir.

Tekrar arzediyorum: İsterseniz aradıklarınızı, sağlam temeller halinde ve kronolojik akış içinde elinizdeki kitapta bulabilirsiniz.

Şer mihraklarının karşınızda saf tutmalarını bekleyebilirsiniz. Olsun... Onlar, Mustafa Kemal ve yanındakileri de vatan ihanetiyle idama mahkûm etmişlerdi. TÜRKÇE İBADET'in DİN'i yabancı bir dilin egemenliğinde sömürü aracı olmaktan çıkaracak kurtuluşa elbetteki zulmü zorlayan gözü dönmüşlükle saldıracaklardır: Camiler politikadan sıyrılacaktır. Metinler Türkçe'leşince halk; nasara-yansuru saptırmalarından uzak kalacak, dinsel temel kavramlarda zamanın getirdiği mantık aranacak, HAC gibi nice mevzular devrini tamamlamış faraziyeler içinde değil, İslâmiyetin SON DİN olmasının temel felsefesi "tagayyür-i ezmân ile tebeddül-i ahkâm = zamanın yeniden yapılanmasıyla kuralların zamana uyması" akıl-bilim kıstasıyla ele alınınca İslâm dininin rönesansı, O'nu Musevîlik gibi mevziî bir din olmaktan çıkaracak, evrensel yapısına eriştirmiş Türk Milleti'nin İslâmiyete hizmetinin şeref halkası olacaktır.

Kuran Kursları da, İmam Hatip Liseleri de, hatta İlâhiyat Fakülteleri de kulluk vazifesini anadiliyle yapan uygar bir milletin laik devleti içinde düzenlemiş armoninin huzur tablosudur.

Böylesine muhteşem himmet, elbetteki bilgili, sabırlı, azimli, feragat örülü emeklerin nasibidir.

Saygılarımı kabul ediniz.

"– Felâket başa gelmeden evvel önleyici, koruyucu tedbirleri düşünmek lâzımdır. Geldikten sonra dövünmenin faydası yoktur."

(ATATÜRK, 1927, Nutuk, sayfa 231)

★★★

# TÜRK İLÂHİYATÇILARINA, DİN – MÂNEVİYAT ÖNCÜLERİNE, TARİKAT REHBERLERİNE, TARİHÇİLERE, ÖZELLİKLE TÜRKOLOGLARA

Biliyoruz ki semavî dinler ve ötekilerde, tatbik şekilleri farklı fakat gayeleri aynı ibadetler, yakarışlar, dualar vardır.

Kötülüklerden, doğadan veya insanlardan gelecek zararlardan, âfetlerden, hastalıklardan, huzurlu yaşamı zorlaştıran beklenmedik olaylardan korunmak için...

İslâmiyette de bu gibi olumsuzluklardan korunmak için, kelime anlamı ZIRH olan CEVŞEN MÜNACATI *(YAKARIŞLARI)* sağlam kılıflar içinde boyunlara asılır, ceplerde taşınır, yastık kılıflarında yer bulur.

Elimde, çok mükemmel renkli, yaldızlı baskılı, üstat hattat rahmetli Hâmid'in nefîs hattı, 246 sahifelik CEVŞEN-İ KEBİR *(BÜYÜK ZIRH)* kitabı var.

Tabiî hepsi Arapça...

Sadece lütfetmişler, 34'üncü sayfaya emeği açıklayan şu Türkçe cümleleri almışlar. AYNEN şöyle:

*"– Hazret-i Peygamber Sallahu Aleyhi Vessellem'e Cebrail aleyhüsselâmın vahiy ile getirdiği, (zırhı çıkarıp bunu oku) dediği, gayet yüksek ve çok kıymettar münacâtı kebîridir ki, Zeynelâbidin Radiyallahu anh'den tevatürle rivâyet edilmiştir."*

★★★

Lütfen söyler misiniz?

*"Tevatürle rivâyet"*, yâni *söylentiden söylentiye* olması içinde olsa bile, devirler ve nesillerdir, Türk insanın o pırıl pırıl yüreğinden kopup gelen yakarışların, asla anlayamadığı bir dille yerine getirilme zorunluğu var mı?

Yok... Aksini iddia edenler ispatlarını sıralasınlar.

O halde neden bizim ilâhiyatçılarımız, din-maneviyat öncülerimiz, tarikat rehberlerimiz kendi insanlarının bu münacatlarını *(yakarışlarını)* kendi anadilleriyle yerine getirmenin vazifesini benimsememişler?

Dilediğiniz kadar *iyi niyet* sahibi olun: Bu ibretli tablo önünde hatırınıza Arap dilini, yarım yamalak da olsa, bilmenin vicdanlar üzerinde egemen olma garabetinin devamı uğruna göz kapama günahı önünüzde belirmez mi?

Ya bizim tarihçilerimize, türkologlarımıza siteme hakkımız yok mu?

Yakın geçmiş yıllarda, bizim dörtbin yıllık NEVRÛZ *(YENİGÜN)* geleneğimize nasıl da sahip değiştirmeye kalkışılmıştı? Şamanlık'ta doğa ve insanın bütünleşmesi olayının terkibi Nevruz'umuz...

ATATÜRK'ün, 1923 - 1938 sadece onbeş yılı doldurmamış o kısacık devrinin günlerine emek verin, konu konu dizeleyin, göreceksiniz ki şu birkaç satır içine sıkıştırmaya çalıştığım yıllanmış dert, karşınıza dikilir.

Ama madem konuşabiliyor, açıklayabiliyoruz yakın geleceklerden ümitli olalım.

Neslimizin değil, çocuklarımızın yakarışlarını anadilleriyle, anlamını bilerek, papağanlıktan kurtulmuş olarak yapabilme özgürlüğünü düşünmek bile ferahlık veriyor.

Türk ilâhiyatçıları...

Söz Sizlerin.

Eğer *Arap'ın hegemonya'*sından kurtulmuş olarak söylenecek sözünüz varsa!...

> "– ALLAHIN EN ÇOK SEVDİĞİ EMEK, GAFİLE DOĞRUYU SÖYLEMEKTİR." *Hazret-i Muhammed* (S.A.V.)

★★★

*Saygıdeğer Prof. Dr. Necmeddin Erbakan,*
*Refah Partisi Genel Başkanı*


Muhterem Efendim;

Bu satırları, elinizdeki kitabın sergilediği gerçeklere göz atabilmiş olmanız ümidiyle sunuyorum.

Denilebilir ki, mevzu üzerinde vereceğiniz karar, şahsınız ve partiniz için söylenenler, iddialar, düşünülenler önünde *doğru hükmün* mesnedi olacaktır. Şöyle ki:

Türk Milleti'nin ibâdetini *ana diliyle* yapma hakkı üzerindeki kanaatınızı ortaya koyarak...

Çünkü tercihinizde, ulusumuzu *millet* mi, *ümmet* mi kabul ettiğinizin yorumlamaya ihtiyaç bırakmayacak kadar kesin damgası var. Bir başka ifâde ile, kendinizi bir milletin ferdi mi, bir ümmetin mensubu mu saydığınızın bizzat kendiniz tarafından tescili...

Bilirsiniz: MECELLE'ye göre *sükût, ikrardan* gelir. Soruyu cevapsız bıraktığınızda *bir milletin ferdi* değil, *bir ümmetin mensubu* olduğunuzu tescil etmiş olursunuz.

Bizzat kendiniz tarafından...

Cumhuriyetin ellinci yılında yayınlanan *1920 - 1973 Türkiye Büyük Millet Meclisi albümü*'nün 543'üncü sayfasındaki tesbite göre Sinop 1926 doğumlu, İstanbul Teknik Üniversitesi Makine Fakültesi mezunu ve öğrenim alanında akademik kariyer bünyesinde profesör doktorsunuz.

Yâni, öğrenim alanı olarak teknokratsınız.

Politikaya, Türkiye Ticaret Odaları Birliği Başkanı olarak üçüncü dönemde Konya Milletvekili olarak girmişsiniz.

Bu kültür ve siyaset terkibi içinde Başbakanlığa kadar gelmiş Zat-ı Âlinizin temsil ettiği fikir, gaye, hedef, tatbikat ve neticeler hatırlanırsa, elinizdeki kitabın tezi ve davası TÜRKÇE İBADET mevzuundaki düşünce ve tutumunuz, bir çelişki yumağı görünümüne rağmen, apayrı önem taşıyor.

Konu üzerindeki kronolojik açıklamalar elinizdeki kitaptadır. *"– Bunlar beni alâkadar etmez"* diyemezsiniz, çünkü Siz, milletimizi, elinizdeki kitabın adından başlayarak yaşam şartlarını **tam aksi yönde** görmek hasretini temsil eden hareketin hem ideologlarından birisi, hem de tatbikat kervanının başındasınız. Gerçek yapınız ve gayenizi, HİLE-İ ŞER'İYYE ve TAKİYYE'lerin binbir maskesi altında ne ölçüde saklama hünerine sahip olursanız olunuz, şu soruya **net, kesin, HÜLLE kapıları mutlak kapalı** cevap verinceye kadar ve bu cevabınızı millet huzurunda yüksek sesle tekrar edinceye kadar TÜRK İNSANININ İBÂDETİNİ ANADİLİYLE YERİNE GETİRME HASRETİNİN NERESİNDE, yâni, **yanında mı, karşısında mı, dışında mı** olduğunuz meçhul kalacaktır.

Dini gırtlağına kadar siyasetin içinde tutmanın, Sizin tek dayancınız olduğu iddiası vardır. Bu iddia, halen adaletin tetkik konusudur. Hangi istikamette olursa olsun, onu telkin hiç bir bakımdan tasvip göremez ve de mümkün değildir. Yasalar yol verse de, fikir özgürlüğünü mutlak tarafsız adalette aramış ve bulmuş benim için bu tutum ödünsüz tercihtir.

Benim Sizden ricamın, aktüel siyasetle hiç bir alâkası yoktur. Ben Sizin, Türk insanının bindörtyüz yıla ulaşmış, ATATÜRK'ümüzün beraberinde götürdüğü hasreti üzerinde durumunuzu, safınızı, yerinizi açıklamanızı istiyorum: Kulluk ödevlerimizi anadilimizle yerine getirme hürriyetimizin yanında mı, karşısında mısınız?

İzninizle tekrar edeyim:

Cevap vermeyip susarsanız, başta sekiz yıllık arasız öğretim, hür kültür alanında dini-dünyayı Sizlerin ipoteğinden kurtaracak her girişime karşı gizli-açık karşı koymanızın maskesi düşecektir: Çünkü Sizin ve seleflerinizin **Arap papağanı** yetiştirme kurum ve metodları, insafsız elini, binbir şekil ve muhtevâda tecellî eden **din faşizminin** maddemanâdaki baskılarıyla devam edecektir.

Emeğimin lütfen, bu AÇIK MEKTUPLAR bölümüne göz gezdiriniz: İktidardaki siyasî partiler dahil, istisnasız hepsine, AYNI SORU'yu sordum:

*"– TÜRKÇE İBÂDET, bir başka deyişle, ANADİLİMİZLE KUL-
LUK HAKKI'mızın yanında mısınız, karşısında mı?* Rey (oy) san-
dığı uğruna ödünler verme, formül bulma, yol arama ahlâksızlığı
içinde misiniz, tarihin tasdikinde, ATATÜRK'ün hasretinde yüce bir
ödevi kucaklamanın;*

*Fazilet, vatanseverlik, cesaret, hak-bilim yolunda mı?"*

Sizin cevabınız benim için bir başka bakımdan değer taşıyor. Safı-
nızdaki öncekilerin *"Bâb-i içtihat* (düşünce kapısı) *kapanmıştır"* diyen
bağnazlığından Batı'ya kaçan ünlü şair Ziya Paşa *(1829-1880)* nın:

*Diyâr-ı küfrü gezdim, beldeler kâşâneler gördüm*

*Dolaştım mülk-i İslâmı, bütün virâneler gördüm*

mısralarıyla, hala sürüp giden sert gerçeği açıkladığı için, kendisine sal-
dıranlar içinde HACI olmakla da tanınan bir MOLLA'ya terkib-i bend'in-
de şu ibret hükmünü veriyordu:

*Ümmid-i vefâ eyleme her şahs-ı değelde*

*Çok* HACI'*ların çıktı* HAÇ'*ı zir-i beğelde.*

Zat-ı Âlileri'ni edebiyat lügatlerine bakmak külfetinden uzak tut-
mak arzusuyla ve de Ziya Paşa'yı yaşadığımız günleri düşünmüşcesine
bize bıraktığı mısrâlar dolayısıyla bir daha şükrân ve rahmetle anabil-
meye vesile olur diye şöylece aktaracağım:

*"– Sen hiyleyi benimsemiş kimselerden vefâ bekleme... Çok* HA-
CI'*ların* HAÇ'*ı, koltuk altlarındadır."*

Yüksek malumunuz olduğu üzere *değel* sözcüğü Farsça ve de, Bü-
yük Osmanlı Lügati cilt I, sayfa 285'de şöyle açıklanıyor: *"1) Hiyle, Dala-
vere, 2) Hiylekâr, doğru olmayan kişi, 3) Kalp para, 4) Çörçöp.) Beğel*
Farsça sözcüğünü ise Büyük Osmanlı Lügati cilt I, sayfa 99'da KOLTUK
olarak açıklanıyor. *Zir-ı beğel = koltuk altı.*

Zat-ı Âlileri'nin Hac'ca YİRMİBEŞ KERE gittiğiniz söyleniyor.
TÜRKÇE İBÂDET'te alacağınız yerin, bu erişilmesi güç dindarlık tecelli-

sinde, Ziya Paşa'nın HAC ile HAÇ arasındaki gerçek safınız üzerinde de dayanak olacağı özelliğini hatırlatmada fayda gördüm.

Mevlâna Celâleddin bir *hikmet*'inde:

*"– Tiryâk* (afyon) *acıdır, ama kaç derde devadır, bilir misin?"* der.

Aslında bir zehir olan afyon'un, tıbta, acıları dindirmek yolunda temel unsur olduğuna işaret ediyor.

Zat-ı Âlileri de, siyasete el attığınızdan beri nice çalkantıların, özellikle DİN'in, bir ümmet aracı olarak ne hale getirildiğinin, tarih ve zamanın reddindeki hayâllerle ülkemizin birliğini nasıl çıkmaz sokaklara sürüklediği gözler önündedir.

Ne dersiniz Muhterem Efendim, Mevlâna'nın *hikmet*'inden sonra, Kur'an-ı Kerîm'in: *"– Nâdim olan, peşîman olan, günah işlememiş gibidir"* muhteşem hoşgörüsünü hatırlayıp, TÜRKÇE İBÂDET'i kucaklamak asaletini göstermeniz mümkün değil midir?

Hatalardan arınmanın belki de SON fırsatıdır diye düşünüyor, niyâz ediyorum.

Saygılarımı kabul buyurunuz efendim.

"– Biz bu Cumhuriyeti hacılara, hocalara terketmek için meydana getirmedik. Tarihi Octave'a bırakamayız."

"– ...... Cumhuriyet müessesesinin bir müstebid eline geçeceğini mezarımda bile duysam, millete karşı haykırmak isterim."

"– ...... Cumhuriyetin milletin kalbinde kök saldığını görmek, yegâne emelimdir."

*(ATATÜRK, 23 Ağustos 1930, Yalova'da gece sofrada söylediklerinden derlenmiş cümleler* (Serbest Cumhuriyet Fırkası Nasıl Doğdu, Nasıl Feshedildi? Ali Fethi Okyar, sayfa 69/70, 1987.)

## Kılıçoğlu Hakkı'nın Doksan Yıldır Süren Savaşı

# KİMDİR?

Hakkı Kılıçoğlu 1872'de bugün Yugoslav topraklarındaki Niş'de doğru. Çiftçi Ali Ağa'nın oğludur. 1877 Türk-Rus Harbi'nde ailesi göçmen olarak Manastır'a yerleşti. İlk, orta öğrenimini orada tamamladı. 1898'de Topçu Harbiyesinden asteğmenlikle çıktı. İlk yılları Irak, Yemen, Filistin'de vazifeli olarak geçti.

Binbaşı rütbesindeyken Yemen'e gönderilen Anadolu Gönüllü Taburu'nun kumandanıydı. Bağdat ve Şam askeri okullarında öğretmenlik yaptı.

Bu hizmet yıllarında Anadolu dışındaki İslâm dünyasını da tanıdı. MİLLİYET duygusundan yoksun, insan toplulukları üzerinde DİN'in nasıl boş bir teselli, ham bir ümit olduğunu o gençlik yıllarında görerek kavradı.

1903'te Selanik'te 3. Ordu İstihbarat başkanı iken İttihat ve Terakki gizli cemiyetine girdi. Arapça, Farsça, Fransızca biliyordu.

Ülkenin temel felaketinin değişen zamana akıl ve göz kapamak taassubu olduğunu yaşamıştı. Aydın olarak softalık ve dervişliğe karşı Selanik ASIR Matbaası'nda yayınladığı kitaptan sonra

Mahkeme kararı ile askerlikle ilgisi kesildi. O günden gözünü kapadığı 1949'a kadar ömrünü Milliyetimiz, insanlığımız, şeref ve haysiyetimizin baş düşmanı olarak tanımladığı softalık, yobazlık, bağnazlık, çağdışı kafayla savaşmaya adadı. 1927'de İzmit ve daha sonra Muş Milletvekili seçilerek devam ettirdiği siyasi hayatı içinde yayınladığı kitaplarla davasını sürdürdü.

Ben bu sayfalarda O'nun bugün de, o günler kadar ibretle okunacak "Bâtıl İtikadlara İlan-ı Harp" kitabından aradan 84 yıl geçmesine rağmen, yaşadığımız günleri, eğer, sert gerçekleri görmezsek yaşayacağımız günleri düşündüren hatırlatmalarla bir vefa vazifesini yerine getirmek istedim.

Hayır, sadece "bir vefa vazifesi" değil yüzyıllar öncesi gafletimizin hortlaması felaketine göz kapamamız sürdükçe ülkenin yarınlarına Kılıçoğlu Hakkı'nın "HALA UYKUDA MISIN?" siteminin ulaştırıcısı olarak...

Aşağıdaki bölüm bu yeri boş, aydın insanın 1332 (1916)'da İstanbul Şems (Güneş) Matbaası'nda 2. baskısını yapmış Batıl İtikadlara (Boş İnançlara) İlan-ı Harp (savaş) kitabının önsözünden aktarılmıştır. Son satırlara geldiğinizde yüreğiniz elverirse bugünleri düşünebilirsiniz...

★★★

"İslâm ülkelerinde dini dünya üzerinde egemen kılmanın başında iki grup "ulema" adlı sınıf vardır. Bunların ilk bölümü sayıları az üst düzeydeki kişilerdir. Fikir ve karar onlardan gelir. İkinciler ise köylere kadar yaygın sarıklı kalabalığıdır.

Bunlar yaşanılan zamanı inkâr eden KARA KUVVET'tir.

Bütün hareketlerinde, düşüncelerinde, telkinlerinde esas felsefe DEĞİŞEN ZAMANI İNKÂR'dır. Onlara göre dünyanın hiçbir ehemmiyeti yoktur, neredeyse kıyamet kopacaktır. Bu sebeple uzun uzadıya çalışmaya gerek yoktur. Fazla para kazanmak haramdır; çünkü peygamberimiz de fakirdir. İslâmdan başka bilime gerek yoktur, çünkü Peygamberimiz de ümmi (okuyup, yazma bilmeyen, Büyük Osmanlı Lügatı cilt : 3 Sa: 1532) idi. Yaş ve kuru ne varsa Kuran'da vardır. Fakat bunlar araştırılamaz, yorumlanamaz, hele başka taraflarda aramak haramdır. Halbuki İslâm hakikatı asla böyle değildir. Peygamberimiz bilim ve gerçekleri o günlere göre en uzak ülke Çin'de bile olsa öğrenmekle bizi vazifelendirmiştir.

Süslü, temiz ve yeni esvap giymek günahtır, çünkü Peygamberimiz bin yamadan (!) hırka giyerdi(!). Temiz bir masa üzerinde, tabaklar içinde, kaşık çatalla yemekte haramdır; çünkü Peygamberimiz yerde ve bir meşin sofra üzerinde yemiştir.

Bu korkunç cehalet, Allah'ın kuluna en büyük lütfû olan DÜŞÜNME'yi de yasaklamıştır. Onlara göre "Bab-ı İçtihad = Düşünce kapısı" kapalıdır. Asla yeniden açılamaz.

Ne zaman ve nerede olursa olsun yaşanılan devri açıklayan bir söz veya yazı ortaya atılırsa hemen "Bir Peygamber Vasiyeti" uydurulur. Avusturya'daki kağıt fabrikalarından birinin yaptığı bir kağıt üzerine Arapça metinle reddedilir; sonra bu hokkabaz kağıdı evden eve, şehirden şehire, köyden köye milyonlarca para karşılığında satılır, dağıtılır. Hükümet yeni bir şey mi yapmak istiyor? Bab-ı Meşhiat'ın "Şeyhülislam"lığın fetvası lazımdır. Erkan-ı Harbiye'yi Umumiye (Genelkurmay) asker için yeni bir serpuş (başa giyilecek, kalpak, şapka)mı gerekli görüyor? Kararını bu yobazların homurdanmalarından ürkerek açıklamakta kaygılıdır.

Softalık, kadınlığın ilerlemesine temelinden düşmandır. Kadınlar okuyup yazamaz, kadınlar serbest olamaz, kadınların namaz için lâzım gelen sureleri bellemesi kafidir. Kadın softanın yalnız hayvanlığını teskine mecburdur. Binaenaleyh ineği nasıl evdeki ahırda bağlı ise, kadın da evin içinde böylesine bağlı olmalıdır.

İnsanlık toplumunun temel uzvu, temel taşı, yetişenlerin ilk öğretmeninin kadın olduğunu softa asla düşünemez. Bu sebeple kadınlar için ilerleme, aydınlanma gibi zamanın ister istemez getirdikleri onun gözünde bid'attır (Bid'at = 1) Sonradan meydana gelen, yeniden çıkmış şey 2) Peygamber zamanından sonra dinde olan şey), haramdır.

Softalık halkı cehennemle o kadar korkutmuştur ki, biçare kımıldanamaz. Yobaza karşı herhangi bir iş yapıldığında cahil şehirli veya köylünün yeri **esfel-üs-**

قليج زاده حقى

اعتقادات باطليه اعلان

حرب

ايكنجى طبعى

مه حقى محفوظدر

مهرسز نسخهلرساختهدز

١٣٣٢

مطبعة شمس

safilin (!)dir, **(Esfel-üs-safilin = Cehennemin yedinci alt katı, cehenne-min en alt tabakası. Büyük Osmanlı Lügâtı, cilt: 3, sayfa: 331)** Gayya ku-yusudur. Bahtsız halkı bu korku, bu vehimler içinden kurtarıp ta gerçeği gös-termeye ve onu uygar dünya insanları gibi düşünmeye, çalışmaya yöneltme-ye hemen hemen imkân kalmamış gibidir veyahut pek büyük cesur bir emek istiyor.

Bizim inancımızın özeti şudur: Allah vardır ve birdir. Bütün kuvvet ve iradelere sahip ve mâlik O'dur. Koyduğu değişmez kurallarla evreni, geçmiş ve gelecek zamanları maddi ve manevi görebildiklerimiz ve göremediklerimi-zi O yönetir.

İnsanlara verdiği akıl ile –ki Tanrısal katında insandan daha yüce, da-ha üstün bir mahluku, yaratığı yoktur– bu insana büyük işler yapmak iktidarı-nı ihsan etmiş ve onları serbest bırakmıştır. İnsanları aydınlatmak için yine kendi içlerinden peygamberler, dahîler yaratmıştır. Büyük insanlar doğruyu göstermişlerdir.

Biz Peygamberimizi insanların en akıllısı ve bu yapısıyla üstünü biliriz. Kendisinin en büyük mu'cizesi **(mu'cize: Büyük peygamberler tarafından meydana getirilen olağan üstü haller. Büyük Osmanlı Lügâtı, cilt: 3, s.: 1049)** akıl ve kitabıdır. Ve biz başka mu'cize aramayız. Bu emeklerimizi de halkımıza bu temel gerçeği anlatmak için veriyoruz. Biz Kelime-i Şehadet ve Kelime-i Tevhit (= Tanrı birdir ve Muhammed O'nun kulu ve peygamberi-dir)'den gayrı Kur'an hükümlerinin zaman ve mekân ile değişebileceğini ke-sinlikle kabul eden, bab-ı içtihad = düşünme kapısı'nın yeniden açılması lü-zumuna katiyen inananlardanız. Geçmiş devirlere ait dinsel hükümlerin hep-sinin yaşadığımız zaman içinde tatbik edilebileceğine asla inanamayız. Ebû Hanife, Şâfi, Maliki, Hanbeli Hazretleri'ni pek büyük ve pek muhterem olarak tanırız fakat onların yerini tutacak ve hatta onları geçecek din bilginlerinin ye-tişmesini bekliyoruz. Herşeyi dinden ibaret zanneden softalık düşünceleri bi-ze hiç birşey yaptırmamıştır; ne dilimiz, ne bilim yayınlarımız, ne edebiyatı-mız, ne sanayimiz, ne ziraatimiz, ne sermayemiz, hiçbirşeyimiz dünyaya ula-şamadı. Garb'ın (batının) yetiştirdiği ve zamanımızı aydınlatmış şahsiyetler-den bizde kim var? Bunlara karşı bizim nemiz vardır? Ebu Suud veya Zem-billi Ali Efendi'mizle onlara karşı övünebilir miyiz?

Zavallı Türk! sen dünyanın dahiler ve dehalar yetiştiren bir ikliminde yaşarken yine bugün marifetçe bir hiçsin. Buna sebep nedir? Çünkü sen ser-best değilsin. Seni "günah ve bid'at" zincirleri sımsıkı bağlamışlardır. Etin, kemiğin, dimağın, kanın, asabın hülasa hiçbir şeyin senin değildir. Bu sebeple de onları dilediğin gibi kullanamazsın. Sonrada böylece zelîl (**aşağılanan. Büyük Osmanlı Lügâtı cild: 3 sayfa: 1574)** olursun.

Kitabıma başlarken "Ne istiyoruz?" sorusuna basit olduğu kadar hakkımız bir cevap vermek istiyorum: BİZ DÜNYA ve AHİRET İŞLERİNİN BİRBİRİNDEN AYRILMASINI İSTİYORUZ."

"– Benim de bir tarikatım var. İsmi MEDENİYET"tir."

*(ATATÜRK, 1925, Ankara, Hukuk mektebini açış konuşmasından)*

*Saygıdeğer Prof. Dr. Tansu Çiller*
*Doğru Yol Partisi Genel Başkanı*

Muhterem Efendim;

Bu satırları, elinizdeki kitabın sergilediği gerçeklere **gözatabilmiş** olmanız ümidiyle sunuyorum.

Ve bu ümitle, bazı hakikatleri tekrarlamadan izninizle konuya gireceğim.

Tek sual hâlinde:

ATATÜRK'ün beraberinde
götürdüğü hasret:

*TÜRKÇE İBÂDET*
*(ANADİLİMİZLE*
*KULLUK HAKKI)*

özgürlük ve haysiyet davasının **yanında** mısınız, **karşısında** mısınız?

Tanrı aşkına, lütfen, gerekçeler ileri sürmeden, **yorum, eleştiri** yapmadan, açık seçik, kesin cevap veriniz:

309

# Yanında mısınız?
# Karşısında mısınız?

● — *BU TOZ PEMBE ÜMİT TEMSİLCİSİNİ
TANIYOR MUSUNUZ?*

Cevabınızı beklemeden, izninizle Size, siyaset sahnesine çıktığınızdaki imajınızı hatırlatmaya çalışacağım.

Ki, *bugününüzle* kendiniz, *kendiniz için* bir kıyaslama yapasınız diye...

Siz dış görünümüzle, aile terkibinizle, kültürünüzle, politikaya atıldığınız güne kadar şahsiyetinizle, derinden hasreti çekilen *toz pembe bir ümid*'i temsil ediyordunuz.

Haliniz vaktiniz yerindeydi. TANZİMAT'tan beri Batılaşmayı hedeflemiş aydın Osmanlı ailesi verâseti içindeydiniz. Ülke için çok gerekli ve geçerli ihtisas öğreniminizi endividüalizmin cihan zirvesine ulaştırdığı ülkede yapmıştınız.

Diyeceğim ki ATATÜRK'ün hasretlerinden birisi olan KADIN BAŞBAKANI Türkiye; sıcak bir nefes gibi Sizde duydu: Sadece yazmış okumuş kadın kesitinde değil, ırkına özgü sağduyusuyla kırsal kesimlerde de...

Üstelik bu yıllar, sinsi olduğunca zalim ve kalpsiz bir ATATÜRK KARŞITLIĞI'nın lâik cumhuriyeti, bir siyasî parti çatısında örgütlenerek tehdit ettiği günlerdi.

Özellikle Türk kadını Sizi bağrına bastı. Merak edip de konu üzerinde ciddî bir araştırma yapsaydınız, dalındaki ümit goncalarını kurutan yanlışlıklar zincirinin üzerinde belki bir nebze irkilirdiniz.

Türk insanı Sizi, *çağdaşlığın inancası* olarak gördü. Bu iyimserlikte haklıydı. Ama Siz, Arap kültür emperyalizminin ülkedeki temsilcisi bağnazın dayancı şeriat reklamcılığını, akla-kültüre dayalı demokrasiye üstün saydınız. Kendinizin de içinde bulunduğu kadınlığı, bir *başörtü hürriyeti* altında özgür hayattan çekecek komplonun avukatı oldunuz.

# ● — LÜTFEN SÖYLER MİSİNİZ? "KADIN BAŞBAKAN" OLARAK NE YAPTINIZ ATATÜRK'ÜN YOLUNDAKİLERE?

Kadınların seçme ve seçilme özgürlüğünün ilk seçiminde (1935) Türkiye nüfusu onaltı milyondu ve parlamentoda ONSEKİZ kadın milletvekili vardı.

Fotoğrafları ve kısa biyografileri elinizdeki kitabın ilk sayfalarındadır.

ATATÜRK'ün bu sayının ELLİ olması yolundaki çabasını, *çok geç de olsa,* o açıklamalardan öğrenmiş bulunuyorsunuz.

Pekii... Siz ne yaptınız altmışbeş milyonluk Türkiye'nin son seçimlerinde? Siz ne yaptınız?

Kaç kadın milletvekili çıkardınız ve bugün kaçı yanıbaşınızda?

Yazık... Oysaki inanın, Sizden beklenen yüreklilikle, hiçbir sahada erkeğinden geri olmayan kadının, Sizi nerelere getirdiğinin idrâki içinde olsaydınız, kokuşmuş, devrini tamamlamış gerçek bir demokrasinin yüzkarası metodlar yerine milletin önüne çıkar:

*"– Beni buraya Siz getirdiniz. 100 kadın milletvekili istiyorum. Ülkemizin yüz akı..."* diyemez miydiniz?

Deyin ki başaramadınız.

Ama bugün Mevlânâ'nın dediği *hasretle anılan beste* olurdunuz. Sizi anlayamayanlar utanırdı.

Siz değil!..

EVVELKİ GÜN!    DÜN!    BUGÜN!    YARIN!

311

Size, *çizgilerden ibretler* üstadı rahmetli karikatüristimiz Nehar Tüblek'in *masum başörtü*'yle başlatılmış oyunun, ileride nelerle noktalanacığını asla tahmin edemediğiniz SONUÇ'una ait uyarısını –*bundan sonralar* da– hatırlarsınız ümidiyle bir önceki sayfada sunuyorum.

Baştaki *kara umacı* kapandığını sandığınız DÜN'leri, yanındaki Sizin nesli, üçüncüsü başörtülü, ayağa kadar *mestûre*'li(!) gafletinizi, sonuncusu da göz kapadığınız *yarının umacı*'sını önümüze koyuyor.

Bu felâketin senaryosunun KİMİN BAŞKANLIĞI günlerinde sahnelendiğini düşünüyor musunuz?

Sanırım şu suali sormak hakkınız:

*"– Tehlike geçti mi?"*

Asla... Baksanıza, sayın halefiniz, şu veya bu formülle, üçyılda şu kadar saat ARAPÇA'yı, buldukları dâhiyâne tedbirle bir yılda şu kadar saate yükseltileceğini müjdeliyor.

Elbetteki HAYIR, tehlike geçmedi.

Ve,

## TÜRKÇE İBÂDET
## ANADİLİMİZLE KULLUK HAKKI

özgürlük mücadelemizin zaferle noktalanmasına kadar devam edecektir.

Saygıdeğer Efendim;

Biliyoruz ki Atatürk elliyedi yıl yaşadı;

İlk halefi İsmet İnönü seksendokuz, ikincisi Celal Bayar yüzüç yaşında dünyamızdan ayrıldılar. Daha sonrakilerden hepsinin ömrü Mustafa Kemal'den uzundu.

Askerlik hizmeti dışında vatanın kaderi üzerinde söz sahibi olması, Birinci Büyük Millet Meclisi'nin, kendi söyleyişiyle: "– Mukadderat-ı milliyeye vaz'ı-ül-yed olmasıyla *(milletin kaderini eline almasıyla)*, yâni 23 Nisan 1920'de başlar.

Kişi adı pek söylenmezdi, REİS PAŞA denilirdi. Çünkü Padişah ve onun hükümeti, rütbe ve ünvanlarını almış, O da bir ferdi mücahid olarak davasına devam etmişti.

Siyasî vasiyeti de, Millet Meclisini SON açış konuşmasını yaptığı **1 Kasım 1937**'dedir.

Affınıza sığınarak söyleyeceğim: Bu tercihten önceki 17 MECLİSİ AÇIŞ konuşmasının *toplamından uzun* bu dörtbaşı mamûr konuşmasını derinlemesine inceleseydiniz, tüm yüreğimle söylüyorum, bu kadar *temelden yanlış* hatalar yapmazdınız.

Özellikle O'nun İslâmiyetin SON DİN olmasının asıl yapısı "tagayyür-i ezmân ile tebeddül-i ahkâmı = *Zamanın yeni yapılanmasıyla kuralların değişen zamana uyması*" muhteşem yapısını kavrar, Size DİN YAPISI gibi anlatılan masallara, hurafelere, ilkel düşüncelere saplanıp kalmazdınız. Şu gerçeği hiç olmazsa bundan sonra akıl, bilim, mantık kıstasları içinde biliniz ki bu dünyaya İKİ BÜYÜK MÜSLÜMAN gelmiş geçmiştir: İLK'i onu tebliğ eden Hazreti Muhammed Mustafa, *(S.A.V.)*, ikincisi de ondan 1311 sene sonra son dini israiliyattan, hurafelerden, din sömürücülerinden, bağnaz, cahil, DİN'i DÜNYA'nın çıkar aracı yapmış *ruhban sınıfı*'ndan kurtarıp asliyetine iade eden Mustafa Kemal Atatürk'tür. Hani onun aile mukaddesatına kadar utanmadan saldıranların çatısı altında sığınak buldukları ortağınızın DİNSİZ dedikleri yüce kişi...

Bakınız, 1 Kasım 1937'deki Millet Meclisini SON açış konuşmasının SON bölümünde vatan-millet yönetiminde akıl ve bilime *dünya dönüyor* ebedî gerçeği içinde nasıl yer veriyor:

*"– Bizim prensiplerimizi, gökten indiği sanılan kitapların dogmalarıyla asla bir tutmamalıdır. Biz ilhamlarımızı gökten ve gaipten değil, doğrudan doğruya hayattan almış bulunuyoruz.*

*Bizim yolumuzu çizen içinde yaşadığımız yurt, bağrından çıktığımız Türk Milleti ve bir de milletler tarihinin binbir fâcia ve ıztırap kaydeden yapraklarından çıkardığımız neticelerdir."*

Ve 10 Kasım 1938 Perşembe günü saat 9.05'de hayata gözlerini kaparken, ardında, yukarıdaki cümlelerle ana hatlarını çizdiği vatan hizmetlerinden birisini yarım bıraktı: TÜRKÇE İBÂDET'i...

Bu O'nun daha 1907'de 26 yaşında genç bir kurmay yüzbaşıyken, hizmet sahası Arap Yarımadası olan Dördüncü Ordudan, Selânik'teki Üçüncü Orduya gelirken, haritasıyla tamamlanmış, çökmekte olan Os-

313

manlının bağrından *MÜSTAKİL TÜRK DEVLETİ* çıkarma girişiminin ilk *Millî Misakı* idi.[1] Taşıdığı hasretlerin yoksunu kişiler ve çevrelerin yetersizliğini aşarak Türkiye Cumhuriyeti'ni kurdu. Noktası virgülüne kadar aydınlık rejim, toplumun yapısını onbeşyılda inşâ etti, "*milletime temel hizmetim*" dediği TÜRKÇE İBÂDET'i tamamlayamadı, *kendisinden sonraki*'lere emânet etti.

Heyhat!...

O'nun cesareti, yüreği, kişiliği, özellikle milletinin yapısını değerlendirme ölçüsü, yerine gelenlerin *hiç birisi*'nde yoktu.

Siz, sayın Çiller, İLK Türk kadını olarak, hükümetin başına gelirken O'nun çoooook uzakta kalmış günlerine, bıraktığı yerden dönüş havası yürekleri sarmıştı.

Yine heyhat!...

Söyler misiniz ne verdiniz özellikle Sizi oraya getiren Türk kadınına? Ne verdiniz?

Elinizdeki kitabın baş tarafında muhterem Cumhurbaşkanımıza bir AÇIK MEKTUP vardır. O SAYFALAR içinde Mustafa Kemal'in 1935 seçimlerinde, medenî kanununu aldığımız İsviçre'de kadına seçme-seçilme hakkı yokken, anayasa ve seçim kanunlarını değiştirerek, 16 milyonluk Türkiye'den meclise seçilmiş ON SEKİZ kadın milletvekilinin resim ve biyografileri vardır.

Lütfen onları okur musunuz? Altmışikiyıl öncesinin şartlarını, Cumhuriyet oniki yaşındayken ülkenin, özellikle kadın varlığına dönük kültür şartlarını düşünerek...

Elinizdeki kitabın o sayfalarında, ATATÜRK'ün o meclise E L L İ kadın milletvekili istediği hakikati de yer almıştır.

Peki... 1995'de, Siz, Türkiyenin İLK kadın başbakanı, Siz, bırakınız ötekileri, Siz KAÇ kadın milletvekili adayı gösterdiniz, kaçını seçtirdiniz?

---

(1) *Size, bu gerçekleri kitaplaştırmış emeğimden bir bölüm sunmuş, evinize davet edilerek kadirbilir nezâketinizde anlatmaya çalışmıştım. Son seçimlerde bu kalbî arzu ve hislerimi, bir program denilebilecek yapı içinde tekrarlamış, sunmuştum.*
*Bu ilgi, asla benim politikanın mutlak dışında bir fikir adamının kişisel ilgisi değildi. Siz, siyaset tarihimizde az insana nasîb olmuş ümidi temsil ettiniz: Bir ATATÜRK KIZI olarak, Batı kültürünün hamurlaştığı bir ülkede yetişmiş ve de İLK kadın başbakan olmuştunuz...*
*Lütfen, olayların muhasebesini yaparken hepsi gerçek bu ÜMİT'lere karşı neler verebildiğiniz'in kefesini doğru tartma dürüstlüğünü gösteriniz.*
*Kur'anı Kerîm "nâdim olan, hatasını anlayan günâh işlememiş gibidir" hoşgörüsünü müjdeliyor. TÜRKÇE İBADET kervanında yerinizi alırsanız, doksanın merdiveninde, gözlerim rahat görmese de, inanınız, yanınızda olur, köy-kent gerçekleri anlatmaya çalışırım: Mustafa Kemal'in Hâkimiyeti Milliye'sinden son kalem olarak...*

Hayır Sayın Çiller... Siz, böylesine dürüstlük, yüreklililik, vefâ, ATATÜRK'ü idrâk yoksunu imişiniz.

Asla gücenmeyiniz, alınmayınız: Çünkü eğer Sizde bu meziyetler mevcut ve yeterli olsaydı, parti tüzüğünde değişiklik yapar, *Türkiye'nin kadın-erkek nüfus dağılımına göre kadın-erkek milletvekili adayı gösterileceği prensibini benimser* ve bugünkü meclise asgarî 100 kadın milletvekili ile girer, ne ülkeyi, ne kendinizi bu âkibete düşürmezdiniz.

Sakın bu düşünceye gülüp omuz silkerek, insanımızı, özellikle hemcinsleriniz Türk kadınını gerçek yapısıyla *asla tanımamış* olma cehaletine yeni bir ispat hakkı vermeyiniz: Emîn olun, İLK KADIN BAŞBAKAN olarak bu ahlâk ve tarih borcunuzu yerine getirseydiniz değil kentlerin, kırsal yerlerde erkeğin ardından gitmeye mahkum kadınların büyük bölümü de Sizin yanınızda olurdu.

Yazık...

Milletinizin *gerçek yapısı*'nı kavrama ihtiyacı duymadan, Amerikanvâri basit, yüzeyde, ciddiyet ve seviye yoksunu enjekte formüllerle Milletin önüne çıkmışsınız.

Sizi bu *çıkmaz yollar*'a itmiş olanları hatırlamak, sanırım, vekar içinde bir köşeye çekilmenize bile yararsa yine de kazancınız olur.

Lütfen beni dinleyin: Elimde, Türk kadınlığının politik, sosyal, kültürel, ekonomik kriterlere göre dünya kıyaslamasındaki yerini tespitleyen istatistikler var.

Aslında Türk kadınının kişisel varlığının ve yapısının bu kıyaslamaların çok üstünde olduğu hakikati içinde bunları hatırlatarak Sizi mahcup etmeye gönlüm razı olmadı. Çünkü ben, görünürdeki duruma rağmen, hiç birini, bile bile benimsediğinize ve istediğinize inanmak istemiyorum.

Kader önünüze; bütün bu geçmiş olayların üstünde pırıl pırıl, izleri zamanla silinmeyecek, aksine derinleşecek bir hizmet imkânı çıkarmıştır: TÜRKÇE İBÂDET'te ön safta yerinizi almanız...

Asla trajik, teatral bulmayınız... Anıtkabire gidiniz, ATATÜRK'e tercihinizi, geç kalmışlığın hiç bir mâzeretini açıklamadan anlatınız ve Sizi terketmeye fırsat arayanlara da hareket serbestîsi tanıyınız, TEK BAŞINA mı kaldınız, hiç önemi yok... Ama inanınız, bu TEK KALIŞ'ta bile yüce bir gayenin, nesillerdir çekilen ana sütü kadar meşrû hakkın, ATATÜRK'ün beraberinde götürdüğü hasretin dinmesinin şeref borcu var.

TEKBAŞINIZ'a kalsanız dahi...

Tevfik Fikret *"kaç nâsiye var çıkacak pâk-ı dırahşân"* der.

Siz beni dinleyin: Dakika kaybetmeden bu muhteşem kervanda yerinizi tayin edin, ardınıza değil önünüze, TÜRKÇE İBÂDET'in ülkeye getireceklerine, yabancı bir dille kulluğun beraberinde getirdiği başa çıkamamaya mahkum olduğumuz binbir dertten sıyrılmanın huzur ve nimetlerine öncülük ediniz: Bu size bağlanmış ve Sizi İLK kadın başbakan yapmış millet ümidinin temel kaynağı idi.

Vatandaşlarınızı hiç olmazsa bu ümidinde hüsrana uğratmayın.

Yine fâni, mevsimlik, tutarsız avunmaların ardında koşarsanız, korkarım, *o çıkmaz yollar*'da tek başınıza kalırsınız.

Kaderin önünüze çıkardığı bu **hataları tasfiye** yolunu kucaklarsanız, bundan sonraki yıllarınız ve kendinizden sonra siyaset kulvarının yolcularına bir de MİRAS DERSİ'niz olacak...

TARİH'i *ihtiyar geveze* değil, *Ömer Hayyam*'ın dediği gibi kâinatın vicdanı saymak...

İşte bu hislerle Sizi:

ATATÜRK'ün beraberinde götürdüğü hasret:

# *TÜRKÇE İBÂDET*
# (ANADİLİMİZLE
# KULLUK HAKKI)

ana sütü kadar helâl özgürlük hareketinin başında yer almış görmek ümidindeyim. Hile-i Şer'iyyeciler, Takiyyeciler, Hülleci'lerin güdümünde değil!..

Saygılar sunuyorum Efendim.

> *Bezm-i ikbâlini târ eylemesin derse felek*
> *Kişi yaktığı çerağ üstüne pervâne gerek.*
>
> — Veysi Çelebi —

★★★

## (SİNE-İ MİLLET) te (BİR FERD-İ (MÜCAHİD) gibi...

**28 Şubat 1997 uyarısı günlerinde vazife başında her rütbe ve mevkideki subaylarımıza, ondan önce ve sonrasında bu şerefe sahip olmuş ve olacak, her rütbe ve mevkideki Türk subaylarına...**

Diyeceğimki Atatürk hayatında, şahsı ve ülkenin gelecekleri için en hayatî kararı, 8 Temmuz 1919 gecesi aldı: Kendi el yazısı bir metinle *"pek âşıkı bulunduğu silk-i celil-i askeriyeye veda ve istifa"* ediyordu. Bundan sonra *"gaye-i mukaddese-i milliyemiz için her türlü fedakârlıkla çalışmak üzere **sine-i millette bir ferd-i mücahid** suretiyle"* çalışacaktı.

Bazı gerçekleri hala sisler içinde olan olayı ben, O GÜNLER'inin dakikaları bile beraber geçen Hamidiye kahramanı ve daha sonra Millî Mücadeleyi zafere götürmüş günlerin İcra Vekilleri Heyeti Reisi *(Başbakan)*ı Rauf Orbay'dan dinlemiş, yazmışımdır.

Beklenilmeyen olay şöyle gelişmişti: 22 Haziran 1919'da, altında Mustafa Kemal, Ali Fuad, Rauf, Refet'in imzaları olan AMASYA TAMİMİ *(GENELGESİ)*iyle Türk Kurtuluş Harbi, karşısındaki içerde-dışarda bütün odaklara karşı açıkça başlıyordu. 8 Temmuz'da Damad Ferit Paşa Hükümeti, Mustafa Kemal'in Üçüncü Ordu Müfettişliği'nden alınması, her türlü resmî faaliyetine son verilmesi ve derhal İstanbul'a dönmezse bütün rütbe ve sıfatlarının geri alınmasına ve de gerekirse *askerlikten tardına* karar verdi ve bunlar, Padişah Halife Mehmed Vahideddin'in onayından geçti.

319

Tatbikine kadar gizli tutulan kararı, Galatalı Miralay Şevket Bey M.M. *(gizli Millî Müdafaa)* örgütü aracığıyla Erzurum'daki Mustafa Kemal'e bildirdi. Kendisini tevkif ve İstanbul'a getirmek için Ahmet Fevzi Paşa emrindeki kuvvet yoldaydı.

Mustafa Kemal, Erzurum telgrafhanesinden akşam saatlerinde Saray'la görüştü ve kendisine M.M.'cilerin ilettiği haberlerin doğruluğunu anladı. Gece saat 10.50'de *(22.50 de)* Harbiye Nezaretine, 11.10 *(23.10)*da da Padişaha resmî vazifesiyle beraber, askerlik ve mesleğinden istifa ettiğini bildirdi.

Ve bu kararını klişesi yandaki sayfada olan metinle, memleket ve orduya bildirdi.

Şöyle diyordu:

Erzurum, 8 Temmuz 1335 *(1919)*

"– Mübarek vatan ve milleti parçalanmak tehlikesinden kurtarmak ve Yunan ve Ermeni emellerine kurban etmemek için açılan millî mücahede uğrunda milletle beraber serbest surette çalışmaya resmî ve askerî sıfatlarım artık mani olmaya başladı. Bu mukaddes gaye için milletle beraber nihayete kadar çalışmaya mukaddesatım namına söz vermiş olduğum için, pek âşıkı bulunduğum yüce askerlik vaziflerine bugün veda ederek istifa ettim. Bundan sonra mukaddes millî gayemiz için her türlü fedakârlıkla çalışmak üzere milletin sînesinde bir mücahid ferd suretiyle bulunmakta olduğumu tamimen arz ve ilân eylerim." – MUSTAFA KEMAL (ve, MİM. KEMAL imzası)

O, Çanakkale'de vatanı kurtarmış, harbin ve dünyanın kaderini değiştirmiş, rütbe ve makamlarını annesinden emdiği süt kadar helâl ve hak olarak almıştı.

Ahlâksız, insafsız, haksız, hayasız bir zulmün sonu alınmış rütbe ve makamlarının şeklî yoksunluğu içinde o daima PAŞA HAZRETLERİ idi.

Ve gözlerini kaparken ER'inden GENELKURMAY BAŞKANI'na kadar gelmiş, geçmiş, geçecek bütün TÜRK ORDUSU'na vatan hizmetleri yolunda bu vazife emanetini miras bıraktı.

Yine kendi tâbiriyle: *"– Her ahvâl ve şerâit içinde..."*

Millî Güvenlik Kurulu 28 Şubat 1997 UYARI kararlarınını bu kutsal mirâsın şuuru içinde açıkladı: Vatan, sistemli, plânlı, kadrolu bir İRTİCA TEHLİKESİ'yle karşı karşıyaydı.

Elinizdeki emeğin açıkladığı gerçek şudur: Türkiye'deki irtica tehlikesi, İBÂDETİN TÜRKÇE, bir başka deyişle KULLUK ÖDEVLERİ'mizin ANADİLİMİZLE YERİNE GETİRİLMESİNE kadar devam edecektir.

Bundan gayrı bütün tedbirler, yarımyamalak, sonuçsuz, nabza göre şerbet, ne şiş yansın ne kebap eyyamcılığının, yarıyolculuğun, hazîn, ürkütücü, zavallı tedbirleridir: Gizli-açık Kur'an kursları da binbir yoldan devam edecek, İmam-Hatip Okulları ihtiyacın on misli şeriat kadrolarına kadro yetiştirecektir. Çığrından çıkmış tarikatlar aynı yolun fikir yapısının doğru, dolaylı inşacısı olacaklardır. Kılık kıyafetten kafa içi terkibe kadar insanın madde ve manâda varlığı Arap kültür emperyaliziminin hammadesi olmayı sürdürecektir.

ARAPÇA İBADET saltanatını sürdürdükçe, ne gerçek İslâmiyet felsefesi, ne DİN'in Tanrı'yla Kul arasında saygı, sevgi bağı, ne evrensel humanizma mümkündür: Ad, kılık, şekil değiştirmiş Arap patentli ruhban sınıfı her fırsat ve imkânda Türk insanının vicdanına egemen olacaktır.

AÇIK MEKTUP'um; ATATÜRK'ün Laik Cumhuriyet'i bu tehlikelerden kurtuluncaya kadar, yani TÜRKÇE İBADET gerçekleşinciye kadar, 28 Şubat 1997 *uyarısı*'nın sahipleri, genelkurmay başkanından, kuvvet komutanlarından, her kademe ve rütbeden, İLK'inden EN ÜST düzeyine kadar;

O'nlardan öncekilerden hayatta olanlar;

O'nlar ve O'nlardan ayrılanlar ve katılanlar;

O'nların yerlerine gelecek olanlar;

istisnasız hepsine Mustafa Kemal'in emânetidir: Beraberinde götürdüğü hasret:

*TÜRKÇE İBADET*
*ANADİLİMİZLE*
*KULLUK HAKKI*

nı, eksiksiz, ödünsüz, O'nun tasarladığı gibi gerçekleştirmek...

Hayır!.. O kadarla da değil, hiç olmazsa iki nesil, Arap kültürünün insanlarımız üzerindeki tortuları kökünden silininceye kadar gözlerinin üzerinde olması... Meselâ, EZAN'ı ARAP'a iade ederken, rey *(oy)* sandığı uğruna, "– *İsteyen Türkçe, isteyen Arapça okusun...*" gibi bir kılıfa başvurma aybının her zaman olabileceğini düşünerek... Sizler EZAN'ı Arap'a iade kanununun 1950 haziranında, Millet Meclisinde Demokrat Parti ile Cumhuriyet Halk Partisinin elele, kolkola, oybirliğiyle kabul edildiğini bilmiyor musunuz? Göreceksiniz: Ençok iki nesil sonra Türk insanının sağduyusu galip gelecek, bu âriyet mirasdan ulusunu arındıracaktır.

Size, devrimlerin ilk tatbik günleriyle ve de Ordu'yla ilgili bir anımı hatırlatmama izin istiyeceğim: Genç subaylar ülkenin çeşitli yerlerinde ödev almaya giderlerken kendilerine ve özellikle evli olanlara, askerî mahfellere *(Ordu Evlerine)* sık, o mütevazı imkânlar içinde örnek giyimtutumla gitmeleri öğütlenirdi. O günlerde bu askerî mahfeller ve de devlet sanayi kuruluşlarının sosyal kurumları, benimsenen çağ yaşantısının temsilcileri idiler. O ilkel, teokratik, içine kapalı ve böyle sürüp gitmesi şer mihraklarının hatta şuur dışı kararı yaşantısının çağın elinden nasıl tuttuğunun gerçek tarihi yazıldığında, TÜRK ORDUSU'nun bu emeği, *bir başka zafer olarak* şükrânla anılacaktır.

Sizler, o zaman da Mustafa Kemal'in *ferdi mücahid*'idiniz. Nasıl vatan sınırlarını koruyorsanız TÜRKÇE İBADETİ'de aynı duyganlık içinde koruyacaksınız: Evlatlarımızı ARAP PAPAĞANI sayma zilletinden kurtarmış olarak...

Ve de ATATÜRK'ün yarıda bıraktığı himmetini tamamlamış olmanın huzuruna erişerek...

Ve de bazı siyasetçilere bir ahlâk, samimiyet, cesaret dersi vererek...

Atatürk, 23 Aralık 1930'da Menemen'de, Yedeksubay Öğretmen Kubilay'ın gerici yobazlarca şehit edilmesi üzerine: "– *Hadise DİN değil D İ L'dir*" demişti.

Evet... Bu vahşî cinayetin asıl sebebi DİN değil DİL'di: Elebaşı Derviş Mehmet, medreselerde Arapça okunan bir israiliyat kitabından yalan yanlış okuduklarını câhil halka ALLAHIN PEYGAMBERE SON EMRİ diye dilediği gibi yorumlamış, ardına takmış, ayaklandırmıştı. İkinci Meşrutiyet'in sekizay yirmibirinci günü 31 Mart 1928 *(13 Nisan 1909)*daki o kanlı ayaklanmada Derviş Vahdetî, Menemen'de Derviş Mehmet'in yaptığının benzeriyle İstanbul'u günlerce dehşet içinde bırakmıştı.

Bugün ülkede bir değil, kaç bin Derviş Vahdetî var?

Biraz derine inin: Hepsi, Atatürk'ün dediği gibi DİN'e değil DİL'e dayanıyor: İBÂDET'i TÜRKÇE yapın, TANRI'Ya KULLUK ödevinizi ANADİLİNİZ'le yerine getirin, inanın bir nesil sonra ülkeyi milyonlarca Arap papağanından kurtarmış olursunuz.

*Hakimiyeti Milliye*'sinden bugünlere erişebilmiş son kalem olarak vazifemi tamamlamak istedim...

"– Hakikatleri bilen, kalp ve vicdanında manevî ve mukaddes hazlardan başka zevk taşımayan insanlar için ne kadar yüksek olursa olsun, maddî makamların hiç bir kıymeti yoktur."

**(ATATÜRK, Nutuk, sayfa: 407)**

★★★

## SADRİ MAKSUDİ ARSAL, YUSUF AKÇURA, ATATÜRK, TÜRK DİLİ ve TÜRKÇE İBÂDET...

Önce izninizle, Türk Milliyetçiliğinin son yüzyıldaki büyük adı YU-SUF AKÇURA'yı hatırlatayım: 1876'da, İdil / Ural'da Semir şehrinde doğdu. Çuha fabrikası işleten AKÇURA ailesindendi.

Çocuk yaşlarında İstanbul'a gelmiş, orta öğrenimden sonra Harbi-yeye girmiş, birinci sınıftayken hür fikirlerinden divanı harbe verilmiş,

2. IX. 1930

Millî his ile dil arasın
daki bağ çok kuvvetlidir.
Dilin millî ve zengin
olması millî hissin in-
kişafında başlıca müessirdir.
Türk dili, dillerin en zengin
lerindendir; yeter ki bu dil,
şuurla işlensin..
Ülkesini, yüksek istik-
lâlini korumasını bilen
Türk milleti, dilini de
yabancı diller boyundu-
ruğundan kurtarmalıdır.

Gazi M. Kemal

325

Trablusbgarp'a *(Libya)* sürülmüştü. Oradan, kumandan Recep Paşa'nın hoşgörüsüyle Paris'e kaçmış, siyasî ilimler akademisini bitirmiş, iki Fransız gazetesinin Rusya muhabirliğini alarak Petersburg'a gelmiş, Kazan'da çıkan VAKİT ve Bahçesaray'da çıkan TERCÜMAN gazetelerine devamlı yazılar yazmış, 1908 İkinci Meşruyeti'nin ilânıyla İstanbul'a dönmüş, TÜRK OCAKLARI'nın kurulmasında ön vazife almış, TÜRK YURDU dergisini çıkarmış, Birinci Dünya Harbi'nde Hilâl-i Ahmer *(Kızılay)* adına, Rus'lara esir düşmüş, Türk kuvvetlerinin oradaki temsilcisi olmuş, Millî Mücadele'nin başında Ankara'ya geçerek orduda fiilen vazife almıştı. Atatürk'ün Hakimiyeti Milliye, Yeni Gün, İstanbul'da Vakit, İkdam, Tasvir gazetelerinde özellikle Türk Dili yazılarına devam ediyordu. Birinci Büyük Millet Meclisi'nin irşat *(aydınlatma)* heyetlerinin câmilerde vaaz olarak hazırladığı Türkçe metinler O'nundu. İkinci Büyük Millet Meclisi'nde İstanbul Milletvekiliydi ve ölüm tarihi 1933'e kadar bu hizmetine devam etti. Aynı zamanda Ankara Hukuk Fakültesinde Profesör, Türk Tarih ve Dil kurumlarında kurucu üyeydi. Sahasında çok eser verdi.

1930'da fikir, dava arkadaşı Prof. Sadri Maksudî Arsal'la beraber hazırladığı, yabancı kelimelerden arındırılmış, ortaokullar için tarih kitabına Atatürk, elyazısıyla aşağıda görülen düşüncelerini yazmıştı:

*"– Millî his ile dil arasındaki bağ çok kuvvetlidir. DİL'in millî ve zengin olması, millî hissin inkişafında başlıca müessirdir. Türk dili dillerin en zenginlerindendir. Yeter ki bu dil, şuurla işlensin.*

*Ülkesinin yüksek istikbâlini korumasını bilen Türk milleti, dilini de yabancı diller boyunduruğunda kurtarmalıdır.»* 2.10.1930

*Gazi M. Kemal*

ATATÜRK'ün Türk dilini **yabancı boyundurğundan kurtarmak** hasretinin varlığımızın temeli, özü, ilham kaynağı DİN'imizde odaklaştığından şüpheniz var mı?

Neden sağlığının zorunlu şartlarını iterek son günlerini TÜRKÇE İBADET'e ayırdı ve KAMET, HUTBE, EZAN'dan sonra NAMAZ SURELERİ'nin tamamlanma safhasına kadar geldi ?

Kucakladığı hangi mevzu, aklın, bilimin, mantığın, madde ve manâdaki varlıkların dışındaydı ki bu TEMEL HİZMET'te boşluk olsun?

Hayır... Boşluk, O'nun yerinin boş olmasındaydı.

Ümidimiz bugünkü halefinde... Olmasa bile YARIN'lar var: Elbette O'na lâyık bir halef gelecek ... Ne güzel söyler Kırımlı şair Rahmi: " *Gün doğmadan meşîmei şebde* ( gecenin karnında) *neler doğar?*»

*"Sanatkâr'a el öptürülmez, Sanatkâr'ın eli öpülür".*
**ATATÜRK, 1927, Çankaya köşkünde İstanbul Şehir Tiyatrosu sanatçılarıyla sohbetinden.**

★★★

*Saygıdeğer Hüsamettin Cindoruk*
*Demokrat Türkiye Partisi Genel Başkanı*

Muhterem Efendim;

Bu satırları, elinizdeki kitabın sergilediği gerçeklere gözatabilmiş olmanız ümidiyle sunuyorum.

Partiniz, temsil ettiği siyasî verâset içinde ilk defa genel seçimlere girecektir. Zat-ı Âlinizin mâzisinde hakikatleri cesaretle kucaklamış olma gibi günümüzde özlenen hususiyet için, önünüzde müstesnâ imkân olduğunu düşünüyorum: Milletimizin önüne, TÜRKÇE İBADET bayrağıyla çıkmış olmak...

Ne muhteşem olur Efendim.

Elbetteki dört yanlı saldırıya uğrayacaksınız.

Olsun.

Çünkü karşı çıkış, Sizin benimseyeceğiniz düşünce ve gayenin karşısında, Sizden çok, Türk Milletinin sağduyusunu, millî kültür ve dilinin haysiyetini ve de özellikle ATATÜRK'ü hedef almış olduğu gerçeğidir. Konunun bu asıl yapısı da Sizin mevzudaki benimseyişiniz partiler arası sınırı aşar, Türk Milletiyle devrini tamamlamış bâtılın çekişmesi olur.

Diyebiliyorum ki elinizdeki kitap, konuşulmasından bile yüzyıllarca ürkülmüş hakkımızın meşruiyyeti kadar bilimsel gerçerliğini sergileyen isbatlarla örülüdür. İzninizle yine ATATÜRK'ü hatırlayalım: Ömrünün son yıllarını vakfettiği mevzu üzerinde, aklın ve ilmin reddinde bir yapı bahis konusu olsa, konuyu böylesine kronolojik safhalar içinde tek tek ele alır, tatbikatını yapar mıydı ? Hatırlanmalıdır ki önce KAMET'i,

329

sonra HUTBE'yi, daha sonra EZAN'ı Türkçeleştirmiş, namaz ve diğer ibâdetlerde TÜRKÇE okunucak âyetlerin çevirisini bir hususiyet halinde nazım olarak yaptırmıştı.

Böylelikle himmet tamamlanacaktı.

Mustafa Kemal'in bu çapta hangi emeği; ilmin, hukukun, mantığın reddindedir?

Bu ülke, O'nun aramızdan ayrılmasından sonra insanları ve dünyayı hayran bırakmış ileriye, yüce hedeflere dönük hamlelerden yoksun kalmıştır. Zamana hükmetmiş değer halinde hatırlayacağımız tavsiyelerinden, konuyla ilgili hatırlatmama izin veriniz: *"Lüzumuna kani olduğumuz bir işi derhal yapmalıyız"* diyor Mustafa Kemal. *(31.8.1925, Çankırı, Anadolu Ajansı.)*

Saygıdeğer Efendim;

Yürekten inanıyorum ki TÜRKÇE İBADET, Partinizin Milletimizin tasvibine sunduğu hizmet olursa, bilimsel yeterliği kadar kanaat cesareti sahibi ilâhiyatçılarımız başta, her alandaki nice fikir şahsiyetlerimiz, yanınızda yer alacaklardır. Hayatlarının şerefli, ilmi kadar vicdanı tatmin eden vazife olarak... Millî Mücadele Anadolu Üleması, Mustafa Kemal'in ardında idi, onların gerçek vârislerini yanınızda bulacaksınız:

Göreceksiniz.

*Hâkimiyeti Milliye* gazetesinden günümüze erişebilmiş son kalem olarak doksanlık emektâr ben dahi...

Elbette Sizin partinizin de verâseti vardır. Siz, yepyeni bir oluş içinde yaşanılan ve yaşanılacak ZAMAN'ı temsil ayrıcalığına sahipsiniz. Hareketin lideri olarak da Zat-ı Âliniz, bu muhteşem hizmet ve himmete aykırı düşmüş hiç bir menfi izin vârisi değilsiniz. İçinde olduğunuz iktidar; konu üzerinde benimsediği tarz ile bir *telif-i beyn, sus ödünü, oy sandığı kaygısı* ile evlâtlarımızı ARAP PAPAĞANI yapma bid'atini kökünden tasfiye cesaret ve yürekililiğinden görülüyor ki çok çok uzaktadır. *"İmam Hatipleri biz açtık"* demişsiniz. Herhalde, ortadaki ŞERİAT KADROSU'na depo olarak düşünmemiştiniz. O mini mini yavrularımızı, bir başka papağan misali anlamadıkları ve Türk insanı için *bir yabancı dil'*den gayrı hiç bir özelliği olmayan sakat yolda fedâ etmeyi onaylıyor musunuz?

ATATÜRK, *"– Şerrin en kötüsü ehven-i şerdir"* demiştir.

İnanıyorum ki mücadele, Türk Milletinin sağduyusu ile, O'nu Arap kültür emperyalizminin hammeddesi saymakta devam eden kahrolası zihniyet arasındadır.

Yeriniz neresi olabilir?

Neresi olabilir ki?

Saygılar sunuyorum Efendim.

---

"– Bu millete hizmet eden onun efendisi olur."

ATATÜRK, 1921 Söylev ve Demeçleri, Cilt:I S. 195

★★★

*Saygıdeğer Deniz Baykal*
*Cumhuriyet Halk Partisi Genel Başkanı*

Muhterem Efendim;

Bu satırları, elinizdeki kitabın sergilendiği gerçeklere gözatabilmiş olmanız ümidiyle sunuyorum.

Çünkü kitabımın temel mevzuu, ATATÜRK'ümüzün beraberinde götürdüğü hasret TÜRKÇE İBADET'in gerçekleşememesindeki günah payının, EZAN'ın, ibretli bir *hile-i şer'iyye* ahlâksızlığının kılıfı içindeki iade kararında, Sizin Cumhuriyet Halk Partisi'nin günah ortağı olmasının ayıbı var.

İzninizle önce onu hatırlatayım:

1950'de Demokrat Parti'nin iktidara gelişinin 32'inci günü 16 Haziran 1950'de Türkçeleştirilmiş EZAN, 5665 sayılı kanunla Arap'a iade edildi. Kanun teklifi oya sunulduğu sırada, muhalefetteki Cumhuriyet Halk Partinizin meclis sözcüsü *–ki, ünlü Jean Jaurés'in teorisyenlerindendi–* partinizin de, tasarının sahibi iktidar partisinin önerilerine katıldığını bildirdi, ve de Sayın Baykal, 1950-1960 onyıl içinde İLK ve SON defa Demokrat Partiyle Cumhuriyet Halk Partisi *aynı nokta*'da birleşti: EZAN'ın ARAP'a iadesinde...

Çünkü biliniyordu ki, kanunun getirdiği *"isteyen Türkçe, isteyen Arapça okusun"* tercihi, ATATÜRK'ün temel hedefi TÜRKÇE İBADET'in ümit kapılarını samsıkı kapatıyordu.

Nitekim öyle oldu... Bu fâciada İsmet İnönü hayatta ve partinizin başındaydı.

333

Sadece TÜRKÇE İBADET'in değil, lâiklikden ödünler, Demokrat Partiyle kolkola verdiğiniz bu akıl, mantık, ahlâk, vicdan reddindeki kararın ardından çorap söküğü misali geldi. Bugün karşı gözüktüğünüz Refah Partisi de bu söküğün ilmiklerinden biridir.

Cesaretiniz varsa milletin önünde tartışalım.

Peki... Bugün Size düşen kutsal vazife nedir Sayın Baykal?

Elinizdeki çalışmada gelişmesi ve eriştiği nokta kronolojik akış içinde sıralanmış:

# TÜRKÇE İBADET
## *(ANA DİLİMİZLE KULLUK HAKKI)*

çağrısının bayraktarı olmak...

Size, samimiyetiniz ve yürekliliğinizin bir *ispat belgesi* olarak, tasarının kanunlaştığı 16 Haziran 1950'nin ferdâsı günü, devrin başbakanının iktidar organı ZAFER gazetesinde yayınlanan ve aynı gün Anadolu Ajansı aracığıyla Türk Milletine duyurulan GEREKÇE'nin metni şuydu:

*"– Her taassup, cemiyet hayatı için zararlı neticeler doğurur. Cemiyet hayatında esas değişikliklerin yapılabilmesi evvelâ taassup zihniyetinin yıkılmasına bağlıdır. Bu hakikatin iyice kavranmış olmasının neticesidir ki büyük ATATÜRK bir takım hazırlayıcı ön inkılaplara başlarken taassup zihniyetiyle mücadele etmek lüzumunu hissetti.*

*Ezanın Türkçe[1] okunması mecburiyeti de böyle bir zaruretin neticesi olarak kabul edilmelidir. Zamanında çok lüzumlu olan bu mecburi-*

---

(1) İşte bizim devlet, fikir, bilim adamlarımızdan bir bölümünün affedilmez hatası bu gafletleridir: Dünyanın HİÇ BİR DİLİ, istisnasız hiç bir dil'i "DİN DİLİ" değildir: Her din, kendisine hitap ettiği topluluğun, o millet veya ümmetin KENDİ DİLİ'yle gelmiştir.

Çünkü muhatabı, doğru yola döndürme vazifesini yüklendiği ümmete hitap etmiştir: İslâmiyet de, CAHİLİYYE devrinin binbir felâketi içindeki ARAP'ı şirkden, küfürden, dalaletten, cehaletten, inkârdan, binbir günahtan arındırmak için gelmiştir ve onun için ARAPÇA olarak inzâl edilmiştir. Eğer yüce Türk Milleti, Yedinci Milâdî Yüzyılda, ARAP'ın ahlâk, inanç, imân yoksunluğu içinde olsaydı, Kur'an-ı Kerîm TÜRKÇE gelirdi.

Bunun bizzat Kur'an ve kudsî hadislerinde Peygamberimiz söylüyor: Hem de çok yerde ve kaç kere ... Çevrenizde bu gerçeği açıklayacak bir GERÇEK İLAHİYATÇI varsa ona sorunuz, Atatürk'e, aralarında Sizin TEK PARTİ devrinin SON başvekili, Darülfünun *tarih-i edyân* müderrisi Profesör Mehmed

*yet ve tedbir, diğer tedbirlerle birlikte bugünün hür Türkiye'sine zemin hazırlamıştır.*

*Ezanın Türkçe okunmasına mukabil câmi içinde bütün ibâdet ve duaların **din dilinde** olması garip bir tezat teşkil eder gibi görünür. Bunun izahı, arzettiğim gibi, geçmişteki hadiselerin hatırlanmasına ve taassup zihniyetine karşı mücadele zaruretinin kabul olunmasına bağlıdır."*

Ve bu garip, nasıl bir mantık sonucunu hedeflediği meçhul AÇIKLAMA (!) ya karşı Partinizin genel başkanından başlayarak, hiçbir milletvekili, fikir adamı, kalem sahibi ve parti kademeleri içindekilere kadar HİÇ KİMSE sesini çıkarmamış, Arapça'ya DİN DİLİ demekle ATATÜRK'ün ömrünün son senelerini vakfettiği emeklerinin toptan red ve inkârı hakikatine hepiniz baş çevirmiştinizdir.

Hükümetlerde olduğu gibi, siyasi partilerde de *devamlılık* esası önünde ne düşünüyorsunuz?

Yâni seleflerinizin bu konudaki tutumlarına katılıyor musunuz, yoksa, şu sekizyıllık arasız eğitimle su yüzüne çıkan lâiklik anlayışımızdaki çelişkileri;

DİN'nin rey sandığı üzerindeki etkisinin yeni evre ve ödünlerini;

Konu üzerinde ATATÜRK'ün asıl hedefini kavramış olma yeterliği içinde O'nun cesaret ve yürekliliğini kavrayabiliyor, bıraktığı noktadan kucaklamayı düşünüyor musunuz ?

Sayın Baykal;

ATATÜRK *"şer'rin en kötüsü ehven-i şerdir"* demiştir.

Düşünüyorum ki, bu gerçeğin gönümüzdeki tipik örneği, DİN ve

---

Şemseddin Günaltay, Menai-i Kur'an müellifi Ord. Prof İsmail Hakkı İzmirli, ilk iki Diyanet İşleri Başkanı Rıfat Börekçi, Şerefeddin Yaltkaya ve Türk milliyetçiliğinin fikir babaları Yusuf Akçura'dan Sadri Maksudi'ye kadar çevresini hâleliyen üstadlar kendisine ispat etmişlerdir. Bu gerçekten bir tutamını, elinizdeki kitapda bulacaksınız.

Sizin, İslâmiyetin esasında olmayan RUHBAN'lığı, Kur'an metninin "Arap'a geldiği için Arapça'lığını" İslâmın öteki milletlerine ebedî kader sayan bu yarım-yamalak Arapçacıların mel'un oyununa âlet olmayacağınızı ümit etmek istiyorum.

OY SANDIĞI korkusu yüreğinizi sarmamış,

ve de,

Bu azîz ülkenin hak ve haysiyetlerini Sizlere unutturmamışsa tabii... Arzu buyurursanız şair Ziya Paşayı beraberce hatırlıyalım:

Âyinesi iştir kişinin lâfa bakılmaz,

Şahsın görünür rütbe-i aklı eserinde.

LÂİKLİK konusundaki tartışmalar, görüşler, tedbirler, taahhütlerde sıralanıyor.

Hiçbirisinin, ASIL İLLET'in farkında olmadığını söylemek mümkün değildir: Hepiniz ASIL HİMMET'in ATATÜRK'ün yarıda bıraktığı TÜRKÇE İBADET'te odaklandığının elbette idrâki içindesiniz.

Ama bu idrâk, özellikle ufukdaki seçimin oy sandıkları önünde çâresiz, nabza göre şerbetin mahkûmu ve hatta zaman zaman da, *"bana dokunmayan yılan bin yaşasın"* tehlikeli göz kapamasının sığınağı oluyor.

Siz ki, ATATÜRK'ün sadece manevî mirasının değil, maddî mirasının da yükümlülüğü altındasınız.

Bu ayrıcalığın hazîn bir geçmiş anısı olarak kaldığını görmek, tesellîsi olmıyan vefasızlık yarasıdır diye düşünüyorum: O'nun *Hâkimiyeti Milliye*'sinden bugünlere erişebilmiş son kalem olarak...

Saygılar sunuyorum.

---

*"– Benim Türk milletine, Türk Cumhuriyetine ve Türklüğün istikbâline ait görevlerim bitmemiştir. Sizler onları tamamlayacaksınız. Siz de, Sizden sonrakilere benim sözümü tekrar ediniz."*

**ATATÜRK, Eğitim Hareketleri Dergisi, 28 Nisan 1957**

● ● ●

★★★

*Saygıdeğer Yücel Yener*
*TRT Genel Müdürü*

Saygıdeğer Efendim;

Kucakladığı hizmetin gereği, beğeniler-eleştiriler, kabuller-redler yumağı makamınız kutlu, hayırlı, başarılı olsun.

Şu satırları; ülkenin bugün ve yarınlarının temel mevzuunu konu yapmış elinizdeki kitabın sergilediği gerçeklere gözatabilmiş olmanız ümidiyle sunuyorum.

Tamamlayıcı, ayırıcı faktörler içinde de DEVLETİN SESİ olan TRT'nin, ATATÜRK'ün beraberinde götürdüğü hasret " TÜRKÇE İBADET" üzerine eğilmesini vazgeçilmez vazifesi sayıyorum.

Bugüne kadar üzeri örtülü kaldığı için...

Muhterem Efendim;

Düşüncem şudur: Türk Milletinin nesilerdir hasreti "ANADİLİYLE KULLUK ÖZGÜRLÜĞÜ"nün Atatürk öncesi ve O'nun günlerinde eriştiği düzeyi, kronolojisi ve belgeleriyle vermekle başlayacaksınız. Göreceksiniz: Erişilmez reyting'i aşarak, kuruluşunuzdan beklenenin *neler olduğu ve olacağı* sorusunun da cevabını almış olacaksınız.

Şüphesiz ki zor, çalkantılı sonuçlara yol açacak cesur emek... Fakat takdir edersiniz ki, ATATÜRK'ün ülkesi ve de dünya için ele aldığı her himmette aynı yapı vardır.

337

Dileğim şudur: Elinizdeki kitabın savunduklarını, lütfen bir anket konusu yapınız, halkımıza sorunuz, bakalım TÜRKÇE, yâni ANA DİLİY-LE İBADET için ne diyor?

İsterseniz daha yaygın, üzerinde zamanlardır tartışılan benzer bir konuyu, EZAN'ı sorunuz vatandaşlarımıza... Biliyorsunuz, EZAN, namaz vakti gelince aynı anda bütün câmilerde okunuyor. Ülkede HER ALTI SAATTE BİR câmi yapılıyor: Bazen karşı karşıya, bazen yüz, yüzelli metre aralıklarla...

Ve ezan sesleri birbirine karışıyor!

Dahası var: Müezzinler, ses yeteneği, makam yeterliği gibi EZAN'a *dinleme zevki* getiren duyganlıktan da uzak ... Bu şartlar içinde Diyânet İşleri valiliklere genelge göndermiş, EZAN'ın sesi güzel, makama âşina müezzinlerce ve *hangi câmilerde* okunmasının uygun görüldüğünün belirlenmesini istemiş.

Aslında; sadece NAMAZA ÇAĞRI olan EZAN üzerinde acaba halkımız ne düşünüyor?

Özellikle çocuklarımız, gençliğimiz... Ne anlıyorlar Arapça Ezandan?

TÜRKÇE İBADET yolunda ATATÜRK, önce KAMET'i *(namaza duruş)*, sonra HUTBE'yi, daha sonra da EZAN'ı *(namaza çağrı)* Türkçeleştirmişti. Halkımız, ALLAHÜ EKBER'in TÜRKÇESİ TANRI ULUDUR'u anlam olarak anlıyor, yüreğinde duyuyordu.

Sorun bakalım TRT olarak halkımıza: İbâdete çağrı olan EZAN bir *inanç, bir anlam* mıdır, yoksa Diyânet İşlerinin genelgesindeki duyganlık ölçüsü olarak müziksel bir makam, bir ses kifâyeti midir?

Ve de asıl, Tanrısına kulluk ödevinin Anadiliyle yerine getirilmesi haysiyet özgürlüğü mü?

Lütfen sorun Efendim halkımıza: EZAN'ı kendi diliyle mi dinlemek istiyor, bir yabancı dil olan Arapça'yla mı? Binbir yoldan zamanlardır telkin ve saptırmalarla ARAPÇA cevabını alırsanız da *"yapalım, öyle istiyor..."* demeyeceksiniz, ARAPÇA'nın veya herhangi bir dilin DİN DİLİ olmadığını, zaten böyle bir kuralın da bulunmadığını, yeni bir din'in hangi ümmete tebliğ edilirse onun diliyle olduğunu, bu mutlak gerçeğin Kur'anı Kerîm'de de açıklandığını anlatacaksınız.

Çünkü Siz, devletin temel kurallarının ve hedeflerinin takipcisi ve de tatbikçisi olan ULUSAL KURULUŞ'sunuz.

Elinizdeki kitabı yazmış, Hakimiyeti Milliye'den bu günlere erişebilmiş son kalem olarak hizmete de hazırım.

Saygılar sunuyorum..

> *"– Her köyde birkaç Sadrazam oturduğunu düşünerek konuşunuz."*
>
> **(Sadrazam (başbakan) Talât Paşa, 7/9/1917 Meb'uslar Meclisi'ndeki beyanatından.)**

★★★

*Saygıdeğer Bülent Ecevit*
*Demokratik Sol Parti Genel Başkanı*

Muhterem Efendim;

Bu satırları, elinizdeki kitabın sergilediği gerçeklere göz atabilmiş olmanız ümidiyle sunuyorum.

Ümitlerim arasında Sizin politika yaşantınızda benzer cesaretlere rastlanmış olmanın tescili de var.

Siz; ATATÜRK'ün aramızdan ayrılmasından sonra, adına, YENİ BİR DEVİR açılacağına inanmış rahmetli İsmet İnönü'ye karşı değişen zamanın getirdiklerini savunan ve bu düşüncesini teoride bırakmayan insansınız.

TÜRKÇE İBADET konusunda ATATÜRK'ün gerçekleştirdiklerini ve kendisinden sonrakilere emânetlerini reel, ödünsüz, hiç olmazsa yarınlara taşıyabilme yürekliliğini bilmem gösterebilecek misiniz?

Bu arada Sizin, iki taraflı bir de verâsetiniz var: Babanız Prof. Dr. Fahri Ecevit, Osmanlı halîtası içinde milliyetçiliğimizi abartısız ve gerçek yapısıyla açıklayan TÜRK OCAKLARI hareketinin ilk temel kadrosunun öncülerindendi. Kayınpederiniz Namık Zeki Aral, PRENS SABAHADDİN ekolünün ön fikircilerinden, Nesli Cedîd Kulübü'nü kuran, aralarında YOLLAR ve ANGLOSAKSONLARIN ESBAB-I FAİKİYETİ *(ÜSTÜNLÜK NEDENLERİ)* gibi, bugün de değerleri yerinde eserler vermiş insandı. İkisinin de hasreti; emek, düşünce özgürlüğünde birleşiyordu. İkisinin de dostu ve sevgilerine sahiptim.

Şimdi Siz, bu yapınız içinde sekiz yıl arasız eğitimle, ibâdetin Arapça yerine getirilme felâketi devam ettiği sürece din simsarlığının önlenemeyeceğini pekâlâ biliyorsunuz.

341

Gerçekten lâik bir devlet yapısında, devlete bağlı bir DİN KURU-LUŞU'nun olamayacağını, ancak CEMAAT TEŞKİLATI'nın mevcudiyetinin mümkün olacağını da biliyorsunuz.

DİN'in icaplarının yerine getirilmesi ve kurallarının öğretilmesinin de ancak, bu cemaat örgütleriyle ve yetişenlerin reşîd olma çağına kadar ailelerinin tercihi, bu yaştan sonra da kendi kararlarıyla yürütüleceğini yine biliyorsunuz.

Pekalâ Sayın Ecevit, bütün bu *malumlar* içinde, şüphesiz ki sadece *kültür* hayatımızın değil, tüm yaşantımızdaki ilkelliğin bir basamak ilerisi olan *arasız sekiz yıllık eğitim*'le yetişecek evlâtlarımızın, asıl derdi YABANCI BİR DİLLE KULLUK TUTSAKLIĞI FELAKETİ'nin nesini değiştirmiş oluyorsunuz?

Ve o yerinde kaldıkça nasıl gerçek bir din ve vicdan özgürlüğü varlığından söz edebiliyorsunuz?

Hacıbektaş'ta, sekiz yılın ATATÜRK'ün hasreti olduğunu söylediniz ve mutluluğunuzu O'nun yüce adıyla paylaştınız. Kadirbilirliğinizi yürekten kutluyorum.

Ama O'nun beraberinde götürdüğü ASIL HASRETİ, okul kademeleri değildi: Milletine TÜRKÇE İBADET hakkıydı.

Çünkü bu olmadıkça *öteki*'lerin içine yobazın, bağnazın, din sömürücüsünün binbir yoldan sızacağını biliyordu.

Nitekim öyle olacaktır.

Neden Sizden beklenen yüreklilikle bu hakikati konuşmaktan kaçınıyorsunuz?

Üstelik "*– Sende mi Brütüs?*"lerin listelere sığmayacak kadar birbirini kovaladığı karakter yoksunluğu günlerinde...

Saygılarımı kabul ediniz.

---

*" – Tatbik eden, icra eden, karar verenden daima daha kuvvetlidir."*
**ATATÜRK, 1921, Ölmez Sözleri, M.S. Çapanoğlu, 1939 Çığır Kitabevi.**

★★★

*YIL 1913... BALKANLI DÜŞMANLAR*
*İSTANBUL KAPISINDAYKEN*
**"ANADOLU'da BİR MÜSLÜMAN TÜRK'ün**
**ŞEYHÜLİSLAM EFENDİ HAZRETLERİNE**
**EN SON SÖZÜ..."**

Üstat Mehmed Şerif Aykut'un azîz ruhuna;

Her ânı; *irfan ve vicdanın hasreti millet ve devletini aramak'*la geçmiş altmış beş yıllık hayatını, 1985 yılında 398 sayfalık kitap halinde, yukarıdaki başlıkla, *"irfan ve vicdanının hasreti millet ve devleti arayan adam: Mehmed Şeref Aykut"* olarak yayınlamıştım.

Bugün 1997... Aradan onikiyıl geçti ve ben, yine, senin ele alınmamış bir emeğini hasret ve minnetle anıyorum: 1913'de Bursa'da sürgünken, devrin şeyhülislâmı Mustafa Hayri Efendi'ye yazdığın açık mektubu...

Sanki aramızdasın ve bu sayfaların altında imzan var...

Temsil ettiğin neslin bu öngörüşüne, gerçekleri açık seçik konuşma cesaretine nasıl muhtacız bilemezsin.

Bursa'da 1329 *(1913)* senesinde Hilal Matbaası'nda basılmış büyük boy 103 sayfalık *"Anadolu'da Müslüman bir Türk'ün Şeyhülislâm Efendi Hazretlerine En Son Sözü"* kitabın elimde...

Bugün Şeyhülislâmlık yok, ama onun yerinde Diyanet İşleri Başkanlığı var.

Lozan barış anlaşmasında, Trakya'nın, DOĞU-BATI olarak ikiye ayrılması karşısında olduğun için Millet Meclisinin ikinci, üçüncü devrelerinde, belden Edirne'yi temsil etmekten uzak kalmış, dördüncü devreden gözünü kapadığın 1939'a kadar yine Edirne Milletvekili olarak Millet Meclisinde *"Laik devlet bünyesinde Diyânet İşleri Başkanlığı"* nasıl olur, neden cemaat teşkilâtı yok kavgasını yapmıştın. Ama inanıyorum ki hayatta olsaydın, bu defa benzer mektubu devrin diyanet işleri başkanlığına tekrarlar ve de değişmemiş prensibinle, sonucu alıncaya kadar mücadelene devam ederdin.

Ne diyordun 1913'de Şeyhülislâm Efendi Hazretlerine yazdığın açık mektupta?

Şöylece özetleyebiliriz ve bugün (1997) yazılmışcasına okuyabiliriz:

1) – İslâm dininde SON DİN olmasının üç temelinden biri *ruhban sınıfı* olmamasıdır, ama dörtbaşı mamur olarak bu sınıf türemiştir, aradan geçmiş binüçyüzyıl içinde DİN ve MANEVİ HAYAT'ta ileri değil, geri gidilmiştir. Oysaki İslâmiyetin SON din olmasının bir temeli de *"değişen zamanın getirdiklerinin kuralları yenilemesi"*dir. Sizler, mevcut hâkimiyetinizi devam ettirmek için dünyanın gidişine göz kapamış ve kapatmışsınızdır. Osmanlı'da bugün Luther'den önceki Katolik istibdatı vardır.

2) – Aslında İslâm dininde hoşgörüyü, Tanrı rızasını her duygunun üstünde tutan yüce duygu olması inancını temsil etmesi gereken tarikatlar, belli kişilerin çıkar kaynağı, bazıları da miskinler tekkesi olmuştur. Siz, *bab-ı içtihad = düşünce kapısı*'nı sadece DİN'de değil, DÜNYA için de kapatmışsınızdır.

3) – Bu inhisar ve tegallüb duygusu, aile hayatında da fiilen çöküntü yaratmıştır. Kadın içtimaî sahadan tasfiye edilmiştir. Ne İslâm hukukunun, ne de meşrutiyetin temin ettiği asgarî de olsa hakkından mahrum bırakılmıştır. Şeyhülislâm Efendi Hazretleri... Biliyoruz ki Arap'ın Cahiliyye devrinde kadın bir HİÇ'ti. Onu, hakikî mevkiine iade hareketinin bânisi, ilk mücahidi bizim Peygamberimiz *(S.A.V.)* di. Ama bugünkü şeriat, kadını, Cahiliyye devrinin seviyesine indirmiştir. Bugün Osmanlı ülkesinde kadın, neredeyse Arap'ın cahiliyye devrinin ölçüleri içindedir. Hak ve hürriyeti huzur ve emniyeti yoktur.

Kadın içtimai hayatımızda varlığı kabul edilmeyen yaratıktır.

4) – Milletimize en büyük fenalığınız, ibadetini Arap lisanı, Arap âdet ve tercihleriyle ifâya devama mecbur bırakmanızdır. Çünkü bu sizlerin menfaat ve tegallübünüzün teminatıdır."»

★★★

Azîz Üstat;

1913'de, Cumhuriyetin ilânından onyıl önce Şeyhülislâmlığa, en yüce din makamı olarak sunduğun AÇIK MEKTUP'un öteki bölümlerinin üstünde durmuyorum, çünkü orada adları geçen ülkeler bugün bizim değil... Hatta çok şükür ki bizim değil... Sen ki, Osmanlı'nın çöküşünün gerçek sebeblerini en iyi bilen, yazan insanlardan birisin. Hastalık nüksetti ve İkinci Meşrutiyetin yâdigârı *İttihad-ı İslâm = İslâm Birliği* tehlikeli hayali, bir siyasî partinin demagoji malzemesi arasında yine tutunmaya çalışıyor: ASIL dayançları da, ibâdetimizi, halâ anadilimizle yapmama, yapamama yoksunluğumuz.

Öyle bir yapı içinde vâr olmasına ömrünü vakfettiğin ATATÜRK DEVRİ'nin özellikle lâiklik değerlerinden çok şey kaybedildi. Hayatta olsaydın, seksen dört yıl önce yayınladığın ve kapak klişesini yan tarafa aldığım bu cesaret ve hakikat örülü seslenişi, bugünkü benzer din makamı Diyanet İşleri Başkanına da seslenir ve aradan geçmiş yüzyıla yakın zamana, değişen rejime rağmen nelerin yerinde nelerin olduğunu, yine yüksek sesle tekrarlar ve şüphesiz ki şifâsız elem içinde perişân olurdun.

Çünkü ibâdetimizi halâ anadilimizle yerine getiremiyoruz.

345

Bunca emeğe, bunca meşrû hakka ve uğruna bunca nesillerin ümidini beraberinde götürmüş olmasına rağmen...

Azîz ruhuna bu tesellî müjdesini iletememiş olmanın hüznü içinde saygı ve şükranlar sunuyorum.

" – BİR DİNİN TABİÎ OLMASI İÇİN AKLA, FENNE, İLME ve MANTIĞA UYGUN OLMASI LÂZIMDIR..."

ATATÜRK, İzmir, 3 Şubat 1923

● ● ●

# *1988 – 1997 ATATÜRK'e RAPOR*

Azîz ATATÜRK;

Dünyamızdan ayrıldıktan sonra, bugünlere erişebilmiş *Hakimiyeti Milliye*'nden son kalem olarak sunduğum *rapor*'ların bu sonuncusu 1988'le 1997 arası *dokuz yılı* kapsayacak...

1988'de, ebediyet âlemine gidişinin 50'inci yılındaki *mektup*'um 496 sayfaydı ve A R D I N D A  K A L A N L A R adını taşıyordu.

10 Kasım 1938 perşembe günü saat 9.05'de, bizleri yapayalnız bırakıp, 57 yıllık fâni ömrünün içine sığdırdığın şan ve şeref destanını derlemeye çalıştığım emeğime ARDINDA KALANLAR adını diyebilmem, bugün 1997, nasıl yüreğimi sızlatmıştı, acısı daha sonra olup bitenler önünde buram buram tüter durur.

Ne demekti Senin ARDINDA KALAN'lardan söz etmek?

Ama gerçekti ve Sen bize "– *HAKİKATLERİ KONUŞMAKTAN KORKMAYINIZ*" yürekliliğini miras bırakmıştın.

Şimdi izin verirsen azîz ATAM, dokuz yıl önceki o seslenişimi buraya, nokta ve virgülünü koruyarak AYNEN alacağım ve *1997 - 1988 = son dokuz yıl*'ın temel olaylarını daha sonra sıralamaya çalışacağım.

Bu sonuncular içinde kutsal ruhunu dertlendireceklerini bilmeme rağmen... Çünkü *"vaziyeti muhakeme ederken ve tedbir düşünürken, acı olsa da, hakikati görmekten bir an geri kalmamak lâzımdır. Kendimizi ve birbirimizi aldatmak için lüzum ve mecburiyet yoktur"* içtenlik örülü uyarın, 1927 tarihini taşır.

Bu gerçeklilikle hazırladığım 10 Kasım 1988 *rapor*'umu, yüce varlığına:

# (YALNIZ ADAM)
# ATATÜRK'e mektup

başlığı altında sunmuştum.

İzninle, noktasına virgülüne dokunmadan AYNEN tekrarlayacağım. *Olmakta olanları,* KÖK'lerine bağlayarak *hakikatler*'i *rötuşsuz görebilme* dersini senden aldığımız için:

«Aziz ATATÜRK;

Başımızdan ayrılışının ellinci yılındayız.

Mutlu yarınlar yolunda huzur, sükun, ümit içinde bıraktığın büyük eserin Türkiye Cumhuriyeti'nin sensiz geçen yarımyüzyılı sonundaki tablosunu çizmeye çalıştım: Senin günlerinden bugünlere kalabilmiş, cumhuriyetin onbeşinci yıl kitabını hazırlamış emektar olarak...

Elbette Sana; tek noktasını karanlıkta bırakmadığın hasretlerini gerçekleştirmiş bir vatan anlatabilmek mutlulukların erişilmez doruğu olurdu. Maddede-manâda binbir yoksulluk içinde Senin onbeş yılda milletini ulaştırdığın düzeyi aynı fazilet, fedakarlık, ahlak yapısı, aynı yücelme temposu içinde sürdürebilmiş olsaydık, bugün, fert, millet, toplum, devlet olarak özlemlerimiz kalır mıydı?

● — Sen gözünü kaparken onyedi milyona erişememiştik: Üç'e katlandık ve de aştık: Ellibeş milyonuz. Bir bölümümüz dünyanın dört yanında...

● — "Gidemediğin yer vatanın değildir" diyordun. Kente, köye asfaltı götürdük. Ulaşamadığımız yer kalmadı: Hem de karada, denizde, havada kendi yaptığımız araçlarımızla...

● — Vatanın o günkü çok kısıtlı şartlarını aşabilmek için millet-devlet işbirliğinin başarılı sistemi "karma ekonomi" metodolojisi ile başlattığın sanayileşme devleşti: Sattıklarımız sadece toprak ürünleri değil, çoğunlukla endüstri mamulleri... Yeraltı-yerüstü kaçak sularımız barajlarla çatlak toprağı yeşillendirirken karanlık geceler, elektrikle aydınlanıyor. Telefonlu köylerimiz ışıl ışıl...

- – Bâkir vatan nimetlerini nazariyeden çıkardık: Büyük bölümü, çağ teknolojisi ile kucak kucağa milli refahın sağlam dayançları... Günümüz yaşantısının miyarları tüketim araçlarının yapım ve kullanımında büyük hamleler yaptık: Bunlar, köy evlerimizin bile vazgeçilmez ihtiyaçları arasında...

- – Dünyada kendine yeter sayılı ülkeler arasındayız.

- – Bir "Doğu Üniversitesi" hasretini beraberinde götürmüştün: Yirmidokuz üniversitemiz, dizi dizi yüksek okullarımız, akademilerimiz var. Kurtuluş savaşımızdaki tüm nüfusumuz dokuz milyondu. Bugün her kademedeki okullarda onikimilyon çocuğumuz yarınlara yetişiyor.

- – Üzerine titrediğin Milli İrade'yi mutlaklaştıran sandık tedbirleri tamam: Gizli oy, açık tasnif, hakim teminatı... Vatandaş, kimi tercih etmişse Millet ve Yerel Meclislerimiz öylece kuruluyor.

- – Senin günlerinde sinmiş demokrasi, rejim düşmanları, inanılmaz pervasızlıkla sahneye çıktılar. Ülke binbir tehlikeye açık meydan oldu. Politikadan uzak kalması temel prensiplerinden Ordu; senden sonra üç defa idareye müdahale etti, çalkantının durdurulmasından sonra kışlasına döndü. Bugün 1988... Kanunların yasakladığı Komünist ve Şeriatçılar dışındaki siyasi partilerin yer aldığı çoğulcu demokrasi düzeni varlığını sürdürüyor.

- – "Yurtta sulh, cihanda sulh" prensibine elimizden geldiğince bağlıyız. Daha 1936'larda tahmin ettiğin İkinci Dünya Harbi'nin dışında idik. Milletlerarası dayanışma mekanizmasının devamlı faal unsuru olmaya devam ediyoruz.

Bu paragraflara sığmış tablo; bünyesinin gereği çalkantılara rağmen huzur, ümit manzarası Atatürk... Senden yoksun olmanın telafisi imkânsız boşluğu içinde tesellimiz bunlar...

Sen, önce kafaları, ruhları, hatta bedenleri hazırlar, eseri sonra verirdin. Ne yaptı isen gaye ve hedeflerini önce apaçık anlatırdın:

Ele aldıkların alışılmışın, hatta inanılmışın karşısında olsa bile zerresini saklamadan, mutlak yüreklilikle ortaya koyar, karşı düşünceleri vatan hayrı ve yaşanılan çağ şartlarından doğan inancının aydınlığı içinde yanına alır, sonra asla ödün vermeden hedefe giderdin. Savaş meydanlarında nasıl: "– Sizden ölmenizi istiyorum..." diyebilmişsen, kalabilenlerin malı, canı, varlığının yarısını "Tekalif-i Milliyye = var olabilmenin şartı" adıyla isterken milletini inandırdın ve esirgenmemiş güven bedeli, zaferi, dolayısıyla da Cumhuriyet'i yarattın.

Senden sonra en büyük kaybımız, o yoksulluklar kervanı içinde şahâne örneklerini verdiğin önce azimli ruhları-mevzuu kucaklayacak kültüre erişmiş kafaları başarıya götürecek teknolojiye sahip bedenleri hazırladıktan sonra "Olamaz" denileni başarıyla mühürlediğini unuttuk. Belki de kendimizde bu yeterliği bulamadık...

Ümitli görünüm ardındaki tezatlar, dünya durdukça yolumuzu aydınlatacak değerdeki metedolojini kavrayamamış olmanın gaflet çukurunda boy saldı.

● – Ve senin günlerinde çok çocuğa prim verecek kadar insana muhtaç iken, artışımız dert oldu: Doğanı sağlıklı besleyemedik, barındıramadık, yetiştiremedik; çoğaldıkça çağdan uzaklaştık, uzaklaşıyoruz. Ancak çağ şartları içinde yetiştireceğimiz kadar çocuğun; bir idrak, bir insanlık, hatta vatanseverliğin gereği olduğunu anlatamamış olmanın günahı içinde, şimdi "nüfus patlaması"nı, doğum kontrolu haplarına sığınmak basitlikleri içinde durdurmaya çalışıyoruz. "İstim arkadan gelsin" tanzimat paşası mantık tortusu önümüze dikilen nice nice gafletimizin hazin çıkmazı...

● – Yolda da benzer düğümdeyiz Atatürk... Şoföründen yayasına, çağ yollarının düzenine göz kulak kapamanın laubaliliği içinde iç savaştaymışız gibi kurban veriyoruz. İbretli olan da gerçek tedbir yerine bir medeniyet nimetini ilkel dinlerde olduğu gibi kanla ödemek tevekkülü...

● – "Hayatta en hakiki mürşit ilimdir" demiştin, ama çocuklarımızı okutamıyoruz Atatürk... 1 Kasım 1937 Millet Meclisini son açış nutkunda üzerinde ısrarla durduğun teknik öğretim hala yetersiz... Öte yandan aydın din adamı ihtiyacının kat kat üstünde imam hatip liseleri... Her yere el atmış URUBE'nin şeriat kadrosunu hazırlıyor: Perde arkasında da değil: Pervasız ve sahnede... vakıfları, partileri, her şeyleri var. Öte yanda evlatlarımızın kafaları yorgun, yararsız bilgilerle yarı bunak salıveren Latin tipi liselerden çıkanlardan dörtteüçü üniversitelerden mahrum... Üstelik yüksek öğretimde öyle acâip, akıl almaz çıkmaz içindeyiz ki istidatları, kaabiliyetleri inkâr eden bu robot sistemine asla izin vermezdin. Uzanmadığı yer kalmamış kumarı, "meslek toto" haline sokarak kültürde tatbik ediyoruz: (Hakim) olmayı düşleyeni (hekim), düz çizgi çizemeyeni (mimar), savaşı yoketme yolunu arayanı (asker) yapıyoruz. Spor-toto, spor-loto ve talih oyunlarının her çeşidine ek ve de Tanrı vergisi kaabiliyet-istidatları yok sayarak Meslek-Toto'yu evlatlarımızın kaderi yaptık. Bu çıkmaz sokaktan milletinin tarihin tasdikindeki araştırmacılık, buluculuk, yaratıcılık, terkip edicilik yapısının çağa ışık olacak öncüleri yetişebilir mi? Teknoloji ve bilimin her dalında, Araştırma'ya en az zaman, imkân ayırabilen bahtsız ülkelerin ön safındayız.

● – Gelelim Milli İrade'ye: Evet... Dürüst seçimler için bütün tedbirler mükemmel... Gel gör ki, parlamentolar ihtisas, tecrübe, düşünce, tatbik yeterliği ile geleceklerin mimarı değil... İnsanımızı, iradesini bu terkibi yaratacak seviyeye çıkaramadık. Senin devrinde milletini temsil eden sandıktan çıkmıyordu ama sahalarının seçkin şahsiyetleri idiler.

dosyasız avukat;

hastasız hekim;

tesissiz sanayici-tüccar;

tarikat vârisleri;

hatta akademik kariyerinde ilim emeğini devam ettiremeyen kürsü sahibi aktif politikacılığın şahsiyeti olunca ne beklenebilirdi?

Sen; Türk kadınına seçme-seçilme hakkı verirken, millet bütünlüğünü hedef almıştın: 1934'de nüfusumuz 16 milyonken 300 milletvekilinin 18'i kadındı. Bugün nüfusumuz 55 milyon 450 sandalyeli Millet Meclisinde yalnızca 6 kadın var!... Elli dört yıl önce bir avuç aydın kadınımız vardı. Bugün Türk kadını çok sahada erkeğinden önde... Bu gerçek içinde parlamentoyu kadından yoksun bırakanları anlayabilmek mümkün mü?

Mümkün Atatürk, mümkün...

Çünkü senden sonrakiler "nabza göre şerbet" kolaylığını rejim hakikatlerine tercih ettiler: Bunlar içinde bir temel prensibini aşarak demokratik düzeni emniyetle sürdürmek iddiasıyla üç defa askeri müdahale ile parlamenter sistemi durduranlar da var... Kimi demokrasinin baskı kuvvetleri kılıfı altında açıklayamadıkları hegemonyaları peşinde koştu; memleketi koalisyonlar felaketine itti, kimi vatanı o hale getirmede gaflet, basiretsizlik, ihtiras payı olanları buyur etti, kimi laik, milliyetçi cumhuriyetin yerine ümmetçi şeriat düzeni hasretlisinin boşluklardan sızmasına göz yumdu. "Sandık yolu"nda her türlü taviz, siyaset ahlakı terkibinde olanlar ittifak halinde önce parlamentoda kadının nazariyeleşmesine geçit verdiler. Ardından kılık-kıyafette harem-selamlık hazırlıkları, ya "URÛBE = ARAPLAŞMA" ya "ŞİA = HUMEYNİLEŞME" tatbikatçısı hareketlere göz, kulak, vicdan kapadılar. Öte yandan bu UC'un tam karşısında Batı hayranı, fikir, sanat, kültür hayatının her tecellisine kadar uzanmış, yüzeyi, yücele tercih eden satıhçılık içinde Senin tarih yapımızla yoğurarak çağ şartlarıyla inşa edilmiş milli terkip yerine aktüalite, moda taklitçisi hareketleri emek, alaka gündeminin dışında sayan hükümet anlayışının başı kumda devekuşu felsefesi içinde filizlendiler, yetiştiler, geliştiler... Hepsinin kılıfını şöylece kaldırdın mı altında özünü yitirmişliğin damgası sırıtıyor...

● – Senin günlerinde yurt ve dünya konularında hükümlerimiz; milli yapımızın ciddiyet, vekar, asaletinin kucaklaşması idi.

Doğu'dan Batı'dan maksatlı telkinlerin açık pazarı halindeyiz. Cihan çapında himmetler ortaya koyamamanın çaresizliği içinde - akademik kariyerden spor arenasına kadar!-, aslında emeğimiz olmayan neticelere sahip çıkma aczine düştük...

● – Şimdi asıl kaybımıza geldik Atatürk...

"Cumhuriyet fazilettir" demiş ve bu ebedi hükmünün masuniyetini haleflerine, parlamentoya, cumhuriyet hükümetlerine, adalet, ilim, irfan müesseselerine vedialar</br>en mukaddesi halinde emanet etmiştin. Senin günlerinde rüşvetler, suiistimaller, haksızlıklar, nüfuz ticareti, kanun dışı iktisaplar, meşruiyyeti gölgeli servetler iddiaları vatan semasında şaibe bulutları oluşturamadı. Üstüne üstüne gittin, rastladığını da kökünden tasfiye ettin.

Bugün devletin ahlakçı ciddiyeti, vekarı, fazilet yapısı üzerinde menfi iddialar yığın yığın...

Ve de zaman törpüsünde olayları hafıza arkasına atan klasik bürokrat kontrol cihazının ötesinde ne bir ses, ne bir nefes... Senin günlerinde de dünyada babalar-mafyalar vardı, ama eserlerini kötülemek yolunda seferber olanlar bile ülkemizi bu karanlığa karıştıramadılar.

- – Devlet, Hükümet hizmetlerini, edası şart "vazife borcu" saymış, "neticeler yalnızca millet ve vatanın..." demiştin... Senden sonra hizmetlerin partiler-şahıslar adına tapuya bağlanma kavgası başladı. Bu bencil didişmelere öylesine alıştık ki, nimet-külfet dengesinin devamlı derinleşen bozuluşundaki yerini düşünmek bile hatırımıza gelmiyor...

- – Ve gözlerini kaparken belirtileri dahi olmayan bu tezat örgüsüne yol açmış olan günah, Senden sonraki haleflerinin, siyaset, hükümet kadrolarının Atatürk...

Ayrılışından elli yıl, yani yarım asır içinde insanımızın:

şahsi kültürü;

tarih, politika seviyesi;

bilim kifayeti;

hür, müstakil mantığı;

ahlâk, iffet, fazilet yeterliği ile "son söz benim" hakkına sahip olma mübarek emeğini

verememiş olma vebali, senden sonraki haleflerinin, siyaset ve hükümet kadroları yanında ilim-kültür kuruluşlarıyla kendisini aydın sayanların kollektif günahı Atatürk...

Temel hasretin buydu ve olduğu yerde duruyor.

Senin günlerin ve senden sonrası yanyana geldiğinde şu vicdan, mantık, ahlak hükmü anıtlaşır:

Bu dünyaya YALNIZ ADAM olarak gelmişsin, YALNIZ ADAM olarak gitmişsin...

Öyle ki, başımızdan ayrılışının ellinci yılında Seni hâlâ, savcıların hassasiyetindeki ceza maddeleriyle koruyoruz: Çağ yapısı içinde müstakil Türklük bâki kaldıkça, Senin, elbette düşmanların olacaktır. Bu, senin Türklüğe bedel varlığının reddi imkansız kaderidir.

Ki, aslında tarihin Sana müstesna nasibidir.

Sormak lazım: Şu geçen elli yılda gerçek gaye, hasret hedeflerinle seni açıklamak, tanıtmak, anlatmak yolunda ne yaptık?

Ufuktaki ümit şu Atatürk: Aydınlığının terkibini kavramak, senin yürekliğin ile seni kucaklamak...

Ve bu kurtuluşa kadar da milletçe Rodin'in "Düşünen Adam"ı olabilme asalet ve ahlâklılığını gösterebilmek...

Mübârek ellerinden öperim."

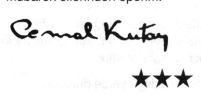

★★★

Son dokuzyıl içinde iki seçim yapıldı.

*Çıplak sayı*'ya dayalı, çok partili seçimlere alışmış gibiydik: Seçim sistemi üzerinde şikâyetler devam ediyor, çareler bilindiği halde ayrıntılar dışında temelden iyileştirmeye kimse el atmıyordu: Çoğu gerçekleşemeyecek vaatleri en maharetle sıralayanlar mutluydu.

Hiç biri, Senin 1934'de ülke onaltı milyonken O N S E K İ Z kadın milletvekili çıkardığını hatırlamak istemiyordu: 1995'de altmışbeş milyona yükselmiş lâik Cumhuriyetin parlamentoda 9 kadın milletvekiliyle temsil ediliyordu!

İbretlisi şuydu ATATÜRK: 1960, 1972 ve 1980'de Mehmetçiği üç defa kışladan çıkardılar, hepsinin görünürde sebebi Senin gayelerinden ayrılmış olmaktı, hepsi Anayasa değişikliği yaptılar, ama hiç birisi, binbir meşrû yolu varken kadın milletvekili sayısını, mesela kadın seçmenler nisbeti adaletine eriştirecek tedbiri almadılar.

Bir bakıma, hele şu son yıllar için haklıydılar, çünkü Senin bıraktığın *kadın hürriyetleri*'nden nicesini hayal haline getirmişlerdi: Kılık kıyafetten tek eşe, hatta kırsal kesimde miras eşitliğine kadar!

Bu arada, yine son yıllarda kadınlarımız adına gerçekleşir gözüken bir ümidin sıcaklığını yaşadık: Senin, tozpembe bir hayalin gerçekleşti: Devrinin bir Türk kızı BAŞBAKAN'dı...

Dış görünümü her haliyle tatminkârdı: Ortahalli bir burjuva bürokrat kızıydı. Batı kültürüne dayalı sağlam bir öğrenim görmüştü. Ülkenin çok ihtiyaç duyduğu branşta, Amerika'da kürsü sahibi olacak kültüre sahipti.

Lâikliği tehdit eden ve hatta Senin gününde adı bile anılamayan ARAP ŞERİATI'nı geri getirme bağnaz gafleti içindeki akımın iktidarı zorladığı günlerde başbakanlığı, şuurlu uyanışın tepkisi sayıldı.

Heyhat ATATÜRK...

İkinci Meşrutiyetin ümitlerini perişan eden SEN - BEN çekişmesinin hortlaması yanında asıl boşluğu ATATÜRK, Seni ve Tarihi gereği gibi bilememenin, kavrayamamanın gaflet ve dalâletiyle Hile-i Şer'iyye, Takiyyecilerle beraberliği bile denedi.

Ne kendisi, ne ülke böylesine düşüşe lâyık mı idi?

Ötekiler mi?

Aralarında, Senin kurduğun Cumhuriyet Halk Partisini, sadece *isim olarak* benimsemişler dahil, *hiç biri,* sağıyla soluyla ortadaki binbir tecellîye rağmen, ASIL HAKİKATİ söyleyemedi, söyleyemiyor:

Bu sukutun, bu çelişkilerin İBÂDETİMİZİ HALÂ ANADİLİMİZLE YAPMAMIŞ OLMA FELÂKETİ'nden kopup geldiğini...

Senin beraberinde götürdüğün hasret bu değil miydi Atatürk?

De ki, fanatik, gafletin mantık yoksunu, *"bab-ı içtihad = düşünme kapısı kapanmıştır"* safsatasının şifasız hastası ŞERİATÇI gerçeği göremiyor, ya ötekilere ne demeli?

Hayır!.. Hep görüyorlar.

Fakat bugünkü yapısı ve haliyle o kahrolası rey *(oy)* sandığının, siyasî iktidarı temsil eden câzibesi gözlere bağ olmuş, sahip olunması nesiller boyu; kan dahil harcanmış emekler bedeli özgürlüklerin kaybolması tehlikesine baş çevirme vurdumduymazlığını çâresizleştirmiş.

REY *(OY)* SANDIĞI'na *ödün verme* yarışı içindeler!..

Senin bugünkü halleriyle düşünemeyeceğin Kur'an Kurslarına, İmam Hatip Liselerine ARAPÇA DERSLERİ(!)nin saatlerini arttırmaya çıkarmışlar, pey sürüyorlar!..

Bu ibret duygusunu dehşete düşürecek manzarayı, Sen, açtığın o pırıl pırıl, aklın ve bilimin yeşerttiği toprak içinde boy atacağını tahmin eder miydin ATATÜRK?

Azîz, kutsal ruhunu hüzünlendirse de, 1946'nın *doğru yolu bulma* çalkantıları içinde, sağlam temeli atılmamış, olayların zoruyla benimsenen yapı içindeki *deneme*'ye karşı, yetişmesi üzerinde babasından çok emeğin olan Behçet Kemal Çağlar'ın *"Eylül 1947 raporu"*nu hatırlatmama izin ver:

Geçsin yıllar uzun uzun,
"Vatan mahzun, ben mahzun"
İşte Sensiz herşey hazin...

Nasıl damarı yollarda donakalmıştı milletin,
Kalbi duruveren kan gibi,
Nasıl yanmıştı yurt cayır-cayır,
Yıldırım düşmüş bir orman gibi...

Dün, yıllardan sonra yine,
Öylesine kesildi dermanım,
Öylesine dona kaldı kanım,
Öylesine tutuştu içim geceleyin,
Karşıma çıktı bir dağ gibi yüceliğin.

Sensiz bir yerimiz hâlâ kanıyor,
Heryıl yeni baştan vurulmuş gibi,
Toprağa bulanmış çabalanıyor,
Kartal pençesinden düşen kuş gibi,
Güzel ellerinden kurtulan her şey...
Sen gittin "hulus bitti" dediler,

Bir "riya devri" geldi Atam,
Yaranmak olsa bile, ah
Sana yaranmak güzeldi Atam.

Yıkık ruhlar dik görünür,
Softalar laik görülür,
Tilkiler geyik görülür,
Salapuryalar kayık.

Başladı Senden sonra,
Bir fikir esareti ki, sorma
—Söylene dursun bol bol hürriyet lafı—
Halka yaranacağım diye,
Ömründe abdest almayan oldu sofu,
Bir teşebbüs-ü şahsidir kattı sözüne,
Sosyalistten öte devletçi,
Girebilmek için tüccar gözüne!

Matbuatın tutmadığı şeyi söylemek yasak!
"Başlıyor-başladı-başlayacak"
Bütün Dünya deseler de yok seyircisi,
Memleket bir açık hava sahnesi,
Kimimizin kolu yorgun,
Kimimizin kısık sesi,
Ama hepimizde makyaj tamam,
Adapte bir melo-dram:
DEMOKRASİ!...


DEMOKRASİ, Senin gerçekleştireceğin SON hedefti.

Ama sadece *çıplak sayı demokrasisi* değil!

Kültüre, özel emeğe, vatandaşına verebildiğince isteme hakkı olan çağ demokrasisine...

Özellikle fazilete, ahlâka dayalı Demokrasiye.

Hele bir anadilimizle ibâdete başlayalım ATATÜRK, dinimizi kendi vicdanımızda değerlendirdikçe ülke, kişi, toplum adına ne varsa kendi irfan ve irâdemizle alacağız.

Yabancı bir dilin vizesiyle değil!..

Bilemiyorum ATATÜRK, belki bu olup bitenleri tahmin ederek 1930'da, yakın fikir arkadaşın Ali Fethi Okyar'a, ismini verdiğin SERBEST LÂİK CUMHURİYET FIRKAsını kurdurmuştun. Program taslağında kadınlara seçme-seçilme hakkıyla, Cumhurbaşkanını Meclis değil, doğrudan HALK'ın seçmesi vardı: Yâni BAŞKANLIK SİSTEMİ'nin ilk basamağı... Belki ufunetleşmiş bu Lâtin tipi demokrasiye denge olurdu. Ama nerede o yürek, o cesaret... Senin açık yürekliliğin... Onu da aldın götürdün. Bugün belki düşünen var ama söylemeye cesaret edecek gerçek halefin nerede?

Azîz ATATÜRK, şimdi bu çalkantılar içinde, Seni mutlu edecek güzel tecellîyi söyleyeceğim:

ORDU'nun içinden tek bir *Miralay Sadık Bey* çıkmadı...

*Öteki'*lerin arasında, bunca:

*"– Sende mi Brütüs, Sen de mi?"* üzüntülü hayreti içinde Senin ordundan tek bir Miralay Sadık Bey[1] çıkmadı.

1 Kasım 1937 Türkiye Büyük Millet Meclisi'ni SON açış konuşman, mukadder bir ayrılışın vedâı gibidir: Denilebilir ki *siyasî vasiyeti'*ndi:

*"– Ordu... Türk Ordusu... İşte bütün milletin göğsünü itimat, gurur duygularıyla kabartan şanlı ad!*

*Ordumuz Türk birliğinin, Türk kudret ve kaabiliyetinin, Türk vatanseverliğinin çelikleşmiş bir ifadesidir.*

*Ordumuz Türk topraklarının ve Türkiye idealini tahakkuk ettirmek için sarfetmekte olduğumuz sistemli çalışmaların yenilmez teminatıdır.*

---

(1) *Miralay Mehmed Sadık* (1860 - 1940) *– İkinci Meşrutiyetin ilânında ön safta yer alan, daha sonra yanlış teşhis ve şahsî sebeplerle* Hürriyet ve İtilâf Fırkası'*nı kurarak gerici kadroların aktif politikada rol oynamalarına yol açmış zattır.*
*Halvetî tarikatına mensuptu. Meşrutiyetin şeriat kurallarına karşı hareket olduğu kanaatinde olanlar, onun şöhretinden istifade etmişler,* talebe-i ulum (din bilgileri öğrencisi) *olarak ülkenin dört tarafına yaygın medreseleri dolduran gençleri, askerlik hizmeti dışında tutan durumun devamı için bu ünlü askerin şahsiyetinden faydalanmışlardı. Medreseleri asker kaçaklarıyla dolduran kanun, ancak, Birinci Dünya Harbi senelerinde yürürlükten kaldırılmıştı.*
*Mustafa Kemal, 1918'de arkadaşı Ali Fethi Okyar'la birlikte İstanbul'da çıkardığı* MİNBER *gazetesindeki bir yazısında* "siyaset yapacak askerlerin ancak, vatanın hürriyet ve istiklâli gayesinde, her türlü tehlikeleri göğüslemeye kararlı oldukları zaman bu yola girmelerini" *tavsiye eden bir yazı yazmıştı.*
*Nitekim Sadık Bey, hazin bir kaderle, Millî Mücadele zaferinden sonra vatan hudutları dışına çıkarılıp yüzellilikler listesinde yer almıştı.*

*Büyük millî disiplin okulu olan ordunun; ekonomik, kültürel, sosyal savaşlarımızda, bize aynı zamanda en lüzumlu elemanları da yetiştiren büyük bir okul haline getirilmesine ayrıca itina ve himmet edilebileceğine şüphem yoktur."*

Rahat uyu ATATÜRK, üzerinde izlerin daima derin ve insanlık adına gurur olan dünya durdukça, TÜRK ORDUSU bıraktığın emanetlerin sağlam inancasıdır. Sen, bu güven duygularını açıkladıktan bir yıl sonra aramızdan ayrıldın. Ama bu konuda TEK dahi kalsa, lâik çağdaş cumhuriyete sahip çıkmaya yetiyor. Şeriatçı mihraklar, bu ümidi de söndürmek için, Harp Okullarının her ihtisas dalına, İmam Hatipleri sokmaya ısrarlı çalışıyorlar, sona kadar da çalışacaklar. Ama boşuna...

Nitekim, görünürde masûm, halkın tercihi, kişinin vicdan özgürlüğü gibi gelen ve gösterilen arddüşüncelerin yüzündeki maskeyi Ordu indirdi.

Karşılarındaki binbir hile-i şer'iyye oyununa, üstadı oldukları takiyye metodlarına, hülle maharetlerine rağmen yine umduklarını bulamazlar ama, neden dikkat ve emeğimizi bu bâtılın üstünde tutalım? Yetmedi mi? Neden beraberinde götürdüğün hasret:

*TÜRKÇE İBADET*
*ANADİLİMİZLE*
*KULLUK HAKKI*

mız gerçekleştiğinde bu mel'un maksadın yok olacağını bilmiyor muyuz, onlar da bilmiyorlar mı?

Sadece 57 yıl yaşadın. Senden sonra ÇANKAYA'ya, yerine gelenler arasında ilk *ikisi*'ni tanıyordun: İsmet İnönü 89, Celal Bayar 103 yıl yaşadılar. Bizi bırakıp gideli, yaşadığın senelerden çok, 59 yıl oldu.

Ama milletin ve dünya Seni söylüyor...

Bu ibretli gerçek; gelmiş geçmiş hiçbir din, fikir, devlet şahsiyetinin, Senin o kısacık ömründe ortaya koyduklarının önünde öyle erişilmez yücelik ki, aramızda yokken bile *zaman*'a hükmediyorsun...

Ne ayrıcalıklı, kendine özgü insansın Atatürk?

Öncekilerde olduğu gibi bu sonuncu *rapor*'umda da, Senden önce devlet-millet varlığımızda meçhul, Seninle başlamış *değer ölçülerimiz*'den söz edeyim:

Ülken; milletinin daha çok *kişilik, yaratıcılık, çağa ulaşma* yapısıyla devletin hizmet temposunu aştı, sade yurdunda değil, ulaşabildiği dünya köşelerinde harikalar yaratıyor: En güzel tarifini yine Senin yaptığın *damarlarındaki asîl kan*'la...

Bugün büyük derdimiz Senin günlerindeki *kıymet ölçülerimiz* üzerindeki kargaşa ve eşitsizlik... Rejimin devlet yapısında kuracağı sosyal adalet dengesine değil sahip olmak, ondan hergün uzaklaşıyoruz. Konuya göre belki yadırganacak mini bir örneği hatırlatmama izin ver: Albaylıktan emekli bir eski dostun için duyduklarını, Maliye Bakanı Fuat Ağralı'ya araştırtmıştın: Orduya otuzyılı aşkın emek vermiş bu emektar, aldığı emeklilik ikrâmiyesiyle neler edinebiliyordu ve beş kişilik aile aldığı aylıkla geçinebiliyor muydu?

Hatırlıyorum: Tercih ettiği şehirde bir ev veya daire alabiliyordu, mütevazı birikimi varsa buna bir yazlık ekliyebiliyordu ve de emekli aylığıyla kıt kanaat olsa da geçinebiliyordu. Bu sonuç, devlet bürokrasisinin tüm dallarında aynen geçerliydi.

Bugün ne mümkün? Bozulan dengeler vatandaşta, hatta devlette, *"gemisini kurtaran kaptan"* egoizmini meşru savunma duygusu haline getirdi. *"Köşeyi dönme"* hünerinin yolcuları olduk. İnanılmaz ve gurur veren gelişme serbest ticaret, sanayi, iş hayatımızda, hak, adalet, eşitlik kuralları geç kalmış, bilimsel kriterlerden yoksun, ne devletçi, ne liberal, olayların ve özellikle politikanın tazyikiyle derlenmiş tedbirler olduğu için, dengesizlikler getirdi. Senin günlerinde sanayiin öncülüğünü teknoloji yanında hak kuralları içinde yapan *karma ekonomi*'nin kuruluşları, siyasî partilerin arpalığı oldu. Sen, daha Cumhuriyet yokken, 7 Şubat 1923'de hayatının İLK ve SON hutbesini Balıkesir Zağnospaşa Camiinde vermiş, gelecekleri konuşturmuş, BUGÜN'leri anlatmıştın. Doğanın kundağından ölenin kefenine kadar herşeyi dışardan alırken, sanayileşmesini tamamlamış bir ülkenin tablosunu çizmiştin. O günlerde ekmeğimizin unu bile dışarıdan geliyordu. Ama Sen, toprağının imkânlarını, insanının yapısını bilen önder olarak, bugün de tam erişemediğimiz varlıkları dile getirmiştin. 1922 devlet bütçesi yetmişiki milyonken, vatandaşlarının zenginliğini *"– Milyoner, hatta milyarderlere ihtiyacımız var"* hasretiyle ifadeleştirmiştin. Konuşman, camiin girişinde kitabe halindedir. İnanmayan gider, okur.

Hepsi oldu Atatürk...

Bir farkla: Sen, bu OLUŞ'u, hakka, adalete, fırsat eşitliğine, meşrû emeğe dayalı bir düzenin nimeti sayıyordun. Senin günlerinde her emeğin ilhamı bu kaynaktı.

Çalkantılar, kopuşlar, saptırmalar olmuyor mu?

Tabiî oluyor Atatürk... Sen "– Cumhuriyet fazilettir" derken, bu fazilet duygusunun ana kaynaklarından birinin *manevî ahlâk*'dan geleceğinin idraki içinde ibadetin özdilimizle yerine getirilmesini istedin. Çünkü her din, doğruluğu, hak şuurunu, uygarlığı, fazileti öneriyordu. SON DİN'e inanmış milletinin de, onun isteklerini ancak anadiliyle kavrayacağı mantık gerçeğinin yerine getirilmesinin ardında oldun. Son yıllarının hasreti bize kutsal emanetin. TÜRKÇE İBÂDET öylesine akıl, bilim, haysiyet örülü ki, çok geç kaldık ama, affet, 10 Kasım 1998, bizden ayrılışının 60'ıncı yılı, güzel sonucu müjdeliyeceğim inancını taşıyorum.

*Öteki* boşlukların ardından doldurulacağına inanarak...

Mübarek ellerinden öpüyorum.

---

*" – Ben icap ettiği zaman en büyük hediyem olmak üzere Türk milletine canımı vereceğim."*

**ATATÜRK, Cumhuriyet Gazetesi, 14 Haziran 1937**

● ● ●

361

# LÜTFEN KABULLENİN VE KARŞI ÇIKMA GÜNAHINDAN UZAK KALIN...

## İNANIN Kİ, TÜRKÇE İBÂDET'İ BENİMSEMEDİKÇE "AVRUPA BİRLİĞİ" ASLA GERÇEKLEŞMEYECEK HAYALDİR

ATATÜRK'ün beraberinde götürdüğü hasret TÜRKÇE İBÂDET, vicdan ve vefanızda böylesine coşkulu alâka görmeseydi, bu açıklayacağım SON HAKİKAT'ten söz etmeyecektim.

TÜRKÇE İBÂDET'i benimsemedikçe, Avrupa Birliği'ne katılma çabamızın, binbir bahaneyle savsaklanacağını kabullenmemiz gerçeğini...

Evet... Biliniz ki karşımızdakiler, sözünü açıkça etmeden bu boşluğun doldurulmasını beklemektedir. Türkiye'nin Avrupa Birliği dışında kalmasını arzulayanlar iki bölümdür: Birinciler, yabancı bir dille ibadeti içine sindirmiş bir toplumun MİLLET değil ÜMMET sayılacağının kültür şuuruna sahiptirler ve böyle ilkel bir toplumu aralarından görmek istememektedirler. İkinciler, mesela Yunanistan gibi varlığının devamını TÜRK DÜŞMANLIĞI'na bağlamış fanatik düşünce, ve inanılması güç tarih gafletiyle Nach Osten = Şarka doğru siyaseti güden ve de sınırları içinde üç milyonu aşkın TÜRK İNSANI yaşayan Almanya gibi DÜNYADA YERİNİ ALMIŞ TÜRKİYE'den çekinen grup...

Uluslararası siyasette DİN'in, kaypak politikaya malzeme olması bilinmez yol değildir.

Buna bir de, yön değiştirmiş misyonerliği ekleyebilirsiniz: Elinizdeki kitapta bu ibretli gerçeği açıklayan bölüm var: Özellikle Amerikan misyonerliği, Türk milletini öz diliyle ibadetten mahrum bırakılmış olmasını, propagandasının temel araçlarından sayma tercihi içindedir.

Lütfen hatırlayın: RÖNESANS, Bizans'ın sonu 1453'den otuzbir yıl sonra Avrupa'da Ortaçağ karanlığını sürdüren Katolik Kilisesinin Lâtince ibadet zorunluğunu yıkan Martin Luther (1483 - 1546) in her insanın öz diliyle Tanrısına kulluk özgürlüğünü sağlayan muhteşem kavgası sonucu ve nesiller sürmüş kan/kin boğuşmasının lûtfu oldu.

Biz, yani Türk Milleti, İstanbul'un fethiyle rönesansı açtığı halde, aradan nesiller, asırlar geçmesine rağmen, hâlâ bu nasibin uzağındayız...

Ve de bir ATATÜRK'ün gelip geçmesine rağmen...

Osmanlı'nın bir ham hayal olan İTTİHAD-I İSLÂM = İSLÂM BİRLİĞİ ardında koşması, emperyalist Hıristiyan Avrupayı karşısına almıştı. Cumhuriyetin yetmişbeşinci yılında ibâdetin Arapça olmaya devamı, bu geçmişin mirasına bizi sahip gösteriyor.

Asla böyle bir iddia ve arzumuz olmamasına rağmen...

Çâre?

Tanrımıza kulluk ödevimizi anadilimizle yaparak kurtulmak.

Fener Kilisesi Patriği'nin son Amerika yolculuğunun kapalı kapılar ardındaki temel konusu neydi?

★★★

Gözlerimiz önündedir: Dinin mütevelliliğini üstlenen bir siyasî parti, kendisinden olanlar - olmayanlar ayrımıyla din faşizmi yapmaktadır.

İslâmî basın, islâmî televizyon, islâmî sermaye, islâmî faiz sistemi, hatta islâmî mimarî, islâmî yaşam ne demektir?

Şöyle bir perdeyi kaldırın: ARAB'ı görürsünüz!

Bu ayrıcalıkların temelinde, Arap diliyle ibâdet yatar.

TÜRKÇE İBÂDET'le Kur'an Kurslarında, İmam Hatip Liselerinde Arapça'nın yerini anadilimiz alacaktır. Böylelikle, Arapça'nın, Luther'den önceki Hıristiyan dünyasında Lâtince'nin inhisarından kopup gelen ruhban sınıfı egemenliği, bugün ülkemizde subay kadrosundan kalabalık din kadrosunun aslında ŞERİAT KADROSU yapısındaki tabiî olmayan varlığına son verecektir.

★★★

Diyeceğim ki, konunun en nazik ve din psikolojisi olarak en hassas noktasına gelmiş bulunuyoruz: Türk insanı ibâdetini Arap diliyle yaparken, dininin öz yapısını kavrayabilmiş midir? Kendisi için tamamen yabancı bu dilde, Tanrı huzurunda olmanın vecdini yaşayabilmiş midir? Kur'an-ı Kerîmde yer alan surelerin iniş sebeplerini, bunlara yol açmış hâdiseleri, Arap Yarımadısında vukua gelmiş olayların kronolojik akışını düşünebilmiş, aradan geçmiş 1417 senelik yaşamın dünya ilişkilerini kıyaslamak, ibret almak, günlerini ve geleceğini aydınlatmak imkânlarına sahip olabilmiş midir?

EVET diyebilmek çok zor, hatta imkânsızdır.

Bu acı gerçeğin isbatı HUTBE'ler ve mevzularındadır.

Biliyoruz ki, Kur'an-ı Kerimin bazı âyetleri, CAHİLİYYE devrinin hâdise ve kişileriyle ilgilidir. İbadetimiz anadilimizle olmadığı için insanımız bunları okurken manasını kavrayamıyor. Türkçe ibâdete karşı çıkanların dayancı Kur'an'ın Türkçe çeviri ve yorumlarının bulunmasındadır. Sormak lâzımdır: Bugün ülkemizde namaz kılanların yüzde kaçı bu çeviri ve yorumları okuyor?

★★★

Ümîd ediyorumki hatırınıza TÜRK DÜNYASI geliyor...

Bolşevik (Komünist) Rejimi'nin kuruluşu 1918'den çok evvel, Ondokuzuncu Yüzyılın ikinci yarısında Çarlık Rusyasının egemenliğine giren Türk Anavatınının, madde/manâda nasıl korkunç bir asimilizasyon (yokedilme) politikasının ham maddesi haline getirilmiş Türk Anavatanı hatırınıza geliyor. Bugün adları, bayrakları, farklı yönetimler içinde ATATÜRK CUMHURİYETİ'ni örnek alma durumundaki tam müstakil, yarı özerk Türk devletleri...

Bir bölümü fanatik İran, bir bölümünü şöven Arap kültür emperyalizminin etkisi altında ŞERİAT ÇEMBERİ'nin içine tıkılmaya çalışılan Türk varlığı ki, oluk gibi kardeş kanı döktürülen Afganistan'dan başlıyor.

Hepsi, evet hepsi, farklı gerçekler içinde bizim, lâik cumhuriyetimizin ANADİLİYLE İBÂDET KURTULUŞUMUZU İZLİYOR.

Zaferimiz hâlinde aynı yola girmek için...

Konuyu Sizlere ARAP DİLİ'nin İslâm Dininin temel sayılması felâketinin son yüzyıl tarihimizdeki kanla mühürlenmiş binbir gerçeğinden örnekler vererek kapatacağım: Kulağınıza küpe olur ümidiyle...

Yıl 1909... Takvimler 13 Nisanı gösteriyor.

23 Temmuz 1908'de ilân edilen İKİNCİ MEŞRUTİYET, sekizinci ayının yirmibirinci gününü yaşıyor.

Tarihlerimizin kısaca eski takvimle OTUZBİR MART İRTİCA (GERİCİLİK) AYAKLANMASI olarak adlandırdığı kanlı-kinli ayaklanma işte o gün patlamıştı: Rumelinden, adını Binbaşı Mustafa Kemal'in koyduğu HAREKET ORDUSU'nun İstanbul üzerine yürüyerek şehri Derviş Vahdeti'nin İttihad-ı Muhammedî, çoğu sahte sarıklı softalarının ayaklandırdığı asker/halkından kurtarıncaya kadar şehir, onüçgün kan ve ateş içinde kalmıştı.

Sıkıyönetim mahkemesi softaların kışlalara sızarak askere okudukları Arapça duaların Türkçe çevirilerini Şeyhulislamlıktan istemişti. Hayret ve dehşet!.. Bunlar DUA değildi: Gusul abdestinin nasıl alınacağını anlatan, Medreselerde Arapça okutulan din bilgileri kitabından alınmış parçalardı!

Aradan yirmibir yıl geçti.

Cumhuriyetin yedinci yılı 1930'un ilk ayı 23 Ocak 1930'da Menemen'de Derviş Mehmed, ardında DİN ELDEN GİDİYOR yalanıyla topladığı çoğu cahil köylülerle tâlimden dönen yedeksubay öğretmen Mustafa Fehmi Kubilay'ı av tüfeğiyle öldürdü. Kestikleri başı, can vermeden mızrağa taktıkları, sıkıyönetim mahkemesinin tutanaklarında yazılıdır.

Derviş Mehmed'in de ARAPÇA DUA diye okuduğu saçmalığın, bir süre Medreselerde okunan Arapça sarf-ı nahiv (gramer) kitabı olduğu anlaşılmıştı.

Mustafa Kemal'i yüreğinden sızlatan olaya koyduğu teşhis, 1997 Türkiyesinde de geçerlidir:

"– Olay D İ N değil, D İ L'dir." demişti.

Şimdi Sizlere, Osmanlı İmparatorluğu Teşkilât-ı Mahsusa (özel örgüt) Başkanı Eşref Sencer Kuşcubaşı'nın anılarından bir olay aktaracağım:

Yıl 1916... Osmanlı, Almanya - Avusturya Macaristan - Bulgaristan'la birlikte, İngiltere - Fransa - İtalya ve Yunanistan'a karşı savaş hâlindedir.

İslâm dünyası, çoğunlukla İngiltere ve Fransa'nın sömürgesidir.

Osmanlı Hakanı Padişah Sultan Beşinci Mehmed Reşad, aynı zamanda HALİFE'dir. Peygamberimizin vekili olarak tüm Müslümanların dinsel lideridir ve buyruklarına uymayan, dinden imandan çıkar...

Ama Yavuz Selim'in Osmanlı sınırlarına soktuğundan beri, hiçbir zaman merkezî devlete ısınmamış olan Arap Yarımadasında ayrılış rüzgârları esmektedir ve bu hareketin başında da, bugün olduğu gibi, o günlerde İngiliz yönetiminde olan Mısır vardır: Bugün de İslâm âleminin en büyük bilim merkezi olarak gösterilen EZHER DARÜLFÜNUNU'ndan yetişmiş ilâhiyatçılar kadrosuyla...

İttihad ve Terakki iktidara EZHER'e karşı MEDİNE'de Süleymaniye'ye benzer medrese kurmaya karar verir, hazırlıklar yapılır, iktidarın üç paşası Talat, Enver, Cemal Paşalar kalabalık bir kadroyla Medine'ye temel atma törenine gelirler.

En makbul ikrâm olan develer kesilmiş, karşılama hazırlıkları yapılmıştır ve MEHMETÇİK yerine adı OSMANCIK olan tören bölüğü de hazırol vaziyetinde şehrin girişinde misafirleri beklemektedirler.

Arap bedevî kadınları, ellerinde defler, yanık sesleri ve benzerlerini bugün ARABESK müzik türünde dinlediğimiz şarkıları seslendirmektedirler. Şarkıların sözleri Deve etinin lezzeti üzerinedir: Kebabının, kavurmasının, haşlamasının başka hiçbir et türünde olmadığını açıklıyor!

Eşref Bey, misafirleri selâmlayacak OSMANCIK TABURU'nun HAZIROL durumundaki askerin önünden geçerken bakıyor ki birkaç Mehmedciğin gözlerinden yaşlar akmaktadır. Şaşırıyor ve soruyor:

"– Oğlum... Neden ağlıyorsun?"

Mehmetçik, HAZIROL durumunu değiştirmeden cevap vermiş:

"– Kumandanım... Kur'an okuması içimi doldurdu..."

Arapça'nın birbirinden çok farklı lehçelerini iyi bilen Eşref Bey, bu pırıl pırıl yürekli Anadolu çocuğunun yüce duygularını, deve etinin ayrıcalığı acı gerçeğiyle bulandırmaktan kaçınmış, gelen heyet içindeki Şeyhulislâm ve Evkaf Nazırı Mustafa Hayri (Ürgüplü) Efendiye anlatarak demiş ki:

"– Bu millet Kur'anı ve Dinini kendi diliyle yerine getirinceye kadar deve etinin kasidesine daha çok zaman gözyaşı dökeriz!.."

Eğer yüreğinizde sebepsiz, yersiz, akıl-mantık bakımından tutarsız bir korku çöreklenmemişse;

Eğer haysiyet duygunuz oy (rey) sandığı gibi çıkarlara ipotek değilse;

Bütün bu gerçekler önünde, anadilimizle kulluk hakkımıza karşı çıkanların damarlarındaki kandan şüphelenenler olursa "haksızlık ediyorlar..." diyebilir misiniz?

# TÜRKÇE İBADETTEN NELER BEKLİYORUZ?

Açıklamalarımızın, hasreti kadar ümitlerin kucaklaştığı SON'a yaklaşmış bulunuyoruz. Türkçe ibadetten beklediklerimiz...

1417 yıldır Türk insanını yabancı bir dille kulluk ödevini yerine getirmeye zorlamış ve başarmış bir baskının zincirlerinden sıyrılabilmenin güçlüğünün idraki içindeyim. Atatürk'e kadar düşünülmesi bile din dışı sayılan hadisenin, günümüzde de devam eden evreleri gösteriyor ki kurtuluş ümitlerinin çok uzağındayız. Atatürk'ün Kamet-Hutbe-Ezan'dan sonra namaz surelerinde toplanmış emeği, daha bir beşyıl yaşasaydı sonuçlanacak ve öncekilerde olduğu gibi deneme safhasını başarıyla tamamlayacaktı.

Kendinden sonrakilerin değil bu tamamlama; ödünler vererek ümit kapılarını da kapadıkları utanılacak gerçektir.

Bu hazin tablo önünde, anadilimizle kulluk hakkına eriştiğimiz mutlu gün sahip olacaklarımızın sıralanması bile heyecan vericidir.

Bu vazifeyi bu bölüm içinde yerine getirmeye çalışacağım.

## ŞERİAT-İRTİCA YOLU KAPANACAK

Din-maneviyat alanında öylesine bir tablo karşısındayız ki kullanılan kelime ve tabirlerin asıllarıyla aralarında bir bağlantı kurabilmek çok zordur; şeriat gibi, irtica gibi.

"Tarih Deyimleri ve Terimleri" cilt 5 sayfa 541'de şeriat sözcüğü şöyle tanımlanıyor:

> "Allah **(Tanrı)** peygamber vasıtasıyla **(aracılığı)** vaz ve tebliğ olunan **(konulan ve bildirilen)** hâvi ve ilâhi **(kapsayan ve tanrısal)** kanun **(yasa)** yerinde kullanılan bir tabirdir **(sözcüktür)**.

Aynı kaynağa göre şeriatın "Türk Hukuk Lûgâtı"nda yeri şöyledir:

"İbadet ve dinsel işlevlerde ilgili olan kuralların toplamıdır ki, bunlara şeriat kuralları denir. Bununla beraber şeriat sözcüğü din anlamına da gelmektedir. Böyle kullanıldığında hem dinin inanç bölümünü, hem de dinsel kuralların yaşantıdaki yerini kapsamış oluyor.

Şeriat sözcüğü insanı bir nehre, bir su kaynağına götüren eş anlama da gelmektedir. Dinsel kurallarda insanları sosyal ve ruhsal yaşantının amacı olan bir ışık ve yücelişe ulaştırıcak bir tanrısal yol olduğu inancı dolayısıyla bu adı almıştır."

"Büyük Osmanlı Lûgâtı"nın 1407. sayfasında şeriat şöyle açıklanmıştır: 1 — Doğru yol 2 — Tanrı emri, ayet, hadis **(peygamber sözü)**, icma-ı ümmet **(bilir kişiler düşüncesi)** ve imamların içtihadı ile **(din bilginlerinin düşüncesi)** meydana getirilmiş temel."

İRTİCA'ya gelince "Büyük Osmanlı Lûgâtı"nın 700. sayfası bu sözcüğü şöyle anlatıyor: "Rücû'dan yani geri dönüş, eskiyi isteme, meydana gelmiş hayırlı bir inkılabı baltalayacak harekette bulunma."

Lütfen düşünün: İslamiyet'in SON DİN olmasının üç temel kuralından sonuncusu ve en önemlisi "Tegayyür-ü ezmân ile tebeddül-i ahkâm (zamanın yeniden yapılanmasıyla kuralların değişmiş zamana uyması)dır.

Bu değişmez temel gerçek önünde şeriat (**doğru yolu**)ın 1417 senedir doğruluk ve ardından gidilme yapısını korumakta olduğu düşünülebilir mi? Bu felsefe içindedir ki, Türk Hukuk Lûgatı şeriat, ibadet ve muamelâtı (**günlük yaşantı içindeki olaylar**) ayrı ayrı ve birbirinden farklı iki bölüm halinde benimsemiştir. Akıl ve mantığında yolu budur. Değişen yeni oluşumlarla değerlenen ZAMAN'ın reddindeki bir değişmezliği itikat (**inanç**) sınırları dışında benimsemiş olmak bu açıklamalarla mutlak çelişki halindedir. Böyle düşüncede ısrar etmek şeriat'ı İRTİCA, yani bir geri dönüşün aracı yapmak gibi onu anlamak ve kavramak yoksunluğundan gayrı bir donmuş düşüncenin hammaddesi halinde görmek sakatlığından başka nedir?

Peki bu sakat görüş nasıl oluyor da ikinci binyıl kapanırken bir kısım insanlarımızı ardından sürükleyen cazibeye sahip olabiliyor?

İşte benim, doksanın merdivenlerinde yarı gören gözlerle "TÜRKÇE İBADET" adıyla iki sözcüğün altında değerlendirdiğim Atatürk'ün beraberinde götürdüğü hasreti önünüze koymuş olma çabamın temel sebebi budur: İddia ediyorum ve ispata hazırım: 1997 Türkiye'sinde DİN'i siyasete hammadde yapmaya çalışanlar böylesine sakat bir düşünce, çıkmaz yol, zamanını kan ve kinle mühürlemiş geçmişin arkasındadırlar.

Bunu bilin!..

İzninizle hemen haber vereyim: Dinimizi yabancı bir dille yani Arapça'yla yerine getirme zincirini hâlâ kıramamış olmanın hazin çaresizliğinin bedeli işte bu manzaradır.

Türk Milleti DÖRT HALİFE devrini bile sadece Arap kaynakları aracılığıyla öğrendiği için kanlı-kinli gerçekleri bilmiyor. Bilse de İslam Dininin yüceliğine gönülden inanmış olmanın ve onu siyasi iktidarlar yolunda kullanmayı düşünmemiş bulunmanın ötesinde ve yücesinde saydığı için dört halifeden üçünün Hz. Ömer, Hz. Osman ve Hz. Ali'nin dini kalkan yapmış politika ihtirasları yolunda şehit edildiklerini, sebep ve evreleriyle ibret tablosu halinde sergilemiyor. Dördüncü halife Hz. Ali'nin meşrû (**Yasal**) hilafetine binbir yoldan karşı çıkan ve ancak Mekke'nin fethinden sonra müslümanlığı benimsemiş gözüken Muaviye'nin onu ve Al-i Aba'nın iki ümidi Hz. Hasan ve Hüseyin'i bir vahşet tablosu içinde yokederek kurduğu, Arap şövenliğinin timsali Emevî saltanatının hakiki yapısını açıklamaktan bile kaçınmış bulunuyor. Bugün kaç insanımız Muaviye ordusunun Kur'an-ı Kerim sayfalarını mızraklarının ucuna takmış olarak Hz. Ali'ye karşı savaştığını biliyor? Siyasi iktidar uğruna başa koyulup öpülen bu yüce eserin yerlerde sürünmesine bile göz kapamış olan bir hırsı, evlatlarının gözünden kaçırma utancıdır ki işte bu MUAVİYE'ye okuttuğumuz din kitaplarında ve televizyon ekranlarında "HAZRET" dedirtiyor.

Önceki zamanlar bir tarafa, son yirmi yıl içinde bu tarih cehaletinin vatanın bağrında kolay kolay kapanmaz yaralar halinde facialarla mühürlenmiş acı olayların iç örgüsünde ibadetimizi anadille yapamamış olmamızın dolaylı etkilerini görmemiz lazım... Bugünkü Türk hukuk mevzuatında son ceza olan idamlarla mühürlenme zorunluğunun kökeninde aynı yoksunluğumuzun, yani kulluk ödevimizi anadilimizle yapamamanın uzantısı görülür. Tarih gerçeklerini saptıracak kadar cumhuriyet nesillerini hakikatlerin uzağında bırakmış boşluğa göz kapayarak yirmibirinci yüzyılı karşılama çaresizliğini izah mümkün müdür?

Ve bu çaresizliğin üzerinde, yükseldiği bir başka dille kulluk esareti sürdükçe asıl yapısı unutulmuş, saptırılmış bir şeriat anlayışı irtica, geri dönüşün ülkemiz için fırsat bulduğunda felaket olacağını lütfen düşünün.

# DİNİN YERİ VİCDAN OLACAK

Türk velisi Pir Sultan Abdal şöyle der:

Sen HAK'kı uzakta arama sakın
Kalbin pâk ise HAK sana yakın.

Gerçek İslamda din inancının yeri vicdandır: Kişinin kendi vicdanı... Yani HAYIR ile ŞER'rin ayrımını yapabilmenin ferdin manevi yapısının karar ve tatbik mevkii... Ünlü Türk bilgini Farabi'ye göre, aydın vicdanların temel hizmeti bu noktada toplanıyor. Doğru hüküm ise kişinin HAYIR ile ŞER'ri birbirinden ayırt edecek bilgi ve sağduyuya sahip olmasıyla mümkündür. Peki... Kişi bu DOĞRU ile YANLIŞ'ı bir yabancı dilin açıklamalarıyla nasıl öğrenebilecek, nasıl ayırabilecek?

Elimde Sultan Hamit devrinde, padişahın şahsına sunulan jurnallerle ilgili iki kitap var. Birincisi memleketin dört tarafına yaygın binlerce jurnalci tarafından verilip Yıldız Kütüphanesi'nde muhafaza edilen dosyalardan derlemeler olarak Faiz Demiroğlu tarafından yayınlanan "Sultan Hamid'e Verilen Jurneller" (**50 Yıl Gizli Kalmış Vesikalar**) başlığıyla, yayınlanan kitap, öteki de Asaf Tugay'ın 1964 yılında yayınladığı **"Saray Dedikoduları ve Bazı Mâruzat"** (Açıklanmaya değer bulunanlar) kitabıdır. Bunların konumuzla ilgili ibretle hatırlanacak bölümleri var: Bazı kişilerin camilere beş vakit namaza, hatim dualarına, dinî günlerle ne ölçüde ilgilendikleri, tekke ve tarikatlarla olan münasebetleri, hangi şeyhin müridi oldukları kaydediliyor. Hemen hemen her jurnalci raporuna konu yaptığı kişinin maneviyat yapısını kendi ölçüleri içinde değerlendiriyor. Kendi ölçüsü de, metni Arap'ça kitaplarla ilgisi üzerinedir.

Bunlar arasında inanılması güç iddia ve itiraflar var: Sultan Hamit devrinin kabinelerinde yer almış ve daha sonra gözden düşerek Halep'te oturmaya mahkûm edilmiş ünlü bir paşa için iki ayrı jurnalci tarafından verilen bir raporda benzer görüş yer alıyor. Şöyle diyor: "...... Paşa'nın kâfi ölçüde Arap'ça bilmediği malûm olmakla beraber, hanesinde ve mensup olduğu tarikat dergâhındaki dostlarına bu Arap'ça kitaptaki tavsiyelere göre taat ve ibadet eylediğini söylemesi üzerine ismi geçen eserin İmam Gazali'ye ait Hüccet-ül İslam değil, medreselerde ilk sınıflarda okutulan Sarf-ı Nahv (**gramer**) kitabı olduğu anlaşılmıştır."

Lütfen hakem olunuz: Makamına, bu düşündürücü gerçekler iletilen zat Padişah ve Halifedir. Dünya ve din işlerinin karar mevkiinin sahibidir. Bütün bu mantığı zorlayan olaylara, çelişkilere, gariplik/ere bir yabancı dilin sebepsiz ve yersiz egemenliğinin yol açtığının bilgisi içindedir. Ama bu çelişkileri düzeltmeyi vazife saymıyor, üstelik milletinin ibadetinde bir başka dilin egemenliğinin devamında makam ve ünvanlarının dayancını buluyor...

Burada İslam Peygamberiyle ilgili bir muhteşem gerçeği hatırlamanın yeridir: TÂİF Seferinden dönüşte Ashap'dan Amr bin As'ın elinde hançeri, eli ayakları bağlı bir şahsın üzerine eğildiğini görür ve sorar:

" – Ne yapıyorsun?"

Şu cevabı alır:

"– Ey Allah'ın Resûlü: Kelime-i Şahadet getirmemekte, (İslam dinini kabul etmemekte) inat ediyor, cezasını vereceğim!"

Peygamberimiz, kolundan tutar, geri çeker ve sorar:

«– Kalbini okudun mu?» der.

Bir insanda bir din inancının varlığı veya yokluğunun ancak, vicdanda yeri olan tanrısal değer olduğunu, onu bir yabancı dilin hegemonyasında aramak ve bulmak mümkün müdür? Bu dini tebliğ etmiş (**açıklamış, anlatmış**) bir insanın ortaya koyduğu gerçekleri BİR DİLİN TEKELİ'ne emanet ettiğini akıl kabul eder mi?

İnanın: Türkçe ibadetle kabul ettiğimiz ve benimsediğimiz dinin yeri vicdan olacaktır. Bu özgürlük içinde aradan geçen uzun zamanda dinimizin esas yapısına bilmeden veya kasıtlı saptırmaları kavrayacağız ve kurtulacağız.

İnanalım ki bu emeğimiz milletimizi: "El Etrak-ü Cindüllah" (**Allah'ın Süvarisi Türler**) iltifatına layık gören Peygamberimizin mantığını memnun edecektir.

Daha öncekilerin göz kapadığı, Atatürk'ün de aramızdan vakitsiz ayrılışıyla beraberinde götürdüğü hasret olan TÜRKÇE İBADET temel ödevimizi, başta *oy sandığı korkusuyla* yerine getirmemekte direnirsek, bataklığı bırakıp sivri sineklerle uğraşma avarelikleri sürüp gidecek...

# DİN GEÇMİŞ DEĞİL
# GELECEK OLACAK

İslamiyet'in SON DİN olabilmesi özelliğini sağlayan temel yapısını hatırlamaya gelmiş bulunuyoruz: **(Tegayyür-ü ezman ile tebeddül-ü ahkâm = Zamanın yeniden yapılanmasıyla kuralların değişmiş zamana uyması.)**

İslamda dinsel kurallar, Kur'an, Hadis, eğer bu iki kaynakta açıklık ve kesinlik yoksa kıyas **(konuyla yakın ilgili benzer olaylara dayanarak sonuca varma)**, icma-ı ümmet **(kıyas mümkün olamadığı yerde din bilginlerinin ümmet adına bir düşünce üzerine toplanmaları)** yollarına dayanılarak sonuca varılabiliyor.

Görülüyor ki bütün bunlar İslamiyet'in ZAMANIN KARŞISINA ÇIKMAMA duyganlığının reddedilmez ispatıdır.

Gelin görün ki, 1997 Türkiye'sinde güya din adına Arap'ın CAHİLİYYE devrinin yok edilmesi için İslam'ın ilk günlerinin yapısı aranır olmuştur: Kılık kıyafette, günlük yaşantının çeşitli görünümlerinde, çağ varlıklarına karşı dapdaracık bir felsefeyle, karşı çıkışla...

Acizmendi Tarikatı nedir?

Adamlar, "şemail-i şerife" adı altında çok sonraları öncekilerden dinlenelerek hayal payı büyük belirlenmeler ile Peygamberimizin yaşantısını güya kavramışlar. 1417 sene sonra, dünyanın *yapısı şartı reddedilmez özelliği*'ne karşı çıkmışlar, sakal benzerliğinden, kılık kıyafetten, eldeki sopalarına, üç parmakla yemek yemeye, bağdaş kurmaya, misvak kullanmaya kadar, bu yüce insanı kalıplaştırmış olmak gibi bir darkafalık içinde adeta değersizlendirme yarışına girişmişlerdir.

Hakikat bambaşkadır: Lütfen elinizdeki kitabın 218. sayfasında "KUR'AN'ın NASİH-MENSUH AYETLERİ" bölümünü dikkatle bir daha okuyunuz. İbretle göreceksiniz ki Kur'an-ı Kerim'in bazı ayetleri Hz. Muhammed hayatdayken, Kur'an'ın nüzulü **(inişi, indirilişi)** düzeni içinde değiştirilmiş, bazı hükümleri kaldırılmış, bazılarının yerine yenileri gelmiştir.

Bu ne demektir?

Bu, şu demektir ki Allah'ın kelâmı dahi ZAMAN denen ve yine Tanrının takdir ve tatbiki evrensel düzenin istisnasız belirtisidir. Dinsel kurallar zamanın saptırmaları önünde değişmiş, zamana uymakta aciz kalırsa aslına dönüş için çareler ve insanlar bulmuştur. Katolik bağnazlığına karşı Martin Luther'in çıkışı bu sert gerçeğin ispatı değil midir? Elinizi şakağınıza getirin ve düşünün: Martin Luther çıkıp ta tüm Hıristiyan dünyası için Latince tekelinin zincirlerini kırmasaydı, Ortaçağ kapanıp Rönesans açılır ve bugünkü BATI MEDENİYETİ kurulabilir miydi?

Aslında İslamiyet bir Martin Luther ihtiyacındadır: Yani dünyadaki tüm Müslümanların kendi ana dilleriyle kulluk edebilme özgürlüklerine sahip olma hakkı...

Atatürk'ümüz milletine kazandırdığı siyasal özgürlüğü dinsel istiklalin temeli ana dille ibadet hürriyetiyle mühürlemek istemiş, ömrü vefa etmemiş, kendisinden sonraki iki halefi de ne yazık ki O'nun ne yürekliliğine, özellikle ne de milletinin haysiyet yapısının yorum ölçülerine sahip olamamışlardır. Oysa ki Türkiye Cumhuriyetinin bugün Türk Dünyası'na karşı temel vazife ve borcu TÜRKÇE İBADET'tir: Çin Seddinden Adriyatik kıyıları olarak sınırladığımız dünya parçasında yaşayan Türk'e önderlik etmektir.

DİN, kıymet terkibiyle devam edebilmek için GEÇMİŞ değil; GELECEK yapısına sahip olmak zorundadır. İslamiyet için bu değişmez hüküm tüm Müslüman Milletlerin kendi dilleriyle ibadet etmeleriyle mümkündür.

Akıl ve mantık ikinci bin yıl tamamlanırken bu gerçeğin önüne çıkabilecek kafayı düşünmek istemiyor.

# MEZHEP KAVGASI YOK,
# İBADET YERİ TEKELİ YOK,
# BİZ MİLLETİZ; ÜMMETÇİLİK YOK!

Gökten indirildiğine inanılmış, bu sebeple de kendilerine SEMAVİ denilen *üç din*, MUSEVİLİK - HİRİSTİYANLIK - İSLAMİYETİN'in, özellikle kişide görmek istedikleri niteliklerde temel benzerlikler vardır: Hepsinde de önceliğe sahip Museviliğin *"evâmir-i aşere = on emir" dinlerin aradığı* **insan yapısı**'*nı belirtir.*

*ÜÇ DİN DE, MEZHEP KAVGASI'nı reddeder, yasaklar.*

"BÜYÜK OSMANLI LÛGATI", cild 3, sayfa 1025'te MEZHEP sözcüğünü şöyle anlatır:

ZEHAP'tan: (1) Gidilen yol, tutulan yol. (2) İnanç ve felsefede tutulan yol. (3) Din. (4) Bir dinin kollarından her biri. (5) Felsefe veya edebiyat usulü. Doktrin, ekol, sistem.

Bu ayrı tarifler, aynı kaynağın yorum farklılıklarını sergiler. Ne ibretlidir ki sonuçlar böyle olamamıştır. AYNI DİN içindeki mezhep farklılıklarından çıkan boğuşmalar, karşı inançların çatışmasında görülmeyen kanlı/kinli çekişmeler içinde asırlarca sürmüştür ve de sürmektedir.

AYNI MİLLET'in bağrında olduğu gibi: SÜNNİ/ALEVİLER'de olduğu gibi...

## ● — TÜRKÇE İBADETTEN ASIL BEKLEDİĞİMİZ...

Özellikle, Hilafetin Osmanlı'ya geçişinden sonra, ANADOLU'da Sünni-Alevi ayrılığı fikir ve felsefede farklılık sınırını aşmış, adeta iki ayrı din gibi boğuşmalara sebep olmuştur.

Burada hatırlanması gereken gerçek şudur: Biliniyor ki Arap Yarımadasında çıkan İslamiyet, düşünce ve tatbikatta hızlı ve derin gelişmesini Orta Asya'da bulmuştur. Ahmet Yesevi'nin temsil ettiği HORASAN

ERLERİ HAREKETİ, çeşitli kollar ve yönlerle İslamiyeti yeni kabul etmiş beldelere ve Malazgirt Zaferinden sonra da Anadolu'ya yayılmıştır. Hareketin öncüleri çoğunlukla Türk asıllı idiler. Bunlar, bir devlet olmaktan çok, İslamiyet'i ARAP ÜMMETİ ÜSTÜNLÜĞÜ saymış Emevi'ler zamanında zorluklarla karşılaşmış ve adeta bir savunma dayanağı olarak kendi düşüncelerini Türk gelenekleri içinde MEZHEPLEŞTİRME ve TARİKATLEŞME zorunda bırakılmışlardır.

Bir başka yanlışlık, Osmanlı'nın yayılma siyasetinde takip ettiği DEVŞİRME "İslam Dini'nin dışında olanları Müslümanlaştırarak devlet yönetiminde vazifelendirme"sinin Anadolu halkına karşı kuvvet haline getirilmiş olmasıdır.

Osmanlı'nın duraklama devrinden sonraki çalkantı, yönetimin, suçlu ve hata araması çabasının önüne, asıl yapısını korumuş temeli Türk Tarikat ve Felsefe taraflılarını çıkarmıştır. Bu sakat yol, zaman zaman zulüm haline getirilmiştir. Sultan I. Ahmet (1590-1617) devrinin Hırvat asıllı Kuyucu Murat Paşa'sı bu acı gerçeğin tipik örnekleri arasındadır.

Perde kapanmış mıdır?

Son olaylar da hatırlanırsa bu soruya olumlu cevap verebilmek güçtür. Özellikle Hıristiyanlık'ta da mezhep kavgaları daha uzun süre ve daha kanlı evreler geçirmişse de, bunlar İrlanda ve İspanya gibi odak noktaların dışında geçmişin acı hatıraları olmuştur.

Bizim için perdenin kapanması, aynı toprakların, aynı inancın, aynı dinin insanları olarak gönülden ve devamlı kucaklaşabilmenin tek yolu TÜRKÇE İBADET'tir. Böylelikle gerçekte ayrılıkların şekilde ve ayrıntılarda olduğu anlaşılacaktır. Kulluk hakkımızı anadilimizle yerine getirdiğimizde ibadet yerleri tekeli de kendiliğinden ortadan kalkacaktır. İnsanlarımız kendi tercihlerine uygun mahallerde kulluk vazifelerini mutlak özgürlük içinde yapabileceklerdir.

Asıl kazancımız, ümmetçilik baskılarından kurtulmuş olmaktır. Nasıl ki matbayı 286 yıl gecikmiş olarak almak, bunca emeğe rağmen aradaki boşluğu dolduramamışsak, anadilimizle bu kutsal vazifemizi yapmaktaki gecikmemizin kayıplarını telafi etmemizin de elbette sarsıntıları olacaktır.

Tekrar hatırlayabiliriz: 1998, cumhuriyetin 75'inci, Atatürk'ümüzün aramızdan ayrılışının 60'ıncı yılıdır. Bu raslantıdan çok, gecikmiş kutsal bir ödevi tamamlamış olarak çıkmış olmak ne güzel bir ümittir.

# ● — BİR YABANCI DİLLE YÜRÜTÜLEN DİN İSTİKLÂL İÇİN BİLE NASIL TEHLİKEDİR?

Milli Mücadelemiz başlarken ilk çatışma, cephelerde değil dinsel alanda oldu: Padişah ve Halife'nin başında olduğu İstanbul Hükümeti karşı koymayı mümkün görmüyordu. Beraberindeki Şeyhülislamlık ve onun kendilerine ülemay-ı rüsûm denen **"devlet kadrosundaki resmi makama sahip din adamları"** aynı yoldaydılar. Anadolu uleması ise parçalanmış ve büyük kısmı düşman işgali altındaki vatanın kurtarılması için istiklal mücadelesinin tek şart ve çare olduğunu benimsiyordu.

İki karşı görüş arasında FETVA MÜCADELESİ başladı. Bir konunun dinsel bakımdan doğru veya yanlışlığını hükme bağlayan sonuç için kullanılan FETVA sözcüğü vatanın kaderini belirleyecek önem kazanmıştır.

Türkiye Büyük Millet Meclisi'nin ilk çalışma aylarındaki gizli zabıtlarda bu FETVA KAVGASI'nın ibretli örnekleri vardır. Zonguldak milletvekili Tunalı Hilmi Bey'in anılarında aşağıdaki ibretli olay dinlenilmeye değer:

"– Seçim bölgemden aldığım bir mektupta vatandaşlar İstanbul'dan bazı adreslere Arapça metinli mektuplar geldiğini, bunların tercümelerinin daha aşağıdaki satırlarda yapıldığını, Ankara Hükümeti'nin kararlarına itaat etmenin ihanet ve küfür olduğunun açıklandığını bildiriyorlardı. Bu mektubu Şeriyye Vekiline vermiştim. Yapılan araştırma şu gerçeği açıkladı: Mektubu evvela Türkçe yazmışlar, sonra Arapça'ya çevirmişler, harflerin üzerine Kur'an-ı Kerim'de olduğu gibi **hareke** işaretleri koymuşlardı. Böylelikle saf halkımıza vatan müdafaasının ihanet olduğunu kabule çalışıyorlardı. Benzer aldatmacalar aynı yollarla uzun zaman devam etti."

· Görülüyor ki din ve bilgileri yabancı bir dille öğretilir, ibadet de bu yabancı dille devam ederse kötü niyetler elinde en hayati konularda bile aldatmacanın ve açıklanamayan düşüncelere kalkan olmanın temel mevzudur... Yani 1997 Türkiyesi'nin şartları...

Şimdi izninizle bu ibretli olayın bir başka görüntüsünü hatırlatacağım: Aynı günlerde karşıdakiler Anadolu'nun üzerine İngiliz parasıyla asker topladılar, hapisaneleri boşalttılar, oluk gibi kardeş kanı dökülmesine sebep oldular.

İhanete karşı ilk uyarı, Hacı Bektaş-ı Veli Çelebisi Ahmet Cemaleddin Efendi'den geldi: Asılları, Geyve Ali Fuad Paşa beldesindeki KUVAY-İ MİLLİYE müzesinde, üst kattati ALİ FUAD PAŞA bölümündedir.[1]

---

(1) *Kocaeli'ye bağlı Geyve ilçesinin Ali Fuad Paşa beldesindeki Kuvay-i Milliye Müzesini ziyaretinizi tavsiye ederim. Milli Mücadelenin gerçek kronolojisini, çoğu unutulmuş ve unutturulmuş şahsiyetleriyle burada, takvim yaprakları sadakati içinde bulacaksınız.*

Ve, 7 Kânun-u Evvel 1335 *(20 Aralık 1919)* tarihli olan, yani Mustafa Kemal'in başkanlığındaki Heyet-i Temsiliyenin Ankara'ya gelmesinden altı gün önceki tarihi taşıyan bu uyarı yazısında Hacı Bektaş-ı Veli Çelebisi Ahmet Cemaleddin Efendi, Yirminci Kolordu ve Kuvay-i Milliye Umum Kumandanı Ali Fuad Paşa'ya şunları yazıyor: *Bugünkü dilimizle özetleyerek...*

«Ankara'da 20. Kolordu Kumandanı büyük vatanperver Ali Fuad Paşa Hazretlerine:

Yürekten seslenişimizdir:

Beş vakit Hazret-i Pir'in yüce huzurunda istisnasız bütün Babağan, Dedeğan, Mühibban, Müridan, Müntesiban ve dünyamızdaki din kardeşlerimizle tarikatımızın mensupları, vatanı düşmandan kurtaracak, onu yüceltecek, mukaddes gayelerimizi gerçekleştirecek milli kongremizin başarısı için canımız pahasına çalışmaktayız.

Yüce Tanrı bu kutsal emek ve himmet yolunda milletimizi korumasından yoksun bırakmasın, amin.

Sizlerce malûm olsun ki vatana ihaneti artık malûm olan Damat Ferit Paşa Hükümeti, ihanetine devam ederek son günlerde yeni fesat tertipleri arkasında koşmaya başlamış, bu arada türbemize, benimsenmiş usulün dışına çıkarak, İngiliz Muhipleri Cemiyetine mensup Sinalı Hasan Efendi isimli bir şahsı dergâhımıza Çelebi olarak göndermiştir. Tabiki örf ve kanun harici bu karar tatbik edilmemiştir. Bu şahıs Bektaşilerin Müslüman olmadıkları ve Sultan II. Mahmut'un Saltanatında dergâh ve faliyetlerinin ilga edildiği gibi asıl ve esastan mahrum iddialarla müslüman halk arasındaki kardeşlik ve birliği vaktiyle denenmiş yolları tekrarlamak istemiştir. Bu ŞER faaliyeti sırasında askeri müfettiş Miralay Osman Bey, Mucur Kazası Askerlik Şubesi Reisi Sadık Bey de dergâhımızın misafiri idiler. Bu şahsın, halkımız arasına sokmak niyetinde olduğu fesadı tehlikeli bulmuş olacaklar ki Miralay Osman Bey Ankara'ya dönüşünde bu tehlikeli şahsı Kırşehir'in haricine çıkartmış idi. Merkûm, kendisi gibi düşünenlerin mevcudiyetine dayanarak yine ayrılıkçı tahriklerine devam etmektedir. Vatanın geleceği ve kurtuluş

---

*Milli Mücadelenin en kıdemli öncüsü Ali Fuad Cebesoy Paşa'nın kabri de, aynı adı taşıyan camiin bahçesindedir. Vasiyeti üzerine buraya; ilk Garp Cephesi ve Kuvayi Milliyye Umum Kumandanı olarak düşmanı durdurduğu Geyve Boğazı'nın meskun köyü ve istasyonuna, Birinci Millet Meclisince ALİ FUAD PAŞA adı verilmesi dolayısıyla, bu kadirbilirliğe şükran olarak ebedi uykusunu burada sürdürmek istemişti.*

*Müze, devletin değil, İLK'lerin ailelerinden kalanların vefakâr ilgisiyle burada uzun ve çileli emeklerle kuruldu. Himmetlerini esirgememiş faziletli şahsiyetler üzerinde bir unutmanın günahından uzak kalmak için zaten iki elin parmaklarını doldurmayan âlicenaplığın şahsiyetlerine saygılar sunuyorum.*

*Sisler içindeki yakın tarihimizin bir safhasını, gerçek yapısıyla kavramak arzusundaysanız Geyve ALİ FUAD PAŞA kasabasındaki KUVAY-İ MİLLİYE müzesini görebilirsiniz.*

mücadelemizin emniyetle devamı için bu tehlikeyi, yüce şahsiyetinizin dikkat ve himmetine arz ederim.

MÜHÜR VE İMZALAR

7 ARALIK 1335 (1919)
(13 Rebi-ül Evvel 1338)"

★★★

Bir başka belge de altta görülüyor. Milli Mücadelenin en karanlık günlerinde ve İstanbul Hükümeti'nin düşmanla el birliği yaparak halkı mezhep kavgalarına itme propagandası önünde Hacı Bektaş-ı Veli Çelebi'si Cemaleddin Efendi'nin Ali Fuad Paşa'ya yazdığı 7 Aralık 1919 tarihli mektubun özeti şudur:

"Vatan çaresiz ve perişanken siz ve arkadaşlarınız, vatanı kurtarmak için meydana atıldınız. Üçüncü Ordu Eski Müfettişi Mustafa Kemal Paşa ve Eski Bahriye Nazırı (Deniz İşleri Bakanı) Hüseyin Rauf Bey'in etrafında toplanarak istiklal ve hürriyetimizi temin etmek yolunda Allah'ın takdirini ve milletin hayranlık ve minnetine sahip olup mübarek bir emeği yürütüyorsunuz. Bu hakikat artık milletin malûmu olmuştur. Ben ve bütün din kardeşlerimiz, bütün varlığımızla sizlerin yanında yer almak ve her fedakârlığı kucaklamak azmindeyiz."

**CEMALEDDİN ÇELEBİOĞULLARI**

Şeyh Feyzullah Çelebi'nin oğludur. 1862 Mucur doğumludur. Medrese öğrenimi görmüştür. 1904'te babasının ölümü ile Hacı Bektaş Şeyhi oldu. 1923'te öldü. Arapça, Farsça biliyordu. Pir velayetnamesi üzerinde araştırması vardır. I. Türkiye Büyük Millet Meclisi'nde Kırşehir milletvekili ve başkan vekiliydi.

**ATATÜRK, 1920 TÜRKİYE BİRİNCİ BÜYÜK MİLLET MECLİSİ BAŞKANI, ANKARA MİLLETVEKİLİ VE MECLİS BAŞKANI İKEN**

Millet Meclisi'nin ilk seçim yılında başkan vekillikleri Kırşehir milletvekili Hacı Bektaş-ı Veli Çelebisi Cemaleddin Efendi ile Konya milletvekili Mevlana Postnişini Abdulhalim Çelebi idi.

**ABDULHALİM ÇELEBİ**

Mevlana Dergâhı Postnişini Abdulhalim Çelebi, Türkiye Birinci Büyük Millet Meclisi Konya milletvekili ve başkan vekiliydi.
Abdülvahit Çelebi'nin oğluydu. 1874 Konya doğumluydu. Rüştiye ve İlahiyat öğrenimi gördü. Mesnevi Şerhi vardır. 1945'te ölmüştür.

## ● — TÜRKÇE İBADET ve TÜRK TARİKATLERİ

Yukarıda, Milli Mücadelenin meşruluğunu, varlığıyla isbatlayan Türkiye Birinci Büyük Millet Meclisi'nin Başkan ve Başkan vekillerini görüyoruz: Ortada, başkan Ankara milletvekili Mustafa Kemal Paşa ve iki tarafında başkan vekilleri, solda Hacı Bektaş Çelebisi Kırşehir milletvekili Ahmed Cemaleddin Efendi, sağda Konya Milletvekili Mevlana Postnişini Abdülhalim Çelebi Efendi.

Bu buluşma/birleşme neyi hatırlatıyor?

Temeli TÜRK VARLIĞI olan manevi hayatın odak tecellilerinin nerelerde toplandığını ve nerelerde temsil edildiğini...

Düşünmek ve benimsemek gerekir: İbâdetimizi anadilimizle yaptığımız zaman, bu zamana hükmetmiş gerçeklere eğileceğiz ve onları hakiki yapılarıyla kavrayarak manevi binamızın çatısı yapacağız. Anadolu'yu

TÜRKLEŞTİRME hareketinde HORASAN ERLERİ öylesine derin izler bıraktılar ki, daha sonraki uzun zamanda bu varlığa karşı cephe alan odaklar gayelerine ulaşamadılar. İki KARŞI ODAK vardı: 1 – Osmanlı'nın benimsediği DEVŞİRME'cilik, 2 – ARAP'çılık...

Bu hakikat, Milli Mücadelenin buhran günlerinde yukarıda örnekleri verilen olaylarda varlığını ispatladı. Asırlardır göz kapatılmış nice meseleler, TÜRKÇE İBADET'le beraber gündemimizdeki yerini alacaktır. Manevi hayatımızın hasretle özlediğimiz bu mutlu gününde kendimizi özkaynaklarımıza dönmüş olarak daha çok kuvvetli ve daha rahat hissedeceğiz.

Bakınız neler olacaktır?

● — Asırlar ve nesillerdir, doğru / dolaylı nice nice kanlı /kinli olaylara yol açmış, acı örnekleri günümüze kadar uzanmış çatışmalar son bulacaktır. Öyle ki 1997 Türkiye'sinde pusuda bekleyen fundamentalizm sahneye çıkamayacaktır.

● — Böylelikle de ibadetimizi yabancı bir dille yapma zorunluluğundan kopup gelen ibadet tekeli ve yeri ortadan kalkacaktır.

● — Kulluk ödevimizi anadilimizle yerine getirebilmemizin en büyük nasibi olarak da, o yabancı dilin asıl mayası ve hamuru olan ümmetçiliğin hammadesi olmaktan kurtulacağız.

Çünkü biz, ÜMMET değiliz, biz MİLLETİZ.

# TÜRK BÜTÜNLÜĞÜ ÇİN SEDDİNDEN ADRİYATİK'E TÜRKÇE İBADETLE GERÇEKLEŞECEK

Türk Ocakları Genel Başkanı Hamdullah Suphi Tanrıöver, 1910'da karayoluyla yaptığı Finlandiya yolculuğu dönüşünde:

"– Gittiğim her yerde, ya bir Türk gördüm ya da zamanın Türklükten silemediği bir ize rasladım" demiştir.

Şekilde de olsa komünizmin çöküşünden sonra bu izleyiş, hakikate çok yaklaştı. Coğrafya sözcüğü olarak Çin Seddi, büyük bir ülkeyi düşmandan savunmak için aşılması güç yüksek bir duvar olma yanında Türk insanının fetih gücünün karşı konmaz yapısını anlatır.

Adriyatik Denizi'yle birlikte söylendiği zaman da, at sırtında ancak Türk Milletinin gerçekleştirebileceği bir fetihler çizgisinin başlangıç noktasını ve son mührünü gösterir. Bu iki çizgi arasında din, dil, ırk, renk, bakımından insan karması yüzmilyonlar yaşıyor. Bu, BABİL KULESİ yapısı içinde TÜRK VARLIĞI temel ağırlıktır. Bu ağırlık daha çok ırk ve kan varlığı halindedir. Din olarak, İslamiyet, çoğunluktadır. İbretlidir ve düşündürücüdür: İslamiyeti kabullerine kadar Türkler hangi inanç tercihi içinde olurlarsa olsunlar kendi öz dillerini Türkçelerinin lehçelerine sadık kalarak kullanıyorlardı. İslamiyet'e kadar Araplar'ı tanımamışlardı. Arap Ümmetinin kendinden gayrısını, bir bakıma inatçı ilkellikten ve seçeneksizlikten kopup gelen asimilasyon (içten eritme) gücüyle ardına alacağının kavraması dışında idiler.

Türklerin İslamiyeti benimsememeleri halinde, İslamiyet Musevilik gibi yerel bir din olarak kalacağı bugün dünyanın kabullendiği gerçektir. Türklerin değer verdikleri varlıklara evrensel yapı getirme özelliği İslam dini üzerinde bize çok ağıra mâl olmuştur. İnanılmaz bir gafletle seziş ve konuşma bakımından kendilerine kökten yabancı Arap dilinin, ibadet gibi kutsal alanda mutlak eğemenliğini kabul etmişlerdir.

Bu baş eğiş günümüze kadar devam etti ve ediyor.

Bu arada lüzum olmadan milli yapımızı Arapça içinde tamamen kaybetmemek için dini anlama ve anlatma yolunda çok çarelere başvurulmuştur.

İzninizle bir örnek vereceğim: Büyük Osmanlı Lûgatı cilt: 1, sayfa 670'te İLM-İ HAL sözcüğünü şöyle açıklıyor: *"Din kaidelerini, esaslarını ve ibadet yollarını çocuklara veya gençlere öğretmek üzere hazırlanmış kitap. Din kurallarını öğreten kitap."*

Elimde BEKTAŞİ İLMİHALİ isimli bir kitap var. 1343 (1925) yılında İstanbul Kanaat Kütüphanesi tarafından bastırılmış, yazarı son yüzyılın ünlü tarihçilerimizden Bal Hasan oğlu Necip Asım Yazıksız... Kapağın üzerinde *yazarı değil de* müstensîhi (bir başkasına ait metinden istinsah eden, yani yararlanan) diyor.

Buna neden lüzum görmüş?

Çünkü bu ülkede ALEVİLİK / BEKTAŞİLİK, Anadolu Türklüğü'nün temel yapısı olduğu halde bu varlıklarla ilgili açıklamalar, araştırmalar, eleştiriler gerçeklere inme cesareti bulamamış.

Aynı sebeplerle dört Sünni Mezhep, Hanefilik, Şafiilik, Malikilik, Hanbelilik için ayrı ayrı ilmihaller yazılmış. Bir yürekli ilâhiyatçı (teolog) çıkıp da aynı din içinde bu kadar çok ilmihalin zorunluğunu, hiç olmazsa lüzumunu araştırmamış.

Diyeceğim ki, kulluk ödevimizi anadilimizle yerine getirme mutlu günlerinde bu ayrılıklara kendi kavrama ölçülerimiz içinde en doğru, akılcı ve zaman şartlarına uygun cevabı bulacağız.

★★★

## ● — BİR TARİH/COĞRAFYA GERÇEĞİ: "TÜRKÇE İBADET"LE HAYAL OLMAKTAN KURTULACAK...

Şekil ve görünürde de olsa, Komünizmin yıkılışından sonra bir rüyamızın gerçekleşme ümitleri belirdi: Çin Seddinden Adriyatik Denizi'ne kadar uzanan TÜRK DÜNYASI'nın, anadiliyle ibadeti gibi, yüzyıllar ve nesillerdir rüyasının gerçekleşmesi...

Evet!.. 1417 yıllık muhteşem rüya...

Ergenekon'ların beş kıta dört mevsimi kucaklamış ümidi...

Dünya yüzünde nerede TÜRK varsa, istisnasız hepsini aynı ülkü odağında toplayacak sihirli kudret: T Ü R K Ç E İBÂDET!..

ATATÜRK, beraberinde götürdüğü temel hasret TÜRKÇE İBÂDET'in gerçekleşmesine ayırdığı 1935 yazının Termal günlerinden birinde, ilham aldığı bilim kadrosunun başında olanlardan Necip Asım Yazıksız'a[1] sorar:

"– Varmak istediğimiz sonucu açıklamada en çok hangi Türk bölgesinde zorluk çekeceğimizi tahmin ediyorsunuz?"

Şu cevabı alır:

"– Tahmin ederim ki bugünkü Cumhuriyet sınırlarımız içinde... Çünkü Türk dünyası içinde en çok bizim bölgemiz, Arap/Acem *(İran)* kültürünün tesiri altında kalmıştır."

Lütfen dikkat ediniz: En menfi, olumsuz, temelsiz karşı çıkış, ATATÜRK'ün laik cumhuriyetinden geliyor!

Neden mi?

Soruya, rahmetli üstat Necib Asım Yazıksız, 62 yıl önce, büyük himmetin ilk hazırlık günlerinde cevap vermiştir.

*Bu cevap,* 1997 Türkiye'sinin Türkçe ibadet konusunda, Arap kültür emperyalizminin şifasız hastalarının sergilediği ibret tablosudur: Bu tablo, Türk insanının şahlanan haysiyetiyle onlar arasındadır. Bu ONLAR sözcüğünün çatısı altında Mustafa Kemal'in sahneden çıkardığı MEDRESE'nin hortlayan varlığı, Türk milletini anadiliyle ibadetten yoksun bırakma çabasının ruhban sınıfı, din simsar ve tüccarlarının kemikleşmiş iskeleti vardır.

---

(1) Elinizdeki kitabın 49 - 54 sayfalarında büyük tarihçi Bal Hasan Oğlu Necib Asım Yazıksız'ın, özellikle Türklerin İslamiyetten önceki din/maneviyat yaşantısını açıklayan TÜRK TARİHİ eseri ve bilimsel kişiliği üzerinde açıklamalar vardır. Bu bahsi bir daha okumanızı rica edeceğim.

Zannediyorum ki bu açıklananlar milletimizin İslamiyet'i benimsemesinden önceki ŞAMAN'lığın izlerine işaret etmekle kalmıyor, İslamiyet'e getirdiğimiz geniş görüşe de işaret ediyor.

# MEDRESENİN KOVDUĞU TÜRK FARABİ, TÜRK İBN-İ SİNA, HACI BEKTAŞ-I VELİ'LER, MEVLANA'LAR, YUNUS EMRE'LERLE KUCAKLAŞACAK

İbadetimizi anadilimizle yerine getirmeye başladığımız zaman, İslam Dini'nin ASIL YAPISI'nı kavrayacağız: Klişeleşmiş değer ölçülerinin gerçek varlığını göreceğiz. Bunları sadece dinlemiş olarak değil, akıl ve bilim süzgecimizden geçirerek yerlerini belirleyeceğiz.

Bu arada hatırlayacağız ki Osmanlı'ya özellikle Hilafetin kabulünden sonra sadece inanç dünyasında değil iç/dış polikada en etken faktörlerden biri olarak yerleşen HİLAFET yükünün altında asliyetini kaybeden ve gırtlağına kadar siyasete bulaşan Arap kültür emperlayizmi damgalı şovenist felsefe, tanrı ile kul arasına aşılması güç "ÜLEMA SINIFI" *(Luter'den evvel Katolikteki ruhban sınıfı),* ülkede Türk asıllı din/felsefe öncülerine karşı insafsız savaş açmış, İbn-i Sina, Farabi'leri kovmuş, yerlirine Gazali ve benzerlerini yerleştirmiştir.

Sizler şimdi lütfen bu ağır baskıya karşı, binbir cefayı göğüsleyerek HACEGAN HANEDANI HORASAN ERLERİNİN manevi mirasını günümüze ulaştıran Ahmet Yesevi, Hacı Bektaş-ı Veli, Farabi, İhvan-üs Safa, İbn-i Sina, İbn-i Rüşd, Mevlana, Sadrettin Konevi, Yunus Emre ve o kapanmaz yolun yolcularını minnetle anarak ayağa kalkınız. İnanınız ki onlar olmasaydı bu insafsız kültür asimilasyonu milli yapımızı silip süpürürdü. Cumhuriyetin 74., Mustafa Kemal'in aramızdan ayrılışının 59. yılının kayıpları içinde çaresizliğimizin tesellisini ve de geleceğe dönük ümitlerimizi sürdürebilmek için KULLUK HAKKIMIZI ANADİLİMİZLE yerine getirebilmiş olmaktan neler bekleyeceğimizi asla hayale kapılmadan tespitlemek zorundayız. Bu açık yüreklilik içinde düşünebiliyoruz ki, ibadet gibi kutsal ödevi yabancı dille yerine getirmek esirliğinden kurtulduğumuz gün, ayrı ayrı mekânlar ve ayrı ayrı zamanlarda yaşamış bu aziz Türk Velilerinin ruhları kucaklaşacaklardır.

Göreceksiniz: Arap / Acem / Misyoner ittifakının Türk manevi yapısına ustaca sürdürülmüş komplolarının maskeleri bir bir düşecektir. Kitaplığımızı Divan-ı Lûgat-it Türk, Kutadgu Bilik gibi ölümsüz baş yapıtlarla zenginleştirmiş, Orhun Anıtlarına konu olayları dörtbaşı aydınlık anlatmaya yetmiş zengin ve engin dilimizin uzanamayacağı hangi zirve vardır?

Atatürk: "Milletimizin DİL ve DİN gibi iki dayanağı vardır ki onlara dayanırız" demiştir. Düşünüyorum ki Türkçe ibadetin esas ilham kaynağı bu inancı olmuştur. Bu çapta hangi emeğinin temelinde aklın ve bilimin ışığı yoktur. Taşıdığı ad, **Hareket Ordusu** olan kuvvetlerin bastırdığı 31 Mart 1328 *(13 Nisan 1909)* kanlı /kinli gericilik ayaklanmasının; 23 Nisan 1930 genç yedek subay öğretmen Kubilay'ın koparılmış başının çılgın gazap temelinde, ibadetin yabancı bir dille yapılmasından kopup gelen kasıtlı açıklamaların terkibini elbetteki çok iyi biliyordu. Nitekim Anadolu Ajansı aracılığıyla milletine yayınladığı bildiride: **"MESELE DİN KONUSU DEĞİL, DİL KONUSU"** demiştir.

Divan-ı Lûgat-it Türk'ü bugünkü dilimize çeviren üstat Besim Atalay'a şunları söylemiştir: *"İbadetimizi eksiksiz ve katıksız anadilimizle yapabileceğimiz konusunda bana, mükemmel bir örnek verdiniz. Size teşekkür ediyorum."*

*Bu aydınlık sonucu* hayal etmiş ve bu yolda ömürlerini adamış nice nice değerlerimizin, aziz ruhlarının hasreti omuzlarımızdaki kutsal emanettir. Ödevimizin yüceliği önünde dinimizi Arap'a ipotek etmiş bağnazlığın menfaat yapısına, "İslâmda ruhbanlık yoktur" buyruğuna rağmen din/iman simsarlarının, Hac'dan kurban derisine, ölüye Hatimden Mevlide uzanan dünya hırsında mühürlenmiş çıkar ortaklığının varlığıyla yok edecek anadilimizle ibadeti sevgi ve saygıyla bağrınıza basın.

Çocuklarınız adına nefsinizi bu haysiyete layık görün. Lütfen...

# YÜCE TANRI'NIN DOKSANDOKUZ ADINDAN BAŞLAYARAK, DİNİMİZİN DEĞERLERİNİ, GÖSTERDİĞİ YOLU, KULLUK ÖDEVİMİZİ ANADİLİMİZLE YERİNE GETİREREK KAVRAYACAĞIZ; VE DE GEREKİRSE TARTIŞACAĞIZ

Evet... İzninizle tekrar edeceğim: Bölümün başlığı yapısını hiçbir açıklamaya gerek bırakmadan tespitlediği için: Tanrı'nın doksandokuz adından başlayarak dinimizin değerlerini, gösterdiği yolu, kulluk ödevimizi, anadilimizle yerine getirerek kavrayacağız; ve de gerekirse taştıracağız.

Mitoloji günlerinden başlayarak, dinsel inançların yapısından hayal ufkumuzu çeviren özlemleri, dilekleri, ümitleri aşmak mümkün değil...

Dinler tarihi; insanoğlunun varlığında inanmanın kökleriyle başlıyor. Ongunculuk *(Totemizim)*, Canlıcılık *(Animizim)*, dörtbin yıl önce Mısır ve TEKTANRI arayışından başlayarak Hint vedizim ve Brahmanizmine, Çin Budizmine, Japon Şintoizmine, İran Zerdüştlüğüne, Sümerler'in inançlarına, Türklerin Şamanlığına, Cermenlerden, Ketlere, oradan eski Yunan'a, Roma'ya ve en nihayet gökten indiğine inanılan ÜÇ SEMAVİ dininin ilki Museviliğe kadar insanlığı asırlardır ve nesillerdir bağlamış inançlar akımının özlemi tektanrılık'da da, çoktanrılık'da da "erişilmez kudrette muhteşem varlık" hasretinin ardından gitmiştir.

İslamiyet'in SON DİN olmasının asıl sebebinin, evrenin mutlak sahibi TEKTANRI'yı KUDRET'in varlığında odaklaşmış azamet ve erişilmezlik içinde gönülden inancına bağlamışlık olduğunu daima düşünmüşümdür. Bu inanca gönülden bağlılığın belirtisi İslam Dininde ESMA-ÜL HÜSNA *(Yüce Tanrının doksandokuz adı)* şeklinde din terminolojisinde ifadesini bulmuş, bu yücelikleri açıklayan kelimelerle ifade edilmiştir.

Şimdi soruyorum: Bir müslüman Türk olarak Yücelik-Erişmezlik-Ulaşamamazlık ve bu ayrıcalıkları tam ifadeliyecek kelimeler yoksunluğu içinde hiçbir ifade yapısı bize yakın olmayan bir yabancı dille yani Arapça söyleyişinizde, o yüceliklerin heyecanını duymak, kavramak ve bu söyleyişler içinde kulluk yapınızı yaşamanız mümkün olabiliyor mu?

Öte yandan temeli Türk Tarikatların ayinlerinde ve zikirlerinde, tassavvuf edebiyatında ALLAH sevgi ve saygısı ruhsal bir mistizmin ahengi içinde sadece dille ifadeyle yetinilmemiş, nota ve makamın ruhları kucaklayan ritmiyle ululaştırılmıştır.

Şimdi bir daha soruyorum: Yüce Tanrı'ya bu yakarışlarımızı anadilimizle yerine getirdiğimizde gönül huzurumuzun nasıl ufukları kaplayacağını düşünebiliyor musunuz?

ESMA-ÜL HÜSNA'nın derlediği Yüce Tanrı'nın doksandokuz mübarek ismini toplamış Türkçe yorumlar bin yılı aşkın zamandır Türk ilâhiyatçılarına, şairlerine, fikir adamlarına, sayısı yüzleri aşan cilt cilt kitapların konusudur. O halde neden bunları ibadetimizde kullanmıyoruz da sıra Tanrı huzuruna çıkma vaktine gelince anlamını bilmediğimiz Arapça'sını papağan misali tekrarlıyoruz.

Doktor Abdullah Cevdet (1869-1932) ünlü bilgin Prof. Dozy'nin "İslam Dini" eserini dilimize çevirmiş, bundan dolayı mahkemeye verilmişti. Savunmasında şunları söylemişti: *"Bu ve benzeri eserleri yazanlar dünyanın düşüncelerine inandığı fikir adamlarıdır. Arapça metinlerin kendi dillerine çevrilmiş metinlere dayanarak düşüncelerini açıklıyorlar. Bunlara Arap din alimlerinin cevap vermesi lâzım. Araplar mevzuun tetkikine ve tefsirine asla yanaşmamaktadırlar. Çünkü onlar ve bizim Medrese âlimleri "Bab-ı Fetva = düşünce kapısı" kapanmıştır sığlığında, her türlü araştırmaları önleyerek din ve maneviyat inhisarcılığını kaybetmek istemiyorlar. Bu tercihlerinden en çok İslam dini zarar görüyor. Arap lisanının haksız hakimiyeti devam ettikçe, İslam Dini'nin hakiki muhtevası ve bu arada onu SON DİN olmasının dayancı zamanın yeniden yapılanmasıyla kuralların değişen zamana uyması hususiyeti ele alınamayacak ve İslamiyet cihanşumul (evrensel) yerine erişemeyecektir."*

Rahmetli Dr. Abdullah Cevdet'in bu savunması üzerinden 85 yıl geçmiştir. Günümüzde de *ulemayı rüsûm* yine aynı yol, aynı ibretli mantık, aynı tekelci yapı içindedirler. Ne zaman ki, ibadetimizi anadilimizle yapacağız, dinimizi kavrayacağız, derinliklerine gireceğiz, hatta yanlış tatbikatı eleştireceğiz, hakikatlara ulaşacağız ve ancak o zaman GERÇEK MÜSLÜMAN olacağız.

# BUNLARI BAŞARACAK, YÜREK VE
# BİLGİ SAHİBİ *"MİLLET MECLİSİ"* SEÇİN

Elinizdeki kitabın 9-46. sayfalarında **"Türkiye Cumhuriyeti Cumhurbaşkanı saygıdeğer Süleyman Demirel'e açık mektup"** bölümünü lütfen hatırlamanızı rica edeceğim: Burada, 1876'dan günümüze 121 yıllık parlamanter sistemin kısa açıklaması, başarıları ve ümitleriyle yer almıştır.

Bu arada seçim sisteminde görülen aksaklıklara, millet meclisinin halkı temsil orantısına işaret edilmiştir. Özellikle dar bölge, iki dereceli seçim, kadın milletvekili sayısı, batı demokrasilerinde parlamentolar üzerinde baskı ve kontrol müesseseleri hatırlatılmıştır.

TÜRKÇE İBADET'i doğrudan ve derinliğine ele almamak korkusu, yüreklere yerleşmiş olmasına rağmen, elinizdeki kitabın sergilediği hakikatlerin bugünkü meclis yapısında bile sanıldığından daha çok taraftarı olduğuna inanıyorum.

Ne yazık ki değil teker teker milletvekilleri, siyasi partilerin başlarındaki şahsiyetler bile kendi gruplarına:

*«– Görüyorsunuz... Sesini çıkarabilmesi halinde milletimiz, kulluk ödevini anadiliyle yapmak istiyor. Karşı çıkanlar, hatta suskun görünenler aslında azınlıktadırlar. Geliniz evvela kapalı kapılar ardında bu hakikati ele alalım, karara bağlayalım, konuyu bir milli mesele yapalım, bütün partiler birleşelim. 1417 yıldır devam eden din üzerindeki bu yabancı dil baskısından kurtulalım." diyemiyor.*

Çare nedir?

Ufukta gözüken seçimde bu kutsal gerçeği açıklayacak ve kucaklayacak yeterliğe sahip bir millet meclisine vatanın kaderini emanet etmektir. Bunu da sizler yapacaksınız.

Açık konuşalım mı?

Bırakınız geçmiş yüzyılları, içinde bulunduğumuz şu günlerde bile ülkemizde, açıklayamayacakları maksatlarına ulaşabilmek için MEZHEP-IRK-İNANÇ-TÖRE farklılıklarını kine, kana kadar uzanan bir çatışmanın içine sürmek isteyenlerin varlığını inkâr edebilir misiniz?

Unutmayınız ki bu ihtimallerin dayanakları çok, çok, çok derinliklerde yatıyor. Kaybolmamış, silinmemiştir, yok olmamıştır. Yine unutmayınız ki fundemantalizmin iç yapısı meçhul GEN'ler gibi muamma kumkuması terkibi içinde akıldan ve gözlerden ırak hükmünü yürütüyor. Hoşgörüye dayalı insanlık yapımızın çeşitli sebeplerle sarsıldığı her an canavarlığını ortaya koyar, kin ve kan kusar. Hırvat Murat Paşa'nın kuyularından, Madımak alevlerine kadar uzanabilmiş trajedi nedir?

Ulusal egemenlik teori değilse ve yüce milletimiz egemenliğine sahip düzeyin içindeyse bu facialara artık göz kapamamalıdır: Seçeneksiz çare, kucaklanacak ve gidilecek tek yol, anadilimizle ibadet hakkımız aklımızın gereği, haysiyetimizin düzeyi, gönül aydınlığımızın kanıtı olarak sahip olacağız.

Dostlarım... Tanrıya çok şükür bugün ülkemizde kadını erkeğiyle, akla gelecek tüm şartlara eksizsiz sahip *"fikri hür, vicdanı hür"* değil 550, inanalım ki 5500, hatta 55000 pırıl pırıl insanımız var: Atatürk'ün ilk andan gözlerini kapayıncaya kadar inandığı, laik çağdaş Türkiye Cumhuriyetini emanet ettiği, damarlarında o asil kan dolaşan değerli insanlarımıza bizleri temsil hakkı tanıyalım. Onları parti hiyarerşilerinin listelerindeki isimlerde de arayalım, VARSALAR SEÇELİM... Bu emekten kaçınırsak sızlanmaya hakkımız olur mu?

Atatürk 1934 Anayasa değişikliğiyle Türk kadınına seçme/seçilme hakkı verdiği zaman, Medeni Kanunu aldığımız İsviçre'de kadının seçme/seçilme hakkı yoktu. Türkiye nüfusu onaltı milyondu ve Türkiye Büyük Millet Meclisinde 18 kadın milletvekili vardı. Merak ederseniz bugün hepsi Allah'ın rahmetinde olan bu değerli kadınlarımızı kısa biyografileriyle elinizdeki kitabın 14-20 sayfaları arasında bulabilirsiniz. Bugün Türkiye altmışbeş milyon, kadını da erkeği de 1935'e göre dünya standardının içinde...

Bu hatırlatmayı şunun için yapıyorum: Laik yapıya ve hür vicdana karşı, kapanmış devirler özlemi her şeyden önce çağdaş kadın varlığını yok etmeye yönelir. Ülkemizde de böyle olmuştur. Masum görünümlü başörtüden başlamışlar, uzun etek mantodan kara çarşafa sıçramışlardır.

Bu değişim, ibadetin ARAPÇA yapılması zorunluğunun perdesi altında ikinci binyıl kapanırken Türk Kadınını bir çeşit kafes arkasına tıkma yolu açmıştır. Hedefin, millet meclisindeki kadın yoksunluğu gözlerimiz önündedir.

Görüyorsunuz: Geliniz karar ve tatbik kaynağı parlamentoyu TÜRKÇE İBADET'i zaman kaybetmeden gerçekleştirecek yapı ve yürekte MİLLETVEKİLLERİ'ne emanet edelim.

Mehmet Âkif'i hatırlayarak: *"Sen sahip olursan bu vatan kurtulacaktır."*

★★★

# TÜRKÇE İBADET

● — TANRIMIZIN YÜCE KATINDA DA;
● — MİLLETİMİZİN VİCDANINDA DA;
● — İLİM-BİLİM-MANTIKTA DA;
   ZAFER KAZANMIŞ, BENİMSENMİŞ
   ONAYLANMIŞTIR.

## AŞAĞIDAKİ AÇIKLAMAYI OKUYUN, KUCAKLAYIN...

● — "NE BİR SES, NE BİR NEFES!.."

"Ne Bir Ses, Ne Bir Nefes" rahmetli kadın yazarımız Suat Derviş'in, yayınlandığı yıllarda olay yaratan romanın adıdır.

Elinizdeki kitabın "AÇIK MEKTUPLAR" bölümüne ben, kişiliklerini bildiğimi sandığım, özellikle asıl muhatabım olan parti başkanlarından, Diyanet İşleri Başkanından, T.R.T. Genel Müdüründen cevap ummuştum.

Hayır!.. İlgilenmediler diyemiyorum. Çünkü bu ilgisizlik hükmü, onların şahsiyetine, makam ve ünvanlarının reddindeki hakaret olurdu: Cesaret edemediler...

Kitabın, yapısı üzerinde hiçbir açıklama olmadan, iki ay içinde altı baskı yapabilmiş olmasının, bırakınız benim naçiz kalemimi bir tarafa, konunun Türk Milli Vicdanında, dörtbaşı mamur kucaklayışın şahidi olmamaları mümkün müydü? Kaldı ki yeni bir seçimin ufukta belirdiği şu günlerde!..

Hayır!.. Düşünmek ve inanmak istiyorum ki bu yerlerde bulunan insanlarımız, Türk Milleti'nin 1417 yıl sürmüş ve sürmekte olan bir yabancı dilin esaretindeki zincirlerini taşıyan, iki büklüm ibadet halkası içinde olmasalar bile, hazin tabloya seyirci insanlardır. Ama kendilerinden önceki nesillerin akıl ve vicdanlarına kilit vurmuş, DİN ADINA YA-RATILMIŞ YERSİZ VE TUTANAKSIZ GÜNAH KORKUSU'nun öylesine zebunu, öylesine iki büklümlülüğü ki, malûm odakların makam ve kişilerinin sahneye çıkmasını beklemek ihtiyatkârlığını tercih etmişlerdir. Nitekim, yine malûm, birkaç kürsü sahibiyle, asıl muhattap Diyanet İşleri Başkanlığı adına KARŞI SESLER çıkmıştır.

Diyanet İşleri sayın başkanının gazetelerdeki açıklamalarından, Diyanet İşleri Yüksek Kurulunun TÜRKÇE İBADET üzerinde vardığı olumsuz kararı, önce dayanaklarını olduğu gibi alacağım, daha sonrada cevaplayacağım:

**Milli Güvenlik Kurulu'nun bu ayki toplantısında görüşülmesi beklenen "Türkçe İbadet" konusunun gündemden çıkarıldığı öğrenildi. Diyanet İşleri Başkanlığı Din İşleri Yüksek Kurulu'nun "Türkçe ibadetin caiz olmadığı"na ilişkin fetvası üzerine böyle bir karar verildiği ileri sürülüyor.**

(Zaman Gazetesi 15 Aralık 1997)

«Diyanet İşleri Başkanı Mehmet Nuri Yılmaz, Türkçe İbadet tartışmalarına açıklık getirdi. Yılmaz, Din İşleri Yüksek Kurulu'nun "ibadetin bugüne kadar uygulanageldiği biçimde yapılması gerektiği" kararına vardığını, ancak Kuran'ın Türkçe okunmasının çok sevap olduğunu bildirdi.

Din İşleri Yüksek Kurulu, **"Kuranı Kerim'in tercüme, meal ve açıklamalarını okumanın çok sevap ve genel anlamı ile ibadet olduğuna, ancak herkesin kendi konuştuğu dil ile ibadet yapmaya kalkışmasının Peygamberimizin öğrettiği ve bugüne kadar uygulana gelen şekle ters düşeceği gibi içinden çıkılmaz birtakım tartışmalara da yol açacağına"** karar verdi.

Diyanet İşleri Başkanı Mehmet Nuri Yılmaz, dün yaptığı yazılı açıklamada, "Türkçe İbadet" ve "Kuran'ın namazda Türkçe tercümesinin okunmasına dair" tartışmalara dikkati çekerek, bu amaçla konuya Diyanet İşleri Başkanlığı Din İşleri Yüksek Kurulu'nda ele aldıklarını bildirdi. Yılmaz'ın açıklamasına göre, Kurul'un, 4 Aralık'ta yaptığı toplantıda oybirliğiyle aldığı kararda, bütün ilâhi kitapların, onları insanlığa tebliğ ile görevlendirilen peygamberlerin konuştukları dil ile indirildiği kaydedildi. Hz. Muhammed'in Arapça konuştuğu için Kur'anı Kerim'in de Arapça olarak indirildiği belirtilen kararda, şu görüşlere yer verildi:

"Kuran sadece Arap'lar ve Arapça'yı bilenler için değil, bütün insanlara hakkı ve hakikati öğretmek, hidayet ve gerçek saadet yolunu göstermek için indirilmiştir. Bunun gerçekleşebilmesi için de Kuran-ı Kerim'in bildirdiği ilâhi gerçek ve öğütlerin, herkese, bütün insanlığa tebliğ edilmesi, herkes tarafından öğrenilmesi gerekir. Kuran'ın başka dillere tercüme edilmesine, açıklamalarının yapılmasına kesin ihtiyaç hatta zaruret vardır."

Ancak açıklamada, ebedi ve hissi yönü bulunmayan bazı kuru ifadeler dışında, hiçbir tercümenin aslının yerini tutamayacağı ve her bakımdan aslına tam bir uygunluk sağlanamayacağı kaydedilerek, şöyle denildi:

"O halde Kuran-ı Kerim gibi ilâhi belagat ve icazı haiz bir kitabın aslı ile tercümesi arasındaki fark, yaratan ile yaratılan arasındaki fark kadar büyüktür. Diğer taraftan, yüzleri aşan tercüme ve meal arasından din ve vicdan hürriyetini zedelemeden, üzerinde birlik sağlanacak birisinin namazda okunmak üzere seçilmesi ve bunu herkesin benimsemesi mümkün görülmemektedir."

Açıklamada, Türkçe namaz ile Türkçe duanın birbirine karıştırılmaması gerektiği de ifade edilerek, duanın kulun Allah'tan istekte bulunması olduğu, bunun da herkesin konuştuğu dil ile yapılmasından daha doğal bir şey olamayacağı kaydedildi."

ANKARA/AA
(HÜRRİYET GAZETESİ 15 ARALIK 1997)

Lütfen düşünün: Karşı çıkışın dayandığı sebepler arasında, büyük bir milletin önüne dikilmiş mantık/akıl yapısı tartışılır, klişeleşmiş sözcüklerden gayrı ne vardır. Hıristiyanlık, Latince hegemonyasını aşarken Katolik Kilisesi, bu bizimkilerin ileri sürdüğü karşı çıkış sebeplerinin çok üstünde dayanaklara sahipti. Kaldı ki, birçok İncil arasında benimsenen, kabul edilen dördünün ikisi Latince, ikisi Yunanca'ydı. Martin Luther İncil'in, her okuyanın ANA DİLİ NEYSE O DİLLE okunması özgürlük savaşını verdiği zaman Katolik Kilisesi Latince monopolünü savunurken, dünya, İlkçağ şartları içindeydi.

Tanrı aşkına düşününüz: İkinci binyıl kapanırken, Laik çağdaş Türkiye Cumhuriyetinde yasal yapısı, Şer'iye Vekâletinin kaldırılması, öğretim birliğinin benimsenmesi, tarikat-tekke-zaviyelerin kapatılması,

Hilafetin tasfiyesi günlerinde benimsenmiş geçiş devrinin kuruluşunun bir dalı olan devlet memuru hüviyetindeki birkaç ilahiyatçı, bindörtyüz yılı aşkın geçmişi olan bir inanç üzerinde bu geçmiş zamana dayanıp yaşanmış binbir facia dolu olaylara göz kapayarak hüküm veriyor. Bu hükmün Türk İnsanının Tanrısına öz diliyle kulluk ödevini yerine getirmesini engelleyecek yapıda olduğunun zavallılığı ve çaresizliği önünde...

Şöylece, yüzeyde kalarak da olsa eğer dinler tarihine eğilmişseniz, görürsünüz ki Martin Luther'in karşısına çıkmış Katolik bağnazlığı, bugün, bizimkilerden çok üstün, şekilde de olsa daha mantıklı ve o günlerin insanlarına göre bir Semavi Dinin inandırıcı kafasına sahiptirler. Bizim bugünkülerin FETVA (!)sı dervişin kerameti kendinden menkulcesine, bir rivayete bağlı kalmayı dinin vazgeçilmez dayancı sayıyor: Arap Dilini Müslüman olabilmenin LA İLAHE'sinden öne alarak, şart sayarak!

Vardıkları sonuç, Arap dilinin dinimiz üzerindeki akıl/mantığı hiçe sayan egemenliğinin FETVA'sıdır.

Ve de inanılmaz umursamazlıkla KUR'AN METNİNE göz kapamaktır. Lütfen tüm dikkatinizi toplayınız: Aşağıda Kur'an Surelerinin "neden ARAPÇA" olduğunun açıklamasını görecek, ve de bir başka topluluğa gönderilmiş olsaydı, o topluluğun diliyle bildirileceğinin akıl/mantık yapısını hayranlıkla bulacak ve bu mantıksızlıklarının arkasına sığınmışlara hayret ve esefle, acıyarak bakacaksınız.

**NOT:** Aşağıdaki Kur'an metni elinizdeki kitabın 82 ile 92. sayfaları arasında kişilik ve emeklerinden örnekler verdiğim, rahmetli Ord. Prof. İstanbul Darülfünununun son Emin'i İsmayıl Hakkı Baltacıoğlu'nun 1957'de yayınlanmış TÜRKÇE KUR'AN'ı Keriminden aynen alınmıştır. Bu metinleri okumanızdan sonra elinizi vicdanınıza koyarak cevap vermenizi istiyorum. Yüce Tanrı'ya bu gönlünüze - kafanıza ışık halinde doğan ana dilinizde mi, yoksa tüm yapısıyla bir yabancı dille mi ibadet etmek istersiniz.

### İBRAHİM SÛRESİ/14:4

Biz hangi ulusa elçi gönderdikse onu ancak ulusunun diliyle gönderdik: ALLAH'ın buyruklarını apaçık anlatabilsin diye. Ondan sonra da ALLAH kimi dilerse saptırır, kimi dilerse doğru yola iletir. Allah erklidir, doğruyu bildiricidir.

### YUSUF SÛRESİ: 12:2-3

İşte biz onu Arap Diliyle okunacak kitap olarak bildirdik, anlayabilesiniz diye. Biz bu Kur'an'ı senin gönlüne bildirmekle sana olaycaların en güzelini anlatmış oluyoruz. Oysaki sen bundan önce bunlardan büsbütün bilgisiz bulunuyordun.

### ŞUARA SÛRESİ: 26:193-194-195

Cebrail ile bildirdiğidir. / Senin gönlüne bildirdiğidir, uyarasın diye. / Apaçık Arap Diliyle bildirdiğidir.

### FUSSİLET SÛRESİ: 41:2-3

Bu acıyıcının, esirgeyicinin gönlünden bildirilmiştir. / Anlayan bir ulus için belgeleri uzun uzadıya anlatılmış, Arapça, okunacak bir Kitap'tır.

### ZUHRUF SÛRESİ: 43:2-3

Apaçık Kitap'a and olsun ki, / Gerçekten Biz Kur'an'ı Arapça olarak varettik, anlayabilesiniz diye.

### ŞÛRA: 42:7

Biz senin gönlüne böyle Arapça bir Kur'an bildirdik ki iller ili Mekke'yi, onun dolayındakileri şüphe götürmeyen o toplanma günüyle uyarasın diye. Onlardan bir kısmı Cennet'te bir kısmı da kızgın ateşte olacaklardır.

### DUHAN SÛRESİ: 44:58

Biz o Kur'an'ı senin dilinle bildirerek anlaşılmasını kolaylaştırmış olduk, öğütlensinler diye.

1417 yıldır çekilen ve çekilmekte olan çilelerin bugün/yarınki evlatlarımızın birer ARAP PAPAĞANI olma çaresizliğini *değişmez kader* sayma insafsızlığı kabullenme hücceti olarak;

Bakınız ne diyorlar:

*"Yüzleri aşan tercüme ve meal arasından din ve vicdan hürriyetini zedelemeden, üzerinde birlik sağlanacak birisinin namazda okunmak üzere seçilmesi ve bunu herkesin benimsemesi mümkün görünmemektedir."*

Görüyorsunuz: Kendilerinin Arapça Hegemonyası'nı sürdürmek için İslam Tarihi'nin kanlı/kinli mezhep kavgalarının onların bu **imkân- sızlık mazeretinin** geçerli olduğu *"ARAPÇA'dan gayrı din dili olmadı- ğı"* masalının hükümranlık yıllarında Müslüman Ümmetini ateş yığını içinde bırakmış olduğunu da unutmuş gözüküyorlar. Sormak lâzımdır: Bu kanaatlarıyla İslam Dini'ni bir yanda evrensel yapısıyla DÜNYA İNANCI sayarken, ona Arapça ipoteği koyarak küçümsemiyorlar mı? Bu kadar mı kafaları donmuştur?

Aslında bu kadronun insanları, ARAPÇA'nın DİN DİLİ olarak de- vamın da kendi hegemonyaları, vicdan saltanatları, inanç monarşilerini devamda direnenlerdir. Ziya Paşa ne güzel söyler.

En ummadığın keşfeder esrar-ı derunun
Sen herkesi kör, âlemi, sersem mi sanırsın?

İşte masum evlatlarımıza, ne kültür, ne iman, ne de ahlâk yolunda hiçbir şey kazandıramayarak, onları birer ARAP PAPAĞANI halinde ye- tişme çağlarının ümit yıllarını Kuran Kursları adı altında heder eden;

Kendi kuruluşlarının "Bizim yılda en çok üçbin yeni imam hatibe ihtiyacımız var," açıklamalarına rağmen, 602 İmam Hatip Lisesinde her yıl ellibeşbin imam hatip yetiştirmeye devam için, tek ümitleri TÜRKÇE İBADET hakkımızın karşısına çıkmayı sürdürmeleridir.

Varlıklarının devamını, bu temel hakikatı açıklamak yürekliliğin- den yoksun, dindar yürekleri kuşkuya iten böylesine kılıflar arıyorlar!

Bakınız: Elinizdeki kitapta bu dayanaksız, devrini tamamlamış gö- rüşlerin tatbik mevkiinde olduğu cumhuriyetimiz öncesinde bile nasıl ve kimler tarafından çürütülmüş olduğunun binbir örneği vardır. Açık yü- reklilikle söylüyorum: TÜRKÇE İBADET'in karşısına bu kadar cılız ve yetersiz çıkacaklarını düşünmüyordum. Bugün konu, *iki görüş arasında* değildir: Türkçenin yeterliliğiyle ve de Türk İnsanının haysiyetiyle bu değerlere inanmayanlar arasındadır.

Bu da bir milli mücadeledir.

Laik cumhuriyetimiz, Milli Mücadele inancından doğdu. İbadetimi- zi ANA DİLİMİZ'le yaptığımız gün DİN'e dönük milli mücadelemizi de zaferle taçlandıracağız. RUHUN ŞADOLSUN ATATÜRK...

NE MUTLU TÜRKÜM DİYENE...

# NEDEN M A S O N ' DULAR?

MASON'luk Osmanlı'da sanıldığından çok öncedir: İLK daimi elçi Seyyit Ali Efendi (Ölümü= 1747), İLK matbaayı kuran İbrahim Müteferrika (1674-1745), asıl adı Conte de Bonevalle olan Humbaracı Ahmed Paşa (1675-1742), İLK Mason locasını kurmuşlardı.

YENİ OSMANLILAR, daha sonra JÖN TÜRK'lerin ön şahsiyetleri, İTTİHAD ve TERAKKİ'nin bilinen kişileriyle aynı yoldaydılar. İLK Osmanlı Meşrik-i Âzamı *(büyük üstadı)* Sadrazam Talât Paşadır.

Benim hatırlatmak istediğim, bu devrin ÜÇ BÜYÜK DİN ADAMI ilâhiyatçı *(teolog)* şahsiyetinin de *neden / niçin* MASON olduklarıdır.

Masonluğun dine karşı bir inançsızlık sistemi olduğu yaygın iddiasına rağmen... En üst derece Masonlukları bilinen bu ÜÇ ŞAHSİYET şunlardır:

● — *Defter-i Hakanî Nazırı Mahmud Esad Efendi (1857-1917).*
● — *Şeyhülislâm Musa Kâzım Efendi (1858-1919).*
● — *Şeyhülislâm, Evkaf Nazırı, Adalet Nazırı Mustafa Hayri Efendi (1867-1921).*

| **MAHMUT ESAT EFENDİ** | **MUSA KÂZIM EFENDİ** | **MUSTAFA HAYRİ EFENDİ** |
|:---:|:---:|:---:|
| *(1857 - 1917)* | *(1858 - 1919)* | *(1867 -1921)* |

Seydişehirli'dir. Medresenin tüm kademelerinde hukuk, fen, matematik öğrenimi gördü. Ve bu bilim dallarında 42 yıl kürsü sahibi oldu. Defter-i Hakani ve Adalet Nazırlıkları yaptı. Kadastroyu bir bilim dalı olarak ülkeye getiren odur. Başbakan Prof. Dr. Sadi Irmak'ın dayısı, Prof. İsfendiyar Esat Kadaster'in babasıdır.

Tortum (Erzurumlu)dur. Medrese öğrenimi gördü. Alanında Müderris *(Prof.) olarak* Fatih ve Süleymaniye Medreselerinde icazet verdi. Devrinin ünlü şahsiyetlerine *fıkıh, tefsir ve mecelle* hocası olarak hukuk ve mülkiyede ders verdi. 1910'da Şeyhülislam ve Ayan Azası oldu. Elliden çok değerli eser sahibidir.

*Ürgüplü'dür.* Medrese ve hukuk öğrenimi gördü, II. Meşrutiyetten sonra Evkaf ve Adliye Nazırlıklarında, Âyan Meclisi (Senato) üyeliğinde bulundu. 1914'de Şeyhülislam oldu ve bu vazifesindeyken medreselerin zamana uygun düzenlenmesine çalıştı. Mütarekeden sonra İngilizlerce Maltaya sürüldü. Başbakan Suat Hayri Ürgüplü'nün babasıdır.

Sahalarındaki himmetleri, ciltlere güç sığar... Çok kitabımda, muhterem ve mübarek şahsiyetleri yer almıştır.

Peki... Tertemiz dindârlıkları, din üzerinde bilgileri hayatlarının isbatında olan EN YÜCE DİN MAKAMLARINA LAYIK OLARAK tescil edilmiş bu muhteremler, neden Mason localarında yer almışlardır?

Sorunun cevabında, İslâm dinindeki en büyük saptırma ZAMAN İNKARI'nın 1997 Türkiyesinde, özellikle TÜRKÇE İBADET'te karşımızda gördüğümüz *ülemây-ı rüsum*'un dar, donmuş, klişeleşmiş kalıpçılığının izleri, hatta mührü vardır. İşte dinî hayatta temsil ettikleri üst makamlara rağmen MASON'luğu denemeleri bu sebepledir.

"DİN'den - İMAN'dan çıkma" ya zorlanmış olmak, akıl, mantık dışı olaylara karşı kullanılan çaresizlik yakınmasıdır.

1997 Türkiyesinde bir siyasi parti çatısında toplanmış gözüken bu inanç faşizmi, TÜRKÇE İBADET'te karşımızdadır. Ben MASON değilim ama MASON mabedinde en çok ve sık aranmış tarihçi olarak onları bugün, daha iyi anlıyorum.

İnanın, TÜRKÇE İBADET'i kucaklayalım, göreceksiniz, TÜRK MASON'luğu da hakiki humanist yapısı neyse toplumda yerini alacaktır. Yüzlerce yıl sürmüş gizlenmeye gerek kalmadan...

Bir başka değişle ülkede sebepsiz korkuya dayalı gizlenmelerden sıyrılmış olarak...

Selam, o hür günlere!..

SON

# YANINDA MISINIZ,
# KARŞISINDA MISINIZ?

Aşağıdaki soruyu, elinizdeki kitabı *son satır*'a kadar okuduğunuz ümidiyle soruyorum:

TÜRKÇE İBÂDET *(anadilimizle kulluk hakkı)*nın:

> *yanında mısınız,*
> *karşısında mısınız?*

İki düşünüşün de dayandığı görüşleri, mutlak tarafsız, sadece gerçekleriyle sergiledim.

Sizlerin tercihi, nereden bakarsanız bakın, *vatanın kaderi*'dir.

Bugünlerde de, yarınlarda da...

Sizlerin kararına göre şekillenecek olaylarda doğrunun-yanlışın belgesi olarak... Kendi kendinizi yargılamanız için...

Karar Sizin.

---

## DİZİN ve KAYNAKÇA

Açıklanmıya çalışılan konular, birbiriyle öyle içiçe ki, yer aldıkları sayfaların kitapların sonuna konulan *(fihrist = dizin)*in yerini tutacağından şüpheli idim. Nitekim denedim, meselâ, sadece TÜRKÇE İBADET 136 yerde geçiyor. ATATÜRK 203 satırda...

Vazgeçmeye mecbur kaldım.

Emeğimde dayandığım, faydalandığım ve de karşı çıktığım eserlerin sadece isimlerinin sayısı ise, sayfaları doldurdu. Temel olanları bahisleri geçtiği sayfaların metinlerin içine veya dipnot olarak almakla yetindim.

# Türkçe İbadet'ten
## neler bekliyoruz:

- ŞERİAT-İRTİCA YOLU KAPANACAK.

- DİNİN YERİ VİCDAN OLACAK.

- DİN; GEÇMİŞ DEĞİL GELECEK OLACAK.

- MEZHEP KAVGASI YOK, İBADET YERİ, TEKELİ YOK; BİZ MİLLETİZ, ÜMMETCİLİK YOK!

- TÜRK BÜTÜNLÜĞÜ, ÇİN SEDDİ'NDEN ADRİYATİK'E TÜRKÇE İBADETLE GERÇEKLEŞECEK.

- MEDRESENİN KOVDUĞU TÜRK FARABİ, TÜRK İBN-İ SİNA, HACI BEKTAŞİ VELİLER, MEVLANALAR, YUNUS EMRELERLE KUCAKLAŞACAK.

- YÜCE TANRININ DOKSAN DOKUZ ADINDAN BAŞLAYARAK, DİNİMİZİN DEĞERLERİNİ, GÖSTERDİĞİ YOLU, KULLUK ÖDEVİMİZİ ANA DİLİMİZLE YERİNE GETİREREK KAVRAYACAĞIZ VE DE GEREKİRSE TARTIŞACAĞIZ.

- **BUNLARI BAŞARACAK, YÜREK VE BİLGİ SAHİBİ "MİLLET MECLİSİ" SEÇİN.**

> ARAPÇA İSTEYEN URBAN'A GİTSİN,
> ACEMCE İSTEYEN İRAN'A GİTSİN,
> FRENGİLER FRENGİSTAN'A GİTSİN,
> Kİ BİZ TÜRKÜZ, BİZE TÜRKÇE GEREK
>
> **Kemalpaşazade Sait**
> **(1850-1921)**